奋力书写脱贫攻坚江西华章

（代　序）

中共江西省委党史研究室　江西省乡村振兴局

江西省是著名革命老区,也是脱贫攻坚主战场之一。革命年代,毛泽东和他的战友们在江西这片红土地上,带领广大农民"打土豪、分田地",点燃了中国革命的"燎原之火",迈出了中国人民站起来的铿锵步伐;进入新时代,以习近平同志为核心的党中央,在全国范围内开启了决战决胜脱贫攻坚,全面建成小康社会的豪迈征程。在这场伟大攻坚战中,江西把学习贯彻习近平新时代中国特色社会主义思想置于万事之先,坚定以习近平总书记精准扶贫重要论述为根本遵循,把弘扬伟大的井冈山精神贯穿于脱贫攻坚战始终,把脱贫攻坚作为树牢"四个意识"、坚定"四个自信"、做到"两个维护"的政治检验,感恩奋进尽锐出战,取得了脱贫攻坚工作决定性全面胜利。井冈山市更是在全国832个贫困县中率先脱贫摘帽,创造了"井冈样本",井冈红旗在伟大的脱贫攻坚战中高高飘扬。

一、思想是万事之先,习近平精准扶贫重要论述为打赢脱贫攻坚战提供了根本遵循

思想是行动的先导,理论是指路的明灯。思想认识到位,行动才能准确到位。2013年11月3日习近平总书记首次提出"实事求是、因地制宜、分类指导、精准扶贫"十六字方针后,全国精准扶贫工作快速发展,许多地方发生了翻天覆地的变化。理论最根本的生命在于实践。习近平精准扶贫重要论述逻辑缜密、内涵丰富,来源于实践又指导实践,并在实践中逐步发展完善,为井冈山乃至全国脱贫攻坚的伟大实践提供了根本遵循。

(一)贯彻落实习近平精准扶贫重要论述必须坚持不忘初心、以民为本

民为邦本。"消除贫困、改善民生、逐步实现共同富裕"是社会主义的本质要求和党的重要使命。以习近平同志为核心的党中央对全国人民深情告白:人民对美好生活的向往,就是我们的奋斗目标。从一个生产大队的党支部书记到泱泱大国的人民领袖,从著写《摆脱贫困》提出"摆脱意识和思路的'贫困'"到提出"精准扶贫"战略构想,习近平总书记锲而不舍,把不忘初心转化为对增进民生福祉的不懈追求。习近平精准扶贫理念的本质就是以百姓心为心,让人民共享改革发展成果,提升人民整体素质、实现人的全面发展。其整个过程就是以人民为中心发展理念的鲜活实践。

习近平总书记指出:我们实现第一个百年奋斗目标、全面建成小康社会,没有老区的全面小康,特别是没有老区贫困人口脱贫致富,那是不完整的。一直以来,他始终把扶贫特别是革命老区脱贫攻坚放在心上,深入井冈山、遵义、延安、西柏坡等一个个革命老区,留下了一串串坚实的脚印,发出了一句句铿锵的话语:"革命老区是党和人民军队的根";"决不能让老区群众在全面建成小康社会进程中掉队";"让老区人民过上富裕幸福的生活"。行程万里,不忘初心,掷地有声的话语像一座灯塔,照亮了老区人民的心,指明了老区各级党委和政府前行的方向。

井冈山,一个光荣的名字,却曾是连片贫困地区的代名词。遥想当年"三天一小战,五天一大战"的烽火岁月,追随共产党参加红军的井冈儿女超过18万人,有革命烈士近5万人。烈士长眠,遗愿未了。由于战争创伤和山大沟深、交通不便、基础薄弱等诸多因素叠加,集革命老区、边远山区、贫困地区"三区叠加"的井冈山,在中华人民共和国成立后相对于快速发展的地区渐渐呈现出落后趋势。截至2015年初,井冈山农民人均可支配收入仅相当于江西省平均水平的68.9%,贫困人口数量大、贫困程度深、脱贫成本高。层层叠叠的井冈翠竹,见证了革命的星火燎原,更目睹了老区人民的艰苦岁月。历史和现状、辉煌和贫困,交叠在井冈山市委、市政府和老区人民的心头。面对共产党人的初心之问,井冈山市委、市政府带领井冈山人民,坚定创业之志,奏响使命之歌,踏上蝶变之旅,追逐未来之梦。

人人都有梦想。井冈山神山村左香云的梦想，就是陪伴在家人身边，赚钱养活一家老小。这在城市中十分寻常的生活，在穷乡僻壤的小乡村实现起来却是不易。年近40岁的左香云，是村里唯一的青年"坚守者"。距离黄洋界景区12公里，他的竹木加工生意姑且能沾上景区的光，10余年坚持下来，勉强糊口。2016年2月2日，正值南方小年，习近平总书记第三次视察井冈山，来到茅坪乡神山村看望慰问贫困群众，作出了"在扶贫路上，不能落下一个贫困家庭，丢下一个贫困群众。扶贫、脱贫的措施和工作一定要精准，要因户施策、因人施策，扶到点上、扶到根上，不能大而化之"等重要指示。左香云的坚守终得惊喜，神山人脱贫致富的梦想有了希望。当晚，井冈山市委召开常委会，迅速贯彻落实习近平总书记的指示要求。会议确定在2017年，即井冈山革命根据地创建90周年，全市脱贫摘帽，向井冈山父老乡亲，向党和人民交上一份满意答卷！2月6日，省委及时下发《关于认真学习贯彻习近平总书记在江西考察工作时重要讲话的通知》。2月26日至28日，省委在井冈山召开会议，深入学习贯彻总书记视察江西的重要讲话精神，在大力弘扬井冈山精神、领跑脱贫攻坚上争取更大作为。省委书记刘奇同志亲自挂点井冈山脱贫攻坚，在江西工作三年时间就先后15次亲临井冈山，督促脱贫攻坚要"抓严抓细，经得起检验"。

"盖天下之治乱，不在一姓之兴亡，而在万民之忧乐。"为人民群众摆脱贫困、谋求幸福，是改革发展的根本目的。在中国革命道路开辟的地方，在脱贫攻坚的路上，井冈山始终牢记习近平总书记的殷殷嘱托，在省委、省政府的正确领导下，把脱贫攻坚作为一号工程和头等民生大事，一心一意求发展，心无旁骛干事业，在践行习近平总书记精准扶贫重要论述方面再显勇于争先的斗争精神，树起了一面高扬的旗帜！

在喜迎新中国70周年华诞之际，在全党"不忘初心、牢记使命"主题教育即将开展之时，在江西人民奋力决胜同步全面小康的关键时刻，2019年5月20日至22日，习近平总书记再次亲临江西视察指导，与基层干部群众话家常、谈变化、问冷暖、听心声、送祝福，把党中央的关心关怀带到千家万户，把党的温暖送到老区人民心坎上。总书记从工作思路清晰、经济发展量质双升、脱贫攻坚成效明显、生态优势巩固提升、政治生态积极向上五个方面对江西工作进行了充分肯定，提出了推进经济高质量发展、推进改革开放走深走实、推进农业农村现代化、推进社会治理创新、推进红色基因传承的更高要求，为做好江西各项工作注入了强大精神动力,指明了前行方向。

让贫困人口和贫困地区同全国一道全面小康是我们党的庄严承诺,见证着共产党人的初心和本色。坚定的信心,是战胜困难的重要力量。把人民放在心上,把使命扛在肩上,唤起工农千百万,同心干,我们必能克服一切艰难险阻,战胜强敌。饱经沧桑的中华民族,再次迎来命运接续的关键时点。

(二)贯彻落实习近平精准扶贫重要论述必须坚持聚焦精准要求、下足"绣花"功夫

古今中外,历朝历代,贫困是人类社会的顽疾。脱贫是人类历史上最壮美的故事,中国减贫事业书写了彪炳史册的人间奇迹。新中国成立后,特别是改革开放以来,我国依靠经济增长实施"大水漫灌"的传统扶贫模式,最大限度地覆盖了贫困地区的贫困人口,扶贫开发稳步推进,取得巨大成就,为全面建成小康社会打下了坚实基础。据世界银行统计,全球范围内,每100人脱贫,就有70人来自中国。随着扶贫开发工作的进展,传统扶贫模式虽大幅减少了贫困人口,但受分布逐渐趋于分散等诸多因素制约,难以更加深入推进,为每一户老百姓送上精准帮助。尤其是近十年来,我国基尼系数均超过0.4的国际警戒线水平,经济增长的减贫作用逐渐减弱,迫切需要合理有效的贫困治理新方略。

问题是时代的声音。习近平总书记紧扣时代脉搏,就如何进一步做好精准扶贫精准脱贫工作发表了系列重要论述,阐明了新时代我国扶贫开发的重大理论和实践问题,丰富和完善了中国特色社会主义理论体系,是习近平新时代中国特色社会主义思想的重要组成部分。习近平精准扶贫理念是在对我国贫困实际进行准确判断和科学认识基础上作出的重大战略抉择,成为全国脱贫攻坚的基本方略。精准是其核心要义。他曾多次形象地说扶贫不能"手榴弹炸跳蚤""遍撒胡椒面",反复强调"扶贫开发推进到今天这样的程度,贵在精准,重在精准,成败之举在于精准""关键是要找准路子、构建好的体制机制,在精准施策上出实招、在精准推进上下实功、在精准落地上见实效""要因地、因人制宜,缺什么补什么,能干什么就干什么,扶到点上、扶到根上"。践行习近平精准扶贫理念,重点在于把精准精细要求贯穿于"扶持谁、谁来扶、怎么扶、如何退"的全过程,按照"六个精准""五个一批"要求,找准病根、对症下药,精准滴灌、靶向治疗,确保各项政策措施落地落实。

"不解决桥和船的问题,过河就是一句空话。"精准,正是井冈山脱贫攻坚搭起的桥和前行的船。"扶贫,我从1992年到乡镇参加工作开始就一直在做,可说实话,以前成效并没有这几年这么明显。什么原因?是上面扶持资金少?是领导不重视?我感觉都不是,最重要的是没有牵住精准这个'牛鼻子',没有对症下药,有点大水漫灌了。"茅坪乡纪委书记刘卫东深有体会的一番话,很好地体现了井冈山贯彻落实习近平总书记精准扶贫、精准脱贫重要论述,在精准识别上下实功、在精准施策上出实招、在精准管理上见实效,用新发展理念引领新时代脱贫攻坚伟大实践。实效是检验的标尺。在习近平精准扶贫重要论述的指引下,中国精准扶贫已经实施了6年,脱贫攻坚战打了3年,取得了显著成效。我国贫困人口从2012年的9899万减少到2018年的1660万,连续6年年均减贫1373万;贫困发生率由2012年的10.2%降至1.7%;至2018年,832个贫困县一半已摘帽,贫困地区农村居民人均可支配收入10371元,较2012年实际增长8.3%;2013建档立卡的12.8万个贫困村减至2018年底的2.6万个;2019将继续减少贫困人口1000万人以上,脱贫摘帽300个县左右……从中央到地方合力帮扶、各部门倾力支持、发达地区对口帮扶、社会组织共同参与、党员干部挂点帮扶的"中国方案",充分证明了中国特色社会主义制度的强大优越性,也让新时代的"井冈之路"越走越宽。

世间事,作于细,成于实。在脱贫工作"攻克最后堡垒"阶段,面对贫中之贫、困中之困,习近平总书记用"绣花"作比喻,生动诠释了因人因地施策,因贫困原因、贫困类型施策,不搞大水漫灌、走马观花、大而化之,是脱贫攻坚必须下的一番功夫。坚持静心凝神、细处着力,一针一线、针密线韧,"绣"出贫困群众花团锦簇的幸福生活,是井冈山市委、市政府的历史使命,也是全国各级党委政府的时代担当。以"精准"为核心的扶贫工作线,引领打响了全国精准脱贫攻坚大会战,美好蓝图正在变成生动现实。

(三)贯彻落实习近平精准扶贫重要论述必须坚持迎难而上、久久为功

从1986年中国首次确定贫困县331个,1994年592个,到2011年832个,占全国县(市、区)的近三分之一,随着贫困标准的不断提高,我国贫困县的数量一直在上升。脱贫攻坚是一项长期的历史性任务,既是攻坚战,也是持久战。习近平总书记多次强调,"我们务必深刻认识深度贫困地区如期完成脱贫攻坚任务的艰巨性、重要性、紧迫性""脱贫攻坚战进入决胜的关键阶段,务必一鼓作气、顽强作战,不获全胜决不收兵"。从延安、贵阳、银川、太原、成都,再到重庆,习近平总书记先后 6 次主持召开座谈会,主题都是脱贫,重点各有不同,充分体现了习近平总书记"以钉钉子精神反反复复去抓"的久久为功和矢志不渝。

江西是著名的革命老区,是最早、最大、最重要、最具代表性的革命老区,老区面积占全省土地面积的 78.1%,老区人口占全省人口的 61.8%。由于历史、地理等多方面因素的影响,全省老区、贫困地区大都地处山区、库区和滨湖地区,经济基础薄弱,贫困状况比较突出。江西的老区建设和扶贫工作一直得到党中央、国务院的高度重视、关心和支持。自 1986 年开始,历届省委、省政府有组织有计划地进行了大规模以改善老区和贫困地区生产生活条件、解决贫困群众温饱为主要目标的老区建设和扶贫开发工作。至 2000 年底,全省未解决温饱的贫困人口从 1994 年的约 450 万人减少到 90 万人,贫困发生率由 14.2%下降至 2.91%。

以"八七扶贫攻坚计划"基本完成为标志,江西的扶贫开发工作与全国一样,进入一个新的历史阶段,由解决绝对贫困为主,逐步转入以解决相对贫困为主。经过 21 世纪之初十年的实践,全省扶贫开发取得很大成绩,但发展不平衡、不协调,特别是贫困地区基础差、底子薄、实力弱等问题日益凸显,贫困人口规模仍然较大(按照中央新的扶贫标准,全省还有贫困人口 386 万,贫困发生率 11.1%)。2015 年 3 月 6 日,习近平总书记参加十二届全国人大三次会议江西代表团审议,殷殷嘱托:我们要立下愚公志、打好攻坚战,让老区人民同全国人民一起,共享全面建成小康社会的成果。截至 2015 年底,江西还有 200 万贫困人口,2900 个贫困村,25 个贫困县,贫困发生率 5.7%。摆脱贫困,江西还走在脱贫攻坚爬坡过坎的路上。

历史为复兴奏响华章。党的十八届五中全会将"扶贫攻坚"改为"脱贫攻坚",从实现全面建成小康社会奋斗目标出发,明确了到 2020 年实现"两个确保"的新时期脱贫攻坚总目标。在 2015 年 11 月 27 日至 28 日召开的中央扶贫开发工作会议上,习近平总书记吹响了脱贫攻坚的冲锋号。12 月,中共中央和国务院出台《关于打赢脱贫攻坚战的决定》,向全党全国发出了齐心协力脱贫攻坚的动员令。以此为标志,中国全面开启了新时代脱贫攻坚的新征程,举国上下齐心协力,在共同迈向全面小康的征程上奋勇前行。

　　"作示范、带好头",是习近平总书记对井冈山打赢脱贫攻坚战的重要要求。牢记总书记的殷殷嘱托,井冈山奋力向贫困宣战,从"贫困样本"华丽转身为"脱贫榜样"。2017年2月26日,井冈山翻开了新的历史篇章。经严格评估,井冈山市综合测算贫困率低于2%的标准,江西省政府宣布井冈山在全国实现率先脱贫摘帽。这是民生所盼,更是对长眠在这块红土地上的4.8万多名革命烈士的最好告慰:这盛世,如您所愿。中国革命胜利的光辉起点,成为老区人民脱贫致富奔小康的新起点。这其中,既展现了以井冈山为代表的江西老区人民脱贫攻坚、冀以小康的奋斗缩影,更体现了党中央心系老区、关心老区人民走过的时代历程。

　　井冈山打响"脱贫攻坚第一枪",被评为2017年全国十大新闻,引起了极大关注,产生了巨大的鼓舞作用。上至国家,下至各地方媒体纷纷予以大量报道与热评,来自省内外国内外的各种组织、机构、团体纷纷慕名而来,观摩学习。仅2017年就有来自全国26个省、市、自治区的400多个县市,510多批党政代表团前来考察交流,吸引了30多个发展中国家的大使和不远万里而来的代表团前往取经。一滴水可以折射出太阳的光辉。正如井冈山市委书记刘洪与来自南美的考察团交流时所言:"井冈山率先脱贫摘帽的生动实践,是中国扶贫减贫事业的一个缩影。"这是一代代中国共产党人带领人民接续奋斗的一个"样板",是中国对世界脱贫事业贡献的中国智慧和中国方案。

　　打赢脱贫攻坚战,解决好贫困人口脱贫问题,是江西决胜全面建成小康社会的最大短板,是建设富裕美丽幸福现代化江西必须完成的首要任务。江西人民在省委、省政府领导下,以习近平总书记对江西工作重要讲话精神为指引,按照"精准、落实、高质量、可持续"的工作总要求,深入实施精准脱贫攻坚"十大工程",全力打好脱贫攻坚战,各个击破。截至2018年底,江西8个贫困县(市)脱贫摘帽,10个贫困县(区)达到"摘帽"条件,2671个贫困村退出,贫困人口减至50.9万,贫困发生率降至1.38%,并在全国率先开展了城镇贫困群众脱贫解困工作。习近平总书记视察过的神山村,更是发生了翻天覆地的变化,近三年进村游客达30余万人次,村民收入连年快速增长,正如老百姓所说的那样:"糍粑越打越黏,生活越过越甜。"

　　二、精神是力量之源,井冈儿女用井冈山精神贯彻落实习近平精准扶贫重要论述交出了满意答卷

　　实干是最响亮的语言。在探索开辟中国革命道路的过程中,以毛泽东同志为代表的中国共产党人在井冈山建立了全国第一个农村革命根据地,带领赣鄱儿女用实际行动开辟出"农村包围城市、武装夺取政权"的胜利道路,并孕育形成了跨越时空的井冈山精神,激励一代又一代共产党人矢志向前。习近平总书记视察江西时将井冈山精神高度概括为"坚定执着追理想、实事求是闯新路、艰苦奋斗攻难关、依靠群众求胜利"。在全面建成小康社会的进程中,井冈儿女大力弘扬井冈山精神,勠力同心、不懈奋斗,率先脱贫摘帽,又走出了一条"红色引领、绿色崛起,产业为根、立志为本"的地方特色脱贫道路。

(一)坚定执着追理想,激发着脱贫攻坚的信仰之魂

理想信念是精神之魂。井冈山革命斗争时期,中国共产党人在极为困难的处境下点燃了中国革命胜利的星星之火,靠的就是一种信仰,为的就是一个理想。打赢精准脱贫这场攻坚战,依然需要坚定理想信念、激发脱贫志气。井冈山是革命老区,又是经济欠发达地区,面对脱贫与发展的双重压力,井冈山人民谨记"作示范、带好头",自我加压、自我勉励、自我发力,创新扶贫模式,强调"五个起来",力争提前脱贫摘帽。

激起昂扬志,"有能力"的"扶起来"。为实现家家有致富产业,根据贫困群众的致富意愿和劳动能力的具体实际,井冈山有针对性地制定帮扶措施。因地制宜全力推进 20 万亩茶叶、30 万亩毛竹、10 万亩果业种植加工基地的"231"富民工程,让"资金跟着穷人走、穷人跟着能人走、能人跟着产业走、产业跟着市场走",实现每个乡镇有一个产业示范基地、每个村有一个产业合作社、每个贫困户有一个增收项目,确保家家有一个致富产业,户户有一份稳定收入。2016 年,全市共投入产业扶贫资金 6942 万元,使茶竹果产业面积达 28.3 万亩,覆盖贫困户 2320 户,户均年增收 1500 元。

鼓起致富心,"扶不了"的"带起来"。为实现个个有资产性收益,针对部分贫困群众缺乏劳动能力、难以自我发展的客观实际,井冈山采取股份制、联营式、托管式等多种合作模式,每个乡镇都建起产业示范基地,每个村都建起产业合作社,吸纳贫困户以资金或土地入股等形式,参与产业发展,固化贫困户与企业、基地、合作社的利益联结,让每家每户有一份稳定的资产性收益。至 2016 年底,全市产业扶贫合作社达 209 个,贫困户入社率 100%。通过组建惠农宝产业投资公司,吸纳 1374 户红卡户入股,每户红卡户将财政给予的 1 万元产业发展帮扶资金投入公司,公司将资金注入银行,确保年收益不低于股本金的 15%,稳定持续增加每一红卡户家庭收入。

给足定心丸,"带不了"的"保起来"。为实现人人有兜底保障,针对完全丧失劳动能力的贫困群众和因病、因残致贫的贫困群众,井冈山将政策向其聚焦叠加,在落实国家普惠性政策基础上,由市本级财政自掏腰包,实施贫困线与低保线"双线合一"。通过低保的扩面提标,使贫困人口尽可能都享受低保,尽可能享受更高标准的低保,让低保线略高于贫困线标准,通过政策的兜底保障,来实现贫困人口的"两不愁、三保障"。截至 2016 年底,已累计发放贫困户低保金 1320 余万元,红卡户人均享有 2340 元/年,贫困户个人医疗综合负担比例降至 10% 以内。

焕发乐业情,"住不了"的"建起来"。为实现户户有安居住房,井冈山探索拆旧建新、维修加固、移民搬迁、政府代建等安居建房模式,采取政府补一点、群众出一点、社会捐一点、扶贫资金给一点、银行贷一点的"五个一点"办法筹措资金,开展"消灭危旧土坯房,建设美丽乡村"攻坚行动,确保每一栋危旧土坯房都能拆得动、建得起、住得进。大半辈子都在井冈山长古岭林场度过的蒋头香,盼望了大半辈子,终于在 2016 年年末盼来了"能搬出大山,能住上城里的房子",还通过政府的帮扶实现就业,不仅"搬得出",也能"稳得住"。仅 2016 年,井冈山就完成移民搬迁 1292 户 5637 人,维修拆除危旧土坯房 6718 栋、新建 1802 栋,解决了包括 2268 户贫困人口在内的一大批群众住房难题。

(二)实事求是闯新路,铸就了脱贫攻坚的坚实之基

实事求是是党的基本工作方法。井冈山革命斗争时期,在中国革命处于低潮深谷的危难之际,我们党之所以能成功地将革命的星星之火在湘赣边界燎原起来并开创中国特色的革命之路,就在于毛泽东等老一辈无产阶级革命家特别注重将马克思主义与中国革命具体实际创新融合运用。"出水才见两腿泥。"脱贫攻坚战是一项伟大而又系统的工程,教科书里也找不到现成的经验和做法,唯有因地制宜、精准施策,找准井冈脱贫的合适路径,才能实现"脱真贫、真脱贫"。"黄卡户""红卡户""蓝卡户"三色贫困户档案、"四个一"产业扶贫模式、动态监测"三长负责制"……无不体现着实事求是闯新路的真理光彩。

精心设计,精准擘画蓝图。瞄准"靶心"放矢是脱贫致富的关键。为此,井冈山以问题为导向,以脱贫需求为第一信号,充分发挥规划的引领作用,逐村逐户分析致贫原因,找准脱贫门路,为贫困村和贫困户量身定制个性化的脱贫计划,并在总结扶贫实践基础上,提出更切合实际的扶贫理念。坚持内生为主、外力为辅的方针,特别注重发掘、激发群众的内生动力,点燃群众求富、求荣、求美、求变的致富激情;坚持行政推动和市场驱动相结合,整体提升与分类扶持相结合,贫困地区区域性整体条件的改善和个体化扶持相结合,扶贫攻坚和县域发展相结合,积极打造富民强市的生动局面;坚持精准管理、强化责任,有效聚合各种资源,防止扶贫资金跑冒滴漏,保障精准扶贫脱贫的效果。

"三卡"识别,火眼金睛识真贫。准确识别贫困人口是精准扶贫、精准脱贫的工作基础。新时代脱贫实践的"井冈之路",为了精准再精准,按照"村内最穷、乡镇平衡、市级把关、群众公认"的原则,根据贫困群众的贫困程度,创新提出"三卡识别",做到阳光操作、精准分类、建档立卡。把贫困程度较深的作为红卡户,贫困程度一般的作为蓝卡户,2014年已脱贫但还有可能返贫的贫困户作为黄卡户,共识别出红卡户1483户5014人,蓝卡户2218户7787人,黄卡户937户4133人,并实时掌握实际情况,实行有进有出的动态管理。通过深入调查、反复核对、查缺补漏等科学规范的程序和严格透明的方法,精准识别、全面掌握、认真分析,确保"贫困户一个不漏,非贫困户一个不进",做到"贫困原因个个门清,脱贫门路户户有数"。

把准穷脉,施行"一村一策、一户一法"。井冈山因地制宜、因户而异、因人而异,充分依托贫困群众现有资源和自身优势"开方子",突出产业扶贫、安居扶贫、保障扶贫三大工程,把"血液"输到"静脉",激活贫困群众的"造血"功能。根据贫困地区和贫困人口的具体情况,井冈山落实发展生产脱贫一批、易地搬迁脱贫一批、生态补偿脱贫一批、发展教育脱贫一批、社会保障兜底一批的"五个一批"工程,分门别类、分层实施、分兵突围。以整村推进和重点村扶贫为主阵地,以提升贫困农户自我发展能力、改善贫困群众生产生活条件、提高农民劳动力素质为重点,从基础设施、村容村貌治理、生态能源、产业开发、公共事业等建设入手,施行"一村一策"。借鉴中医治疗强调一个药方治一个病的扶贫方式,尊重贫困农户脱贫愿望、致富能力和发展家庭生产经营需要等个体差异,制订发展生产脱贫、生态补偿脱贫、教育资助扶贫、社会保障兜底等"一户一法"的不同脱贫办法。

点石成金,搞活产业用实招。井冈山既是革命圣地,又是国家级自然保护区、世界生物圈保护区。五百里井冈,红绿交映风景美。在保护中发展,在发展中保护,井冈山坚持做好产业扶贫这篇文章,让贫困群众发展有盼头、增收可持续。按照全域全业理念,依托特有的红色旅游资源和乡村旅游资源,充分利用革命摇篮这一品牌,构建山上山下互动、山里山外联动机制,打好红色旅游牌。打造茨坪为中心向周边辐射的"1+6"特色旅游小镇、乡村旅游点、农家乐三级旅游体系,大力发展红色培训、绿色观光、休闲康养产业。大力发展茶竹果富民产业,带动贫困户参与产业发展,每年投入扶贫资金6000余万元撬动产业发展。紧跟时代发展,积极拥抱互联网、高科技,大力推进电商扶贫、光伏扶贫等扶贫产业发展。

求真务实,落在"实"字上。井冈山始终坚持把"求实效"摆在"争时效"的前面,实事求是做好"实"字文章。在大力弘扬井冈山精神的同时,科学运用干部考核的"指挥棒",将乡镇和市直部门单位脱贫攻坚的考核权重提高到60%,把力量全部引导到扶真贫、真扶贫上来,心往一处想、劲往一处使。同时,严格按照《关于建立贫困退出机制的意见》,强化监督检查,开展第三方评估,坚决查处"典型材料大变化、实际工作一般化、群众生活无变化"的弄虚作假行为,确保脱贫成果真实可靠。

(三)艰苦奋斗攻难关,提供着脱贫攻坚的动力之源

艰苦奋斗是立党立国之基。井冈山革命斗争时期,面对残酷的军事进攻和严密的经济封锁,红军"苦到了极度"。正是艰苦奋斗、自力更生,才使井冈山革命根据地得到了巩固和发展,"边界的红旗始终不倒"。脱贫攻坚是一场硬战、苦战,没有一支一心为民、作风顽强、善于作战的队伍,胜利无从谈起。井冈山市委、市政府狠抓干部队伍建设,带领全市人民以井冈山精神建设美好家园,把扶贫各项措施落到实在处,把扶贫成效写进了人心处。

领导表率,关键时刻勇担当。经过多年的扶贫开发,扶贫工作剩下的都是"贫中之贫、困中之困"的硬骨头,脱贫攻坚进入冲刺阶段。犹如革命年代的火线突击令,井冈山市委主要领导在全市党员干部大会上要求:有谁觉得任务重而不能完成,有谁觉得困难大而难以战胜,可以提出来就地换岗、就地免职。现场鸦雀无声,不是因为畏惧而无语,而是因为信仰坚定、敢于担责而沉默。广大井冈山党员干部深深懂得,革命年代那种艰难困境虽然已经远去,但在新时代扶贫攻坚的关键阶段,共产党人仍然需要勇于承担、披坚执锐,带领广大群众"杀出一条血路",闯出一片新天地;仍然需要共产党人发挥先锋模范作用,弘扬艰苦奋斗精神,不畏艰难、不惧险阻,在脱贫攻坚的关键时刻挺身而出。

组织严密,优良作风在弘扬。基层党组织、扶贫好干部,是井冈山人民脱贫致富的主心骨。为实施好十大扶贫工程,井冈山成立脱贫攻坚指挥部,下设办公室及党建、经济发展、基础设施建设、产业发展、社会事业、社会保障、驻山单位协调、考核督查8个工作小组,明确各自主要职责,共同发力推进攻坚。同时,省市县三级组建25个扶贫团,313个驻村工作组,下派第一书记118名,确保"乡乡都有扶贫团,村村都有帮扶队,一村一个第一书记",充分发挥基层党支部的堡垒作用。通过省委"作风之考"的何桂强、被誉为"行走的电脑"的刘学成、带头创业后助力全村脱贫致富的谢玉龙……扶贫干部"真刀真枪"驻村帮扶,自带被褥、自备灶具,亮牌上岗、接受评议,筹资金、找市场,四处奔走,真抓实干,凝聚起了脱贫攻坚巩固提升的强大合力。2016年,井冈山共落实扶贫项目2920个,帮助解决群众生产生活问题3800多个,群众满意度高达99%以上。

铁腕反腐,执纪问责重监督。腐败和不良作风,不仅会干扰破坏扶贫政策和项目资金的精准到位,直接损害群众切身利益,更会啃食群众获得感,损害群众对党的信任,是决战脱贫攻坚路上必须坚决打掉的拦路猛虎。井冈山革命斗争时期,毛泽东同志起草并制定颁布了"三项纪律""六项注意",这些铁的纪律使革命队伍与其他武装有了本质区别。新时代打好脱贫攻坚战同样需要用铁的纪律压实政治责任,强化监督执纪问责,严明扶贫纪律,进乡入村,让群众成为监督的"眼"和"耳",确保扶贫政策和资金项目落地生根,使群众切实享受到脱贫攻坚带来的红利。针对贯彻落实党中央脱贫攻坚决策部署不坚决不到位,搞形式主义、官僚主义以及弄虚作假等问题,井冈山积极主动重点查处,对贪污挪用、截留私分、虚报冒领、强占掠夺等违纪违法行为进行严肃查处问责。

(四)依靠群众求胜利,打牢了脱贫攻坚的胜利之本

群众路线是党的生命线。井冈山革命斗争时期,革命根据地的创建、发展、壮大,离不开广大人民群众的支持拥护,离不开井冈山军民的英勇斗争。历史证明,我们党只有始终依靠人民推动历史前进,才能不断从胜利走向胜利。打赢脱贫攻坚战同样如此。井冈山紧紧依靠贫困群众,坚持扶贫与扶志扶智扶德扶勤并举,在深度贫困村大力宣传自主脱贫、勤劳脱贫先进典型,强化生产奖励、劳务补助、以工代赈等机制,打造"人人参与、人人尽力、人人享有"的井冈山脱贫攻坚。

　　一个不少,全面脱贫不掉队。让群众来评议,让群众来参与,以群众的眼光和立场来看问题、想问题、处理问题,向最弱势、最困难的贫困群众伸出援手,帮助决断,是井冈山脱贫攻坚自始至终的重要原则。2014年全市摸排出1483户特困户,其中200户或突遭变故、重度残疾、巨额负债,或多重困难叠加,属于"极端困难"户。对此,井冈山运用"政策叠加+重点帮扶"组合拳,推进低保线和贫困线"双线融合",对贫困户子女教育实施一揽子帮扶政策,建立起健康扶贫保障防线,向最顽固的贫困堡垒发动总攻。44岁的"红卡户"张余梅因重病致贫,负债累累。2015年由政府出资为其购买医疗附加险,当年产生的8.6万元医疗费报销了7.7万元,2016年医疗费用7.2万元报销了6.3万元,另外还获得1.5万元护理费补偿。有了政策的特殊支持,加上丈夫打零工每月能有2000多元的收入,张余梅全家渡过了难关,实现了脱贫。

　　"五步互动",实干创造新生活。2015年初,井冈山贫困人口尚有12801人,是全市贫困程度较深、脱贫信心不足两个因素叠加度较高的群体。井冈山实行"干部包联、典型示范、帮带扶持、考核激励、评议促动"五步互动,从思想切入,做好精神扶贫,激发贫困群众内生动力、信心决心。"早年,彭夏英的丈夫在外务工,摔残足部,干不了重体力活,她便扛起了一家的生活重担,生活过得艰难。2015年,彭夏英一家被识别为村里的贫困户。彭夏英常说,政府只能扶持我们,不能抚养我们,她不等、不靠、不要,带领家人开办全村第一家农家乐,树立了脱贫致富的时代榜样。"扶贫干部常用彭夏英等本土"最美脱贫户"的事迹鼓励贫困群众。同时,探索"增收激励法"、积分兑换"爱心超市"和村民道德"红黑榜"等做法,充分调动贫困群众的积极性主动性创造性,帮助贫困群众提高工作技能和就业能力。2016年,全市4638户建档立卡贫困户积极参与产业发展,在劳动中基本实现全部脱贫。

　　扶上马送一程,脱贫之后固实效。脱贫攻坚三分在攻坚,七分在巩固。井冈山贫困人口由2014年初的16934人,减少到2016年底的1417人,新脱贫人口较多、人均收入仍然较低,仅有4500多元。同时,因病致贫的约占55%,因缺少劳力致贫的约占30%。面对稳定脱贫的基础仍然比较薄弱的状况,井冈山坚持在产业发展、政策扶持、考核激励等方面持续发力,夯实稳定脱贫、共奔小康的基础。2017年,"231"产业发展到48万亩,农村居民人均可支配收入达9606元,增幅达12%,全市贫困发生率由2016年底的1.6%降至2017年底的

0.42%。得益于脱贫户不脱政策的保障,古城镇沃壤村原红卡户张德林家除继续享受低保和产业股金分红政策外,还获得了一个公益性岗位,家庭人均收入比脱贫时增收1600元。

井冈山在全国率先脱贫摘帽,见证了老区人民坚定执着追理想的精神,树立了老区人民迎难而上顺势而为的信心。跨越时空的井冈山精神,是中国革命星火燎原的精神之魂,也是井冈山精准脱贫率先摘帽的力量之源。以井冈山率先脱贫摘帽为标志,江西深入推进精准脱贫初战告捷,也为打赢全省脱贫攻坚战积累了宝贵的经验。

三、担当是成事之要,江西脱贫攻坚在习近平精准扶贫重要论述指导下胜利收官

在习近平总书记的亲自指挥下,中国人民历经持续奋斗,在解决困扰中华民族几千年的绝对贫困问题上取得了历史性成就,创造了人类减贫史上的奇迹。岁月悠悠,井冈山4000多块贫困户信息牌已经成为历史,17万井冈儿女昂首踏上了决胜全面小康的新征程。从光荣的历史走来,向幸福的未来走去。江西人民以习近平精准扶贫精髓要义为遵循,积极贯彻落实习近平总书记对江西提出的"在加快革命老区高质量发展上作示范,在推进中部崛起上勇争先"目标定位,传承红色基因、高举革命红旗,坚持以"井冈之路"为引领,跨越道道沟洫、克服重重困难,取得了脱贫攻坚战的决定性胜利。从2013年底到2020年,全省25个贫困县,分4批宣布脱贫摘帽;3058个贫困村全部脱贫;全省建档立卡贫困人口从346万人减至9.6万人,贫困发生率从9.21%降至0.27%。这是江西扶贫开发史上具有里程碑意义的重大事件。

(一)紧盯目标不松劲,咬定青山不放松

正入万山圈子里,一山放过一山拦。脱贫摘帽并不等同于全面建成小康,井冈山没有满足于此、停滞于此。面对贫困村贫困户没有完全退出,2018年底贫困发生率还在0.25%的客观现实,井冈山市委、市政府没有一脱了之、一摘了之,而是牢记习近平总书记的嘱托,继续以有效的举措、有力的行动、扎实的工作、坚持的韧劲,确保贫困群众可持续增收、稳定脱贫,努力实现在贫困县市脱贫致富奔小康的征程中继续作示范、带好头,引领赣鄱大地书写着脱贫攻坚新华章。

打赢脱贫攻坚战,讲的是政治,干的是民生,促进的是发展,体现的是大局,必须在思想上对标看齐、在行动上紧跟紧随。在中央对2017年省级党委和政府扶贫开发工作成效考核中,江西位居全国第一档次省份第二名。这是江西把脱贫攻坚作为头等大事和第一民生工程来抓,结出的沉甸甸的果实。立足关键之年,2019年2月25日,《江西省扶贫开发领导小组2019年工作要点》发布,紧盯"40万贫困人口脱贫、387个贫困村退出、7个贫困县摘帽"的年度任务,着眼"到2020年全省脱贫质量和成效位居全国第一方阵"的奋斗目标,在习近平总书记精准扶贫重要论述的指引下,江西发出了决胜全面建成小康社会的时代强音,奋力向贫困作最后的宣战。

面对当前深度贫困地区贫困发生率较高、贫困程度较深、基础条件薄弱、公共服务不足以及因病、因残致贫占比越来越大,少数贫困户仍然存在"等、靠、要"思想,部分扶贫产业特色和规模不足等实际难题,省委第十四届六次全体(扩大)会议明确提出,脱贫攻坚的硬骨头成为攻城拔寨最后一公里的绊脚石,越到最后关口,越要更加精准、更加务实,越要毫不动摇地坚定践行习近平精准扶贫重要论述,牢牢抓住"精准"牛鼻子,下足"绣花功",严格"七步法""七从严""四甄别""群众评议"等识别程序,继续在脱贫攻坚中体现"精准"和"领跑"。

继2017年井冈山、吉安县脱贫摘帽之后,2018年瑞金、万安、永新、上饶、横峰、广昌6个贫困县(市)成功脱贫摘帽,江西贫困县摘帽比例达33.3%,位列全国第二,进入全国"第一方阵"。根据习近平总书记"坚持精准扶贫、精准脱贫,重在提高脱贫攻坚成效"的重要指示,2018年,全省接连发起"春季攻势""夏季整改""秋冬会战"三大行动,坚持以"两个确保"目标、"两不愁、三保障"标准为度量衡,既保证"打赢"的进度,又实事求是地把握脱贫节奏和质量,抓好中央脱贫政策向"最后一公里"进军,把政策落实到户到人,使政策"含金量"转化为贫困群众的"获得感",脚踏实地,蹄疾步稳,取得真脱贫、脱真贫的最后胜利。

脱贫摘帽后,脱贫成效如何稳定持续?如何巩固提升?井冈山的回答是建立兜底保障长效机制,"把扶贫工作锲而不舍抓下去"。脱贫后,井冈山中烟村康海明一度有些担心。妻子因尿毒症去世,这两年在政府帮助下,日子正慢慢好转。但脱贫了,帮扶是不是也没了?驻村第一书记陈平告诉他,脱贫后各项帮扶政策仍然延续,家里有困难可以继续找他。看着陈平还和过去一样待在村里,并经常到家里嘘寒问暖,康海明心中的顾虑慢慢打消了。为防止贫困户再次返贫,井冈山重点创新完善"党建引领全覆盖机制、产业增收全覆盖机制、兜底保障全覆盖机制、动态管理全覆盖机制"四大机制,坚持"摘帽不摘责任,摘帽不摘政策,摘帽不摘帮扶,摘帽不摘监管"四个原则,确保贫困人口的现金收入、居住条件、保障水平、综合素质不断提升,真正解决保障上的可持续。

只有坚持初心,才能赢得民心。脱贫之后不说再见、不再返贫,是习近平精准扶贫精准脱贫重要论述的题中之意,也是江西强化脱贫攻坚举措,把防止返贫摆到更加重要位置的贯彻落实。为把脱贫模式、脱贫路径、脱贫成效建立在稳定的机制保障上,省委、省政府先后出台《关于全力打好精准扶贫攻坚战的决定》《关于坚决打赢脱贫攻坚战的实施意见》等文件,不断加快脱贫攻坚步伐。史无前例的攻坚措施——省委书记、省长任组长的扶贫开发领导小组"双组长"制,"省负总责、市县抓落实、乡镇推进和实施"工作机制,横向到边、纵向到底、各负其责的推进机制,带领江西脱贫进入实效和质量的历史最好时期。同时,省委始终牢记习近平总书记"着力推动老区加快发展"的殷殷嘱托,深入推进赣南等原中央苏区发展,大力统筹衔接脱贫攻坚与乡村振兴建设,在新增资金、项目、举措上予以倾斜,并保持贫困县摘帽、贫困村退出和贫困户脱贫后不脱责任、不脱政策、不脱帮扶、不脱监管。三年来,赣州、吉安、抚州三市生产总值年均增速都高于全省平均水平。

(二)真抓实干严作风,决胜脱贫攻坚战

幸福不会从天降,好日子是干出来的。中华民族追求几千年的小康梦想即将成真之时,正是脱贫攻坚工作进入冲刺的关键之际,脱贫每前进一步,都是一块难啃的硬骨头。冲刺期怎么办、关键期怎么做,习近平总书记给我们指明了方向:脱贫攻坚必须真抓实干、埋头苦干,夺取全面胜利。

刚收到家乡干部发出的返乡创业邀请时,个别企业家的第一反应是,拿几万块钱发给当地的贫困群众就算了。可是,这笔可以"白拿的钱",井冈山的干部却不要,他们要的是有资金技术实力、有成熟销售渠道的能人回乡发展扶贫产业,带动当地贫困群众一起致富奔小康。井冈山干部身上这种实干实在的精神,不仅让人看到了井冈山打赢脱贫攻坚共奔小康的决心,更生动地体现了江西重实际、出实招、抓落实、求实效,用"实"字引领的奋力攻坚前行路。

坚持党建引领,是井冈山扶贫的一张名片和首要经验。脱贫的关键在落

实,落实的关键在干部。基层党组织是脱贫攻坚的战斗堡垒,"越是进行脱贫攻坚战,越是要加强和改善党的领导",把最能打硬仗的派下去、把过硬的作风带下去,把工作不力的召回来、把表现突出的用起来,充分发挥党的政治优势、组织优势和优良作风。江西各个县(市、区)几乎都派出干部到井冈山取经,他们的所见、所学、所思和所得,带回了借鉴、启发、感慨和激励,助推全省扶贫事业更好地前进。奋战在红土地上为着带领群众跨越贫困、拥抱幸福的1.7万余名第一书记,一头担负着组织的重托,一头承载着村民的致富梦想,冲在了脱贫攻坚的最前线。书堂,一个位于湘赣边陲修水县上衫乡的小山村,一个彭德怀、滕代远等老一辈革命家曾战斗过的深度贫困村,2015年底,定为省委党史研究室扶贫的帮扶村。作为一个专业性研究机构,党史人扎根书堂、进组入户、走访调研、解决难题……硬是用真心、下真功,实现了整村脱贫。脱贫路上殊不易,艰苦奋斗不褪色。一名党员点亮一盏灯,照亮一群人。正是他们担责不推、遇难不怯、逢险不畏,带领红土地广大贫困群众建设美好家园,让党的旗帜在脱贫攻坚战场上高高飘扬。

脱贫攻坚是一场没有硝烟的战争,也是一场没有喘息的"接力赛"、检验作风的大考场。把工作做实,才能把脱贫压实。从趴在桌上填表报数中解脱出来,是基层干部的心声。2018年岁末年初,本是各种考核检查"来袭"的重要节点,但江西基层扶贫干部却感受到,跟过去相比,现在填表报数少了,原定的三四波考核已经取消了,自己去贫困户家的次数更多了。"不了解农村,不了解贫困地区,不了解农民尤其是贫困农民,就不会真正了解中国,就不能真正懂得中国,更不能治理好中国";"脱贫攻坚要实打实干,一切工作都要落实到为贫困群众解决实际问题上";"越到最后时刻,越要响鼓重锤,决不能搞急功近利、虚假政绩的东西。"习近平总书记的这些论述,道破了脱贫攻坚战的真谛。省委、省政府坚决整治脱贫攻坚中的形式主义、官僚主义,沉下去、察实情、接地气、访真贫,不搞花拳绣腿,不搞繁文缛节,不做表面文章,强调少发文、发管用的文,少开会、开务实的会,并严格考核奖惩,增加实地暗访比重,避免"迎来送往",减轻基层迎检压力,真督实查、务求实效。

2018年7月,瑞金市以群众认可度99.38%、49个贫困村全部顺利退出、综合贫困发生率0.91%的优异成绩,率先在赣南脱贫摘帽,退出贫困县序列,翻开了历史新篇。与此紧随的,是瑞金市纪委监委围绕服务保障脱贫摘帽,持续强化扶贫领域监督执纪问责,查处扶贫领域腐败和作风问题 104 件,处理 238 人,确保精准扶贫各项决策部署落在实处。"永远不能脱离群众、轻视群众、漠视群众疾苦。"这是习近平总书记的信念和情怀,也是新时代共产党人的传承和担当。驰而不息深化扶贫领域腐败和作风问题专项治理,坚定不移反对腐败,做到"零容忍",是以百姓心为心,打赢脱贫攻坚这场硬战的重要保障。聚焦贪污挪用、截留私分、优亲厚友等扶贫领域突出问题,2017 年全省查处扶贫领域问题 7308 个、处理 9973 人、处分 2763 人、问责 2797 人,2018 年查处扶贫领域腐败和作风问题 10940 个、处理 16263 人。挺纪在前、动辄则咎,省纪委省监委聚焦脱贫攻坚督查中发现的部门履职、帮扶作风、政策落实等典型问题,督促、问责、追责,常态化分级通报曝光典型案例,形成强烈震慑。

脱贫攻坚,从严从实是要领。2019 年 2 月 12 日,刘奇同志主持召开省扶贫开发领导小组会议,强调全省上下要大力弘扬井冈山精神和苏区精神,力戒形式主义、官僚主义和"怕慢假庸散"等作风顽疾,严肃查处贪污侵占等违纪违法行为,一鼓作气高质量完成 2019 年度脱贫攻坚目标任务,如期取得全省脱贫攻坚的最后胜利。脱贫攻坚奔小康,红土青山鏖战急。4 月 28 日,省政府正式批复会昌县、寻乌县、安远县、上犹县、石城县、南康区、遂川县、余干县、乐安县、莲花县脱贫摘帽。江西省脱贫攻坚取得又一重大战果,赣南苏区"脱贫攻坚取得决定性胜利",为全省如期全面打赢脱贫攻坚战奠定了坚实基础,积累了宝贵经验。

(三)因地制宜看江西,发挥优势助脱贫

简单地给钱给物只能救急解渴,打赢脱贫攻坚战,离不开产业的支撑。"产业扶贫是稳定脱贫的根本之策","要加大产业带动扶贫工作力度"。井冈山牢记习近平总书记的重要指示,因地制宜、因户施策,选准好产业、配套好政策、创新好模式,推进产业增收全覆盖,加大区域经济发展和就业产业融合,不断培育增收新动力、新渠道,实现小康梦。"以往过完年就得往外跑,现在在家和在外面挣得差不多,还能就近照顾老人小孩,不打算再出去啦!"随着基础设施大幅改善和产业日渐兴旺,谈起如今的生活,家住井冈山案山村的张春花开心得合不拢嘴。

自古以来,江西就是山清水秀、人杰地灵、物产富饶之地,人文环境浓厚、生态环境优渥、红色资源丰富。全省上下充分发挥产业优势、人文优势、区位优势,积极探索新模式、新平台、新机制,逐步走出了立足差异、立足特色的经济欠发达地区脱贫攻坚补短板和促长效同步推进的脱贫攻坚新路子。赣州市寻乌

县按照"柑橘为主、多元发展"的路径,依托现有脐橙、蜜橘产业基础,引导贫困群众科学有序恢复种植和推进柑橘园标准化重建改造,柑橘产业成为群众脱贫的支柱产业;吉安市遂川县充分发挥狗牯脑茶品牌优势,积极引导贫困户参与到全县的茶业发展中来,通过发展茶业实现脱贫致富;上饶市余干县坚持"扶贫扶久远,久远看产业"的工作理念,大力发展产业扶贫全覆盖,帮扶群众走好脱贫致富路;萍乡市莲花县把光伏扶贫作为脱贫攻坚的战略举措和重要增收产业,多方筹措资金,强力推进光伏电站建设,受益贫困村 120 个,光伏产业成为莲花县脱贫攻坚强有力的支撑……脱贫攻坚成效的背后,是各地坚持引导贫困户因地制宜大力发展产业,持续"造血"、斩断"穷根"。实践证明,只有坚持以产业扶贫为着力点,高起点发展、敢闯敢试,走出走实走好产业扶贫开发新路子,才能确保全省脱贫攻坚成果经得起历史和实践检验,共同实现脱贫奔小康。

脱贫致富,发展产业是根本之策,产业扶贫贵在精准,而做到精准就要立足资源禀赋和产业基础,做好特色文章。在习近平精准扶贫指引下,井冈山率先脱贫摘帽、奋力迈向小康,极大地鼓舞了全省士气,也证明了"坚持从实际出发,因地制宜"的正确性。大余县内良乡白井村地处偏僻,以前村民靠种植毛竹和外出务工为生。如今,立足因户施策,宜种则种、宜养则养、宜商则商的扶贫工作思路,村里搞起乡村旅游,游客络绎不绝;黄酒酿制基地蒸蒸日上,贫困户入股分红。整村脱贫的白井村成了远近闻名的"网红村"。乐安县大力实施产业扶贫,按照"一村一品、一户一业"的原则,因户而异,精准帮扶贫困户发展烟叶、油茶、蚕桑、毛竹等特色产业,增强贫困群众自我"造血"功能。一把钥匙开一把锁。继续坚持大力发展各具特色、各有亮点的优势产业,将产业优势转化为经济优势,才能不断拓宽农民本地就业创业的途径,带动贫困人口稳定增收、脱贫致富,带领赣鄱大地共奔全面小康。

2019 年 6 月,又是井冈山草长莺飞、绿意满城的旅游旺季,崇山峻岭深处的神山村,房屋修整一新,打麻糍、吃农家饭、看新农村……曾经默默无闻的小山村成为如今八方来客的乡村旅游示范点。焕然一新的神山村实际居住人口由30 余人增长至近百人,贫困户年均收入由不足 3000 元提升至 7700 元,越来越多的村民正在返乡创业。"最近农家乐生意好啊!"曾经的贫困户彭夏英喜上眉梢,神山村唯一一位青年"坚守者"左香云当上了全国人大代表,曾经给习近平总书记竖大拇指的老支书彭水生还经常给游客讲述井冈山的脱贫故事……"千里寻故地，旧貌变新颜"，神山村翻天覆地的变化，映射出中国农村从贫困走向小康的沧桑巨变。

全面收官、兑现承诺。2020年初以来，面对席卷全球的新冠疫情，在党中央的坚强领导下，在做好疫情防控的同时，抓好复工复产工作，努力克服了疫情影响。在赣鄱大地上，一个个扶贫产业基地、工厂车间、项目工地陆续复工复产……省委、省政府坚决兑现"决不能让老区群众在全面建成小康社会进程中掉队"的承诺。全省上下严把脱贫标准关，全面筑牢义务教育、基本医疗、安全住房、饮水安全4项保障，把疫情影响降到最低，坚决如期高质量打赢脱贫攻坚战。

4月26日，随着最后于都县、兴国县、宁都县、赣县区、鄱阳县、修水县、都昌县7个贫困县正式宣布退出，江西省25个贫困县全部摘帽，全省25个贫困县全部脱贫、3058个贫困村全部退出，基本摆脱区域性整体贫困！这是省委、省政府带领全省上下牢记嘱托、感恩奋进、上下同心、尽锐出战、精准务实、开拓创新、攻坚克难、不负人民，向党中央、向全省人民交上兑现庄严承诺的政治答卷，是对革命先烈的最好告慰！

2021年2月25日上午，北京人民大会堂，全国脱贫攻坚总结表彰大会隆重举行。习近平总书记向全世界庄严宣告，经过全党全国各族人民共同努力，在迎来中国共产党成立一百周年的重要时刻，我国脱贫攻坚战取得了全面胜利，现行标准下9899万农村贫困人口全部脱贫，832个贫困县全部摘帽，12.8万个贫困村全部出列，区域性整体贫困得到解决，完成了消除绝对贫困的艰巨任务，创造了又一个彪炳史册的人间奇迹！大会对"全国脱贫攻坚楷模""全国脱贫攻坚先进个人""全国脱贫攻坚先进集体"进行表彰。全国获得"全国脱贫攻坚楷模"荣誉称号的共有10名个人和10个集体，我省瑞金市叶坪乡荣获"全国脱贫攻坚楷模"荣誉称号。全国获得"全国脱贫攻坚先进个人"称号的共有1982名，获得"全国脱贫攻坚先进集体"称号的共有1501个，我省鲍峰庭等54名先进个人和赣州市扶贫办公室等39个先进集体受到表彰。

2021年6月23日上午9时，南昌滨江宾馆，在庄严的国歌声中，全省脱贫攻坚总结表彰大会隆重举行。为隆重表彰在脱贫攻坚工作中涌现的先进个人和先进集体，大力弘扬"上下同心、尽锐出战、精准务实、开拓创新、攻坚克难、不负人民"的脱贫攻坚精神，在全社会营造崇尚先进、学习先进、争当先进、赶超先进的浓厚氛围，省委、省政府决定，授予邓明等841名同志"江西省脱贫攻坚先进个人"称号,授予赣州市纪委市监委机关等396个集体"江西省脱贫攻坚先进集体"称号。大会正式宣告,江西25个贫困县全部摘帽,3058个贫困村全部退出,281万贫困人口全部脱贫,完成了消除绝对贫困的艰巨任务,兑现了向党中央签订的"军令状"、向人民立下的"承诺书",交出了一份优秀的脱贫攻坚"成绩单",书写了人类减贫史上中国奇迹的江西华章!

2021年3月,江西省委、省政府一号文件《关于全面推进乡村振兴加快农业农村现代化的实施意见》下发,对江西未来五年乡村振兴工作进行了全面部署,要求全面贯彻落实中央精神,加强党对"三农"工作的全面领导,坚持农业农村优先发展,立足新发展阶段,贯彻新发展理念,构建新发展格局,深化农业供给侧结构性改革,深化农村改革,保障粮食安全和重要农产品有效供给,保障农民收入持续稳定增长,提升农业质量效益和竞争力,提升乡村建设和治理水平,推动巩固拓展脱贫攻坚成果同乡村振兴有效衔接,推动城乡融合发展,促进农业高质高效、乡村宜居宜业、农民富裕富足,打造彰显产业兴旺之美、自然生态之美、文明淳朴之美、共建共享之美、和谐有序之美的新时代"五美"乡村,走出一条具有江西特色的农业农村现代化道路,在全面推进乡村振兴上走前列。

征途漫漫,惟有奋斗。在实现"两个一百年"奋斗目标和中华民族伟大复兴梦想的进程中,啃下硬骨头,打赢攻坚战,一扫穷与困,给民饱与暖。脱贫摘帽不是终点,这只是新生活、新奋斗的起点。剧从序幕开始,但序幕还不是高潮,让老区群众过上更加美好的幸福生活,才是我们永恒的奋斗目标。积力之举则胜,众智所为则成。富有光荣革命传统的井冈儿女紧密地团结在以习近平同志为核心的党中央周围,全面贯彻党的十九大和十九届二中、三中、四中、五中全会精神,增强"四个意识"、坚定"四个自信"、做到"两个维护",深化落实习近平总书记视察江西重要讲话精神,大力弘扬跨越时空的井冈山精神、苏区精神、长征精神等伟大革命精神,从党的光辉历史中汲取智慧力量,坚定信心决心,以永不懈怠的精神状态、一往无前的奋斗姿态,真抓实干、埋头苦干,向着实现第二个百年奋斗目标奋勇前进,乘势而上、再接再厉、接续奋斗,在巩固拓展脱贫攻坚成果中勇担新使命,在全面推进乡村振兴中展现新作为,奋力谱写全面建设社会主义现代化国家江西篇章,描绘好新时代江西改革发展新画卷!

撰稿:邓　颖　梁发明　**统稿:**刘　津　**审定:**俞银先

目录

Contents

省级综述 》》》

千年难题今朝解 感恩奋进赣鄱红

——江西脱贫攻坚综述

2021年2月25日上午,全国脱贫攻坚总结表彰大会在北京隆重举行。习近平总书记庄严宣告:"经过全党全国各族人民共同努力,在迎来中国共产党成立一百年的重要时刻,我国脱贫攻坚战取得了全面胜利,现行标准下9899万农村贫困人口全部脱贫,832个贫困县全部摘帽,12.8万个贫困村全部出列,区域性整体贫困得到解决,完成了消除绝对贫困的艰巨任务,创造了又一个彪炳史册的人间奇迹!"并豪迈地说:"这是中国人民的伟大光荣,是中国共产党的伟大光荣,是中华民族的伟大光荣!"这一个"人间奇迹"和三个"伟大光荣"的背后,是多年来党中央把脱贫攻坚摆在治国理政的突出位置,把脱贫攻坚作为全面建成小康社会的底线任务,为了"全面小康路上一个都不能少",组织开展了声势浩大的脱贫攻坚人民战争;是党团结和领导人民披荆斩棘、栉风沐雨,发扬钉钉子精神,敢于啃硬骨头,攻克了一个又一个贫中之贫、坚中之坚,脱贫攻坚才取得重大历史性成就。在欢庆胜利之际,环视四海,纵横古今,还没有哪个国家、哪个民族、哪个政党,能够像中国共产党领导下的社会主义中国这样,向贫困宣战,发出消灭绝对贫困的"军令状",并且取得如此巨大成就。

江西是中国脱贫攻坚的主战场之一。进入新时代以来,全省上下在习近平总书记扶贫工作重要论述和视察江西重要讲话精神的光辉指引下,牢记总书记视察江西提出"作示范、勇争先"目标定位和"要在脱贫攻坚上领跑"厚望重托,始终坚持以人民为中心的发展思想,紧紧围绕"两不愁三保障"标准,大力弘扬井冈山精神、苏区精神和长征精神,感恩奋进,勠力同心,江西革命老区全面完成了脱贫攻坚目标任务。井冈山在全国率先脱贫摘帽,25个贫困县全部摘帽,"十二五"3400个和"十三五"3058个贫困村全部退出,现行标准下农村贫困人口全部脱贫,历史性解决了区域整体贫困,高质量消除了群众绝对贫困,全面兑现了向党中央签订的"军令状"、向老区人民立下的"承诺书",推动江西老区脱贫攻坚与全国同步取得重大胜利。

新中国成立以来至党的十八大,党和政府一直高度重视减贫事业,始终把老少边穷地区的人民福祉记挂在心头,把老区减贫事业扛在肩头

千百年来,摆脱贫困,实现富裕,过上美好幸福生活是中华民族的矢志不移的追求和梦想。习近平总书记指出:"贫困是人类社会的顽疾。反贫困始终是古今中外治国安邦的一件大事。一部中国史,就是一部中华民族同贫困作斗争的历史。"一百年来,中国共产党团结中国人民经过浴血抗争,摆脱民族屈辱,实现民族独立和人民解放。新中国成立后,如何让一穷二白的面貌得到彻底改变,尤其是老区人民过上幸福富裕的生活就成为摆在党和政府面前的首要任务。

江西,这片浸染革命烈士热血的红土地,全国著名的革命老区,脱贫攻坚任务也非常重,区域性整体贫困较为突出。革命老区面积占全省面积的78.1%,老区人口占全省人口的61.8%。由于历史、地理等诸多现实因素的影响制约,全省老区、贫困地区大都地处深山区、库区和滨湖地区,经济基础薄弱,贫困状况比较突出。江西老区建设和扶贫工作一直受到党中央、国务院的高度重视、关心和支持。早在1951年,新中国刚成立不久,以内务部部长谢觉哉为总团长的"中央人民政府南方老根据地访问团"来到江西,带来了毛泽东主席对老区人民的亲笔题词:"发扬革命传统,争取更大光荣",传达了党中央、中央人民政府对老根据地人民的亲切关怀。这极大地鼓舞了全省人民,大大帮助了各地的扶贫工作。但是,江西贫困状况依旧明显,截至1978年,全省有农村绝对贫困人口1000万人,占全省农村人口的37%。

20世纪70年代末，中央把帮助贫困地区发展作为一项经济任务，同时作为一项重要的政治责任提了出来。1978年12月22日，中共十一届三中全会通过《中共中央关于加快农业发展若干问题的决定(草案)》，提出了设立专门机构负责西北、西南一些地区以及其他一些革命老根据地、偏远山区、少数民族地区和边境地区开展扶贫开发工作的建议。1979年9月28日，中共十一届四中全会通过《中共中央关于加快农业发展若干问题的决定》，指出，国务院要设立专门委员会，统筹规划和组织力量，从财政、物资和技术上给这些地区以重点扶持，帮助它们发展生产，摆脱贫困。

20世纪80年代初，农村扶贫开发被确定为国家的一项大政方针。1982年12月10日，五届全国人大五次会议批准的《中华人民共和国国民经济和社会发展第六个五年计划(1981—1985)》规定：帮助少数民族地区和经济不发达地区发展经济文化事业，每年拨专款5亿元，作为支援经济发展的资金。1983年中央1号文件《当前农村经济政策的若干问题》指出：对这些地区，在各项政策上，要比其他地区更加放宽；在生产上要发挥当地资源的优势，并有效地利用国家财政扶持，开展多种经营，以工代赈，改变单纯救济作法。注意改善交通条件，解决能源困难，防治地方病，办好教育。这实际上确立了新时期农村扶贫开发工作的原则和方向。1984年9月29日，中共中央、国务院《关于帮助贫困地区尽快改变面貌的通知》发出，明确了新时期农村扶贫开发工作的原则、重点、措施和机构等。这是新时期中共中央、国务院发出的第一个农村扶贫开发文件，有力地指导、推动了农村扶贫开发工作的快速展开。

1986年5月，国务院成立专门负责扶贫工作的领导小组，我国开始有组织、有计划、大规模的扶贫开发。全省各级党委、政府带领广大干部群众进行了以改善革命老区和贫困地区生产生活条件、解决贫困群众温饱为主要目标的老区建设和扶贫开发工作。尤其是《国家八七扶贫攻坚计划(1994—2000年)》在江西顺利实施后，老区、贫困地区的面貌发生了显著变化，农田水利、基础设施得到较大改善，国民经济持续增长，群众生产生活条件得到提升。我省1993年农村人均年收入低于400元的贫困人口有354万，且大多分散在革命老区，居住在边远山区、水库库区、水土流失区和滨湖地区，扶贫任务十分艰巨。

截至2000年底，全省未解决温饱的贫困人口，从实施"八七扶贫攻坚计划"初期的约450万人减至约90万人；贫困发生率由14.2%降至2.91%；贫困户的人均年收入由 1994 年底的 380 多元提高到 1100 多元,绝大多数群众的温饱问题得到基本解决,为进一步脱贫致富和发展经济奠定了基础。

2001 年 3 月,省扶贫开发领导小组成立,下设办公室,进一步加强全省扶贫开发攻坚工作。2001 年 5 月,中央召开扶贫工作会议,对 21 世纪之初十年中国农村扶贫开发工作进行全面部署。6 月,国务院正式颁布《中国农村扶贫开发纲要(2001—2010 年)》,提出 21 世纪之初十年中国农村扶贫开发的目标任务、指导思想和方针政策。

2002 年 4 月,省委、省政府召开全省扶贫开发工作会议,研究部署全省新一轮扶贫开发工作,提出既要尽快解决贫困人口的温饱问题,着力巩固温饱成果,更要努力提高贫困人口的综合素质,推动贫困地区经济社会的全面发展。

2006 年 11 月,《江西省农村扶贫开发"十一五"专项规划》印发,明确了全省"十一五"期间扶贫开发的指导思想、基本原则、对象、范围、目标、重点、保障措施。

从 2001 年至 2010 年间,全省通过大力实施整村推进、移民搬迁扶贫、劳动力培训转移、产业化扶贫、社会扶贫、连片开发试点等扶贫模式,扶贫开发工作取得了显著成就,但仍存在扶贫开发发展不平衡、不协调等突出问题。这期间,我省累计投入财政扶贫资金近 50 亿元,整合专项扶贫、行业扶贫、社会扶贫投入超过 160 亿元。21 个扶贫重点县农民人均纯收入由 2001 年的 1339 元提高到 2010 年的 3109 元,是 2001 年的 2.32 倍。

进入"十二五"时期,2011 年 11 月,中共中央、国务院正式公布《中国农村扶贫开发纲要(2011—2020 年)》,对新阶段的扶贫开发工作作出全面部署。11 月 29 日,中共中央、国务院时隔十年再次召开高规格的中央扶贫开发工作会议,着眼确保全国人民共同实现全面小康发展目标,向全党全社会发出坚决打好新一轮扶贫开发攻坚战的进军令。12 月 20 日,省委、省政府召开全省扶贫开发工作会议,总结扶贫开发工作成就和经验,分析全省扶贫开发面临的新形势新任务,动员部署全省上下打好新一轮扶贫开发攻坚战,确保到 2020 年与全国一道实现全面建成小康社会。12 月 31 日,省委、省政府印发《江西省农村扶贫开发纲要(2011—2020 年)》,绘就面向未来十年全省扶贫攻坚的战略蓝图。

2012 年,在习近平总书记的直接推动下,党中央、国务院出台了《关于支持赣南等原中央苏区振兴发展的若干意见》,为赣南老区送来了实实在在的好政策。这意味着在党中央打响脱贫攻坚战之前，赣南乃至江西全省获得了宝贵的两年多时间，为脱贫攻坚打下了坚实的基础。

2013年，全省认真贯彻落实新一届中央关于加强扶贫开发的重要指示，紧紧围绕全省"发展升级、小康提速、绿色崛起、实干兴赣"和《江西省农村扶贫开发纲要（2011—2020年）》的总体部署全力推动扶贫开发工作并取得了新成效

党的十八大后，党中央把扶贫开发工作纳入"五位一体"总体布局和"四个全面"战略布局，把贫困人员脱贫作为全面建成小康社会的底线任务和标志性指标，作为实现第一个百年奋斗目标的重点工作，摆在更加突出的位置。习近平总书记作出了包括精准扶贫、精准脱贫在内的一系列关于扶贫工作的重要论述，为新时期我国扶贫开发和脱贫攻坚实践提供了根本遵循。

2013年全省各项扶贫政策、措施纷纷出台，扶贫资金投入增长明显，脱贫攻坚效果明显。7月召开的省委十三届七次全会作出了"发展升级、小康提速、绿色崛起、实干兴赣"的新部署，对扶贫攻坚工作提出了新的更高要求。9月17日召开的全省扶贫开发工作会议要求全省各级各部门要把加大扶贫开发力度作为全省小康提速的必由之路，强调"当前和今后一个时期，江西扶贫攻坚只能加强、不能放松，扶贫政策力度只能加大、不能削弱，贫困地区发展步伐只能加快、不能徘徊和停滞"。省委、省政府专门出台了《贯彻落实国务院关于支持赣南等原中央苏区振兴发展的若干意见的实施意见》。省委常委会会议、省政府常务会议多次专题听取全省扶贫开发汇报，研究部署并出台《关于加强扶贫攻坚促进小康提速的意见》要求全省各地重点统筹，七方面的关系，大力实施六大工程，确保现有贫困人口同步实现小康。省里密集出台《关于全面推进农村扶贫帮扶到户工作的意见》《关于实施贫困群众搬迁移民扶贫工程的意见》《关于创新机制扎实推进农村扶贫开发工作的实施意见》等系列重要文件，进一步明确了扶贫攻坚主攻方向，强化了扶贫开发举措，推动全省扶贫和移民事业向纵深发展。

同年，为建立健全"权责明晰、运转协调、工作高效"的工作运行机制，省扶贫办牵头印发了《江西省大中型水库移民后期扶持规划实施管理规定（暂行）》《江西省定点扶贫工作管理办法（试行）》《江西省行业扶贫工作管理办法（试行）》《江西省三峡移民资金和项目管理办法（试行）》《江西省三峡后续工作规划项目建设管理暂行办法》《江西省扶贫和移民工作统计管理办法(试行)》《江西省扶贫和移民工作宣传报道管理办法(试行)》等多项制度和规则,以及《关于在推进扶贫和移民系统党风廉政建设中加强专项资金项目风险防控的意见》,牵头组织编制了《江西省罗霄山片区区域发展与扶贫攻坚实施规划(2011—2015年)》和《江西省集中连片特殊困难地区产业扶贫规划(2011—2015年)》。中央各部委对我省的结对支援力度进一步加大,多达52个中央部门和单位结对支援我省原中央苏区31个县(市、区)。省委、省政府也确定了省领导定点联系县的措施。全省坚持资金向原中央苏区和片区县倾斜,落实原中央苏区中央预算内投资48亿元。省财政安排赣南等原中央苏区、特困片区发展资金5.3亿元,每年统筹资金50亿元支持其新农村点建设。2013年度年投入扶贫和移民专项政策资金共27.33亿元。据初步统计,这一年相关部门和企业向38个扶贫攻坚重点联系县投入帮扶资金及物资折款近5亿多元,新增贷款额度7.3亿元。

2014年,全省紧紧围绕中办25号文件和扶贫开发新纲要的总体部署,凝心聚力,狠抓落实,全力推动扶贫开发和水库移民管理,各项工作进展顺利

1月25日,中央办公厅、国务院办公厅印发《关于创新机制扎实推进农村扶贫开发工作的意见》(以下简称《意见》)。这是继《中国农村扶贫开发纲要(2011—2020年)》实施之后,指导下一阶段扶贫开发工作的又一个纲领性文件。《意见》强调改革创新,集中力量解决突出问题,对于落实中央新时期扶贫开发战略,形成更加协调、更有效率、更可持续的扶贫开发体制机制,加快贫困群众脱贫致富、贫困地区全面建设小康社会步伐。2014年,全省脱贫攻坚成效突出表现在减贫增效、品牌创建、社会帮扶、制度监管四个方面。一是减贫增收实现了预期目标。全省贫困地区和水库移民安置区基础建设进一步夯实,社会公共服务进一步提升,扶持对象自我发展能力进一步加强,稳定增收态势进一步巩固。该年全省重点扶贫区域,赣南等原中央苏区县、罗霄山片区县、扶贫开发工作重点县的农民人均纯收入增长幅度分别达到了16.9%、16%和15.8%,均高于全省平均增长水平4~5个百分点。建档立卡贫困人口由346万人降至276万人,减少70万人,下降19.4%,降幅高于全国2个百分点。贫困发生率为

7.7%,比2013年下降1.5个百分点,下降幅度比全国高0.2个百分点。库区和移民安置区社会稳定持续保持,库区移民人均纯收入达6435元,比上年增长17.01%,高于全省农民人均纯收入增幅5.8个百分点。二是品牌创建取得了预期成果。江西省继续探索创新并扩大搬迁移民扶贫进城镇进园区试点。引导农村贫困人口有组织地流向小城镇、工业园区的成功做法得到全国扶贫开发工作会议高度评价。我省"雨露计划"培训实施方式改革试点的成功经验,被作为典范在全国推广施行。贫困村村庄整治改革工作稳步实施,继续集成资金倾斜支持贫困村扶贫开发。"四位一体"产业扶贫到户品牌培育工作正式启动,开局良好。水库移民工作的创新也卓有成效,大中型水库移民避险解困试点方案获得国家有关部委一次性评审通过,并肯定其为基础工作做得最扎实、编制得最科学完善的一个方案;三峡后续工作的实施,特别是管理措施及效果得到了国务院三峡办稽查组的高度肯定。三是社会帮扶发挥了预期作用。进一步动员了社会力量参与扶贫开发,帮扶工作形式多样力度大,全省各级定点扶贫单位自身投入,以及经驻村工作队协调争取的各类帮扶资金近13.2亿元,帮助贫困村兴修乡村公路6520公里,兴修水利农田受益面积76万亩,修建桥梁1171座,修建饮水工程3714处,引进和培育致富产业3211个,开展实用技术培训6045期,结对帮扶贫困户20.1万户。动员社会力量参与激发了巨大的扶贫潜力,仅"10·17扶贫日"活动,全省就募集社会扶贫资金2.23亿元。四是制度监管达到了预期要求。在2013年完善"2+14"管理制度框架的基础上,进一步落实了扶贫和移民工作各项监管措施,各项工作更加规范有序,全省财政专项扶贫资金在绩效考评中评为全国先进。同年12月2日至3日,召开的省委十三届十次全会,进一步提出了"五年决战同步全面小康"的奋斗目标。

2015年,全省把精准扶贫攻坚作为提高贫困群众获得感和幸福感的"第一民生工程",大力推进以罗霄山片区和贫困县为重点的扶贫开发

2015年是"十二五"扶贫攻坚规划的收官之年,也是实现《中国农村扶贫开发纲要(2011—2020年)》中期目标的关键之年。2015年3月6日,习近平总书记参加全国两会江西代表团审议时,提出了"一个希望、三个着力"重要要求,并多次关切地询问老区群众生产生活情况,嘱咐江西一定要把老区特别是原中央苏区振兴发展放在心上,立下愚公志,打好攻坚战,心中常思百姓疾苦,脑中常谋富民之策,决不能让老区群众在全面建成小康社会进程中掉队,让老区人民同全国人民共享全面建成小康社会成果。5月,省委、省政府出台了《关于全力打好精准扶贫攻坚战的决定》,明确提出了扶贫攻坚的目标、思路、举措,部署打好产业扶贫、保障扶贫、安居扶贫三大攻坚战。此后,省委办公厅、省政府办公厅印发了《江西省贫困县党政领导班子和领导干部经济社会发展实绩考核办法(试行)》,省政府办公厅印发《关于做好"十三五"规划扶持贫困村工作的通知》,省扶贫开发领导小组印发《各行业落实精准扶贫攻坚实施方案》《新一轮定点帮扶贫困村工作安排》和转发《中共吉安县委吉安县人民政府关于全面加强精准扶贫攻坚组织保障体系建设的决定》五个文件;省直23个有关部门和单位出台精准扶贫实施工作方案,分别就社会救助和医疗障扶贫、教育精准扶贫、基础设施扶贫、金融扶贫等,细化成180项配套政策措施,从而构建了全省"1 + 5 + 23"扶贫攻坚政策体系。

10月召开的党的十八届五中全会,将"扶贫攻坚"改为"脱贫攻坚",明确了到2020年实现"两个确保"的新时期脱贫攻坚总目标。12月,中共中央和国务院出台《关于打赢脱贫攻坚战的决定》,向全党全国发出齐心协力脱贫攻坚的动员令。以此为标志,我国全面开启了举国上下齐心协力、迈进新时期脱贫攻坚的新征程。

12月29日,全省经济工作会议暨扶贫开发工作动员部署会议召开。会议要求,举全省之力打赢产业扶贫、安居扶贫、保障扶贫三大攻坚战,确保到2018年,全省基本消除绝对贫困现象,井冈山市等有条件的革命老区贫困县率先实现脱贫摘帽;确保到2020年,现行扶贫标准下贫困人口全部脱贫,贫困县全部摘帽。这是省委向中央立下的"军令状",向全省人民作出的庄严承诺。

2015年,全省以精准扶贫、精准脱贫为核心,大力实施搬迁移民、村庄整治、产业扶贫和"雨露计划"培训等扶贫工程,构建了专项扶贫、社会扶贫和行业扶贫"大扶贫"格局。一是贫困人口规模大幅下降。全省减贫人数达72万人,贫困发生率由7.7%下降为5.7%。贫困地区农民可支配收入增长13.6%,高于全省平均水平3.5个百分点。二是"十二五"期间贫困人口减少238万人,贫困发生率下降6.9个百分点。贫困地区生产生活条件不断改善。全省"十二五"

期间 3400 个贫困村开展了村庄整治建设,较好地整合了新农村建设、村组公路建设、人畜安全饮水、农村危房改造、农网升级改造等项目和资金,五年完成了 1.5 万个贫困村村民小组村庄整治建设任务,这些贫困村组基础设施和公共服务设施得到显著改善,面貌焕然一新。居住在深山区、库区、地质灾害区等生存条件恶劣的贫困群众实施了搬迁移民扶贫,2015 年全省搬迁移民扶贫 10.6 万人。"十二五"期间共有 34.6 万群众"挪穷窝",搬迁到城区、工业园区、乡镇和中心村。三是贫困群众发展的内生动力不断增强。全省 2015 年雨露计划培训工作集中资金用于职业教育和转移就业技能培训,着力提高贫困群众职业技能和转移就业能力。五年间,扶助贫困户子女参加职业学历教育和技能培训达 20 多万人,大大提高了贫困人口发展能力和内生动力。四是库区和移民安置区社会和谐稳定发展。全省有大中型水库移民 160 余万人,按照"精心操作、稳步推进、政策兑现、资金安全"的原则,建立健全各项配套政策,完善资金和项目管理制度,后扶政策全面得到落实。2015 年全面完成了接收安置三峡移民的验收,标志着历经十多年的"国家行动"在我省圆满收官。

2011—2015 年,扶贫开发第二个十年规划的头五年,国家加大了资金投入,五年累计投入 1900 亿元。江西省重点对兴国、宁都、于都、安远、会昌等 17 个县市,以县为基础制定和实施扶贫攻坚工程规划。以贫困村为基本单位实施整村推进,"十二五"期间全省集中扶持 3400 个贫困村。

2016 年,全省以习近平总书记在江西视察工作时重要讲话精神和中央扶贫开发工作会议精神为指导,围绕"十三五"全省脱贫目标和重点任务,把精准扶贫作为提高贫困群众获得感和幸福感的"第一民生工程"来抓,强化组织领导,完善帮扶机制,加大投入力度,按照"核心是精准、关键在落实、确保可持续"的要求,在时间上领先、在模式上创新、在成效上突破,打好了脱贫攻坚年度战役

2016 年是"十三五"规划开局之年,也是脱贫攻坚首战之年。1 月,江西省十二届人大五次会议通过《江西省国民经济和社会发展第十三个五年规划纲要》,把脱贫攻坚工程纳入其中,提出把江西打造成"脱贫攻坚新样板"。2016 年 2 月 1 日至 3 日,习近平总书记亲临江西视察,对江西工作提出了"新的希望、四个坚持"的更高要求,勉励我们要在脱贫攻坚上领跑,不让一个老区群众在全面小康中掉队。视察期间，习近平总书记详细询问革命老区发展情况，特别强调全面建成小康社会一定要让为人民共和国诞生作出重要贡献的革命老区发展得更好。在井冈山市茅坪乡神山村，习近平总书记指出，扶贫、脱贫的措施和工作一定要精准，要因户施策、因人施策，扶到点上、扶到根上，不能大而化之。他强调，我们党是全心全意为人民服务的党，将继续大力支持老区发展，让乡亲们日子越过越好。在扶贫的路上，不能落下一个贫困家庭，丢下一个贫困群众。全省上下以总书记关怀和激励为强大动力，闻令而动，把打好脱贫攻坚战作为重大政治任务。5月，省委、省政府印发《关于坚决打赢脱贫攻坚战的实施意见》，谋划了"十三五"时期全省脱贫攻坚"一二三四十"的工作思路。即："一"是紧紧咬住一个目标，层层分解落实任务，就是到 2018 年提前两年实现 200 万贫困人口全部脱贫，2900 个贫困村全部退出和 25 个贫困县全部摘帽的目标，解决区域性整体贫困问题，到 2020 年，进一步巩固发展精准脱贫攻坚成果稳定实现农村贫困人口不愁吃、不愁穿，义务教育、基本医疗和住房安全有保障（简称"两不愁三保障"），把江西打造成为全国脱贫攻坚样板区；"二"是正确处理好精准扶贫与区域发展、开发扶贫与保障扶贫两大关系，实施精准扶贫方略；"三"是建立健全考核机制、退出机制和投入分配整合管理三大机制，用好政策导向作用；"四"是构建完善政策支撑、组织保障、信息网络、社会帮扶四大体系，提供坚强有力保障；"十"是围绕全省产业脱贫、保障脱贫、安居脱贫三大攻坚战，着力实施产业发展扶贫、就业扶贫、村庄整治、危旧房改造、搬迁移民扶贫、基础设施建设扶贫、生态补偿扶贫、社会保障扶贫、教育扶贫、健康扶贫十大扶贫工程。

2016 年江西省脱贫攻坚的主要成效体现为"一个超额三个显著"。一是减贫目标预期超额实现。年初制定的 70 万人脱贫、500 个贫困村退出、井冈山市和吉安县 2 个贫困县摘帽的减贫目标预期超额实现，贫困地区农民可支配收入增长速度继续高于全省平均水平，贫困群众生活水平明显提升。二是脱贫保障水平显著提高。2016 年全省农村低保标准为月均 270 元（3240 元/年），农村五保分散供养标准达到月均 290 元（3480 元/年），均已超过国家贫困标准。医疗保障贫困人口个人自负费用比例预计将下降到 10% 左右，大大降低贫困群众支出性比例。三是贫困群众发展条件显著提升。积极推进贫困地区基础设施建设，争取农网改造升级工程中央预算 15 亿元、农村安全饮水巩固提升工程 1.3

亿元,省级投入农田水利和环境整治等项目 1.6 亿元,县乡村道路、桥梁项目 4.99 亿元,切实加强了道路、水利、电力、商贸、文化广电和信息网络等建设,改善了贫困地区发展条件。四是合力攻坚氛围显著增强。充分发挥各级党委总揽全局、协调各方的领导核心作用,严格执行脱贫攻坚一把手负责制,形成省市县乡村五级书记一起抓。扎实开展了各级部门定点帮扶贫困村工作,全省共有 3792 个单位、10656 名干部进驻 2900 个贫困村开展帮扶工作,安排落实 30 万结对帮扶责任人。各级集中选派了 2900 名党员干部到 2900 个贫困村担任第一书记,其中,1744 名第一书记兼任驻村帮扶工作队队长。1450 个民营企业也积极投身到助推脱贫攻坚行动中来。

2017 年,全省坚定贯彻习近平总书记扶贫开发重要战略思想,认真落实中央各项决策部署,坚持把脱贫攻坚作为重要政治任务和第一民生工程,按照"核心是精准、关键在落实、确保可持续"的要求,聚焦重点难点,下足"绣花"功夫,深入推进精准扶贫精准脱贫各项任务,针对全省建档立卡未脱贫人口 136.38 万人,加大精准帮扶力度,形成良好攻坚态势

2017 年 2 月,井冈山率先成为全国脱贫摘帽的贫困县。井冈山市牢记习近平总书记"立下愚公移山志、打赢脱贫攻坚战"的伟大号召和"在全面小康的进程中,决不让一个贫困群众掉队"的殷切嘱托,大力弘扬跨越时空的井冈山精神,紧紧围绕"精准、落实、可持续","抓实抓细,经得起检验",以及"保障措施、实际收入、长效机制'三个到位'"的要求,把脱贫攻坚作为头号政治任务来抓。在具体工作中,井冈山突出精准为先,牢牢把握产业、安居、保障、基础设施四大关键,精准施策,采取四项举措:"有能力"的"扶起来",实现家家有致富产业;"扶不了"的"带起来",实现个个有资产性收益;"带不了"的"保起来",实现人人有兜底保障;"住不了"的"建起来",实现户户有安居住房;"建好了"的"靓起来",实现村村有面貌提升。经过这些年的努力,全山城乡面貌发生了巨大变化,农民生活有了较大改善,贫困发生率降至 1.6%,全山群众实现了"两不愁三保障"的奋斗目标。

井冈山市成为全国建立贫困退出机制后首个脱贫摘帽的贫困县,极大地鼓舞了全省打赢脱贫攻坚战的信心和决心。

　　4月11日,省委主要领导专题听取脱贫攻坚情况汇报。5月,省委、省政府带头落实主体责任,密集召开全省脱贫攻坚整改工作电视电话会,省扶贫开发领导小组会议、省成立脱贫攻坚整改工作领导小组,省委书记、省长为组长。与此同时,采取了一系列针对性举措:一是省委理论学习中心组推进脱贫攻坚工作专题学习会、全省脱贫攻坚现场推进会,加大考核力度。明确对25个贫困县领导班子和党政主要领导专类考核,其中扶贫开发情况占总权重60%。在对25个贫困县脱贫攻坚考核的基础上,扩大到对设区市和所有县(市、区)党委、政府。二是突出重点补短板。3月,省政府印发《关于支持鄱余万都滨湖四县小康攻坚的指导意见》,将鄱(阳)余(干)万(年)都(昌)小康攻坚上升为省级战略。在圆满完成脱贫攻坚问题整改的基础上,9月,出台《关于深入推进脱贫攻坚工作的意见》,于第四季度开展全省脱贫攻坚"百日行动"。省委、省政府强调脱贫攻坚的基本方略,精准扶贫精准脱贫,努力做到"六个精准":扶持对象精准、项目安排精准、资金使用精准、措施到户精准、因村派人精准、脱贫成效精准。在全面实施脱贫攻坚"十大工程"的基础上,结合全省实际,有针对性地实施产业扶贫全覆盖、健康扶贫再提升、教育扶贫再对接、易地扶贫搬迁再精准、贫困村村庄整治再推进五大重点工程,确保扶到点上、帮到根上。三是强化工作机制。为保障工作有序推进,省委、省政府进一步强化"省负总责、市县抓落实、乡镇推进和实施"工作机制,实行扶贫开发领导小组"双组长"制。形成省市县乡村五级书记直接抓、部门行业合力扶、扶贫单位倾心帮、驻村干部和基层党员干部结对包的攻坚格局。省里先后印发《江西省脱贫攻坚责任制实施细则》《江西省设区市党委和政府脱贫攻坚工作成效考核办法》《关于进一步加强脱贫攻坚基层基础工作的指导意见》《江西省脱贫攻坚工作检查督导方案》《关于重申第一书记和驻村工作队工作有关要求的通知》等文件,对脱贫攻坚的各项举措进行细化和规范。充分发挥考核"指挥棒"、督导"风向标"、监督"助推器"作用,较真碰硬压实攻坚责任。实行最严考核,从本年起从25个贫困县扩至11个市和107个县(市、区及功能区),传导责任压力,确保脱真贫、真脱贫。坚持常态督导。组建9个督察组常驻各设区市开展督察以"零容忍"的态度严肃查处损害群众利益的不正之风和腐败问题。四是加大资金投入力度。2017年,中央财政安排专项扶贫资金2644亿元,省、市、县各级财政专项扶贫资金投入66.2亿元。全省贫困地区农民年人均可支配收入增幅继续高于全省平均水平,全年实现 48.84 万人脱贫,贫困人口减至 87.54 万人以下,1000 个贫困村退出,全省贫困人口在全国贫困总人口的比例明显下降,贫困发生率明显低于全国水平。全省"十三五"期间 2900 个贫困村到 2017 年年底脱贫退出 1690 个,生产生活条件明显改善,解决区域性整体贫困迈出坚实步伐。江西 2017 年脱贫攻坚工作获得国家考核"好"评,脱贫攻坚质量和成效进入全国"第一方阵"。

同年 11 月,吉安县正式脱贫摘帽退出贫困县。吉安县认真贯彻落实习近平总书记扶贫开发重要战略思想,特别是视察江西时提出的"吉安、井冈山要在脱贫攻坚中作示范、带好头"重要指示精神,把脱贫攻坚作为最大政治任务和第一民生工程,围绕"两不愁三保障",在精准识别、动态管理的基础上,推进产业扶贫、安居扶贫、教育扶贫、健康扶贫、保障扶贫、设施扶贫等十大脱贫工程,投入逾 10 亿元,共 1652 个项目,打出了一套脱真贫、真脱贫的组合拳。截至 2016 年底,全县贫困人口由 2014 年的 14453 户 48660 人,减少到 1833 户 4103 人,贫困发生率由 2014 年初的 12.6% 降至 1.71%。全县 86 个"十三五"贫困村成功退出 83 个。为促进贫困户增收,该县创新推广一户一亩井冈蜜柚、一户一亩横江葡萄、一户一个鸡棚、一户一人进园区务工的"四个一"产业扶贫模式,健全完善担保贷款、贷款贴息、产业奖补、产业保险"四轮驱动"金融扶贫机制,大力推广"支部引领、干部带头、群众参与、贫困户全覆盖"的"四统一分全覆盖"产业发展模式。通过可复制、可推广的三个"四"的吉安县脱贫攻坚模式,确保家家有一个致富产业、户户有一份稳定收入。贫困户人均纯收入由 2013 年的 2760 元增至 6523 元。

2018 年,全省认真学习党的十九大精神,坚决贯彻落实党中央、国务院打赢脱贫攻坚战三年行动决策部署,江西省进一步落实"核心是精准、关键在落实、实现高质量、确保可持续"总要求,狠抓扶贫领域作风建设,把扎实推进精准脱贫攻坚摆在突出位置,作为打好"三大攻坚"硬战中的硬仗,作为千方百计提升老区人民福祉首要任务,脱贫攻坚战三年行动实现良好开局、高点起步,年度脱贫攻坚目标全面落实。继 2016 年井冈山市、吉安县率先脱贫摘帽后,2017 年申请退出的 6 个贫困县(市)顺利通过国家考核评估实现脱贫摘帽

8 月 19 日,《中共中央 国务院关于打赢脱贫攻坚战三年行动的指导意见》发布。"坚决打赢脱贫攻坚战!"以习近平同志为核心的党中央吹响了脱贫攻坚尽锐出战的冲锋号。在决战决胜关键阶段,2018年9月,省委、省政府对标对表中央部署,制定了《中共江西省委、江西省人民政府关于打赢脱贫攻坚战三年行动的实施意见》,确定2018年为深化落实年、2019年为巩固提升年、2020年为全面决胜年,明确了今后三年脱贫攻坚的路线图、时间表和方法论,确保2020年全省脱贫质量和成效位居全国第一方阵。省委、省政府主要负责同志认真履行扶贫开发领导小组"双组长"责任制,靠前指挥,省委、省政府其他领导同志经常一线调研督导,各位省级领导干部认真落实挂点扶贫责任,强化了顶层设计、统筹协调,确定目标、资金投放、组织动员、检查指导责任。狠抓各类监督检查发现问题整改落实,盯紧2018年脱贫攻坚目标,压茬推进实施"春季攻势""夏季整改""秋冬会战"三大行动,实现三年行动良好开局。强化"市县落实"主体责任。省扶贫开发领导小组坚持与市县党委、政府签订脱贫攻坚责任书,进一步强化市县两级党委和政府对本辖区脱贫攻坚的主体责任和组织实施责任。完善常规督察、专项督察、暗访督察相结合的督导检查机制,全面推进常态化督察。建立脱贫攻坚网格化信息管理和精细化服务工作体系,强化市级上下衔接、域内协调、督促检查责任,县级进度安排、项目落地、资金使用、人力调配、推进实施责任。严格考核各设区市和县(市、区)党委、政府脱贫攻坚成效。对2017年度脱贫攻坚成效考核排位靠后的40个县(市、区),省政府领导约谈党政领导。充分利用考核这根"指挥棒",深入推进落实县级党政主体责任和党政主要领导第一责任。强化监督监管责任。充实加强全省深化扶贫领域腐败和作风问题专项治理工作领导小组领导力量,对24个国定贫困县开展为期1个月的脱贫攻坚问题整改"回头看"专项巡视;严肃查处扶贫领域的贪污侵占、虚报冒领、截留挪用、吃拿卡要、优亲厚友和形式主义、官僚主义等突出问题。开通"12317"扶贫监督举报平台,拓宽问题线索反映渠道,及时发现和纠正违规违纪问题。

2018年7月29日,继前一年井冈山、吉安县相继脱贫摘帽后,瑞金市、万安县、永新县、广昌县、上饶县、横峰县正式退出贫困县序列。瑞金市按照"坚持一个引领、建立两个体系、紧扣三个精准、加大四个力度、突出五个注重"的工作思路,推进脱贫攻坚。2015年以来,累计减贫18639户76935人,49个贫困村全部退出,农村居民人均可支配收入由2015年的8251元增长到2017年的10301

元。该市叶坪乡探索建立产业扶贫机制和农村集体资产折股量化模式,成为2017 年在瑞金市召开的全国产业扶贫流动现场会经典案例。如今的叶坪乡已形成了万亩蔬菜、万亩脐橙、万亩白莲、十万生猪、百万蛋鸡的"五个万"基地,打造了"华嬷嬷泡菜""夏罗黄金鱼"等扶贫产品品牌,产业扶贫效益明显,贫困户人均生产经营性收入高出全省平均值 38 个百分点。

万安县通过精准识别、产业脱贫、落实政策、长效帮扶等做法,合力攻坚。贫困人口由 2014 年的 42730 人下降至 2614 人,61 个贫困村已退出 51 个,农村居民人均可支配收入由 2014 年的 6751 元增长到 2017 年的 9530 元。永新县大力弘扬井冈山精神和三湾改编精神,创新推行脱贫攻坚工作方法。2014 年以来,全县共减贫 9903 户 40763 人,贫困村由 106 个减至 10 个,农村居民人均可支配收入由 2014 年的 6667 元增长到 2017 年的 9453 元。广昌县创新举措,打出了产业、安居、健康、教育等一系列扶贫"组合拳",统筹推进脱贫攻坚各项工作。贫困人口由 2014 年的 7332 户 24014 人下降至 549 户 1561 人,47 个贫困村全部退出,农村居民人均可支配收入由 2014 年的 6553 元增长到 2017 年的9364 元。上饶县集中人力、物力、财力、精力,全力打好打赢脱贫攻坚决胜战。贫困人口由 2014 年的 25013 户 96257 人下降至 3579 户 7855 人,91 个贫困村已退出 90 个,农村居民人均可支配收入由 2014 年的 6857 元增长到 2017 年的9520 元。横峰县结合地方实际,形成个性化、差异化、动态化的扶贫举措,集中精力打响了精准再识别、产业再帮扶、村庄再提升、保障再落实四大战役。贫困人口由 2014 年的 6899 户 22912 人下降至 539 户 1645 人,32 个贫困村全部退出。

截至 2018 年年底,全省 2671 个贫困村退出,贫困人口减至 50.9 万,贫困发生率降至 1.38%,并在全国率先开展了城镇贫困群众脱贫解困工作。

2019 年,全省以贯彻落实习近平总书记视察江西重要讲话精神为强大动力,以扎实开展"不忘初心、牢记使命"主题教育为契机,重点聚焦解决"两不愁三保障"突出问题,脱贫攻坚工作取得决定性成效,完成当年脱贫任务,并呈现高质量、可持续良好态势。剩余 7 个贫困县达到了摘帽条件

这一年,省委、省政府牢记习近平总书记的嘱托,把脱贫攻坚作为打好"三大攻坚"硬仗中的硬仗,作为千方百计提升老区人民福祉的首要任务,按照"核心是精准、关键在落实、实现高质量、确保可持续"要求扎实推进。把赣南等原中央苏区、罗霄山片区、鄱阳湖滨湖地区作为脱贫攻坚重中之重,聚焦重点贫困村,在脱贫攻坚新增资金、项目、举措上继续予以倾斜,集中优势兵力攻坚,确保实现年度目标任务。同时,严格落实脱贫摘帽"不摘责任、不摘政策、不摘帮扶、不摘监管"的"四不摘"要求,建立健全稳定脱贫长效机制,强化风险防范,加强返贫监测,完善动态管理,推进脱贫攻坚与乡村振兴战略有效衔接;把打赢"攻坚战"与打好"保卫战"相结合,扎实做好已有脱贫成果巩固提升工作,修好防止返贫的"防御工事",筑起巩固脱贫成果的"铜墙铁壁",筑牢高质量脱贫、可持续发展的基础。

2019年1月召开的江西省十三届人大三次会议,提出确保40万贫困人口脱贫、6个国定贫困县和1个省定贫困县摘帽、剩余387个贫困村全部退出的年度脱贫目标。2月12日,省委书记刘奇主持召开省扶贫开发领导小组会议,要求高质量打赢精准脱贫攻坚战,努力向党中央和全省人民交上一份满意答卷。

4月26日,全省召开解决"两不愁三保障"突出问题和考核整改工作电视电话会议。会上,省委书记刘奇强调,要深入学习贯彻习近平总书记关于扶贫工作的重要论述,强化政治担当,夯实攻坚责任,化压力为动力,变被动为主动,从严从实狠抓整改工作,着力解决"两不愁三保障"突出问题,切实提高脱贫攻坚质量实效,坚决全面打赢精准脱贫攻坚战。

4月28日,省政府正式批复会昌县、寻乌县、安远县、上犹县、石城县、南康区、遂川县、余干县、乐安县、莲花县脱贫摘帽。全省脱贫攻坚取得又一重大战果,为全省如期全面打赢脱贫攻坚战奠定了坚实基础,积累了宝贵经验。省政府同时要求10个县(区)政府要认真总结脱贫攻坚工作经验,在脱贫攻坚期内,坚持"摘帽不摘责任、摘帽不摘政策、摘帽不摘帮扶、摘帽不摘监管",始终保持攻坚态势,把脱贫攻坚各项工作往深里做、往实里做,加大对剩余贫困人口的帮扶力度,持续巩固发展脱贫成果,确保脱真贫、真脱贫、稳脱贫,如期全面完成脱贫攻坚任务。

会昌县坚持以脱贫攻坚统揽经济社会发展全局,所有工作都向脱贫攻坚聚焦,各种资源都向脱贫攻坚聚集,各方力量都向脱贫攻坚聚合,以"一边倒"的态势坚决打赢脱贫攻坚战,2014年底,全县有建档立卡贫困人口14217户62485

人,贫困发生率 14.02%,到 2018 年底,全县未脱贫贫困人口减至 821 户 3274 人,测算综合贫困发生率 0.73%,88 个"十三五"贫困村全部退出,群众满意度 97.96% 的高质量脱贫。

寻乌县,积极传承红色基因,大力发扬唯实求真的寻乌调查精神,坚持真扶贫、扶真贫、真脱贫,按照"精准、均衡、持续、内生"的思路,通过产业扶贫、乡村振兴等措施,坚持脱贫统领,全面落实"1 + 3"工作思路,脱贫巩固提升成效显著:2014 年年底全县有建档立卡贫困人口 51377 人,贫困发生率为 18.9%,省定"十三五"贫困村 69 个(含 9 个深度贫困村),到 2018 年年底,全县建档立卡贫困人口下降至 2052 人,贫困发生率降至 0.75%;省定"十三五"贫困村退出 65 个。

安远县把脱贫攻坚作为首要政治任务和第一民生工程,坚持尽锐出战,狠抓责任落实、政策落实、工作落实。顺利实现脱贫摘帽。聚焦"两不愁三保障",深入落实"六个精准",大力实施脱贫攻坚"十大工程"。狠抓产业就业扶贫,农民收入稳步提高。持续推进农村饮用水安全巩固提升工程,饮水难题基本解决。深入实施教育扶贫工程,全面落实"四道医疗保障线",实行全覆盖、分类别的安居扶贫政策,全县贫困群众实现学有所教、病有所医、住有所居。值得一提的是,安远县在 2013 年以前是全省唯一不通铁路、高速和国道的"三无"县,百姓"出门三步羊肠道,百里千斤靠肩挑"。安远县以交通扶贫项目为抓手,全面加强交通基础设施建设,全县高速公路四面畅通、农村公路网络不断完善,2017年被评为全国"四好农村路"示范县。伴随着交通条件的改善,当地农村电商和特色旅游发展迅速,带动了当地群众脱贫增收。2015 年以来,全县贫困发生率从 13.96% 下降至 0.72%,51631 名贫困群众脱贫、74 个贫困村退出 70 个。

上犹县采用就业扶贫"6 + 1"模式、生态扶贫水土保持减贫模式、精神扶贫"乡间夜话"模式等许多开拓性、创新性做法得到国家、省、市各级领导的高度肯定,全国就业扶贫经验交流现场会、全国"万企帮万村"精准扶贫行动片区座谈会、全国水土保持工作会等一系列国家级经验交流会先后在上犹召开。县委主要领导应邀在全国"2017 扶贫日县域发展与脱贫攻坚论坛"、全省"2018 扶贫日脱贫攻坚论坛"和"2019 中国县域治理大讲堂"上就上犹减贫、脱贫特色做法做经验介绍。上犹县原有建档立卡贫困人口 44606 人,"十三五"省级贫困村 50 个,截至 2019 年底,已实现 44496 人贫困人口脱贫,未脱贫困人口减少至 110

人,50个贫困村已全部退出,综合贫困发生率由2014年底的14.59%下降至2019年底的0.039%。

石城坚持以脱贫攻坚统揽经济社会发展全局,采用"3+X"产业扶贫体系不断完善、"四步曲"培育创业致富带头人的"千人铸造计划"、健康扶贫"五道保障线"、创新推广使用社会扶贫网、社会扶贫扎实推进。全县建档立卡贫困人口由2014年底的49820人减少到2019年底的486人,贫困发生率下降至0.18%。29个贫困村、15个深度贫困村全部摘帽。2019年9月,石城荣获全国脱贫攻坚组织创新奖。

南康区坚持"尽锐出战""挂图作战",以"三集中、一边倒"攻坚态势推进脱贫攻坚。"十三五"贫困村全部退出,贫困发生率降至0.85%左右。

遂川县在脱贫攻坚过程中,依托狗牯脑茶资源禀赋和品牌优势,以"五个一"产业扶贫模式(选准一个产业、打造一个龙头、建立一套利益联结机制、扶持一笔资金、培育一套服务体系)为抓手,积极引导贫困户通过发展茶业实现脱贫致富。同时,充分发挥教育在脱贫攻坚中的基础性、先导性作用,坚持把"办好人民满意教育"当作最大的民生。2014年底,遂川县有建档立卡贫困人口85645人,贫困发生率为15.66%;列入省定"十三五"贫困村的有90个,其中吉安市仅有的8个深度贫困村全部在遂川。截至2018年底,全县贫困户脱贫80678人,贫困发生率降至0.956%;实现省定"十三五"贫困村退出84个。

余干县坚持把脱贫攻坚作为最大政治任务、最大政治责任和最大民生工程,围绕"两不愁三保障""三率一度"目标要求,始终保持攻坚压力态势,持续巩固发展脱贫成果,确保真脱贫、脱真贫、稳脱贫。全县138个"十三五"贫困村全部退出,29841户115901个贫困人口实现脱贫,贫困发生率由2014年的11.4%下降到目前的1.07%,群众满意度达97.27%。

乐安县围绕"两不愁三保障"这一硬要求,聚焦"三率一度"这一硬指标,全面推进产业扶贫、安居扶贫、保障扶贫、健康扶贫、教育扶贫等脱贫攻坚"十大工程",贫困地区面貌一新,工作成效显著。自2014年以来,已脱贫4.4万人,综合贫困发生率由2014年初的14.7%下降至2018年底的0.84%,全县69个"十三五"贫困村全部脱贫。

莲花县持之以恒将脱贫攻坚工作作为引领全县经济社会发展的首要任务抓紧抓实,在大力推进产业扶贫,全面推行"一领办三参与"产业扶贫模式,完善产业扶贫带贫益贫机制，大力推进"两龙头""五个万亩"产业扶贫建设，打造"一乡一品"特色农业产业，按照"瞄准对象、因户施策、扶持到户、责任到人"的要求，全力推进其他扶贫工程，并不断完善保障机制，经过多年的努力，贫困人口由 2015 年底的 31904 人降至 2018 年底的 2237 人，贫困发生率降至 0.97%。依托红色资源优势，深入推进"一乡一景一课"工程，复苏红色故事，修复红色旧址，建设红色场馆，研发红色党课 10 余堂，打造红色景点 23 处。按照"课堂在田野、吃住在农家、人人当教员"的模式，在坊楼镇沿背村创办了"一所没有围墙的干部学院"——甘祖昌干部学院，并采取"随营学校"方式，引导全县众多红色村庄参与其中，两年来共吸引全国各地 3 万余名党员干部前来学习培训。通过组织贫困户销售农产品、开办民宿等方式，带动贫困户增收。2018 年，沿背村以红色培训带动贫困户户均增收 4000 多元，实现村集体经济增收 140 余万元，打造了"红色培训促脱贫"的鲜活样板。

　　2019 年 5 月 20 日至 22 日，习近平总书记再次亲临江西视察，充分肯定江西脱贫攻坚成效，强调要着力解决好"两不愁三保障"突出问题，让老区人民早日过上幸福生活。习近平总书记深情地说，建立中华人民共和国，这是无数革命先烈们用鲜血换来的。现在国家发展了，人民生活变好了，我们要饮水思源，不要忘了革命先烈，不要忘了党的初心和使命，不要忘了我们的革命理想、革命宗旨，不要忘了我们中央苏区、革命老区的父老乡亲们。习近平总书记深入赣州市于都县梓山镇潭头村，实地考察脱贫攻坚、乡村振兴发展情况。在村民孙观发家，习近平总书记从前厅走到后院，从厨房走到卧室，看到厨房里有米有油，卫生间也很干净，连声说"好"。围坐在客厅里，习近平总书记同孙观发一家和当地镇、村干部拉家常，强调各地区各部门要再加把劲，确保老区如期脱贫摘帽，要求我们继续着力推动老区特别是中央苏区加快发展，让老区人民同全国人民一道迈入全面小康社会。习近平总书记的重要讲话，给全省人民以巨大鼓舞和极大鞭策，为江西决战决胜脱贫攻坚提供了根本遵循和行动指南。

　　2019 年，江西省 18 个贫困县摘帽，剩余 7 个贫困县也达到摘帽条件；387 个贫困村圆满退出，至此，全省 3058 个贫困村全部退出；实现 41.1 万人脱贫，贫困人口从 2015 年底的 200 万人减至 9.6 万人，贫困发生率从 5.7% 降至 0.27%；预计贫困地区农民年人均可支配收入增幅持续高于全省平均水平。

2020 年,克服新冠疫情和特大洪水灾害,坚决打赢脱贫攻坚战全面收官、兑现承诺,最后 7 个贫困县全部脱贫,高质量完成全面脱贫目标任务

2020 年,面对百年不遇的新冠肺炎疫情、鄱阳湖流域超历史大洪水和脱贫攻坚收官目标任务,我省全面落实党中央、国务院决策部署,紧盯决胜脱贫任务"必答题",紧扣战胜疫情灾情"加试题",绷紧思想之弦,压实脱贫之责,强化收官之举,把有效调度、有序推进、有力攻坚贯穿全年工作始终,扛住一季度、奋战二季度、提速三季度、冲刺四季度,扎实做好"六稳"工作、全面落实"六保"任务,奋力打好"四战"总攻,全省上下严把脱贫标准关,全面筑牢义务教育、基本医疗、安全住房、饮水安全 4 项保障,把疫情和灾情影响降到最低,坚决如期高质量打赢了脱贫攻坚战。

一是脱贫任务全面完成。4 月 26 日,随着最后于都县、兴国县、宁都县、赣县区、鄱阳县、修水县、都昌县 7 个贫困县正式宣布退出,我省 25 个贫困县全部摘帽,基本摆脱区域性整体贫困!这意味着,现行标准下农村贫困人口全部脱贫,历史性解决了区域整体贫困,高质量消除了群众绝对贫困,全面兑现了向党中央签订的"军令状"、向老区人民立下的"承诺书"。

二是脱贫保障全面夯实。全省贫困人口稳定实现了"两不愁三保障"和饮水安全,失能弱能特困群众基本生活保障全面兜牢,长期困扰贫困群众的住房难、喝水难、上学难、看病难等突出问题全面解决。

三是生活水平大幅提高,贫困群众内生动力得到全面激发。在脱贫攻坚的过程中,从"熬日子"到"奔日子",江西人民用勤劳双手干出了一片新天地,过上了幸福生活。贫困群众的思想观念在脱贫攻坚中发生了从内而外的深刻改变,大家心气顺、干劲足,从心里感恩习近平总书记、感恩党中央。在抗击新冠肺炎疫情中,各地贫困群众积极奉献,主动加入农村防疫第一线,有的向当地政府捐钱捐物,有的主动担任疫情防控宣传员,有的义务担任劝返点值守员,有的主动帮忙运输防疫物资,都为抗疫斗争尽心尽力。

四是人居环境显著改善。贫困地区基础设施和公共服务质量不断提升,农村组组通水泥路全面实现,农村电网改造升级目标提前完成,行政村有线宽带和 4G 网络全面覆盖,老区群众拆除了土坯房、住上了新民居,发生了一系列历史性、标志性、趋势性变化，乡村美丽蝶变换新颜。于都县梓山镇潭头村是有名的红军村，全村有 32 名烈士。受自然地理等因素制约，这里以前发展缓慢、面貌破旧。"梓山潭头，吃苦两头；晴三天，挑烂肩头；雨三天，水进灶头"，曾是潭头村的贫困写照。经过艰苦努力，如今的潭头村已成为远近闻名的生态村，柏油路穿村而过，白墙黛瓦掩映在青山绿水间，一排排现代化标准蔬菜大棚里郁郁葱葱、生机勃勃。习近平总书记视察江西作出"这次在江西，看到农村气象新、面貌美、活力足、前景好"的高度评价。

五是攻坚格局稳固筑牢。完善"省负总责、市县抓落实、乡镇推进和实施"工作机制，各级党政一把手落实扶贫开发领导小组"双组长"制，坚持五级书记带头抓、各级部门合力抓、扶贫干部具体抓，压实攻坚责任，筑牢"党政主导、部门齐抓、社会参与、党建引领、镇村联动"的大扶贫格局。

六是治理能力明显提升。实行"乡镇领导包片、乡镇干部包村、驻村干部驻村、结对干部包户"责任制，贫困村集体经济不断发展壮大，基层党组织凝聚力、战斗力显著增强，密切了党同群众的血肉联系，巩固了党在基层的执政基础。广大扶贫干部淬炼了过硬政治、锤炼了过硬作风、锻炼了过硬本领，培养了一支听党指挥、敢打硬战、能打胜仗的队伍，成为基层工作宝贵财富。

七是治理体系持续完善。建立健全扶贫减贫治理体系，坚持"核心是精准、关键在落实、实现高质量、确保可持续"的要求，出台《关于坚决打赢脱贫攻坚战的实施意见》《关于打赢脱贫攻坚战三年行动的实施意见》等系列政策，完善责任、工作、政策、投入、帮扶、动员、监督、考核"八大体系"，为巩固拓展脱贫攻坚成果、实现同乡村振兴有效衔接提供了丰富经验。

八是创新经验得到肯定。全国就业扶贫、产业扶贫、社会扶贫现场会和消费扶贫观摩培训、致富带头人培训、动态管理培训等先后在我省举办，重点介绍江西经验，产业扶贫、消费扶贫、扶贫小额信贷、易地扶贫搬迁、扶贫扶志行动、巩固提升机制、疫情灾情应对等系列经验模式和创新做法，获得国家肯定推广。

九是脱贫攻坚成效扎实。近几年江西在全国脱贫攻坚成效考核分获"好""较好""好"的等次，连续四年财政专项扶贫资金绩效评价获全国"优秀"等次，近三年累计获国家成效考核奖励 9.9 亿元。2020 年国家脱贫攻坚督查、易地扶贫搬迁评估核查、脱贫攻坚普查及省级专项调查反馈，我省脱贫攻坚取得决定性胜利。习近平总书记视察江西给予"江西脱贫攻坚成效明显,赣南苏区脱贫攻坚取得决定性胜利"充分肯定。

事实充分证明,江西省脱贫攻坚取得伟大成就,归功于习近平总书记对脱贫攻坚思考深邃、部署系统、要求严格,提出了一系列新思想、新观点,作出了一系列新决策、新部署,形成了关于扶贫工作重要论述,为决胜脱贫攻坚提供了根本遵循;得益于总书记对江西脱贫攻坚的厚望重托,给予了老区干部群众担当实干、决胜攻坚的巨大鼓舞鞭策,推动了江西在高质量打赢脱贫攻坚战上作示范、勇争先的强大精神力量。依靠"上下同心、尽锐出战、精准务实、开拓创新、攻坚克难、不负人民"的脱贫攻坚精神,出台了一系列超常规政策举措,构建了一整套行之有效的政策体系、工作体系、制度体系,走出了一条革命老区特色减贫道路,形成了中国特色反贫困理论的江西篇章。

脱贫摘帽不是终点,而是新生活、新奋斗的起点

2021 年,习近平总书记在全国脱贫攻坚表彰大会上指出,"脱贫攻坚战的全面胜利,标志着我们党在团结带领人民创造美好生活、实现共同富裕的道路上迈出了坚实的一大步"。同时强调,"脱贫摘帽不是终点,而是新生活、新奋斗的起点"。并对巩固拓展脱贫攻坚成果、实现同乡村振兴有效衔接作出重要指示,要求"我们要切实做好巩固拓展脱贫攻坚成果同乡村振兴有效衔接各项工作,让脱贫基础更加稳固、成效更可持续",强调"要围绕立足新发展阶段、贯彻新发展理念、构建新发展格局带来的新形势、提出的新要求,坚持把解决好'三农'问题作为全党工作重中之重"。

江西省委、省政府对照《中共中央、国务院关于实现巩固拓展脱贫攻坚成果同乡村振兴有效衔接的意见》部署,印发了《关于实现巩固脱贫攻坚成果同乡村振兴有效衔接的实施意见》,提出了 10 个方面 35 条政策举措,乡村振兴的深度、广度、难度都不亚于脱贫攻坚。2021 年上半年,全省在做好脱贫攻坚全面总结宣传、健全防止返贫监测帮扶机制、着力巩固"两不愁三保障"成果、促进脱贫群众稳岗就业增收、持续帮扶特色产业发展壮大、加强易地扶贫搬迁后续扶持、改善脱贫地区生产生活条件、完善扶贫项目资产监管机制、激励引导持续发展内生动力等方面继续稳步推进,成效显著。

2021 年是党的百年华诞。回首过去百年奋斗路,我们在解决困扰中华民族几千年的绝对贫困问题上取得了伟大历史性成就,创造了人类减贫史上的奇

迹。展望百年新征程,我们正在为全面建设社会主义现代化国家的历史宏愿而
奋斗。征途漫漫,惟有奋斗。全省上下正深入学习贯彻习近平总书记关于党的
历史的重要论述特别是在党史学习教育动员大会上的重要讲话精神,按照党中
央部署要求,扎实开展党史学习教育,学党史、悟思想、办实事、开新局,切实从
党的百年历史中汲取强大智慧和力量,坚定信心决心,以永不懈怠的精神状态、
一往无前的奋斗姿态,真抓实干、埋头苦干,凝心聚力描绘好新时代江西改革发
展新画卷。

县市区篇 》》》

赣县区脱贫攻坚工作纪实

　　赣县区位于江西南部,地处赣江上游,章、贡二水汇流境内,土地面积2993平方公里,下辖19个乡镇、276个行政村,总人口65万。赣县区是经国家审定和江西省人民政府批准的革命老区县,属于国家重点扶持的罗霄山集中连片特困县。土地革命战争时期,赣县是中央苏区的全红县和核心县份之一,毛泽东、朱德、周恩来、彭德怀、陈毅等同志曾经在这里战斗和生活过。赣县区作为革命老区为中国革命作出了重大贡献和牺牲,从20世纪20年代到1949年新中国成立,英雄的赣县人民在中国共产党领导下,前赴后继、浴血奋战,从黑暗走向光明,从苦难走向辉煌。在坚持革命斗争的20多年里,先后有2万多名赣县区儿女参军参战,其中参加中央主力红军的将士有11107人,有姓名可考的革命烈士就多达8775人(烈士人数在江西全省列第7位,在全赣南列第5位),走出了8位开国将军。

　　消除贫困,是人类的共同使命。

　　乡村振兴,是建设美丽中国的关键举措。

　　作为国家级扶贫开发重点县,赣县区直面众多贫困乡村和贫困人口贫困程度深、脱贫基础弱的实际,组织全区党员干部深入学习贯彻落实习近平总书记关于扶贫工作的重要论述,按照中央、省、市脱贫攻坚决策部署,强化政治站位、责任担当和行动自觉,紧盯高质量脱贫目标,狠抓责任落实、政策落实和工作落实,扎实推进精准扶贫、精准脱贫。经过多年持续攻坚,与革命老区群众生产生活息息相关的产业发展、住房保障、安全饮水、道路出行、公共服务、人居环境等领域得到了前所未有的改善,广大群众发自内心感恩共产党、感恩习近平总书记。

以脱贫攻坚统揽发展全局

打好精准脱贫攻坚战,是党中央着眼全局的重大部署,是对全世界作出的庄严承诺,更是中国共产党的初心和使命的重要体现。赣县区从讲政治的高度深刻认识脱贫攻坚重要意义,进一步提高政治站位、强化政治担当,以强烈的责任感肩负起脱贫攻坚的历史使命,始终把脱贫攻坚作为头等大事和第一民生工程来抓,坚持以脱贫攻坚统揽经济社会发展全局,切实提升脱贫质量,举全区之力打好打赢脱贫攻坚战。

强化政治自觉。区委、区政府坚持把学习习近平总书记关于扶贫工作的重要论述,党中央、国务院及省委、省政府关于打赢脱贫攻坚战三年行动的指导意见以及中央、省、市脱贫攻坚的部署要求,列入区委常委会、区政府常务会、区委中心组学习会以及全区扶贫开发领导小组会议的重要内容,第一时间传达学习、研究部署。结合"不忘初心、牢记使命"主题教育,广大党员干部在读原著、学原文、悟原理中,进一步增强"四个意识",坚定"四个自信",做到"两个维护",以高度的政治自觉和责任担当,坚决扛起脱贫攻坚政治责任,推动各项精准扶贫、精准脱贫任务落到实处、取得实效。

强化责任压实。区委、区政府坚决扛起全区脱贫攻坚主体责任,由区党政主要负责同志担当第一责任人,建立由党政"一把手"牵头抓总、分管领导抓具体业务和行业扶贫、县处级干部抓包乡(镇)的工作机制。压实乡(镇)村主体责任,要求乡(镇)党政正职、村党支部书记和第一书记将主要精力用于脱贫攻坚。压实部门行业扶贫责任,分别由党政分管负责同志牵头落实,抓好分管领域行业扶贫的统筹调度。压实结对帮扶单位和干部的帮扶责任,因村因户施策,推进扶贫政策落实。压实纪委监委监督责任,聚焦扶贫领域,做到扶贫推进到哪里、监督就跟进到哪里。

强化调度推进。区委、区政府高频调度、高位推动,每月至少一次专题研究脱贫攻坚工作,定期召开扶贫开发工作领导小组会议,2019年共召开31次区委常委会、18次区政府常务会议、14次扶贫开发工作领导小组会议研究脱贫攻坚工作。按照省委推进"春季整改""夏季提升""秋冬巩固"三大攻势的部署,结合全区实际,聚焦"两不愁三保障"核心指标,稳步实施全覆盖排查、问题清零整改、基础设施攻坚、脱贫质量巩固、群众满意度提升"五大攻坚行动",扎实开展问题清零、项目建设、农村环境整治"三大百日攻坚行动",以及全覆盖开展脱贫成效"回头看"普查行动,确保村村交账、户户过硬。

强化尽锐出战。建立以村为单位的工作落实机制,为全区276个村配备由县处级或科级干部担任的"大村长","大村长"每周三天以上到村开展扶贫工作,统筹调度挂点联系村脱贫攻坚工作,发现并解决难点问题。始终坚持"五级书记"抓扶贫,落实区委书记遍访贫困村,区领导遍访所挂乡村,乡镇党委书记遍访贫困户,"大村长"、第一书记和村书记遍访农户"四个遍访"行动。建强攻坚力量,134个单位与全区276个行政村结对联系,每一个贫困户都安排一名干部结对帮扶,实现结对帮扶全覆盖;选派了276支驻村工作队,派出718名干部到村担任第一书记或驻村工作队长、队员,其中精心选派517名优秀和年轻干部一线锻炼,占比72%。2016年以来,全区提拔重用脱贫攻坚一线干部256名,占比84.21%。2019年提拔重用扶贫一线干部70名,占比87.5%,树立在扶贫一线培养选拔干部的鲜明导向。

强化问题整改。把中央脱贫攻坚专项巡视反馈问题整改作为脱贫攻坚的总抓手,作为检验"两个维护"的重要标尺。区委认真履行整改主体责任,及时成立整改工作领导小组,制定整改方案、细化整改措施,抓紧抓实整改工作。至2019年底,中央巡视反馈指出的39个共性问题,脱贫攻坚形式主义、官僚主义22个共性问题,2018年省级党委和政府扶贫开发工作成效考核发现的共性问题以及江西省存在的41个突出问题,已全部整改到位。同时,坚持举一反三,扎实做好整改"后半篇"文章,把建章立制贯穿巡视整改全过程,进一步完善制度、堵塞漏洞,从源头上防止类似问题发生。

党建引领提供攻坚政治保证

脱贫攻坚工作开展以来,赣县区以"坚持党建引领促进脱贫攻坚"为理念,创新党建工作方法,充分发挥党支部战斗堡垒和党员先锋模范作用,提升党建与脱贫攻坚深度融合,不断提升党组织决胜脱贫攻坚硬战能力,不断增强党组织和党员助民致富的作用,为打赢脱贫攻坚战提供坚强有力保证。

抓牢基层基础。坚持党对脱贫攻坚的全面领导,建强基层组织,把党建资源转化为脱贫优势,筑牢脱贫攻坚的主心骨。扎实推进基层党建,大力整顿软弱涣散村党组织,保持乡镇党政正职稳定,大幅提升村干部报酬,进一步增强乡村两级的战斗力。贯彻"党建＋"理念,把党建工作贯穿脱贫攻坚全过程、各方面,确保脱贫攻坚始终沿着正确方向、稳步推进。注重把发展村级集体经济作为推动脱贫攻坚、提升基层党组织服务功能的重要途径,出台发展扶贫示范基地等 8 大扶持政策,突破传统的村级集体经济发展思路和模式,积极探索村级集体经济发展新路子,明确加快发展村级集体经济的 10 条途径,增强村级集体经济实力。截至 2019 年 12 月底,全区所有行政村集体经济经营性收入均达到 5 万元以上。

加强干部培训。采取分层分批、全员覆盖方式,开展扶贫业务"大培训",培训对象覆盖所有县处级干部、乡镇单位主要负责人、驻村第一书记、村支部书记以及驻村工作队员和其他帮扶干部,提高干部脱贫攻坚能力。仅 2019 年,区级层面举办业务培训 15 期,培训干部 3800 多人次。各乡镇各单位分别组织业务培训,特别是加大对帮扶干部、村组干部的培训力度,提高对脱贫政策、村情户情、工作要求的熟知程度,切实打通政策落实的"最后一公里"。

深化作风治理。深入推进扶贫领域腐败和作风治理,着力整治形式主义、官僚主义问题。加大脱贫攻坚工作和作风建设督查力度,通过明察暗访、电话抽查及专项检查等方式,对脱贫攻坚中干部履职、扶贫政策落实及形式主义、官僚主义等问题开展督查,推动干部作风转变、集中精力抓扶贫。对扶贫领域的问题,发现一起,查处一起。

聚焦重点精准落实各项政策

扶贫开发工作,贵在精准,重在精准,成败之举在于精准。赣县区深入贯彻精准扶贫精准脱贫基本方略,坚持目标导向和问题导向相结合,突出抓重点、补短板、强弱项,聚焦发力推进政策落实、责任落实、工作落实。

教育扶贫断穷根。实行教育扶贫"双线排查"机制,落实贫困家庭子女异地就学补助,提高资助精准度,做到"应补尽补、不漏一人"。2016 年以来,累计发放各类资助金 1.98 亿元,资助学生 14.44 万人次,其中建档立卡贫困户子女 8.08 万人次,建档立卡贫困家庭就学子女资助实现全覆盖,为 11266 名高校学生办理助学贷款(含续贷)8936.82 万元。全面落实联控保学"双线责任制",做好劝学返学、特殊教育和送教上门等工作,做到精准施策、应返尽返,确保建档立卡贫困户子女不因贫辍学。

健康扶贫除病根。全面落实基本医疗保障,筑牢基本医保、大病保险、补充保险、医疗救助"四道医疗保障线",落实贫困人口参保财政补贴政策,实现了贫困人口参保全覆盖。2019年1至12月,建档立卡贫困人口住院报销22445人次,住院总费用10011.92万元,"四道医疗保障线"报销9035.34万元,报销比例为90.25%,达到了90%的适度要求;全面落实住院"先诊疗后付费"和"一站式"结算。区内29家医疗机构全部实施了先诊疗后付费,贫困患者出院时通过医保信息系统实行"一站式"即时结算,只需缴纳经"四道医疗保障线"报销后个人自付费用;全面落实贫困慢性病患者救治政策;组织开展门诊特殊慢性病乡镇巡回鉴定工作,为慢性病患者提供全覆盖下沉式服务。截至2019年12月底,全区城乡贫困慢性病患者已审核认定14688人。对贫困慢性病患者家庭医生签约服务应签尽签,并加强了健康管理和随访服务。全面提升医疗卫生服务水平,扎实推进提升卫生计生服务能力三年行动,改扩建8所乡镇卫生院,公开招聘卫生专业技术人员充实到乡镇卫生院工作;加大了乡村医生培养力度,先后选送102人进行订单式定向培养。

住房改造保安居。组织人员进行全覆盖、无盲点排查。对有意愿、有经济能力、住房不安全、符合条件的"四类人员",通过新建、维修加固方式累计完成3021户危房改造,其中建档立卡贫困户2540户;对无劳动能力、无经济能力、无安全住房的农户,通过政府兜底新建、盘活置换等方式,建设1551套农村保障房,其中建档立卡贫困户856户。对所有贫困户住房进行安全等级鉴定,对辖区内有人居住的土坯房聘请第三方机构进行安全等级鉴定。组织人员对危房改造开展技术指导,同时通过购买服务对项目审核、监管、验收等过程进行抽检,确保危房改造质量。

安全饮水惠民生。对全区农村人口饮水现状进行了全面摸排,并建立了贫困人口饮水安全工作台账。在此基础上做到分类施策,对百吨千人以上集中供水工程进行管网延伸、水源保障等巩固提升;对中心村(自然村)采取引山泉水、水井改造的方式新建633处小微型集中供水工程;对居住分散的村民采取配送供水管材、水泵等以户办项目的方式解决。分期、分批对全区所有农户饮水水质状况进行全覆盖检测,经检测,所有贫困户饮用水的水质、水量、方便程度全部达到国家饮水安全评价标准。

提升质效推进高质量脱贫

产业扶贫是拔除穷根的治本之策,就业扶贫是稳定脱贫成效的重要途径。

赣县区按照"五个一"产业扶贫机制,积极扩大产业扶贫覆盖面,因地制宜引导贫困群众发展蔬菜、甜叶菊、乡村旅游等主导产业。围绕打赢脱贫攻坚三年行动目标,积极抓好易地扶贫搬迁和促进贫困户就业和创业,注重扶贫同扶志、扶智相结合,把激发贫困人口内生动力、增强发展能力作为根本举措,拓宽脱贫门路,高质量推进脱贫攻坚。

抓实产业扶贫。落实"五个一"产业扶贫机制(选准一个产业、打造一个龙头、扶持一笔资金、建立一套利益联结机制、健全一套服务体系),培育脐橙、蔬菜、油茶、甜叶菊、烟叶等农业主导产业,因地制宜发展畜禽、蜂蜜、腐竹、林下经济等特色产业,并落实消费扶贫、信贷扶持、产业奖补、技术培训等系列政策,鼓励贫困户通过自主或参与合作社等新型农业经营主体发展产业。紧紧扣住产业扶贫目标,全区发展油茶29万亩、脐橙10万亩、蔬菜9.5万亩、甜叶菊和烟叶0.76万亩,有效地带动了一批贫困户发展产业并获得稳定收益。2016年以来,累计发放产业奖补1.17亿多元,受益贫困户13.26万户次;累计发放扶贫小额信贷7.24亿元,惠及贫困户16245户;培育产业扶贫基地及新型农业经营主体91个,吸纳带动贫困户671户(人);培育贫困村创业致富带头人303名;贫困户产业覆盖率达73.89%。大力实施光伏扶贫工程,投入1.08亿元,并网总装机规模1.82万千瓦,覆盖182个"十二五"和"十三五"贫困村,并规范了扶贫电站收益分配和运维管理机制,在壮大村集体经济、帮扶特殊困难群体上发挥了重要作用。

推进就业扶贫。积极落实就业扶贫各项政策,通过开发公益性岗位、就业扶贫车间、劳动力转移就业、就业技能培训、"雨露计划"等措施,帮助有就业能力和就业愿望的贫困劳动力实现就业。开发村卫生保洁员、农村公路养护员、护林员、河道保洁员等扶贫公益性岗位,2019年安置3313名贫困劳动力就业。创办就业扶贫车间34个,吸纳贫困劳动力320名。引导贫困劳动力外出务工,2017年以来,累计拨付交通补贴31884人次计1350.41万元。结合实际开展就业创业培训,2016年以来开展贫困劳动力就业技能培训4572人次,就业率达72%。

实施易地扶贫搬迁。"十三五"期间,建设易地扶贫搬迁集中安置点27个,共安置2160户9301人,已全部搬迁入住。着眼"搬得出、稳得住、能脱贫",强化后续帮扶措施,通过就业扶持、公益性岗位、发展产业等方式,让搬迁户获得稳定收入。强化社区服务管理,采取建设点内服务中心和村(居)委会代管方式成立社区服务中心,提供物业管理、就业信息、技能培训、社保医保、入学就学等配套服务,让搬迁对象享受社区服务带来的便利。

改善村庄面貌。积极改善基础设施,加强农村基础设施建设,实现村村建有卫生室、户户通生活用电,行政村通动力电等目标,276 个行政村 100% 通 4G 网络和有线光纤宽带网络,通信、宽带、电视“三网”全覆盖。2016 年以来投入 6.1 亿元,新增硬化村(组)公路 1150.7 公里,窄路面拓宽及破损公路路面修复 553.5 公里,全区 25 户以上自然村已全部通水泥路。大力整治村庄环境,实行农村环卫一体化,全面建立了区城管部门统一管理的“户分类、村收集、统一转运、统一处理”城乡一体化生活垃圾转运处理体系,农村生活垃圾治理实行一体化第三方治理,实现了生活垃圾收集转运处理率 100%。以滴水穿石的韧劲攻克深度贫困,聚焦 19 个深度贫困村,安排资金 2.56 亿元倾斜支持。充分抓住 19 个省厅领导与赣县区深度贫困村“一对一”结对帮扶的机遇,大力争取项目和资金的支持。对重度残疾人、孤寡老人、长期慢性病患者等特殊贫困群体,在兜底保障等方面倾斜,确保特殊贫困群体兜得住、兜得牢。

强化志智双扶。注重发挥群众主体作用,持续增强贫困群众内生动力。积极利用好互联网、手机报、“赣县区扶贫政策”微信公众号等新媒介宣传扶贫政策,使扶贫政策深入人心。积极开展脱贫致富典型选树、“我的脱贫故事”“致富典型宣讲十九大”等系列巡回宣讲、群众性文艺演出等活动,用身边正面典型、身边的事引导身边的人,让贫困群众学有榜样、行有示范、追有标杆。扎实开展乡风文明行动、农村志愿服务以及“党旗引领、五星创评”活动,引导贫困户在感恩奋进中不断改变精神面貌、坚定脱贫信心。

多措并举凝聚脱贫攻坚合力

动员各方力量参与脱贫攻坚。中组部从 2016 年开始,累计选派 21 位同志到赣县区挂职;自然资源部从 1987 年到现在定点扶贫 30 多年,不遗余力,倾情相助,践行老区不脱贫、扶贫不脱钩的承诺;科技部从 2012 年开始对口支援赣县区,帮助赣县争取国家政策、资金、项目,尤其是尽心尽力支持创建国家高新区,为赣县区乃至整个赣南老区创新驱动发展、增强“造血”能力提供了平台支撑。省市挂点帮扶单位依托职能优势,精准助力所挂村脱贫攻坚。同时,深入开展“百企帮百村”、扶贫一日捐等社会扶贫活动。2016 年以来,全区“百企帮百村"精准扶贫行动累计投入帮扶资金 5439.57 万元,为 1149 名贫困户提供了就业岗位或技能培训,捐助贫困人口 14082 人;成立了乡镇教育基金 19 个,筹集助学金 2442.38 万元,为入学困难的贫困学生捐资助学。

提高资金绩效。坚持增加政府扶贫投入与提高资金使用效益并重,按照标准安排区级财政专项扶贫资金,健全与脱贫攻坚相适应的投入保障机制。通过整合涉农资金、向上争取资金、盘活存量资金、压缩一般性开支等方式,多方筹措、全力保障,集中财力用于脱贫攻坚。2016 年以来,共投入扶贫资金 52.56 亿元。在资金投向上,聚焦"两不愁三保障",统筹推进贫困村和非贫困村,建立了扶贫项目管理、扶贫资金精准使用、动态监控、绩效管理等机制,确保资金运行规范安全、精准有效。

增强"造血"功能。充分依托赣县区蔬菜、脐橙等主导产业,发挥赣南脐橙、铭宸蔬菜、"五云桥"蔬菜等品牌的示范引领作用,进一步扩展从育苗、种植到冷链、配送的全产业链条,并量身定制苗木供应、技术培训、订单销售等措施,让贫困群众多渠道参与到产业发展上来,脐橙、蔬菜成为群众的"脱贫果""致富菜"。五云镇是闻名中心城区的"菜篮子",全镇有 325 户贫困户直接参与蔬菜产业;王母渡镇潭埠村是脐橙产业专业村的典型代表,全村 93 户贫困户中有 35 户参与种果并全部光荣脱贫。

加强动态管理。紧扣"一收入两不愁三保障"基本要求和核心指标,按照要求,全面排查、反复甄别,严防"漏评",确保不漏一户、不落一人。对上级反馈疑似数据进行比对核实,利用大数据手段,强化国办系统数据的更新完善,注重提升数据质量。同时,结合动态管理工作,对贫困户信息进行更新,不断提高区国办系统数据质量。抓实"两摸底一核查",严把要求开展入户调查摸底,严格审核数据,并完成系统录入。

深化成果巩固。坚持稳定脱贫和防止返贫"一起抓",不断巩固提升脱贫成效。兜牢综合保障底线,按照"应保尽保、应退尽退"原则,开展低保专项整治,发挥兜底保障脱贫功能。截至 2019 年 12 月底,全区共有农村低保对象 11831 户 24437 人,其中建档立卡农村低保对象 9182 户 20967 人,2016 年以来发放农村低保金 2.94 亿元。加大临时救助力度,2016 年以来共救助困难群众 6393 户,发放资金 784.09 万元,防止因突发性困难致贫返贫。持续巩固脱贫成效。加大残疾证办理力度,全面落实残疾人"两项补贴"政策,2016 年以来发放"两项补贴"2231.6万元。围绕"三落实",对276个行政村全面开展"回头看",聚焦"两不愁三保障"过筛排查,确保脱贫质量;加强村庄整治、基础设施等项目以及易地扶贫搬迁安置点项目后期管护,确保扶贫项目持续发挥作用;为全区农业人口购买防贫责任险,防止因灾、因病等突发事件返贫致贫。

在脱贫攻坚的一场场硬战中,赣县区各级党组织和广大党员干部响应党的号召,奋力践行使命初心,主动扛起责任担当,坚定信心,顽强奋斗、攻坚克难、扎实苦干,脱贫攻坚取得决定性胜利,高质量脱贫取得高质量成效。至2019年底,全区101个"十三五"贫困村(含深度贫困村)全部退出,5675户贫困户计18884个贫困人口全部脱贫,贫困发生率由2014年底的14.8%下降至0.53%。全区贫困乡村经济社会发展明显加快,贫困治理能力明显提升,贫困群众收入水平大幅度提高,贫困地区基本生产生活条件明显改善,昔日贫穷落后的革命老区发生了翻天覆地的变化。2020年4月26日,江西省人民政府宣布,经县(区)级申请、市级初审、省级专项评估和向社会公示等程序,赣县区符合贫困县(区)退出条件而正式脱贫退出。区委、区政府以高质量脱贫的实际成效兑现"小康路上,不让一个贫困群众掉队"的庄严承诺,贫困老区群众的获得感、幸福感、自豪感大大增强。站在新时代新的起点上,赣县区人民将在区委、区政府的带领下,紧紧围绕党确立的"两个一百年"奋斗目标,深入贯彻习近平新时代中国特色社会主义思想和党中央、国务院各项决策部署,扎实推进全面脱贫和全面小康的有效衔接,积极争当革命老区高质量发展示范区排头兵,以昂扬的斗志谱写新时代中国特色社会主义赣县区的新篇章!

上犹县脱贫攻坚工作纪实

  上犹县地处江西省西南部、赣州西部,罗霄山脉诸广山支脉东麓,全县土地面积 1543 平方公里,辖 6 镇 8 乡 1 个城市社区管委会、131 个行政村 16 个居委会,总人口 32 万,素有"水电之乡、茶叶之乡、旅游之乡、观赏石之乡"的美誉。

  上犹是江西第三大移民库区县,国家和地方先后在上犹江建设了 7 座大中型梯级水电站,库区面积相当于全县耕地面积,造成了 3.8 万库区移民。上犹是典型山区县,"八山一水半分田,半分道路和庄园"是上犹地形地貌的真实写照,人均耕地不足半亩。上犹是原中央苏区的重要组成部分,土地革命战争时期,上犹一度成为河西片区革命斗争的领导和指挥中心,全县有名有姓的革命英烈有 2199 名,开国将军 4 名。

  由于库区移民县、典型山区县、原中央苏区县的特殊县情,上犹曾经一度基础薄弱、贫困面广、贫困程度深,被列入国家扶贫开发重点县和罗霄山区集中连片特困地区扶贫攻坚县。近万群众住着透风漏雨的土坯房,喝不上干净水,看不到有线电视,住房难、饮水难、上学难、就医难、出行难,成为上犹全面小康路上的一道道沟沟坎坎。

  从 1980 年起,国家每年给予上犹扶贫资金支持,扶持上犹改变贫困落后的面貌。最初,上犹的扶贫工作是采取救济式扶贫(即送钱送物),缓解贫困户生活困难、物资和资金紧缺,基本解决温饱问题。到"八五"期间,特别是实施"八七"扶贫攻坚计划以后,国家加大扶贫力度,增加资金投入,扶贫工作注重从单纯救济转向经济开发、依靠科技进步和提高农民素质。在加强基本农田建设,提高粮食产量的基础上,采取"短、平、快、种、养"一起上的办法,发展多种经营,以短养长,增加后勤保障,按照"山上茶果竹、水中鱼蟹珠、田里粮菜药、栏内猪羊兔"的农业产业框架,培植扶贫产业。到2000年,上犹的贫困状况有了改善,基本解决大多数贫困户的温饱问题。

党中央作出打赢脱贫攻坚战的决策部署以来,上犹县委、县政府始终坚持把脱贫攻坚作为头等大事和第一民生工程来抓,牢记习近平总书记"决不能让老区群众在全面建成小康社会进程中掉队""江西要在脱贫攻坚上领跑"的殷殷嘱托,按照"核心是精准、关键在落实、实现高质量、确保可持续"的目标要求,采取超常规举措,尽锐出战、全力攻坚。上犹就业扶贫"6+1"模式、生态扶贫水土保持减贫模式、精神扶贫"乡间夜话"模式等许多开拓性、创新性做法得到国家、省、市各级领导的高度肯定,全国就业扶贫经验交流现场会、全国"万企帮万村"精准扶贫行动片区座谈会、全国水土保持工作会等一系列国家级经验交流会先后在上犹召开。县委主要领导应邀在全国"2017扶贫日县域发展与脱贫攻坚论坛"、全省"2018扶贫日脱贫攻坚论坛"和"2019中国县域治理大讲堂"上就上犹减贫、脱贫特色做法做经验介绍。

上犹县建档立卡贫困人口12954户44606人,"十三五"省级贫困村50个(其中6个深度贫困村)。截至2019年底,已实现12913户44496人贫困人口脱贫,未脱贫困人口减少至41户110人,50个贫困村(其中6个深度贫困村)已全部退出,综合贫困发生率由2014年底的14.59%下降至2019年底的0.039%,农村人均可支配收入由2014年的6835元上升到2019年的11551元。

2019年4月,上犹县以"零漏评、零错退、高满意度"的优异成绩,顺利实现高质量脱贫摘帽。摘帽后,上犹县严格落实"四个不摘"工作要求,聚焦"两不愁三保障"工作目标,扎实开展脱贫质量"回头看",积极探索稳定脱贫的长效机制,不断巩固提升脱贫成果。

尽锐出战,奏响脱贫"主旋律"

上犹县坚持以脱贫攻坚统揽经济社会发展全局,把最好的政策资源向脱贫攻坚倾斜,把最强的人员力量向脱贫攻坚聚集,把最多的时间精力向脱贫攻坚投放,用最严的督查考核为脱贫攻坚护航,为打赢脱贫攻坚战提供了强有力的保障。

压实了县、乡、村"三级书记"抓扶贫的主体责任,实行县领导包乡镇(含贫困村)、工作队包村、帮扶干部包户的"三包"责任机制和"县级指挥部、乡镇工作站、村级作战室"三级指挥网络,构建了上下贯通、责任到底、合力攻坚的责任落实体系。112个县直(驻县)单位、11个市派单位、4个省派单位和1个中央部委机关共128个单位在上犹开展驻村帮扶工作,全县每个行政村都有1名第一书记、2名常驻队员长年驻村,每一家贫困户都有干部结对帮扶,每一名干部都有结对帮扶的贫困户,实现了双向全覆盖。

县政协办公室主任科员胡洪正是全县131名"第一书记"中的一员。2015年,他被机关选派为驻寺下镇杨梅村工作队队长兼任"第一书记"。到村后,他围绕基层组织建设、特色产业发展、群众生产生活等情况,走遍18个村民小组的家家户户,4本民情日记密密麻麻记录了该村的"家底"和产业发展实情。摸清村情后,他把打响"牛"品牌作为发展产业的突破点,与农户算收益,向专家学技术,和保险公司谈保障,在县、镇、村三方的积极倡导推动下,一项"政协委员/企业家+贫困户+合作社"共享养牛扶贫模式迅速铺开,并迅速筹集了帮扶资金62万元,辐射带动组建了4家养牛专业合作社,建设了7个肉牛养殖基地,帮助207户贫困户发展肉牛养殖。目前,杨梅村117户343人贫困人口已全部脱贫,通过惠民项目政策的实施,群众满意度得到提升。

在上犹,类似胡洪这样扎根基层、倾心倾力帮扶困难群众的扶贫干部还有许许多多。脱贫攻坚以来,上犹始终坚持把全县所有领导力量安排到扶贫第一线,把各单位最优秀的干部派往攻坚主战场。实施了"县级领导帮扶7户贫困户、科级干部帮扶6户贫困户、一般干部帮扶5户贫困户"的"765"结对帮扶制度,县委书记带头遍访贫困村,县党政主要领导、县委副书记还挂点深度贫困村,乡镇党委书记遍访贫困户。30%的行政村第一书记由副科以上干部担任,70%的村第一书记均由单位后备干部担任,做到了尽锐出战。推行了"332"工作机制,全县帮扶干部3天时间做业务工作(周一至周三)、3天时间集中扶贫(周四至周六)、2天晚上开展"乡间夜话"活动(周四、周五晚上),做到时间精力"一边倒"。全县扶贫干部用"特别顾大局、特别敢担当、特别重协作、特别能吃苦、特别讲奉献"的脱贫攻坚精神,为困难群众脱贫致富增添了强劲助力。

上犹县用最严的纪律作风为脱贫攻坚护航。建立了精准扶贫大督查机制,组织6个督查组常态化上户抽查、明察暗访。推行脱贫攻坚工作清单制,列出了从县委书记到一般帮扶干部的12类人员责任清单,通过督查发现问题,通过工作清单落实任务,确保脱贫攻坚各项工作有力有序。大力开展扶贫领域腐败和作风问题专项治理,集中整治形式主义、官僚主义等问题,打造了"风清气正、廉洁扶贫"的优良环境。充分发挥选人用人"风向标"作用,近三年提拔重用的干部有超过三分之二来自扶贫一线,以鲜明的用人导向凝聚了脱贫攻坚强大合力。

精准识别,夯实扶贫"强基础"

上犹县坚持把精准识别作为精准施策的前提和基础,全面摸清扶贫对象、盘清家底"贫根",紧紧扣牢脱贫攻坚"第一粒纽扣"。

严格了识别标准,对照贫困标准,认真核算农户家庭人均收入,综合考虑家庭支出和就学、就医、住房"三保障"情况,紧盯低保户、残疾户、大病户、无劳力户、住危房户等重点人群,做到符合条件的按程序"应纳尽纳",不符合条件的"一户不进",确保不"漏评"。规范了识别程序,按照农户申请、村小组评议、村小组公示、村民代表评议、村委会公示、乡镇人民政府审核和县精准办批准"七步法"程序,结合"七清四严"要求开展大数据比对,确保不"错评"。强化了动态管理,通过用好大数据平台、规范业内资料、开展"回头看"、实行返贫预警等措施,全面加强对贫困对象的动态调整和精准管理,实现贫困人口进退有序、分级管理、动态监测,确保不"错退"。对已脱贫贫困人口实行"脱贫不脱政策",避免出现边脱贫、边返贫的现象,做到了应纳尽纳、应扶尽扶。

聚焦靶心,打好政策"组合拳"

脱贫攻坚以来,上犹县围绕"两不愁三保障",切实出台了一系列推动责任落实、政策落实、工作落实的文件,量身制定了产业、就业、教育、健康、安居、兜底等十大扶贫工程专项行动方案,统筹整合了各类资金 21 亿元用于精准扶贫、精准脱贫,开通了扶贫工程项目"绿色通道",打出了一套"户脱贫""村退出""县摘帽"的脱贫攻坚组合拳。

产业扶贫助"造血"

上犹县按照"选准一个产业、打造一个龙头、建立一套利益联结机制、扶持一笔资金、健全一套服务体系"的"五个一"产业扶贫模式,大力实施"543"工程,即:发展五大主导产业(茶叶、油茶、蔬菜、食用菌、光伏),建立四种带贫模式(自主发展、就业务工、合作社链接、致富带头人引领),落实三项扶持政策(产业奖补、链接带动、资产受益),有力提升贫困群众参与产业发展的积极性和带贫益贫辐射面,确保家家户户都发展或链接有一至两项产业。

"千山环野立,一水抱村流。"在中国名茶之乡——梅水乡园村,举目环望,浓郁客家风格的民居掩映在绿树丛中,茶园里一畦畦如玉带的茶树随风舞动,仿佛走进了一个如诗如画的"世外桃源"。贫困户吉发育正在采摘新茶,得益于上犹县产业扶持政策,他家的2亩田都种上了茶叶,每亩每年仅鲜叶收入就有6000多元。吉发育坦言,在茶叶种植初期,大家都很彷徨,就怕自己的那点血汗钱投进去了收不回来,也怕自己的"命根子"一亩三分地,一旦种上茶树就难复垦。为打消村民顾虑,园村致富带头人犹江绿月公司头两年以每亩每年400斤稻谷的租金租赁农民农田,并免费提供茶苗。农民负责管理好茶树,采摘的鲜叶,公司以市场价全部收购。不用投入,还有土地租金和收成,于是,村民纷纷把山当田来耕、把茶当稻来种。通过"公司+合作社+基地+农户"的形式,园村茶叶产业由过去分散低效、质量把控难、对市场反应迟缓的小作坊生产,变成了如今的育苗、种茶、制茶、销售一条龙产业链,小茶叶成为村民致富的"黄金叶"。目前,园村拥有茶叶面积5680亩、茶叶加工厂15家,人均茶叶面积1.43亩,仅近两年,全村就有100多人借"茶"脱贫。

园村是上犹县抓实产业,帮助贫困群众"造血"脱贫的一个缩影。近几年,上犹充分发挥传统产业的链接作用,建有34万亩油茶、10万亩茶叶、4万亩珍贵花卉苗木等40个产业基地,仅"两茶"一项就联结带动3000余户贫困户脱贫;提升特色产业的带贫功能,建设了15兆瓦光伏电站、3000余亩高标准设施蔬菜和200多个食用菌栽培棚,产业收益主要用于保障失能、弱能贫困户分红和增加村集体经济收入;凸显金融扶贫的撬动作用,"产业扶贫信贷通"累计发放贷款6.5亿元,惠及7800余户贫困户和170家新型农业经营主体。2016年以来,全县落实产业奖补到户项目4.3万项(2.6万户),发放奖补资金6500余万元,户均奖补达2500元,有效激发了农户发展产业的积极性,帮助贫困群众"造血"脱贫。

就业扶贫稳增收

上犹县大力推行就业扶贫载体建设,按照政府引导、企业自主、市场化运作的可持续发展思路,创新推行就业扶贫"6+1"模式,打造了集就业、创业、培训"三位一体"的6大就业创业平台(即:乡村工业就业扶贫车间、就业扶贫农业基地、劳动就业组织、新型农村就业合作社、就业扶贫专岗和小微企业创业园),建立了1套"扶勤不扶懒"的奖补工作机制,既满足贫困劳动力"挣钱顾家两不误"

的需求,又缓解企业发展面临的用地用工难题,为就业扶贫工作提供了有力保障。

比如针对零散扶贫车间货源不稳定、持续发展难的问题,上犹力推"企业 + 扶贫车间 + 贫困户""母鸡带小鸡"模式,引进光电、服装等亿元"母鸡"产业,发展持续稳定的乡村就业扶贫"小鸡"车间,链接了千余名贫困人口就业创业,家住黄埠镇上丰村的田满妹正是其一。田满妹的丈夫早年左眼受伤,行动不便,家中孩子在读书,一家人的生计都靠她一人承担,但患有四级肢体残疾的她却无法外出务工,全家被纳入建档立卡贫困户。为改善家庭条件,帮扶干部介绍她到上犹光电科技产业园扶贫车间工作,不仅离家近,每月还有 2000 多元的收入。田满妹满心欢喜:"每天上班步行 10 分钟就到了,有时下班早还能和儿子一起回家,既可以赚钱,又可以照顾小孩,真是太方便了!"

目前,上犹县建有乡村就业扶贫车间 64 个,开发就业扶贫公益性岗位 4050 个,发放误工工资补贴 2100 余万元,安置了大量贫困家庭弱劳动力。以"培训一人,就业一人,脱贫一户"为目标,开办了种植、养殖、电商、缝纫、烹饪、家政服务等农村实用技术培训班,培训贫困劳动力 1 万余人次。大力鼓励贫困群众外出就业,累计输出跨省、跨县就业贫困劳动力 3.5 万余人次,发放一次性交通补贴 1500 余万元,贫困群众依靠勤劳的双手脱贫致富。上犹就业扶贫"6 + 1"模式,有力拓宽了就业扶贫康庄大道,让贫困群众就业有岗位、创业有舞台,得到各级领导的高度肯定,被人力资源社会保障部推荐申报评选"全球优秀减贫原创案例",全国、全省、全市的就业流动现场会先后在上犹召开。

教育扶贫"斩穷根"

上犹县紧扣"劝学成功率 100%、资助发放率 100%、群众知晓率 100%"的工作目标,在学生资助、控辍保学、资源配置、质量提升等方面精准发力,全面推进教育扶"智",帮助贫困群众"斩穷根"。

学生资助方面,严格落实教育扶贫资助政策学校校长与乡镇属地双负责制度,建立了贫困户子女从幼儿园到大学的全覆盖资助体系。2015 年以来,全县累计发放各类资助金 6700 余万元,资助学生 8.3 万人次,为 1.4 万名高校学生办理助学贷款(含续贷)1.1 亿元,确保贫困家庭学生各项教育资助政策应享尽享。

控辍保学方面,建立了"政府主导、行业牵头、部门联动、学校落实"的工作责任体系。每学期开学初,全县中小学组织教师深入社区、村组,对适龄儿童少年失学、辍学情况进行摸排,对开学初未按时报到的学生,落实"六对一"劝返工作制度(即1位乡镇领导、1位乡镇干部、1位村(社区)干部、1位教育局领导、1位学校领导、1位学校教师同时对口劝学1名学生)。针对残疾儿童少年,推行特殊教育学校就读、义务教育普通学校随班就读、"千名教师访万家"送教上门"三管齐下",确保全县没有一个学生因贫失学、因贫辍学。

14岁的黄羽是教育扶贫政策的受益者之一。黄羽患有先天性四肢痉挛型小儿脑瘫,行动不便。看着孩子一天天长大,却没法踏进学校,黄羽的奶奶李金秀十分担忧,怕孩子将来连字都不认识。后来,黄埠镇中心小学安排4名教师两人一组,每星期至少一次到黄羽家送教上门,雷打不动、风雨无阻。经过长时间的努力,黄羽已能准确完成图形、颜色的识别和简单的算术,也学会了选台看电视。看着性格逐渐开朗的黄羽,奶奶李金秀心中的大石终于落地。

健康扶贫减支出

上犹县全面落实健康扶贫"四道保障线"(基本医保、大病保险、商业补充保险、医疗救助)政策,推行"三个一批""先诊疗、后付费"绿色通道和家庭医生签约服务等健康扶贫政策。全县贫困人口累计报账13.7万人次,报销2.4亿元,贫困患者人均疾病住院医疗费用报销比例控制在90%左右,患者医疗负担大幅减轻。率先设立了1000万元的城乡困难群众"暖心基金",重点对边缘贫困群众发生突发性重大疾病给予救助,现已发放救助金400余万元,近900人次患者从中受益,有效防止边缘户因病致贫返贫。

在大山深处的水岩乡太乙村,贫困户叶考凤忙完手头上的活后,搀扶着丈夫谢甫贵上了二楼房间,里面堆放着血液透析的药品和设备。不幸患上尿毒症的谢甫贵,每隔4个小时就要做一次透析,每月药费4000多元,一度成为家庭难以承受之重。县里出台健康扶贫政策后,谢甫贵每月的透析费降至500元,家庭医药费用支出锐减。帮扶干部还介绍夫妇二人在附近的扶贫车间务工,月均可赚2000元。叶考凤常常感言:"多亏了党的好政策,为我们撑起了一片天!"

安居扶贫"挪穷窝"

上犹县积极推进新建改造、维修加固、兜底安置、集中供养、易地扶贫搬迁五项举措,全面解决贫困群众住房安全问题。

比如在易地搬迁扶贫中,上犹按照"整体搬得出、长期稳得住、逐步能致富"的工作目标,积极拓宽融资渠道,整合涉农资金,实施边远山区、库区、地质灾害易发区移民搬迁,高标准规划建设了梦想家园、寺下新圩、社溪等 6 个易地扶贫搬迁安置点。来自安和乡鄱塘村的赵承胜正是入住县城"梦想家园"易地扶贫搬迁点众多幸运儿中的一位。赵承胜早年在矿山务工时,因一次事故砸伤了脚,一直不能干重活,妻子患有严重风湿病,儿子又在上大学,家里负担比较重,还欠有不少债务。在帮扶干部的帮助下,他自力更生,不仅发展了油茶和毛竹产业,还经常到县城周边一些乡镇打零工。然而,白天在外打工,晚上要回到偏僻的村里住,第二天一早又要返回县城,来回奔波,十分辛苦。2018 年 10 月,上犹县举行第三批"梦想家园"易地扶贫搬迁对象集中搬迁入住仪式,赵承胜喜笑颜开,拿着新房钥匙和政府赠送的大礼包,叩开了梦寐以求的新房大门。他激动地说:"我做梦都没想到有这么好的政策,国家给我建了这么好的房子,现在我出来外面做事再也不愁了!"

目前,上犹县累计完成 4166 户 D 级危旧土坯房新建改造、1124 户 C 级危旧土坯房修缮加固;建设 882 套农村保障房,让特困群众"拎包入住";引导 157 户分散供养五保户入住敬老院集中供养;建设"梦想家园"等 6 个集中安置点,570 户搬迁对象落实了易地扶贫搬迁,所有群众都圆了"安居梦"。

兜底保障筑防线

聚焦完全无劳动能力的特殊困难群众,上犹县构建了"低保 + 特困人员供养 + 残疾人补贴 + 临时救助"的综合性兜底保障体系,筑牢脱贫攻坚"最后一道防线"。加强了兜底保障扶贫规范化、精准化管理,通过入户走访调查、系统核对、大数据比对等方式,实现对象精准、数量精准、保障精准。加大了各类保障救助力度,逐年提高补助标准。5 年来,累计发放低保金 1.72 亿元、五保金 3100余万元、临时救助资金 191 万元、医疗救助资金 1980 万元、残疾人"两项补贴"1412 万元等,切实兜住特困群众生产生活底线,实现了应保尽保、应扶尽扶。

内外兼修,增强发展新动能

扶贫不仅要帮助贫困群众"站起来",更要让群众"走的远"。脱贫攻坚以来,上犹县坚持立足当下、着眼长远,既抓实了乡村基础设施和人居环境改善,强化脱贫"硬支撑",又抓好了扶贫扶志感恩教育,增添脱贫"软实力",内外兼修,为打赢打好脱贫攻坚战注入强大动能。

完善"硬件"提升发展能力

上犹县紧扣贫困村退出标准,大力推进"七改三网"基础设施建设和"8 + 4"公共服务功能配套。累计投入近 10 亿元资金用于贫困村和非贫困村基础设施改善,县域内各类道路全面升级,25 户以上自然村通组公路全部硬化,一条条国道、省道、县道,打开了四面八方的"山门",四通八达的乡村公路方便了千家万户。大力实施水利扶贫,农田灌溉能力、江河防洪能力、水资源配置水平进一步提高。100% 的农户通了生活用电,100% 的村委会通了动力电,广电网络、电信网络实现全覆盖。村村都有卫生室、活动场所、综合文化服务中心,公共服务能力大幅提升。

盛夏时节,沿着新建的"四好"农村公路驱车 20 分钟,来到陡水镇长坑村,只见青山环绕、绿树葱茏、小溪潺潺、鱼翔浅底,几十亩荷花竞相开放,美不胜收。难以想象这里曾是交通落后、土坯房遍布、环境"脏乱差"的贫困村。发生翻天覆地变化的远不止长坑村一个。几年来,上犹县大力推进农村人居环境整治,累计拆除"空心房"435 万平方米;以"三清洁四整治""五净一规范"为抓手,集中攻坚环境短板;全面开展了农村生活垃圾治理、污水处理和"厕所革命"。如今,全县农户都用上了卫生厕、饮上了安全水、住上了安全房,村容村貌焕然一新,一个个"整洁美丽、和谐宜居"美丽乡村如颗颗明珠一般,点缀在"梦里水乡、美丽上犹"这幅绚烂多彩的画卷里。

扶贫扶志激发内生动力

上犹县坚持精神扶贫与物质扶贫并举并重,通过开展自立教育、素质提升、自立激励、自尊治理的扶贫扶志感恩"四大行动",不断强化群众的"进取"意识和"感恩"意识,激发脱贫致富内生动力。一方面加强正面引导,充分发挥"乡间夜(午)话"、新时代文明实践中心、新闻媒体的宣传教育阵地优势,开展"话脱贫、颂党恩""三讲一评"、扶贫文艺演出等活动,切实增强贫困群众获得感。另一方面,注重反面约束,积极开展乡风文明行动和"赣南新妇女运动",发挥好村民议事会、红白理事会、村规民约等作用,加强乡村道德教化,引导群众移风易俗,带动和树立文明乡风。

月上柳梢头,乡居灯火明。在营前镇下湾村众厅内,村民们正聚在一起围桌夜话。驻村干部宣传了最新的扶贫政策,就排水设施完善、粮食生产、环境整治、乡村振兴等问题,向村民代表们一一答疑解惑,现场气氛十分热烈。当晚,还为村里的脱贫典型家庭、清洁卫生家庭、孝老爱亲家庭等先进典型颁发了证书,发放了小礼品,获奖农户脸上露出了灿烂的笑容——这是上犹县创新开展"乡间夜(午)话"活动的一个精彩瞬间。近几年,上犹每年开展"夜(午)话"活动2000多场次,覆盖了全部村民小组。干部群众"同照一盏灯、同围一张桌、同坐一张凳、同谈一席话",访民情、讲政策、解民忧、议发展,传递了"扶贫不扶懒""脱贫光荣"的政策导向,充分激发了贫困群众自力更生、感恩奋进的脱贫斗志,群众参与乡村公共事业的积极性、获得感和满意度不断提升。上犹"乡间夜(午)话"活动已成为干部的"练兵场"、干群的"连心桥"、发展的"助推器",得到广大群众的一致好评,也得到省委主要领导的高度认可。

创新举措,巩固脱贫"好成色"

脱贫摘帽不是终点,而是新生活、新奋斗的起点。上犹县始终坚守初心,全面贯彻落实习近平总书记关于扶贫工作的重要论述和视察江西(赣州)重要讲话精神,严格落实"四个不摘"工作要求,紧扣"两不愁三保障"开展脱贫质量"回头看",建立完善巩固提升长效机制,为实现脱贫攻坚与乡村振兴有序衔接奠定坚实基础。

全力化解疫情影响

2020年初,面对突如其来的新冠疫情,上犹县高度重视,迅速出台各类防疫措施和扶持政策,全县干部群众凝心聚力,共同打好疫情防控阻击战,积极化解疫情对贫困群众造成的影响。

上犹县在省、市措施的基础上,切实制定了本县应对疫情巩固脱贫成果20条政策措施,对帮扶发展产业、稳定解决就业、落实民生工程、筑牢保障底线、强化项目支持5大方面20项重点工作进行了明确和细化。比如,对扶贫农产品和农资开辟物资调拨及人员转运绿色通道,对因疫情导致农产品滞销的,经核实后给予损失部分30%的补助,并通过媒体宣传、机关、医院等食堂优先采购、电商平台集中采购、"以购代捐"等方式帮助其扩宽销售渠道。在社溪镇严湖村蔬菜基地,本该在春节期间上市的30万斤红辣椒,因疫情影响导致滞销,县里第一时间派出记者跟进宣传报道,帮助其联系电商平台、投放线下超市等,在县扶贫办、农业农村局等有关部门的通力协作下,不到一个星期,30万斤红辣椒就销售一空,基地减少了疫情带来的损失,链接的30多户贫困户也如期获得了增收。

针对复工企业招工难和春节后返乡滞留人员就业难的双重难题,上犹县一方面依托"互联网＋就业"线上就业服务平台,及时在网上发布就业信息,页面浏览量近30万次,开辟网上岗位推送、线上语音面试等招聘绿色通道,贫困群众足不出户便可在线选岗应聘。另一方面,积极搭建线下劳动力对接平台,组织各乡镇劳动力与企业一对一、面对面交流,分批次开展专场招聘会,仅4天就组织了3000余名群众到园区企业务工。对于疫情期间吸纳贫困劳动力就业的企业、个体户以及贫困劳动力本人,上犹还在原有的补助标准基础上每人每月再提高100元的岗位补贴,并为每个行政村新增2名公益性岗位,有效实现了贫困劳动力稳岗就业。

针对严格管控期间群众生产生活问题,上犹县各乡镇广泛推行"线上下单、送货上门"的村民代购服务模式,架起贫困户农产品销售端和群众生活需求端之间的桥梁。期间涌现了许多感人的故事,如油石乡水村贫困户刘知莲,年过花甲依然坚守在一线,每天为广大村民送去生活物资;双溪乡大石门村贫困户罗光其,脱贫不忘感恩政府、回馈社会,既当疫情防控志愿者,还捐款1000元用于支持当地抗击疫情等等。此外,乡村干部、第一书记、驻村工作队和近3000名帮扶干部组成了强大队伍,大家按照县里《工作清单》的统一部署,采取电子科技手段全面开展结对帮扶工作,当好疫情防控的"指导员"、生活物资的"代购员"、排忧解难的"服务员"。全县贫困群众吃、穿等基本生活得到保障,分类复学工作平稳有序,贫困户住房、农村饮水工程均未受到影响,未发生因疫情致贫、返贫的现象,做到了防疫脱贫"两手抓、两不误"。

构建脱贫长效机制

贫困县摘帽后,上犹县坚持继续攻坚如期脱贫与防范风险遏制返贫紧密结合,统筹推进深度贫困挂牌督战和脱贫成果巩固提升,建立健全7大巩固提升长效机制,扎实做好了脱贫攻坚后半篇文章。

建立健全了党建引领机制,深入推进抓党建促脱贫攻坚,全面强化农村基层党组织领导核心地位。加强了村"两委"班子建设和村干部队伍建设,出台了村干部管理规定,从制度上推进村干部队伍结构优化,发挥好县委校主阵地和远程教育平台作用,分期分批对村书记、主任等村干部进行轮训,提升村干部综合能力;加强对"第一书记"的日常管理,按"一村一策"整顿方案持续整顿软弱涣散村党组织,增强村级党组织战斗力;建立村党组织领导下的村级经济组织,完善了村级集体经济收益分配制度和管理办法,做到每个行政村村级集体经营性收入达5万元以上,并实现稳定增长。

建立健全了动态监测返贫机制,聚焦"两不愁三保障"脱贫标准,通过开展脱贫攻坚回查、贫困动态监测、建立返贫预警程序、实施防贫干预等方式,有效防止非贫困户致贫和已脱贫户返贫。比如,开设了精准防贫保险,按照每人每年60元标准承保农村人口3万人,有效防止"因病、因学、因灾(含意外事故)、因赔偿责任、因生产资料损失"五大因素致贫返贫。

建立健全了稳定增收机制,围绕产业扶贫增收、对接服务、风险保障三大方面,做好现有产业基地提升发展、培育多元化新型经营主体、完善利益联结机制、推进农产品产销对接、加强涉农保险保障等工作,持续巩固产业扶贫成果。

建立健全了综合保障机制,充分整合扶贫资源和社会力量,继续实施好低保、特困人员救助供养、临时救助、社会捐赠、灾害应急救助、健康扶贫四道保障线、"暖心基金"、贫困人口人身意外保险等制度,全力保障贫困群众基本生活水平。

建立健全了扶贫项目运维管护机制,按照"谁受益、谁管理"的原则抓好扶贫资金项目后续管理,使项目得到深度利用、综合利用和持续利用,充分发挥项目效益,巩固项目建设成效。

建立健全了志智双扶教育机制,深入开展扶贫扶志行动,注重培育主体意识,教育引导贫困群众感党恩、听党话、跟党走。发挥致富带头人头雁效益,切实加强产业、就业技能培训,有效提高贫困群众的脱贫能力。

建立健全了持续投入保障机制,统筹整合财政涉农资金、县本级资金、上级各项专项资金、社会扶贫资金等,实现脱贫攻坚资金投入力度不减。全方位加强了扶贫项目资金监管,防止扶贫资金被挤占、挪用等违纪违规问题的发生,严格落实公告公示制度,确保各类扶贫资金安全规范高效使用。

有序衔接乡村振兴

上犹县对标对表全面建成小康社会目标,统筹推进"三个衔接",实现了脱贫攻坚与乡村振兴"同频共振"。

推进了生态发展理念的衔接。坚持把"绿水青山就是金山银山"贯穿于打赢脱贫攻坚与实施乡村振兴战略的全过程,立足上犹县资源禀赋,加快发展生态农业、生态工业和生态服务业,构建健康、美丽的绿色家园,让良好的生态环境成为提高人民生活质量的增长点。

推进了规划政策体系的衔接。把脱贫攻坚产业培育、人居环境整治、基础设施建设、项目提升等纳入乡村振兴战略规划,统筹考虑产业发展、人口布局、公共服务、土地利用、生态保护,形成城乡融合、区域一体、多规合一的规划体系。将脱贫攻坚理论成果及实践经验有机融入乡村振兴政策体系和制度框架中,有序推动特惠性政策向普惠性政策转变、临时性帮扶政策向常态化支持政策转变,实现脱贫攻坚与乡村振兴战略"一张蓝图绘到底"。

推进了摆脱贫困到生活富裕的衔接。加快农业转型升级向高质量发展,完善县乡村物流基础设施网络,让农产品出村进城;深化农村承包土地"三权"分置改革,盘活农村"沉睡"资源,实现集体经济和群众收入"双增收"。改善了薄弱学校基本办学条件和乡镇卫生院、村卫生室医疗条件,全面提升农村教育、医疗卫生、社会保障、养老、文化体育等公共服务水平,推动了农村基础设施和公共服务提档升级,为乡村振兴打牢扎实基础。

扬帆力排千重浪,砥砺奋进争上游!上犹县坚持思想不松、队伍不散、政策不变、力度不减,聚焦难点节点、狠抓工作落实,努力将脱贫攻坚成果转化成高质量跨越式发展的强大动力,在红土地上续写新的时代荣光。

安远县脱贫攻坚工作纪实

安远县是国家扶贫开发工作重点县、罗霄山集中连片特困县,辖 10 乡 8 镇,152 个行政村,总人口 40 万,全县建档立卡贫困户 12084 户 53776 人,"十三五"贫困村 74 个(其中,深度贫困村 7 个)。2016 年以来,安远县深入贯彻习近平新时代中国特色社会主义思想和党的十九大精神,始终把脱贫攻坚作为首要政治任务和头号民生工程来抓,全面落实中央、省、市关于脱贫攻坚的决策部署,坚持以脱贫攻坚统揽经济社会发展全局,严格按照"六个精准""五个一批"要求,狠抓责任落实、政策落实、工作落实,突出抓好精准识别、产业发展、民生事业、基础设施、整村推进、生态扶贫"六个先行一步",实现高质量脱贫摘帽目标,于 2019 年 4 月退出贫困县序列。先后获得全国革命老区减贫贡献奖、全国电子商务进农村综合示范县、全国首批"四好农村路"示范县、2017 中国果业扶贫突出贡献奖、全省农业和农村工作先进县、全省新农村建设先进县、全省高质量发展综合考评先进县、赣州市科学发展和扶贫开发综合考核评价先进县等一大批市级以上重要荣誉。

脱贫摘帽后,安远县严格按照"四个不摘"和"三个落实"的要求,重点聚焦"两不愁三保障",统筹抓好新冠肺炎疫情防控和决战决胜脱贫攻坚工作,扎实推进剩余贫困人口"清零行动",顺利接受了 2019 年度省际交叉检查和国家脱贫攻坚普查,全力巩固提升脱贫攻坚成果,圆满完成年度减贫任务。目前,全县贫困户 12084 户 53776 人全部实现脱贫,74 个"十三五"贫困村全部退出。

提高政治站位,强化责任担当,举全县之力打好打赢精准脱贫攻坚战

安远县始终把脱贫攻坚作为首要政治责任,深入贯彻落实习近平总书记关于扶贫工作的重要论述,将最优秀的干部往脱贫攻坚一线聚集、最优质的资源向脱贫攻坚一线倾斜、最优良的作风在脱贫攻坚一线彰显。

认真履行主体责任。严格落实五级书记抓扶贫工作要求,明确工作责任,层层传导压力,形成了党政主要领导亲自抓、分管领导具体抓、行业扶贫部门各司其职,上下协同、社会参与、通力合作的良好工作局面。一是强化思想认识。深入学习贯彻习近平总书记关于扶贫工作重要论述和习近平总书记视察江西(赣州)重要讲话精神,通过县委理论学习中心组学习会、县委常委会、县政府常务会、工作调度会、分类培训和宣传宣讲等方式,把中央、省、市关于脱贫攻坚的决策部署和工作要求落实到全县各级干部的思想和具体行动上。特别是县委、县政府主要领导坚持带头上党课,带头深入乡村开展宣传宣讲,有力推动脱贫攻坚工作开展。二是完善政策体系。把脱贫攻坚纳入全县高质量发展重要考评事项和干部教育培训内容,并作为领导班子和领导干部考核任用的重要指标。抓好顶层设计和精准部署,制定出台了《安远县“十三五”脱贫攻坚规划》《关于坚决打赢脱贫攻坚战如期实现脱贫摘帽的实施意见》《关于深入贯彻习近平总书记扶贫开发战略思想以脱贫攻坚统揽经济社会发展全局的意见》《关于打赢脱贫攻坚战三年行动的实施方案》等一系列指导性意见和配套方案,量身制定了产业、就业、消费、教育、健康、安居、金融、生态、社会保障、基础设施、整村推进等行业扶贫政策,构建了较为完善的扶贫政策体系。三是加强组织领导。成立由县委书记为组长、县长为第一副组长的县精准扶贫工作领导小组。安排县委专职副书记、专职常委及1名副县长、1名县人大常委会副主任、1名县政协副处级干部具体抓脱贫攻坚工作。成立脱贫摘帽攻坚工作“六组一团”,由县委常委担任组长、团长;18个乡(镇)均设立了脱贫攻坚工作团,由挂点县领导担任正、副团长,“住村包乡”开展工作。成立县精准扶贫工作领导小组办公室,在乡(村)设立精准扶贫工作站(室)。每个行政村安排1名县领导或乡(镇)、帮扶单位主要负责人担任村脱贫攻坚“第一责任人”,协调推进村脱贫攻坚工作。四是高频协调调度。坚持县委常委会、县政府常务会及领导小组会每月专题调度机制,严格落实“三个遍访”要求,县委书记遍访所有行政村和偏远村民小组,县政府县长遍访所有行政村及村民小组。县四套班子领导和帮扶单

位主要负责人通过会议调度、现场调度等方式,扎实推进脱贫攻坚工作。县委书记主动扛起脱贫攻坚"第一责任人"责任,挂点深度贫困村,每月至少5天深入扶贫工作一线调度脱贫攻坚工作。同时,采取不打招呼、一插到底的方式,深入乡村开展明察暗访,并对发现的问题明确整改要求,确保工作实效。县政府县长挂点深度贫困村,定期调度脱贫攻坚工作,解决具体问题。行业扶贫分管县领导、挂点县领导和各村脱贫攻坚"第一责任人"定期调度脱贫攻坚工作,乡(镇)党政主要负责人坚持每周调度1次脱贫攻坚工作。

始终做到尽锐出战。一是配强帮扶力量。持续抓好结对帮扶工作,做到"四不减";144个中央、省、市、县机关单位和18个乡(镇)派出3700余名干部与贫困户结对帮扶,向156个行政村(居)派出第一书记和驻村工作队,实现了单位挂村、干部结对帮扶联系贫困户和扶贫工作队驻村"三个全覆盖"。二是夯实基层堡垒。积极推进党建促脱贫,在全省创新开展有活动阵地、有党建经费、有专职人员、有健全制度、有组织活动、有宣传载体、有台账资料、有落实机制、有先进典型、有工作特色的基层党组织"十有"规范化建设,全面提升基层党组织的组织力、凝聚力、战斗力。注重从乡村致富带头人、返乡创业人才、大学生村官中选拔优秀人才进入村(居)"两委"班子,选优配强基层组织力量。发挥村扶贫专干和"三小组长"作用,带动引导广大群众积极参与脱贫攻坚。三是保障时间精力。制定各级干部的工作责任清单,明确县四套班子领导、各行业扶贫单位和挂点帮扶单位主要负责人每月在乡(镇)、村工作2天以上,集中精力抓好脱贫攻坚工作。根据各阶段任务,实行每月2天的帮扶干部"扶贫工作日"制度,确保帮扶有时间、干部有精力、工作有落实。

持续加大资金投入。统筹整合、用好用活各类资金,确保有限资金优先保障脱贫攻坚。一是多方筹措资金。在2016年至2019年累计投入57.28亿元用于脱贫攻坚的基础上,2020年,积极采取"向内整、向外引、向下筹、向上争"的方式,截至当年11月,全县共投入79761.97万元用于脱贫攻坚。充分发挥脱贫攻坚项目资金管理中心和脱贫攻坚工程项目"绿色通道"作用,优化项目审批,严格资金管理,实施限时办结,确保工程项目实施进度和资金使用效益。同时,建立健全扶贫项目运营管护机制,按照"所有权与监管权相统一、受益权与管护权相结合"的原则,明确扶贫项目权属、管理主体、监管责任和管护义务,确保长期发挥效益。二是发挥国家部委特殊优势。交通运输部、中华全国供销合作总社、中央党校等国家部委不仅在项目上、资金上、人才上给予大力支持,还充分发挥各类资源优势,大力引导大型央企、社会团体和民间组织支持安远扶贫事业。其中,对接协调国开行给予安远县金融支持7.78亿元,推动赣南脐橙交易中心、农资配送中心等一批重大项目落户安远并建成运营,推荐电商"每日优鲜"开展电商扶贫,协助销售农产品530万元。三是引导开展社会扶贫。持续推进中国社会扶贫网参与对接群体扩面、对接帮扶资源扩容、社会宣传覆盖扩大、推广应用队伍扩充,全力促进社会扶贫资源与需求规范有效对接。发挥统一战线作用,组织100多家非公企业(商会)以产业就业帮扶、公益捐赠等形式,参与安远县脱贫攻坚,并与贫困户结对帮扶。积极引导社会团体、外出乡贤、返乡能人等社会力量通过捐资助学等方式,助力脱贫攻坚。

坚持精准方略,突出工作重点,
用绣花功夫落实落细脱贫攻坚各项政策措施

在确保扶贫对象精准基础上,紧紧围绕"一收入两不愁三保障"和贫困村退出标准,因村因户精准施策,突出抓好"六个先行一步",大力实施脱贫攻坚"十大工程",力争实现高质量脱贫摘帽。

在精准识别上先行一步,认真扣好"第一粒扣子"。坚持把精准识别作为精准扶贫、精准脱贫的首要环节,核准对象、摸清家底、查实原因,确保"不漏一户、不错一人"。一是严格识别标准。根据收入标准和"两不愁三保障"情况,聚焦低保户、五保户、残疾人户、危房户、独居老人户、重大疾病户等重点人群,组织干部力量逐村、逐户、逐人"过筛",做到符合条件的"应纳尽纳",不符合条件的"一户不进"。二是规范识别程序。严格按照"七步法"程序,把好对象条件、民主评议、对象公示、监督检查"四道关口",并结合"七清四严"要求,开展大数据比对,精准识别贫困人口。三是实行动态管理。先后组织开展核查清洗"回头看"、精准识别"查缺补漏"等工作,对不符合建档立卡条件的农户做到"应退尽退",对符合建档立卡条件的农户做到"应纳尽纳",实现贫困人口进退有序、分级管理、动态监测。同时,对达到脱贫标准的贫困户,严格按照规定程序予以退出,确保精准脱贫。

在产业发展上先行一步,帮助贫困户稳定增收。把产业就业扶贫作为实现贫困户脱贫增收的关键之举,优先实施产业扶贫,大力开展就业帮扶,千方百计让贫困群众的手脚动起来、腰包鼓起来、经济富起来。一是长短结合推进产业扶贫。坚持长短结合,认真落实"五个一"和"一领办三参与"产业扶贫机制。通过完善产业直补奖补政策,扶持贫困群众发展短期见效快的种养产业项目,实现增收脱贫目标。2016 年以来,全县累计发放产业补助 68686 户 13702.1197 万元,一大批贫困户通过自主发展产业实现了脱贫。同时,围绕脐橙等主导产业,着力培育新型农业经营主体,通过采取土地流转、入股分红、就业务工、订单生产等多种方式联结贫困户,引导贫困户直接或间接参与到发展长效产业项目中去,让贫困群众能够在主导长效产业中实现长期稳定增收致富。目前,全县建有产业扶贫合作社 109 个,通过以"企业 + 基地 + 贫困户""合作社 + 贫困户""电商 + 贫困户"等模式,带动贫困户 4300 多户。充分发挥金融撬动作用,严格执行"免抵押、免担保、基准利率放贷、财政贴息、县建风险补偿金"机制,大力实施"产业扶贫信贷通"和"农业产业振兴信贷通"政策,实现符合条件且有发展生产意愿的建档立卡人口及边缘易致贫户"应贷尽贷"。2016 年以来,发放"产业扶贫信贷通"贷款 51997 万元;2020 年累计发放"农业产业振兴信贷通"1008 户 4185.38 万元。二是分类施策推进就业扶贫。搭建扶贫车间、扶贫专岗、用工对接服务、技能实训、能人创业带动、外出务工服务"六大就业平台",实施园区企业就业岗位补贴、外出务工交通补贴等政策,因人施策抓好就业扶贫。截至 2020 年 11 月,全县贫困劳动力就业人数为 24670 人,其中贫困劳动力外出务工人数 10638 人,公益性岗位就业人数为 1619 人(含 2020 年新增公益性岗位 469 人),扶贫车间就业人数为 701 人,工业园区企业就业 1208 人。2016 年以来,已累计拨付扶贫车间岗位补贴、交通补贴、公益性岗位补贴、培训补贴资金 4430.446 万元。三是深入推进消费扶贫。安远县积极探索"展示展销、六进直供、订单包销、自产自销"消费扶贫模式,取得了良好长效,2019 年 9 月,全国消费扶贫现场观摩暨培训班在安远县举办,安远县消费扶贫模式在全国推广。认定一批扶贫基地、扶贫产品及扶贫经营主体,加快推动消费扶贫专馆、专区、专柜平台建设,持续开展"消费扶贫月"活动,进一步落实"六进"措施,在"扶贫 832 平台"入驻了 13 家企业 439 款安远农特产品,"中国社会扶贫网"入驻了 6 家企业 351 款安远产品。建设了消费扶贫专馆 1 个,在"扶贫 832 平台"购买金额达 1548.57 万元;在中国社会扶贫网(消费扶贫江西馆)购买金额达 207 万。四是积极应对疫情影响。认真落实联防联控属地责任和履行好结对帮扶职责,全面摸排疫情对贫困户产业发展、务工就业等方面的影响,并采取有效措施予以解决。在产业扶贫方面,出台了《关于有效应对新冠肺炎疫情影响稳定贫困户收入的若干措施》《安远县"农业产业振兴信贷通"实施方案》等政策措施,大力扶持贫困户发展产业。动员帮扶单位、帮扶干部购买贫困村、贫困户滞销农产品,动员 57 个帮扶单位采购了黑木耳 57.24 万元,113 个帮扶单位采购了大棚蔬菜 132.47 万元;县财政专门安排 60 万元资金采购了 7 个深度贫困村的黑木耳扶贫基地 120 吨严重滞销的黑木耳驰援武汉。在就业扶贫方面,针对帮扶对象就业和企业用工需求,深入开展"送岗上门""送岗下乡""送企入户"服务,积极帮助贫困户顺利进入园区就业;大力开展就业技能培训等措施,确保贫困劳动力的收入不因为疫情受到大的影响。帮助和推动就业扶贫车间复工复产,加大公益性岗位开发力度,截至 2020 年 11 月,各乡(镇)新开发了村水管员、村组保洁员、村集体光伏管理员等公益性岗位 469 个,重点安排弱能贫困人口上岗,帮助贫困劳动力实现家门口就业。同时,全力推进企业复工复产,成立了 64 支由县领导牵头的驻企服务工作队,架起了企业用工需求和贫困劳动力务工意愿对接的桥梁,加快推进企业复产复工。截至 2020 年 11 月,累计组织输送新务工人员进园区企业应聘 8414 人次(其中贫困劳动力 1379 人次)。

在民生事业上先行一步,不断提升群众幸福指数。在全省率先实施义务教育学校、乡镇卫生院、农村敬老院"三个标准化"建设,确保贫困群众学有所教、病有所医、老有所养、住有所居。一是实施以标准化建设为重点的教育扶贫工程。投入 2.14 亿元,创新实施"6+3"模式,在省定标准基础上,按照"六有"标准,全面完成 168 所义务教育学校标准化建设,并同步实施运动校园、书香校园、智慧校园"三园"建设,全力打造环境优美、设施完备、内涵深厚的一流校园。实现了"最好的房子在学校,最美的环境是校园",让农村孩子在家门口享受到和城里孩子一样的优质教育资源,安远模式在全省推介、全市推广。2017 年,安远县高分通过全国义务教育发展基本均衡县国家评估认定;2018 年,全省基础教育重点项目建设暨义务教育均衡发展现场推进会在安远县召开;2019 年,安远县被评为全省"推进义务教育基本均衡发展积极贡献集体"。实施教育扶贫校长负责和属地乡(镇)"双线控辍保学"责任机制和"六对一"劝学机制,全县未出现因贫辍学、因贫失学现象。构建了从学前教育到高等教育的贫困学生资助体系,基本实现了贫困户子女"义务教育不负担、中职教育不花钱、普通高中不发愁、考上大学不担心"目标。2016 年以来,累计资助贫困学生 19.8 万余人次 1.45 亿元。严格落实"雨露计划"培训补助政策,2016 年以来累计发放"雨露计划"培训补助 4772 人次 1347.95 万元。二是构建以"四道保障线"为特色的医疗保障体系。加快推进县人民医院、县妇女儿童医院整体迁建工程建设,全面完成 18 所乡(镇)卫生院标准化建设和所有公有产权村卫生室建设,乡村就医环境、医疗服务水平得到极大提升。认真落实健康扶贫政策,由县财政出资为所有贫困人口购买城乡居民基本医疗保险(含大病保险)和医疗商业补充保险,全面落实"四道医疗保障线"政策,严格执行"先诊疗,后付费""三免四减半""一站式"结算制度,城乡贫困患者住院个人自付比例稳控在 10% 左右。2017 年以来,累计有 114850 人次贫困人口住院享受了"四道医疗保障线"政策,补偿金额 35087.8 万元。简化贫困人口慢性病鉴定程序,认定贫困人口门诊特殊慢性病 15465 例,对贫困慢性病患者家庭医生签约切实做到应签尽签,签约 1 人、履约 1 人。全县建设完成 127 所产权公有村卫生室,调整用途 11 所,安排乡村医生入驻执业 79 所,卫生院派人或村医坐诊 37 所,均能按照"七有七规范"的标准正常执业,有效缓解基层群众"看病难""就医难"的问题。三是实行全覆盖、分类别的安居扶贫政策。首先是农村危房改造解决一批。对无房户和唯一住宅是土坯房的贫困户,采取就地改建的,按 4 万元/户补助标准进行;采取农村保障房安置的,按 4 万元/户补助标准,剩余资金由乡(镇)兜底;唯一住宅是土坯房,采取维修加固的,按 0.5 万元/户补助标准。2016 年以来,完成上级下达农村危房改造任务 1965 户的农户住房安全问题,并对全县所有贫困户自有房屋进行了房屋安全鉴定。其次是易地搬迁解决一批。对符合易地搬迁扶贫政策的贫困户,严格落实"四线"要求,高标准建设易地搬迁安置点,并在产业、就业、教育、医疗、金融等方面给予重点扶持,确保搬得出、稳得住、能致富。2016 年以来,全县落实易地扶贫搬迁贫困对象 4539 人;目前,搬迁安置户中发展产业的有 662 人,实现就业 2009 人,享受资产收益分红 1034 人,享受教育扶贫 1100 人,落实兜底保障 745 人。再次是集中供养解决一批。统筹整合资金1.2 亿元,完成 14 所农村敬老院标准化建设,并对政府兜底的五保户进行集中供养,2016 年以来集中供养 336 户 357 人。四是推进"应保尽保、应扶尽扶"的兜底保障扶贫。进一步提高农村低保水平,严格落实各类综合救助政策,通过坚持精准认定、强化动态管理、提高救助标准、狠抓"两项制度"衔接融合,确保无法通过产业扶持、无力脱贫和暂时不能脱贫的贫困人口尽可能脱贫,共享社会改革发展成果。2020年11月底,全县有兜底保障对象16337人。安远县连续14年荣获"全省社会救助工作先进县";2017年全省社会救助工作会在安远县召开。

在基础设施上先行一步,切实筑牢脱贫攻坚基石。把完善农村水、电、路等基础设施作为打好打赢脱贫攻坚战的"先手棋",着力破解制约农村脱贫致富的瓶颈问题。一是推进"四好农村路"建设成为全国典范,让所有农户走上了平坦路。把"四好农村路"建设作为脱贫攻坚的先导工程,创新县乡村三级联动机制,按照"建设品质化、管理长效化、养护精细化、运营多元化""四化"标准,大力推进"四好农村路"建设,实现进村主干道提质扩面、20户以上通组路、公路有效管护、电商物流进村、路域环境提升"五个全覆盖"。2016年以来,累计筹措资金12.5亿元,新建和改造农村公路1826公里,改造危桥35座,所有乡(镇)100%通达三级以上公路,所有行政村进村主干道实现硬化或"油化",20户以上通组路100%通达水泥路,库内危桥全部完成改造。2017年,安远县先后被评为全省、全国首批"四好农村路"示范县。2018年,安远县又被交通运输部、农业农村部、国务院扶贫办联合命名为"四好农村路"全国示范县。全省"四好农村路"交通扶贫现场会、全市"四好农村路"建设现场会先后在安远县召开。全国政协副主席、交通运输部党组书记杨传堂,交通运输部部长李小鹏先后来到安远调研指导"四好农村路"并给予高度评价和充分肯定。二是完善农村饮水基础设施,让所有农户喝上了干净水。2016年、2017年、2018年三年争取省级以上补助资金3971万元,县级配套资金14921万元,持续实施农村饮水安全巩固提升工程179处。2018年,为统筹贫困村与非贫困村,贫困户与非贫困户的安全饮水问题,采取"因地制宜、因水制宜、合理整合兼并,尽量利用现有集中供水工程"的思路,新建工程33处,改造工程91处,管网延伸工程4处,工程总投资9941万元。2020年,新建三百山镇供水工程、天心镇集中供水工程下叶山塘抗旱应急水源工程、浮槎乡长河村蕉头坑水厂蕉头坑山塘抗旱应急水源工程,总投资3050万元,全力推进城乡供水一体化建设。同时,大力推进自来水厂建设,定期对水源点、出厂水、末梢水进行水质检测,全力保障群众饮水安全。三是提升农村供电保障能力,让所有农户用上了放心电。扎实推进农网升级改造工程,2016年以来,累计投入1.69亿元,改造35千伏变电站2座,新建改造10千伏线路214.68公里、低压线路1113.265公里,有效解决农村地区供电能力不足、低电压、电网薄弱等问题。目前,所有行政村村委会所在地均已通三相动力电,全县农户 100% 通生活用电,农村地区供电可靠性达 99.92%,综合电压合格率达 99.82%。

在整村推进上先行一步,全面提升村庄人居环境。坚持以人为本、环境为先,突出抓好整村推进,全力推进秀美乡村建设。一是推进贫困村和非贫困村基础和公共服务设施全面均衡发展。2017 年,投入 3.9 亿元整村推进 60 个贫困村建设,并安排 1.525 亿元用于非贫困村及 2016 年退出的 10 个贫困村建设。2018 年,投入 7.565 亿元,实施覆盖全县所有村组的全域整村推进新农村建设,统筹推进"七改三网"基础设施和"8 + 4"基本公共服务项目建设。2016 年以来,累计完成改水 9985 户,改厕 8717 户,治理排水沟 230 公里;2016 年至 2017 年硬化入户便道 12010 户,2018 年硬化入户便道 72525 立方米,农民出行实现了"脚不沾泥"。2016 年和 2018 年安远县被评为"全省农业和农村工作先进县""全省农业农村综合工作先进县";2016 年至 2018 年连续三年被评为"全省新农村建设工作先进县"。二是推进以"空心房"整治为重点的乡村环境综合整治。按照"抓点带面、示范引导、先易后难、统筹推进"原则,大力开展农村"空心房"、铁皮棚整治工作。2016 年以来,共整治农村"空心房"480.86 万平方米,拆除农村铁皮棚 120 万平方米。如今,安远彻底改变了"有新房无新村、有新村无新貌"现象,处处呈现蓝天白云、青山绿水、白墙黛瓦、绿色产业和四好农村路交相辉映的美丽画卷。三是推进农村生活垃圾专项治理规范化、高效化、常态化。近年来,累计投入 9260 万元,用于农村生活垃圾专项治理,构建了"户入桶、村收集、乡转运、县处理"城乡环卫一体化体系,所有乡(镇)设立了环保所,配齐了垃圾清运车、洒水车、铲车等环卫设备,25 户以上自然村均安排了保洁员,农村生活垃圾实现"日清日运"。2017 年,安远县农村生活垃圾专项治理工作在全市率先通过省级验收,并于 2018 年顺利通过国家验收。同时,推行农户家庭环境卫生"网格化"管理,常态化开展"小手拉大手""清洁家庭"评比等活动,实现"五净一规范"户户达标。

在生态扶贫上先行一步,共建共享绿色发展成果。作为香港同胞饮用水东江的源头、国家重点生态功能区,安远县始终坚持绿色发展理念,努力在环境保护、绿色发展、制度建设上探索创新,走出了一条既要"金山银山"更要"绿水青山"的生态扶贫新路子。先后被评为全国生态文明先进县、江西省首批生态文明先行示范区。一是积极发展生态林业。鼓励贫困户参与低质低效林改造项目,优先将贫困户的山场纳入改造范围,打造"绿色银行"。积极引导贫困户发展金线莲、山香园等林下经济,全县林下种植面积累计达 15000 亩。提高森林生态补偿标准,降低补助门槛和验收起点,帮助贫困群众增加政策性收入。二是大力发展生态旅游。按照"农旅结合、以农兴旅、以旅带农"的思路,鼓励有资源条件的乡镇和贫困群众大力发展生态旅游,形成以三百山生态旅游为核心,乡村度假旅游、农业观光旅游、客家美食体验为辅的生态旅游扶贫格局。2016年以来,共有 482 户贫困户通过生态旅游开发实现增收。三是鼓励发展光伏产业。按照"政府主导、群众主体、统一建设"的思路,动员 2685 户贫困户安装户用光伏电站,实现每户年均增收 3000 元以上;在所有行政村安装 100～200 千瓦村级光伏电站,保证全县 152 个行政村集体经济收入每年增加 5 万元以上,村级光伏电站收益重点用于帮扶村里的弱能、失能贫困户及补助村级公益性事业岗位。四是有序推进脐橙复产。按照"规划先行、复产严批、政府引导、农民主体,标准建园、修复生态,示范引领、有序推进"原则,扎实推进复产、稳控、新开发"三类标准化生态示范园"建设,积极推行"龙头企业＋合作社＋农户＋基地"、"合作社经济组织＋农户＋基地"、家庭农场等多种复产模式,科学引导贫困群众通过脐橙复产实现持续稳定增收。2016 年以来,共建成标准化生态示范园 118 个、面积 2.42 万亩,全县恢复脐橙面积 8.67 万亩,带动 1906 户贫困户发展果业。

压实工作责任,激发干群活力,
以强劲动能不断提升脱贫攻坚工作实效

激励干部担当作为,锻造过硬扶贫队伍。将作风建设贯穿于脱贫攻坚全过程,始终以严的标准、实的作风推进脱贫攻坚工作。一是建立健全脱贫一线选人用人机制。把脱贫攻坚一线作为锤炼干部、转变作风的"赛马场",注重在脱贫攻坚一线考察识别干部,做到干部选拔任用先过"精准扶贫关"。2016 年以来,全县共提拔重用扶贫一线干部 168 人。二是持续深化干部作风建设。制定出台《安远县干部作风建设奖惩办法(试行)》等文件,集中整治"怕慢假庸散"作风问题;立行立改脱贫攻坚中形式主义、官僚主义突出问题,深入开展扶贫领域作风问题专项治理和专项巡察。三是创新举办干部作风建设提升班。由各乡(镇)、各部门单位以民主推送的方式,推送出 1 名至 3 名在脱贫攻坚工作中不作为、慢作为的落后队员以及"怕慢假庸散"问题突出的干部参加脱岗培训。采取查摆问题、理论学习、思想教育等方式，帮助参训干部提高思想认识、提升业务能力、重塑工作信心、重燃工作激情。已举办培训班 2 期，培训干部 113 人（次）。如今，全县党员干部"不严不实不细"的现象少了，扑下身子真扶贫的现象多了；不思进取的少了，争先创优的多了。

严格督查考核问责，确保工作落到实处。一是实行"三线督查"。组建三支分别由县纪委监委、组织部、精准扶贫办负责人带队的脱贫攻坚暗访督查队伍，有侧重、分区域、常态化开展暗访督查，对发现的问题下发督查通报、责令限期整改、实行跟踪问效。制定《脱贫攻坚工作责任追究办法》等文件，对政策执行不到位、工作作风不扎实等 10 个方面 29 种情形，以及各级各类巡视巡察、督导督查发现的问题，给予相关责任人严肃处理。2016 年以来，共查处扶贫领域违纪问题 323 起 610 人，其中给予处分 112 人。二是开展"双向考核"。一方面，每年对各乡（镇）、各部门单位脱贫攻坚工作情况进行考核，考核结果与乡（镇）、单位评先评优相挂钩；另一方面，将脱贫攻坚工作督查考核结果与干部选拔任用相挂钩，做到提拔任用先过"精准扶贫关"。

加大精神扶贫力度，激发群众内生动力。将扶贫与扶志、扶智、扶勤、扶德相结合，做到精神扶贫与物质扶贫齐头并进。一是深入开展乡风文明行动。建好用好新时代文明实践中心（所、站），新时代文明实践站建设工作列为全市试点县之一，新建成与文化站相融合的文明实践所 18 个，建成实践站 30 个。安远县孔田镇上魏村新时代文明实践中心建设得到省委书记刘奇同志的高度肯定。广泛开展"三讲一评"和"四大感恩行动"，推动全县 152 个行政村全覆盖开展"脱贫奋进之星"评选、表彰、宣传活动。近年来，全县共表彰"最美人物"1236 人，其中唐秋香、唐海林、龚隆寿、张毅 4 人入选"中国好人"，向芹家庭获评全国"五好家庭"。积极开展以清洁家园、孝敬老人为主要内容的"赣南新妇女"运动，着力改善农村卫生环境，持续推进移风易俗，有效遏制厚葬薄养、天价彩礼、赌博败家等不良风气。二是创新开展法治扶贫。针对黄赌毒等违法不良习性导致的致贫返贫现象，创新开展以法治教育、专项治理为重点的法治扶贫。对不尽孝道者，列入"诚信"黑名单。同时，采取上门劝导、宣传曝光、依法处理等方式，全面整治"老人住老房"现象，着力矫正"不赡养老人"行为。近年来，全县共对 27 名"不孝子"依法给予行政拘留，清退逃避赡养义务的低保户 30 户

46 人。三是大力实施文化扶贫。先后在光明日报、人民日报、经济日报、中央电视台、中新网、新华网等大报大台大网刊发、刊播《脱贫农户助力抗击新冠肺炎疫情》《清华大学将免费课程和专题培训带到贫困地区搭起教育扶贫网》《金融扶贫及时到位》等脱贫攻坚稿件,积极为全县打好打赢脱贫攻坚战加油鼓劲。深入开展"三下乡"活动和"农家书屋＋电商"工程,推动村级综合性文化服务中心提质扩面。"农家书屋＋电商"经验做法入选全国公共文化服务体系建设十大案例展。2017 年,全省"农家书屋＋电商"经验交流会在安远县召开。编排了一系列以脱贫攻坚为主题的采茶剧目,并在群众中广泛展演。其中大型采茶歌舞剧《杜鹃哩咯红》作为全省唯一代表剧目赴京会演。

宁都县脱贫攻坚工作纪实

　　宁都县位于江西省东南部、赣州市北部,三国吴嘉禾五年(公元236年)建县,总面积4053平方公里,辖24个乡镇、299个行政村和35个居委会,总人口85万,是原中央苏区核心县、国家扶贫开发工作重点县、罗霄山特困片区县。2014年,全县有农业人口686601人,国扶系统建档立卡人数130279人。因动态调整等原因,截至2020年11月,全县建档立卡贫困人口31625户130231人。

　　近年来,在省委、省政府和市委、市政府的正确领导下,宁都县坚持以习近平新时代中国特色社会主义思想为指引,不折不扣落实中央、省、市脱贫攻坚决策部署,认真学习贯彻习近平总书记视察江西(赣州)重要讲话精神,强化政治担当,突出实干导向,狠抓责任落实、政策落实和工作落实,脱贫攻坚取得决定性成效。特别是面对2020年年初突发的新冠肺炎疫情,坚决贯彻落实中央、省、市关于有效应对新冠肺炎疫情坚决打赢脱贫攻坚战的若干措施,沉着应对,科学调度,全力克服疫情影响,确保脱贫高质量,实现了"两手抓、两手硬,两促进、双胜利"。2020年4月26日,宁都县以零漏评、零错退、综合贫困发生率0.66%、群众认可度98.21%的优异成绩,被省政府批准正式退出贫困县序列,实现了整县摘帽退出。

坚持"四措并举",强化政治担当,坚决扛起脱贫攻坚主体责任

　　坚持高位推动。宁都县委、县政府始终把脱贫攻坚作为首要政治任务和第一民生工程,认真谋划、部署、推动,层层传导压力,形成县乡村三级联动、部门协调配合、各方齐抓共管的攻坚态势。成立了县委书记、县长任组长,相关县领

导任副组长，相关行业扶贫部门负责人任成员的精准扶贫工作领导小组，通过每月至少召开一次县委常委会、县长办公会、领导小组会专题研究脱贫攻坚工作，加强了高位推动力度。成立了产业、健康、教育、安居、移民、社会保障等16个由县分管领导任组长，单位主要负责人任办公室主任的"专项扶贫工作领导小组"，不定期召开工作推进会，及时解决存在问题。抽调了68名业务骨干到县脱贫攻坚指挥部，与县精准办、县扶贫办实行合署办公，增强了干部力量，构建了脱贫攻坚一盘棋的作战格局。先后出台了《关于印发宁都县"十三五"脱贫攻坚规划的通知》《关于打赢脱贫攻坚战三年行动的实施意见》《关于深入贯彻习近平总书记扶贫开发战略思想以脱贫攻坚统揽经济社会发展全局的意见》《宁都县脱贫攻坚责任制实施细则》等系列文件，完善了横向到边、纵向到底、各负其责的推进落实机制。

科学协调调度。县党政主要领导保证每月至少有5个工作日用于扶贫，深入乡村一线督查指导、现场办公、解决难题，推进调度重点节点工作；分管县领导坚持在一线指挥攻坚，认真抓实脱贫冲刺、巩固提升、问题整改和行业协同作战等工作；各挂点乡镇县领导齐抓共管，统筹做好工作谋划、资金使用、人力调配和项目实施等工作。以"春季整改""夏季提升""秋冬巩固"为抓手，以问题整改成效作为检验工作成效的标尺，抓均衡推进，抓巩固提升，抓摘帽冲刺，"两不愁三保障"突出问题得到有效解决，脱贫成果得到进一步巩固。2019年建立"月部署""月推进""月计划"机制，紧盯"两不愁三保障"突出问题，摸排督查做到"村村过点、户户过筛"，按照督导标准打分排名。每月选择1个督导得分靠后、工作推进偏慢、扶贫成效较差的乡镇，现场召开工作促进会，鞭策了后进，营造了争先氛围。2020年，继续改进提升，实行"月调度""月清单""周计划"机制，持续落实"四个不摘"要求。同时，始终坚持问题导向，将督导工作贯穿始终，通过一月一督导，一月一排名，反馈问题，举一反三，跟进整改，适时组织开展"回头看"，督促乡村两级补齐短板。采取"走出去、请进来"的方式，先后组织县乡村干部到井冈山市、瑞金市、万安县等地交流学习，邀请省、市扶贫办领导、专家学者到宁都授课。采取集中轮训、考学结合等方式，2016年以来，培训扶贫干部4.2万余人次，提高了扶贫干部业务素养，提升了脱贫攻坚能力。

层层压实责任。严格落实"三级书记"抓扶贫的责任体制，形成了县级领导包乡镇、科级干部包村、帮扶干部包户的攻坚作战模式，统筹乡镇驻村领导、第一书记、驻村工作队、帮扶干部和村"两委"干部等工作力量,把责任压实到人,把工作落实到村,全力推进全县脱贫攻坚工作。实施遍访贫困对象行动,县委书记、县长带头示范,对117个贫困村进行遍访,县领导到所挂点联系乡镇、村督促指导脱贫攻坚工作,乡镇党委书记遍访贫困户,以实际行动带动作风转变,了解贫困群体实际需求,掌握第一手资料,发现突出矛盾,解决突出问题。实施"家访制",按照"一讲二问三帮"工作要求,给每名结对帮扶干部都安排了家访任务,切实提高了帮扶实效。强化作风治理,深入开展"作风建设年"活动,持续整治"怕慢假庸散"顽疾;加强警示教育,组织全县领导干部学习《宁都县扶贫领域腐败和作风问题典型案例汇编》,以案释法,用发生在身边的人和事进行教育;持续开展扶贫领域腐败问题专项治理,共查处扶贫领域腐败和作风问题454件,处理587人,党纪政务处分267人,起到查处一个、警醒一片的效果。

坚持尽锐出战。县领导带头挂村包户,优先挂点帮扶"十三五"贫困村和深度贫困村。将最熟悉基层工作、最吃苦耐劳、最能打硬仗的干部派下去,每个村派驻一个驻村帮扶工作队,选派303名第一书记、602名常驻队员和6468名帮扶干部。坚持严管与厚爱结合、约束与激励并重,加强对驻村第一书记和驻村工作队员严格管理考核,2016年以来召回、调整作风不实、履职不到位的第一书记7名、常驻队员2名,对表现优秀的28名第一书记、15名常驻队员予以提拔、重用。加强县乡村三级扶贫干部队伍建设,确保机构、人员、场所和经费保障到位。全县共建立乡镇扶贫工作站24个,每个工作站配备4名以上扶贫专干,落实不少于5万元的工作经费。每村设立扶贫工作室,至少配置1名扶贫专干。

突出"四项重点",聚焦核心环节,全力推动脱贫攻坚政策落实

突出民生保障,增强群众福祉。始终坚持把教育、健康、住房保障放在首位,集中解决事关贫困群众切身利益的烦心事,全面提升贫困群众幸福指数。

一是强化教育扶贫保障。创新建立教育扶贫"双线上户、共同核查、三方审核、分户告知"的工作机制,有效保障教育扶贫政策精准落实到位。2016年以来,实现贫困家庭学生资助政策全覆盖,共资助贫困学生24.26万人次,发放资助金额1.82亿元;签订生源地助学贷款合同2.07万份,贷款金额1.67亿元。严格落实控辍保学工作责任,实行控辍保学"双线责任制",建立了"六对一"帮扶制度,实施"五个一批"控辍攻坚举措,确保控辍保学工作取得成效。

二是强化健康扶贫保障。严格落实"四道保障线",全面实行贫困患者住院

"先诊疗后付费"和"一卡通"即时结算制度。2016年以来,累计为21.7万人次贫困人口补偿医疗费用10.4亿元,贫困人口住院费用个人自付比均控制在10%以内。2016年至2019年,累计投入3.5亿元用于基础设施、设备改造,完成县精神病医院、水东卫生院建设、75所村卫生室建设、7个乡镇卫生院业务楼和151所公有产权村卫生室建设,全县公有产权村卫生室达190所,基本实现每个行政村均有一所达标村卫生室的目标;正在建设县人民医院综合大楼和医技大楼、县中医院中医专科大楼;2020年投入4000万元新建传染病医院一期项目,6646.9万元用于完善全县公共卫生体系建设,提升医疗服务能力建设。

三是强化安居扶贫保障。坚持政府主导、群众自愿、积极稳妥原则,综合采取易地扶贫搬迁、新建保障房、原址改建、维修加固、进敬老院、子女赡养等方式进行安置。2016年以来,通过精准识别确定搬迁对象1743户7351人,搬迁安置任务完成率100%;通过原址新建、维修加固等方式共实施危房改造9613户,下拨危房改造补助资金1.95亿元,完成房屋鉴定3.62万户,住房安全得到全面保障。由于危房改造工作成效显著,宁都县被国务院办公厅评为政策激励县,2019年9月获得省人民政府通报嘉奖。

四是强化饮水安全保障。脱贫攻坚以来,宁都县投入农村饮水安全资金3.06亿元,通过管网延伸、改造水厂、新建小型集中供水工程等方式,建成563处规模农村集中供水工程,加快城乡供水一体化和规模化集中供水建设,扩大自来水覆盖面,有力改善了群众饮水条件;同时采取"村民自建,先建后补"形式,通过打压水井、引山泉水等方式解决2109户农户分散供水问题;不断加强供水工程监督管理,确保工程良性运行;积极做好水质监测检测,对集中供水点、自然村分散供水抽检点等进行全覆盖检测,水质达到《农村饮水安全评价准则》标准,确保全县100%农户安全饮水有保障。

五是强化兜底保障功能。大力开展农村低保专项治理,规范低保申请受理、入户调查、民主评议、公开公示、动态管理等关键环节,确保公平公正公开。截至目前,全县保障农村低保对象19915户35379人,特困供养人员2373人,其中集中供养1445人,分散供养928人;残疾人享受"两项补贴"14439人(生活补贴6609人,护理补贴2869人,两项补贴4961人)。

突出两业发展,提高脱贫质量。通过大力发展产业和保障就业,稳定实现"两不愁三保障",提高脱贫质量。

一是注重产业发展。根据本县资源禀赋优势，大力发展县域优势产业，以"一乡一业""一村一品"为基础，逐步引导各乡镇高标准、适度规模发展。充分发挥扶贫小额信贷作用，2016 年以来，全县累计发放扶贫小额信贷 10.7 亿元，惠及贫困户 19859 户；鼓励农户自主发展产业，通过"以奖代补"形式累计发放产业奖补 1.5 亿元。蔬菜、黄鸡、脐橙、茶叶、烟叶、白莲、油茶、烟叶等产业得到长足发展。目前，全县设施蔬菜种植 3.6 万亩，全省、全市蔬菜产业现场会在宁都召开，2 家农业企业入选粤港澳"菜篮子"基地。脐橙种植 26.9 万亩，面积为全市最大；宁都黄鸡养殖规模达 1 亿羽，入选 2020 中国品牌价值百强榜；茶叶种植达 3.96 万亩，油茶种植 18 万亩，白莲种植 8 万亩，烟叶种植 9150 亩，累计带动 2.6 万户贫困户增收。

二是注重就业质量。依托人社部对口支援优势，建立政策扶持、资金奖补、就业服务、金融支持等帮扶措施，落实就业扶贫政策。2016 年以来，累计发放各类就业扶贫项目补贴、补助资金 10366 万元，面向贫困劳动力开展技能培训 20603 人次。目前，全县建档立卡贫困劳动力 80840 人已就业 74266 人，其中外出务工人数 57260 人，自主创业贫困劳动力人数 2361 人，公益性扶贫专岗安置贫困劳动力就业 4688 人，扶贫车间 174 个吸纳贫困劳动力就业 1698 人，产业基地 33 个吸纳贫困劳动力就业 1452 人，在家务农贫困劳动力人数 6807 人。大力实施"雨露计划"，累计完成学历教育和技能培训人数 12425 人，发放补助资金 3390.15 万元。

突出整体提升，全力改善面貌。重点瞄准深度贫困村，着力补齐基础设施建设短板，全力改变农村"脏乱差"面貌，消灭村集体经济"空壳村"，衔接推进乡村振兴。

一是全力攻克深度贫困"堡垒"。强化优势资源投入，一名省领导联系挂点宁都县，优先安排省派单位帮扶，明确 19 名县级领导挂点，并将深度贫困村脱贫攻坚作为各乡镇党委、政府脱贫攻坚成效年度考核重点。同时，脱贫攻坚新增资金、新增项目、新增举措优先保障深度贫困村和深度贫困群体需求，落实深度贫困村每村 100 万元"产业扶贫信贷通"产业贷款，光伏扶贫扩面工程优先向深度贫困村覆盖，就业补助政策给予提标等，全力攻克深度贫困堡垒。

二是着力推进基础设施建设。2016 年以来，投入 3.89 亿元完成农村电网升级改造工作，实现村村通动力电、户户通生活用电，电压低、电压不稳问题基本消除;完成国省道升级改造163.3公里,通车总里程达397公里,完成县道升级改造50公里、乡道双车道拓宽改造95.4公里、村道窄路面拓宽改造21.4公里,25户以上自然村公路硬化率达100%。在此基础上,县财政统筹整合资金2亿元,安排5149万元完成41.2万平方米农村公路破损路面修复,安排1.5亿元完成村内主干道建设,群众出行条件得到了极大改善,提高了群众满意度;加大通信网络覆盖面,全县所有行政村村部所在地4G信号和宽带网络实现全覆盖。

三是奋力改变农村"脏乱差"面貌。建立县领导联系乡镇、结对帮扶单位联系村、结对帮扶干部包户、农户"门前三包"的"四级联动"责任机制,动员干部沉入村组一线,开展农村生活垃圾治理、乱堆乱放、乱搭乱建、"五净一规范"等排查,建立问题台账,限期销号整改到位。大力开展"空心房"整治,将286个行政村以及梅江镇规划区内的行政村列入整治范围,累计完成整治面积809.45万平方米,其中拆除669.54万平方米。对照贫困村退出指标体系,按照"缺什么补什么"的原则,持续整合项目资金,重点实施改水、改厕、危房改造等项目9857个,补齐"七改三网"短板。

四是努力壮大村集体经济收入。多举措发展壮大村级集体经济,在资源利用、光伏兜底等基础上,探索将村集体经济融入主导产业发展壮大,提升村集体经济发展成效。截至2020年10月,全县村级集体经济总收入11863.7万元,其中经营性收入5801.2万元。243个村经营性收入超过10万元,全面消灭村集体经济空壳村。

突出志智双扶,激发内生动力。坚持扶贫与扶智、扶志相结合,实现"要我脱贫"到"我要脱贫"根本性转变。

一是强化宣传。充分发挥县融媒体中心作用,利用《今日宁都》报、宁都电视台、宁都广播电台、今日宁都微信公众号等平台,开设脱贫攻坚专题专栏,积极开展全国、全省、全市脱贫攻坚奖推选活动,廖竹生获2019年全国"自强模范"称号、全国脱贫攻坚奋进奖、"中国好人"称号、2020年全省劳动模范称号,廖竹生的感人事迹被央视农业农村频道《遍地英雄》栏目组拍成专题片。2020全国两会期间,其励志故事在赣云《奋斗接力青春力量》中播出;贫困户杨小仁获全省2019年脱贫攻坚奖奋进奖、全省2020年"最美家庭";曾昭优获全省2020年脱贫攻坚奖"贡献奖",赖旭鲲获2020年江西"最美扶贫干部",同时涌现出罗雪峰、张伍生等一批脱(扶)贫先进典型事迹。人社部挂职干部王行健同志报送的纪录片《乡村大学扶贫记》，在国扶办主办的"我所经历的脱贫攻坚故事"征集展示展播活动中荣获一等奖。2016年以来，县级以上主流媒体刊播脱贫攻坚稿件2400余篇（条），其中，中央、省主流媒体刊登扶贫稿件1300余篇（条）。2020年4月26日，央视《新闻联播》报道江西省脱贫摘帽新闻时长3分6秒，其中宁都县蔬菜产业特色做法助力贫困户脱贫经验做法，作为该条新闻唯一事例，时长2分钟。全县共印制脱贫攻坚各类宣传小手册58万余册（本），宣传折页76万余份，开展相关宣讲活动1800余场次。

二是全面参与。深入开展文明村镇、文明家庭评选、"新赣南妇女运动"、"移风易俗进万家"等乡风文明系列活动，极大提振了农户精神面貌。近年来，共开展各类宣传活动120余场次，组织文艺演出队举行文艺巡演300场次。组织推荐脱贫勤劳致富先进个人和典型案例，开展全国、全省、全市脱贫攻坚奖推选活动。

三是反向约束。将脱贫攻坚纳入县乡村三级道德"红黑榜"评议发布活动，"乡风文明"发布县级道德"红黑榜"中发布红榜109事例、黑榜36事例，道德"进步榜"1次8事例，促进农村"好习惯、好风气"的形成。县综治委、县公安局、县检察院、县法院、县民政局和县扶贫办联合印发了《宁都县依法治理不孝行为实施方案》，对不赡养老人、拒不支付父母赡养费、不及时解决老人住危旧房等行为进行依法治理和惩戒。通过追踪报道、电视台曝光和治理惩戒，乡村不孝行为大幅减少。

严把"四道关口"，落实精准要求，全面夯实脱贫攻坚工作基础

严把识别退出关。紧盯"三率一度"，坚持"不漏一户一人，不错退一人"原则，贫困户新识别按"农户申请、组级评议、组级公示、村级评议、村级公示、乡镇审核、村级公告"七步法程序，脱贫户按照"初选对象、精准扶持、调查摸底、民主评议、入户核实、公示公告、批准退出"七步法程序精准退出。通过实施大数据比对、线下实地核查，采取多轮反复排查、"家访"等手段，动态监测农户情况，及时掌握临时发生的因病、因灾等意外情况，对符合贫困标准的，按照识别程序及时纳入，严防漏评；执行贫困户退出程序和标准，反复复核，确保预脱贫对象"两不愁三保障"落实到位，收入稳定超过年度脱贫线，落实后续扶持政策，防止"被脱贫""假脱贫"现象，严防错退。

严把资金使用关。在财力有限的条件下,优先保障脱贫攻坚项目资金投入。多渠道筹集资金,2016年以来,全县累计投入各类扶贫资金78.15亿元,其中统筹整合涉农扶贫资金29.5亿元,县财政安排资金17.2亿元,教育、医疗、就业、交通等部门及产业扶贫信贷资金投入31.45亿元。制定《宁都县统筹整合财政涉农扶贫资金管理办法》《关于进一步加强和规范脱贫攻坚项目资金管理的通知》等规范管理文件,出台《宁都县财政涉农扶贫资金统筹整合使用方案》,确保扶贫资金围绕"两不愁三保障"及贫困村退出指标体系精准使用。组建县、乡两级财政涉农扶贫资金核算中心,实施目标、任务、资金、权责"四到乡镇"制度,乡镇按需分配扶贫资金,实行专账专管。执行扶贫项目资金公示公告制,聘请第三方机构参与项目预审和结算,由财政审计部门牵头,对扶贫资金管理使用情况进行跟踪检查,及早发现,及时整改。通过完善强化过程管理,提高资金使用精准度和效益。

严把精准落实关。组建6个县脱贫攻坚督导组,组长由县级领导担任,成员由懂业务、能力强、敢担当的干部担任,坚持问题导向,按照一月一督导主题,对24个乡镇进行常态化、全覆盖的督导指导,全面排查"三落实"不到位问题,以问题清单和督办函的形式下发到各乡镇、各单位,限时整改到位,并持续跟踪问效,全面解决政策落实有遗漏、工作落实有差距的问题。脱贫退出后,改为由2名县级领导牵头,8个县精准办科级干部具体负责,继续对24个乡镇进行扶贫业务指导和重点工作落实情况督导,以实际行动落实"四个不摘"要求。同时,印发《关于切实转变作风做好精准扶贫工作的通知》《关于持续保持攻坚力度切实做到"四个不摘"的通知》,每月对驻村领导、驻村工作队和帮扶干部开展履职排名,并作为正反结果运用的重要依据。通过密集督导,进一步搅动乡村两级和行业扶贫部门的工作主动性和积极性,进一步明确工作"靶心",工作开展和问题整改更加有的放矢,责任落实、政策落实和工作落实方向性和精准性更加明确。

严把党建引领关。以提升组织力为重点,突出政治功能,切实把基层党组织建设成脱贫攻坚战斗堡垒。建立规范村"两委"干部调整备案审查制度,乡镇调整村"两委"干部实行先联审、再选举,坚决把不符合条件的人挡在门外,确保选的人能力素质符合脱贫攻坚需求。发挥好第一书记作用,做到工作"补台"但不"拆台",履职"到位"但不"越位"。按照"四个一"(每个软弱涣散党组织由一名挂点县领导、一名乡镇驻村领导、一名第一书记、一个县以上机关单位结对帮扶)措施,扎实开展软弱涣散村党组织整顿,2016 年以来共整顿提升 128 个软弱涣散村党组织,全面提升基层党建工作水平。强化驻村工作队的日常管理,制定了扶贫工作队管理办法,进一步明确驻村工作队的工作责任和管理考核,认真执行工作例会、负面清单、工作报告和纪律约束等管理制度,确保工作在村、吃住在村;加强对驻村队员履职情况排查,对不按规定要求驻村、不遵守驻村工作纪律等问题的,及时反馈、督办整改。

形成"一个合力",统筹各类资源,营造脱贫攻坚良好社会氛围

借助外部帮扶力量提水平。依托中华人民共和国水利部、人社部对口支援和自然资源部定点帮扶,争取水利扶贫资金 11 亿元,人社部项目资金 4023.95 万元,运用城乡建设用地增减挂钩指标异地交易政策获益 3.3 亿元。借助省派单位、市派单位帮扶力量,累计投入 6346.27 万元支持宁都县脱贫攻坚。扎实做好社会扶贫网推广工作,累计注册贫困人口 4.39 万人、爱心人士 7.96 万人,完成贫困需求对接 5.42 万条。

发动各方社会力量共参与。深入推进"百企帮百村",113 家企业及商(协)会结对帮扶 117 个贫困村,辐射带动 8820 户贫困户,捐赠物资和资金 1811 万元。2016 年以来,人民解放军 32069 部队连续帮扶小布镇徐会村,帮扶资金达 1484 万元;人民解放军 73159 部队连续三年帮扶青塘镇坎田村,帮扶资金达 130 万元,建设惠民工程项目 5 个。开展"10 万 +""新世纪教育基金""中国茅台·国之栋梁""腾讯公益""上海新力公益基金会"等爱心圆梦助学行动,募集 32.5 万元对 99 名贫困学生进行资助。通过爱心人士对贫困青少年微心愿众筹认领,圆梦微心愿 600 余个,爱心资金达 4 万余元。实施"春蕾"计划、农村贫困"两癌"妇女救助、扶贫"一日捐"等活动,助力贫困村脱贫。

动员扶贫志愿力量结对子。广泛动员组织青年志愿者、青年企业家、社会爱心人士与困难青少年、留守儿童结对子,通过家庭走访、亲情连线、伙伴交流、爱心资助等方式,帮助困难青少年、留守儿童感受家庭温暖和社会关爱,营造"扶贫济困、助人为乐、奉献爱心、关注未来"的良好氛围。深化希望工程公益品牌,争取资金 106.8 万元,援建宁都实验学校教学楼、长胜大坪小学、黄石中心小学 3 所希望小学资助项目。

按照"三个注重",有序有效应对,
统筹推进疫情防控阻击战和脱贫攻坚决胜战

注重制度设计。新冠肺炎疫情暴发以来,宁都贯彻落实中央、省、市有关政策,结合本县实际,先后出台了《关于有效应对新冠肺炎疫情坚决打赢脱贫攻坚战的若干措施》《关于开展脱贫攻坚挂牌督战强化常态化督导的实施方案》《宁都县"农业产业振兴信贷通"工作方案》《关于做好工业企业复工复产"一企一策"帮扶工作的通知》《关于落实宁办发〔2020〕1号文件有关就业扶贫政策的操作口径的通知》《关于积极应对新冠肺炎疫情影响加强财政专项扶贫资金项目管理工作的通知》《宁都县新型冠状病毒感染的肺炎患者医疗保障工作方案》《关于持续保持攻坚力度切实做到"四个不摘"的通知》等指导性和操作性并重的文件,为克服疫情影响提供政策保障。

注重研判调度。密切关注疫情变化,畅通信息报送渠道,实行数据共享,建立一周一调度、一周一研判工作机制,疫情好转后,改为一月一调度、一月一研判,由县精准办统一收集乡镇、村摸排上报的情况和问题,联合行业扶贫部门集中研判、商议对策,县委、县政府紧扣农户"收入不减"、贫困户"脱贫质量不降"这个关键,采取有效措施应对,督促部门、单位、乡镇落实到位。

注重科学应对。坚持疫情防控和脱贫攻坚"两手抓、两促进、双胜利",科学有序有力抓防控、促脱贫。人员力量安排上,各级第一书记和驻村工作队在疫情最严峻的时刻,纷纷"逆向"而行,主动投入统筹推进疫情防控阻击战和脱贫攻坚战;在省、市挂牌督战10个村的基础上,自我加压增加县级15个挂牌督战村,县级领导挂点一个督战村,推进脱贫攻坚;剩余未脱贫户增派科级以上干部进行帮扶,目前均已稳定脱贫。财力物力保障上,为积极应对疫情影响,安排资金4270.84万元切实保障疫情防控期间资金需求。县级财政给每个挂牌督战村增拨50万元,补齐"两不愁三保障"短板;加大扶贫小额贷款力度,新增贷款837户3652.69万元,续贷展期1519笔6977.99万元,帮助贫困户发展产业。促进稳定增收上,通过发展产业、增加就业等方式,努力降低贫困户收入下降风险。大力推进单季稻改双季稻种植,明确早稻种植面积补助标准,调动农民种植早稻积极性,已落实早稻种植面积34.7万亩。全县转移贫困劳动力县外就业57244人,年初以来县工业园区企业新招工人4168人,其中贫困劳动力员工1141人。疫情期间,全县新增公益性岗位868个,全部安排给贫困户,已拨付补贴 182.28 万元。消费扶贫带动上,印发《关于做好采购贫困地区农副产品预留份额相关工作的通知》,全县已有 153 个单位完成采购贫困地区农副产品预留份额,已在贫困地区农产品网络销售平台实施采购共计 238.59 万元,超额完成采购任务。发放 31 户贫困户禁养野生动物补助 43.15 万元,挽回一定的经济损失。建立常态化小额信贷监测机制,对 31 户 154 万元受疫情影响的贫困群众进行延期归还贷款,有效消除不满情绪,满足了产业发展的需求。

典型经验

建立以稳扎稳打为核心的定期调度机制。2019 年,创新实施脱贫攻坚"月推进"工作机制,按照"一月一主题、一月一调度"工作要求,4 月至 9 月,每月选择一个工作落后的乡镇召开促进会。当月工作滞后的乡镇,行业扶贫工作措施不力、进展滞后,影响全县脱贫攻坚工作进度的,相关人员要在促进会上作表态发言。10 月至 12 月,每月选择一个工作较好的乡镇召开交流会,当月脱贫攻坚重点工作、重点项目推进速度较快、问题解决迅速的,行业部门工作措施有力、成效明显的,其主要领导在交流会上作典型发言。通过促进会和交流会的形式,鼓励先进,鞭策后进,营造争先创优的浓厚氛围,进一步压实各级干部责任,推动工作落实。在此基础上,2020 年继续改进提升,实行"月调度"工作机制,落实"四个不摘"要求。即每月通过县委常委会、县精准扶贫工作领导小组会、县政府常务会等方式,调度脱贫攻坚重点工作,协调解决节点难点问题。自实施定期调度机制以来,全县上下始终保持浓厚攻坚氛围,十足攻坚斗志,扎实攻坚步伐,各项任务有条不紊、持续推进落实。

实施以"家访"为途径的干部联系群众制度。2019 年 4 月,宁都县探索建立及时发现问题、解决问题、化解矛盾的长效机制。通过发动结对帮扶干部,在全县范围持续开展"家访",对贫困户重点访、非贫困户普遍访,通过"一讲二问三帮"(宣讲政策;问家庭情况、问意见诉求;帮助落实政策、帮助解决问题、帮助化解矛盾),解决群众生产生活实际困难。坚持问题导向,建立家访发现群众反映问题诉求台账,制定整改措施,下发责任清单,落实具体责任人和整改期限。乡镇定期召开"家访制"落实情况推进会,对村级难以解决的问题进行集中研究,予以解决;对家访情况进行常态化督查排名,并对问题解决情况进行回访,推进工作落到实处。组织抽样"回头看",确保"家访"活动不走过场。截至目前,共开展家访 15 万户次,收集群众各类诉求和问题 1.8 万件,处理合理诉求

1.2万件,群众满意度和获得感大幅提高。

实行向脱贫一线倾斜的干部选拔任用机制。坚持把脱贫攻坚实绩作为选拔任用干部重要依据,全县所有拟提拔重用干部及县级"评先评优"必须征求县准扶贫工作领导小组意见,优先提拔重用在脱贫攻坚中表现优秀的干部,激发干部激情热情,为坚决打赢脱贫攻坚战提供人才保障。2016年以来,全县提拔、重用扶贫一线干部139人,职级晋升4人。

探索带动千家万户参与的产业扶贫新模式。围绕蔬菜、黄鸡、脐橙等农业特色产业,探索多种产业扶贫新模式。

——蔬菜产业"七统一分"模式。采用"一套政策扶持、一项模式助力、一套体系促进"模式,引导千家万户融入大棚蔬菜产业发展。"七统"即统一规划设计、搭建大棚、设施配套、政策扶持、种植品种、技术指导和产品销售。通过政府牵线搭桥,与上海、浙江、广东等地的经销商建立稳定的供销关系,并由各基地合作社组实行统一标准、品牌、包装、价格和统一对外销售。"一分"即坚持分户经营管理原则。每个示范基地统一成立合作社,负责组织生产管理和产品销售,为种植户提供产前产中产后服务;实行小户经营模式,按照一般农户每户10亩、贫困户每户5亩的标准,从基地周边择优选择农户为经营主体,按大棚面积发展生产。

——宁都黄鸡"五统一分"模式。采用"公司+基地+养殖户""合作社+基地+养殖户""公司+合作社+基地+养殖户"模式,公司与贫困户签订合同或协议,实行"五统一分"模式养殖宁都黄鸡,由公司统一提供鸡苗、饲料、药品、技术支持和收购订单,由贫困户分户养殖,把公司(合作社)与贫困户利益捆绑起来,带动贫困户脱贫致富。

——脐橙产业"千家万户"模式。出台《关于加快脐橙产业发展的决定》等文件,制定资金扶持等系列政策措施,采取"政策驱动、干部帮扶、能人带动、示范引领"模式,按照"统一规划、连片开发、适度规模、分户经营"原则,引导千家万户参与脐橙产业开发,实现稳定增收致富。

通过"三个一"的渠道拓宽创业就业路径。紧紧围绕"就业一人,脱贫一户"目标,注重技能扶贫、就近就业、典型引领,大力实施"三个一"推进就业扶贫。

——创办一所学校。依托国家人社部对口支援,投资7亿元创办宁都高级技工学校,建设各类专业实训室 54 个,开设电子商务、计算机平面设计等 14 个专业,在职教师总数达 136 人,在校学生达 3315 名,目前已有 937 名贫困家庭学生在校就读。

——打造一个园区。用好国家电子商务进农村综合示范县"金字招牌",大力扶持电商产业。建设电商创业孵化园,先后入驻企业和商户近 200 家,吸纳带动 2000 余人次就业,其中贫困劳动力 400 余人次,被省商务厅、人社厅分别授予电子商务示范基地和省级创业孵化基地。

——创建一批车间。通过政策促动、企业带动和管理驱动,有效吸引外来投资,在乡镇(村)闲置土地、房屋创办或领办就业扶贫车间,带动贫困劳动力稳定就业。目前,创办或领办就业扶贫车间 174 个,带动 1698 名贫困劳动力稳定就业。

于都县脱贫攻坚工作纪实

于都县地处江西南部、赣州东部,总面积 2893 平方公里,辖 23 个乡镇 357 个行政村,总人口 111.9 万,是赣州唯一一个人口超百万的县,属于国家扶贫开发重点县、罗霄山片区区域发展与扶贫攻坚县,2012 年被国务院列为瑞(金)兴(国)于(都)经济振兴试验区。2019 年胜利脱贫摘帽。

初心不忘,使命在肩

于都,举世闻名的中央红军长征集结出发地,中央苏区全红县之一和巩固的后方基地。诞生了赣南第一支工农武装、赣南第一块红色根据地、赣南第一个红色政权,是中央苏区最后一块根据地,是南方三年游击战争的起源地。于都人民为中国革命付出了巨大牺牲和突出贡献。

于都属典型山区县,素有"八山半水半分田,半分道路和庄园"之称,底子薄、基础设施差、文化卫生设施落后,属于欠发达、后发展地区,群众生活水平较低。据不完全统计,2013 年,全县贫困户住在极其简陋的土坯房的有 37026 户 194080 人,占 71%。饮水困难达 24 万人,饮水不安全 40875 户 213686 人,占 78.2%。经济发展底子薄。截至 2012 年底,全县生产总值 121 亿元,财政总收入只有 10.3 亿元,规模以上企业仅有 54 户,产值过亿元工业企业仅有 45 户,纳税过千万元工业企业仅有 4 户,产值过 10 亿元、纳税过亿元企业处于空白状态。农业产业特色不明显,缺少龙头企业,市场竞争力不强,带动农民致富能力弱,农民人均纯收入只有 4430 元。农村发展能力弱。人均耕地面积不足 0.6 亩,农村贫困户拥有耕地人均仅 0.47 亩,人均林果面积仅 1.26 亩,人均养殖水面仅 0.043 亩。经济发展受制约,其中高排田、冷水田等低产田面积占比超过总耕地面积的三分之一,农业种养结构传统单一,产业化、规模化、现代化水平低,农村发展极为滞后。低电压现象普遍。2012 年全县 35 千伏以上变电站只有 16 个,其中 110 千伏变电站只有 4 个,只达到上级标准的 69%,大电网长年超负荷运行,低电压现象非常严重,有 22% 的电力供应不符合供电要求。不通电行政村 1 个,不通电自然村 26 个。教育卫生设施落后。截至 2012 年底,全县还有 23.2% 的乡村小学危房急需改建,学校教学的硬件设施、设备配套缺口较大。每千人拥有乡村医生人数仅为 0.9 人。其中,156 个重点贫困村 36.2 万人,医生只有 170 人,每千人拥有乡村医生人数为 0.5 人。交通网络设施滞后。2012 年全县二级以上公路里程仅占总里程的 7.7%,三级以上公路里程仅占总里程的 13.6%,等级外公路里程仅占总里程的 15.7%,五类危桥 84 座;不通客车的公路 1453.3 公里,不通公路的自然村 2139 个,不通公路的村小组 2010 个。不通有线电视行政村 152 个,占全县行政村总数的 42.5%,村通宽带网络普及率几乎为零。交通、网络信息的滞后使农户出行难,信息闭塞,与外界沟通极少,给农民生活带来众多不便。

脱贫攻坚,时不我待。初心不忘,使命在肩。自 2012 年被国务院列为瑞(金)兴(国)于(都)经济振兴试验区以来,特别是 2019 年 5 月 20 日习近平总书记视察江西并亲临于都考察,强调"赣南中央苏区脱贫攻坚取得决定性胜利",给于都以巨大鼓舞和极大鞭策。让人民群众过上幸福日子是党的初心使命。于都坚持以脱贫攻坚统揽经济社会发展全局,把脱贫攻坚作为头等大事和第一民生工程,强化组织领导,健全体制机制,举全县之力推动脱贫攻坚责任落实、政策落实、工作落实,经过几年攻坚克难,取得了实质性成效。截至 2019 年底,全县共有建档立卡贫困人口 36161 户 164030 人,已脱贫 33190 户 156759 人,剩余未脱贫 2971 户 7271 人,贫困发生率下降至 0.8%,144 个"十三五"贫困村已全部退出。2019 年 10 月,于都县入选全国扶贫经验交流示范基地。

提高站位,勇担责任

深化认识、强化学习,坚定政治站位。一是把打好打赢脱贫攻坚战作为增强"四个意识"、坚定"四个自信"、做到"两个维护"的最重要体现,始终坚定不移地贯彻落实党的十八大、十九大精神,积极把习近平新时代中国特色社会主义思想的实践贯穿于脱贫攻坚各项工作之中,做到围绕中心,服务大局。二是将学习贯彻习近平总书记系列重要讲话精神作为县委常委会、县政府常务会、领导小组会的固定议题。2019年6月出台了《关于深入贯彻习近平总书记在江西视察时的重要讲话精神确保于都实现高质量脱贫摘帽的意见》,常态化召开领导小组会和行业扶贫例会,"一边倒"抓脱贫攻坚工作。

因地制宜、科学谋划,搭好政策框架。制定出台《关于打赢脱贫攻坚战三年行动的实施意见》,为脱贫攻坚工作指明了方向。根据最新攻坚形势,每年制定《于都县脱贫攻坚工作实施意见》,对全年任务进行量化、细化,每季度出台一份任务清单,每月确立一个阶段目标,定期发布工作重点。实施推进脱贫攻坚十大行业扶贫工程,把行业扶贫工作细化成22个推进小组,并制定完善行业扶贫工作方案,构建"1＋X"脱贫攻坚政策体系。出台《关于深入贯彻习近平总书记扶贫开发战略思想以脱贫攻坚统揽经济社会发展全局的意见》《关于进一步强化行业扶贫工作凝聚脱贫攻坚合力的通知》《关于持续深化问题整改助推高质量脱贫摘帽的十六条措施》等系列文件,完善横向到边、纵向到底、各负其责的推进落实机制。

自上而下、实干担当,织密责任网络。自开展脱贫攻坚以来,于都县委、县政府持续强化组织保障,构建牢固责任体系。县级层面成立了县委书记、县长为双组长的精准扶贫攻坚战领导小组,抽调50多人成立县精准办,负责全县脱贫攻坚工作的牵头抓总。县委主要负责同志坚决履行"五级书记"抓扶贫职责,对脱贫攻坚工作带头谋划、带头部署,一线调研、一线督导,跑遍每一个乡镇、每一个村。县政府主要领导、县分管领导常态化召开调度会、协调会,及时研究解决工作节点难点问题。乡级层面明确党委书记为第一责任人,党委副书记兼任扶贫工作站站长,其他班子成员实行驻村包片,对责任区的脱贫攻坚工作负主体责任,安排专职扶贫专干3人以上。村级层面设立扶贫工作室,每个行政村派驻1名第一书记,1支常驻工作队,全县选派脱贫攻坚"大村长"192名,第一书记357名,其中省派6名、市派21名、县派330名。驻村工作队357个,队员1090名(含第一书记),其中省派11名、市派54名、县派1025名。同时,派出6717名帮扶干部与3.6万户贫困户结对帮扶。制定了县乡村脱贫攻坚十一类人员责任主体和"大村长"责任制下村内"九职人员"主要职责清单,明确各级攻坚职责,并将结对帮扶工作作为全县各级干部第一任务,坚持"谁帮扶谁负责",帮扶到户,责任到人,把脱贫攻坚责任传导到基层"最后一公里"。

强化管理，夯实基础

建强基层、严选队伍，推进党建帮扶。一是建强基层组织。先后制定印发《关于进一步加强农村基层党建工作助力脱贫攻坚的若干措施》《于都县抓农村基层党建工作联席会议制度》以及《关于规范农村党员参加组织生活的通知》等系列文件，以提升组织力为重点，突出政治功能，切实把基层党组织建设成脱贫攻坚战斗堡垒。二是加强驻村工作队管理。每月对第一书记和驻村工作队员履职尽责情况进行考评，并作为年终考核的重要依据。实行"召回"干部和派出单位"双问责"制度，对不胜任的第一书记、驻村工作队员及时召回调整。强化"大村长"对驻村工作队的统管作用，让驻村工作队作用最大化，真正做到派得出、留得住，真扶贫、扶真贫。三是选优配强村"两委"班子。在村"两委"换届中，将能否适应脱贫攻坚工作需要作为入选资格条件，对符合条件的乡村能人、创业致富带头人，充分吸纳到村"两委"班子，全县 357 个村党组织书记中机关单位下派 34 人、外出务工经商人员 83 人、复员退伍军人 41 人，致富能手 159人。四是发展壮大村集体经济。采取光伏发电、合作入股、发展特色产业等多种"党建＋村集体经济"发展模式，全面消灭村集体经济空壳村，全县 357 个行政村集体经济收入从无到有、从少到多。到 2019 年底，全县村级集体经济年总收入达 5463.55 万元，其中经营性收入 3485.39 万元，村均经营性收入达 9.76万元。五是关心关爱扶贫干部。坚持严管和厚爱结合、激励和约束并重，激发广大干部干事创业的积极性。2018 年以来选拔 18 名脱贫攻坚中表现优秀的乡镇事业编干部、村书记、村主任进入乡镇领导班子，2019 年选聘 5 名优秀村书记、村主任为乡镇事业编干部，提拔重用驻村第一书记、驻村干部 19 人，有效激发基层干事创业活力。

规范程序，完善机制，严格识别退出。一是精准识别方面。紧扣脱贫攻坚第一粒纽扣，先后大规模开展精准识别"三再""四会""查缺补漏""整村普查"和"见人见房""户口大清理""地毯式"排查等全员普查工作，重点关注"六类人员、三类特殊群体"，按照贫困户识别"七步工作法"严把识别关，杜绝人情户、关系户，对违反"七清四严"的对象，坚决剔除，确保扶贫对象精准。二是动态管理方面。通过用好大数据平台、规范内页资料、开展"回头看"、实行返贫预警等措施，全面加强对贫困对象的动态调整和精准管理，逐村逐户逐人过筛，实现"应退则退"。通过县扶贫办与县房管局、不动产登记中心、社保局、交管大队等部门数据共享,持续推进精准识别"查漏补缺"。重点对全县已脱贫户、已退出贫困村开展脱贫质量"回头看",对照贫困户脱贫标准及贫困村退出条件,全面梳理排查,确保高质量脱贫。三是精准退出方面。坚持早谋划、重管控、严标准,在每年年初省下达脱贫指导计划后,按照各乡镇自主申报、县级调控的方式,在当年3月份左右就将贫困户脱贫、贫困村退出计划分解到村、到户。通过对预退出村、预脱贫户致贫原因、短板漏项分析,及时增补措施。

强化资金管理,健全脱贫攻坚保障。及时成立统筹整合涉农资金办公室,全面加强对扶贫资金项目的管理使用。坚持"先定项目,后定资金"原则,精准安排项目资金。在全省率先使用扶贫项目资金监管平台,将扶贫资金项目库、支付系统、核算系统合并开发为一个完整的扶贫项目资金监管平台,实行项目申报批复、资金报账、会计核算、档案管理等多位一体集中式管理,有效提高了资金监管水平。2016年至2019年底,通过整合涉农资金、争取融资性贷款以及加大县级资金配套等方式,共筹措扶贫资金77.91亿元,其中:统筹整合财政涉农扶贫资金25.70亿元、政策性扶贫贷款14.49亿元、其他用于扶贫资金37.72亿元。截至2019年底,全县已安排使用脱贫攻坚扶贫项目资金76.81亿元。

聚焦重点,落实政策

产业扶贫增收入。立足自身基础条件,以现代农业产业发展作为主要突破口,确立了蔬菜为首位产业,脐橙、油茶为主导产业,肉牛、肉鸡、生猪、水产等为特色产业的"1+2+N"的产业格局,按照"龙头企业+合作社+农户和贫困户"发展模式,打造梓山万亩富硒蔬菜产业园、10万亩油茶产业基地和一大批万苗矮黄鸡养殖基地,以点带面、全县推广,形成于都农业产业扶贫的龙头带动发展大格局。到2019年底,全县已建成大棚蔬菜面积3.5万亩、发展脐橙产业16.1万亩、油茶种植面积28.2万亩、肉鸡养殖基地34.3万平方米,带动了1.1万贫困人口就业增收。组建了"一村一品"合作社346个,带动全县31942户贫困户入股增收。坚持产业扶贫"五个一"机制,实现单向"输血式"扶贫转变为提升内生动力的"造血式"扶贫,有效带动贫困群众增收致富。一是积极推进"龙头企业+合作社+基地+贫困户"的产业扶贫模式。引导和鼓励贫困户以现金入股、土地折价入股的方式加入合作社,入股金额每户不低于2000元,合作社与贫困户签订入股协议,明确现金或土地入股金额、参与发展的产业、分红模式、比例、时间等。二是不断探索"村集体经济 + 贫困户"的产业扶贫模式。积极探索资产性收益扶贫，投入 1400 万元产业发展资金到岭背镇 26 个行政村，由村集体经济股份合作社建设肉鸡养殖大棚，由村集体为主体建设、经营扶贫产业基地，对经营的净收入直接纳入村集体统筹管理，将产业经营利润按 4∶4∶2 的利益分配机制（即 40% 收益归村集体、40% 收益分配贫困户、20% 收益分配失能弱能贫困户）直接分配给村集体和贫困户。同时，针对全县产业薄弱的 132 个行政村，采取"龙头 + 村级集体组织 + 贫困户"模式，由财政出资搭建鸡棚发展肉鸡扶贫产业基地，提升全县贫困户的脱贫质量。

健康扶贫解民忧。县财政投入 1.8 亿元对全县 27 所乡镇卫生院进行升级改造；投入 0.8 亿元为全县 316 个公有产权村卫生室配备基本医疗设备及办公设施，有效提升全县村卫生计生服务水平，让农户有地方看病。设立"四道医疗保障线"和健康暖心基金医疗救助，对贫困群众所有住院费用和门诊特殊慢性病费用给予兜底补足 90%，报账不设起付线。同时，全面实行"先诊疗后付费"和"一站式结算"，让贫困群众能够放心住院、安心治疗。政策实施以来，全县共补助住院门诊贫困患者 13.89 万人次，报销总费用约 5.77 亿元，补偿比例稳定在 90% 左右，有效解决了贫困群众看不起病的问题。为防止因病致贫、因病返贫，2018 年起，扩充对健康暖心基金池，对非贫困群众经城乡基本医疗保险、大病保险补偿后全年累计 2 万元以上的住院费用和特殊门诊慢性病费用予以兜底补偿至 90%，2018 年至 2019 年底共补助 2909 人，补偿 2995 万元。每月安排专家对疑似患慢性病贫困群众在乡镇卫生院进行认定，为行动不便的贫困患者进行入户认定。截至 2019 年底，全县共认定慢性病患者 88010 人次，其中贫困户 45928 人。2019 年 12 月，于都县在国家卫健委新闻发布会上作题为《精准施策优服务健康扶贫暖人心》的健康扶贫工作典型发言。

教育扶贫斩穷根。牢固树立"抓教育就是抓发展、抓扶贫就是抓民生"理念，扎实做好教育精准扶贫工作。建立贫困学生电子档案信息系统，形成"建档立卡贫困学生"数据库，对贫困学生享受资助情况全程跟踪。通过线上线下双向监控，实现教育资助应补尽补、无一遗漏。2016 年至 2019 年底，全县共发放资助金 2.1 亿元，发放助学贷款 3.2 亿元，有效减轻了贫困家庭教育支出负担。建立义务教育"双线控辍保学责任制"，乡村两级与教育系统同时发力，扎实推进控辍保学工作，确保除身体原因不具备学习条件外，贫困家庭义务教育阶段适龄小孩无一例失学辍学。大力推进学校标准化建设,有效缩小了城乡之间、校际之间的差距,切实阻断贫困代际传递。2018 年 10 月,于都县高质量通过县域义务教育均衡发展国家督导评估认定。

安居扶贫暖民心。通过开展"见人见房"摸排,进一步核准全县农村住房底数,聘请第三方质量鉴定机构对疑似不安全房屋进行安全鉴定,按照房屋安全等级实行分类处理,通过危房改造、保障房建设等方式大力推进安居扶贫工程。2019 年,于都县完成对 3.61 万户建档立卡贫困户住房的安全等级鉴定,对发现的 C、D 级需维修加固房 1029 户、D 级拆除重建需新建 498 户、生活场景差需维修 6817 户,均已完工入住。到 2019 年底,全县完成农村危旧房改造 5.8 万户,面积达 696 万平方米;完成易地扶贫搬迁 2261 户 9363 人,其中贫困人口 1512 户 6508 人。

兜底扶贫保根本。充分利用大数据进行线上比对,对可疑对象进行线下核实,根据比对核查结果,全面开展低保对象清理,动态管理,全面公示,确保应保尽保、应退尽退。对建档立卡贫困户家中有大病、重残人员和无劳动能力家庭进行深入排查,综合研判,符合条件的及时纳入,确保不漏保。对国办系统建档立卡贫困户中有重病、重残人员家庭进行数据比对,并将结果反馈至乡镇进一步核实,符合条件的按程序及时纳入。建立村干部亲属享受低保备案制度,并将备案内容在村委会进行公示,有效解决人情保、关系保问题。针对失能弱能、重病群体及受灾户,全面纳入兜底保障体系,通过低保整户保、单人保、五保及临时救助等方式确保"两不愁三保障"达标。截至 2019 年底,全县享受低保、五保人数 44210 人,其中纳入建档立卡的农村低保对象 14733 户 35114 人,农村特困人员 2446 人。2017 年至 2019 年底,发放农村低保金 44661.57 万元,发放农村五保金 4286.96 万元。2018 年 12 月,于都县"五个强化"兜底保障做法在中华人民共和国民政部召开的低保专项整治工作座谈会上做经验介绍。

水利扶贫惠民生。实施安全饮水排查行动,对水质不达标、干旱水量少等饮水安全问题分类施策,通过单户打井、管网延伸等方式予以解决,基本实现家家喝上安全水的目标。截至 2019 年底,已完成水样检测 2368 份,并制作饮水安全知识音频发放至 357 个村,通过村村通广播播放;全县已完成 3547 户单户打井工程,37 个小微型集中供水工程,累计完成管网铺设 630 公里,入户安装 16547 户。

就业扶贫促脱贫。全面落实交通补贴等就业扶贫奖补政策,鼓励贫困劳动力转移就业。开发就业扶贫公益性岗位,对就业困难贫困劳动力实施就业援助,并依据贫困劳动力需求精准开展就业技能培训。通过建立健全省外、省内县外、园区、就业车间、公益性岗位等多元化就业途径,让贫困户充分就业、灵活就业、高质量就业,保证全县有劳动能力、有就业意愿的贫困户家庭至少1人实现稳定就业。到2019年底,全县共发放就业扶贫奖补资金10579.35万元,建成就业扶贫车间80个,就业扶贫农业基地7个,吸纳贫困劳动力720余人;已开发扶贫就业专岗4066个,安置贫困劳动力就业3914人,基本保障了半劳动力或弱劳动力贫困家庭均有机会获得就业扶贫公益性岗位的就业援助。

志智双扶,激发内生动力

坚持把激发贫困群众内生动力作为重要工作来抓,坚持扶贫与扶志、扶智相结合,实现"要我脱贫"到"我要脱贫"的根本性转变。2018年以来,在全县范围内评选"十佳脱贫之星"、道德模范、文明家庭并给予表彰。邀请"十佳脱贫之星"组成"我的脱贫故事"宣讲团,在各乡镇开展巡回宣讲,用朴素语言、亲身经历讲述自身脱贫故事,有力激发了贫困群众自立自强的内生动力。2019年起,通过开展"五星创评"活动,设立"自强超市",强化典型示范,以物奖励推动,村庄环境发生明显改善。实施反向约束机制,印发《关于依法打击不孝顺老人违法行为的通告》,通报基层不孝顺老人的典型案例,通过追踪报道、电视台曝光,有效打击了不孝顺老人行为。积极开展"连心连情促脱贫"、赣南新妇女运动、小手拉大手"移风易俗进万家"等乡风文明系列活动,极大地提振了农户精神面貌。

加强督导,从严问责

不断强化完善督导机制。2017年,于都安排县精准办6名副职领导实行AB岗同步分片跟进,10名县精准办干部担任乡镇联络员,建立常态化、制度化日常沟通联系机制。2018年进一步优化督导方式,从县纪委、县委组织部、县农业农村局、县精准办选派副科级干部担任组长,抽调2017年新进干部12人,成立脱贫攻坚专项督查队伍,全面开展脱贫攻坚专项督查工作,推动各项政策措施落到实处。为适应脱贫攻坚最后冲刺阶段工作要求,2019年10月下旬起,采取驻乡督导形式,每个乡镇安排1至2名督导员常驻乡镇,全程参与乡镇脱贫攻坚工作,重点围绕"两不愁三保障"问题排查和整改落实、贯彻落实上级扶工作要求、帮扶干部工作作风及责任落实等情况开展问题摸排、业务指导和交办整改,做到问题及时发现、及时反馈、及时整改。

狠抓扶贫领域腐败和作风问题专项治理。围绕"责任落实不力,对扶贫资金动脑筋、伸黑手,作风不实,搞形式主义、官僚主义"等方面开展专项治理,把抓扶贫领域腐败问题和作风建设作为脱贫攻坚的重要工作贯穿全过程,为脱贫攻坚提供坚强保障。2017 年至 2019 年底,全县共查处扶贫领域不正之风和腐败问题 281 起,共处理 529 人,其中党纪政务处分 167 人,组织处理 384 人,问责64 人,移送司法 4 人。

将脱贫攻坚指标作为考核的决定性内容。每年出台脱贫攻坚年度绩效考核评价工作方案,明确脱贫攻坚工作占乡镇、单位(部门)年度绩效考核的权重要达到 60%。出台《关于建立脱贫攻坚正向激励机制开展个人先进典型评选表彰活动的通知》,有效激发干部工作积极性。同时,把脱贫攻坚作为干部提拔重用的重要考核依据,印发《于都县干部提拔重用负面清单管理办法(试行)》,落实了提拔干部必须先过"扶贫关"的执政理念。

忆往昔,峥嵘岁月稠;看今朝,于都更美好。新时代的于都儿女,在全面建成小康社会的新长征中,继续弘扬伟大的长征精神,并在新征程中赋予其新内涵,转化为推进科学发展的强大力量,转化为建设赣州经济强县的巨大动力,齐心协力,与时俱进,开拓创新,扎实工作,为把于都建设成为革命老区高质量发展示范区的排头兵做出新的更大的贡献。

兴国县脱贫攻坚工作纪实

　　兴国县位于江西省中南部、赣州市北部,是著名的苏区模范县、红军县、革命烈士县、共和国将军县,是人民兵工的发祥地和红色工业的摇篮,也是国定贫困县、罗霄山集中连片特困县。自2015年实施精准扶贫以来,兴国人民在党和政府的坚强领导下,与全国人民一道打响了脱贫攻坚决胜之战。2019年,兴国县以零漏评、零错退、群众认可度99.03%、综合贫困发生率0.57%的优异成绩顺利通过国家第三方考核评估验收。2020年4月26日,江西省人民政府新闻办公室举行新闻发布会,宣布兴国县等7个县(区)符合国家贫困县退出标准,正式退出贫困县序列。至此,兴国县彻底甩脱33年的贫困县"帽子",迈出全面建成小康社会的坚实步伐。

全面小康,初心使命在肩

　　兴国是党的群众路线思想的试验田。90多年前,中国共产党在创建苏维埃政权的过程中,曾在这里领导兴国人民为追求美好生活进行了不懈奋斗,苏区干部对群众"柴米油盐都想到,问寒问暖情意真"。正因如此,当年只有23万人口的兴国县,参军参战的就达9.3万余人,直接参加红军的就有5.5万多人,有姓名可考的烈士多达23179人。兴国烈士之多,居全国各县之首。兴国人民为中国革命胜利做出了重要贡献,付出了巨大牺牲。

　　由于遭受战争创伤太重,加之自然环境恶劣,兴国县长期处于贫穷落后之境。改革开放后,兴国经济、社会各项建设虽有长足发展,但由于基础薄、底子差,仍处于欠发达状态,是国家级贫困县。1986年,中共兴国县委提出"三年解决温饱,五年摆脱贫困,十年绿化兴国"的奋斗目标,实施振兴兴国战略。但到 2013 年底,兴国贫困状况仍然没有根本性改变,全县农业人口 711783 人,有建档立卡贫困户 30321 户 129387 人,综合贫困发生率 18.18%。

进入新时代,让人民生活富裕起来,是时代赋予兴国的历史责任;脱贫摘帽,与全国人民一道如期实现全面小康,是时代赋予兴国的政治责任。

兴国脱贫,意义深远。全面小康,重任在肩。脱贫攻坚战打响后,民政部、自然资源部、国家烟草专卖局、中国兵工集团等中央和国家机关单位对口支援兴国;省委办公厅等省、市 28 个工作队也先后进驻兴国定点帮扶。兴国全县上下深入学习贯彻习近平总书记关于精准扶贫、精准脱贫的重要论述,牢记习近平总书记"决不能让老区群众在全面建成小康社会进程中掉队"的殷切嘱托,按照中央、省、市决策部署,举全县之力,以脱贫攻坚统揽经济社会发展全局,把打赢精准脱贫攻坚战作为头等大事、第一民生工程,严格执行"五级书记抓扶贫"机制,成立了以县委书记为组长、县长为第一副组长的县精准扶贫工作领导小组,紧盯"两不愁三保障",专题研究和部署脱贫攻坚。一场轰轰烈烈的脱贫攻坚交响乐在兴国大地上奏响。

2019 年 5 月,习近平总书记视察江西(赣州)后,全县广大党员干部以"再出发"的精神日夜奋战在脱贫一线,4800 余名帮扶干部下沉一线、一对一真帮实扶。每个深度贫困村有 1 名副处级以上领导干部挂点,每村有 1 名科级以上领导担任"大村长"驻村指挥,帮扶单位"第一书记"、帮扶干部吃住在村结对帮扶,各乡(镇)、村建立精准扶贫工作站、办公室,形成县乡村三级联动,"一边倒"步调一致协同作战。经过 5 年艰苦奋战,至 2019 年底,全县 253 个贫困村全部退出,建档立卡贫困户已脱贫 28199 户 125343 人,贫困发生率降至 0.57%。

绿色生态,走上致富之路

"光山和尚头,十旱九无收,三日无雨水断流,一场暴雨沙满丘。"兴国,以红色历史名扬全国,也因水土流失严重曾被称为"江南沙漠"。

中华人民共和国成立后,兴国县第一届领导班子就曾提出要大力抓好水土保持,改善环境,发展生产力,摆脱贫困现状。但直到 1980 年,土地面积 3215 平方公里的兴国县,水土流失面积仍然高达 1899 平方公里,流失面积占县域面积的 59%,占山地面积超过八成,山地植被覆盖率不到三成,致使"山上无树、地面无皮、河里无水、田中无肥、缸里无米、灶里无柴"。1980年10月,英国皇家学会会员、世界经济委员会顾问佩雷拉·查理斯爵士偕夫人来兴国考察时,曾深有感慨地说:"这在世界上也是罕见的——如不及时治理,兴国就要'亡'国。"

为此,兴国县历届领导班子高度重视水保工作,将水土流失治理列入重要工作内容,建立了"政府统一领导、水保统一规划、多部门协作、广大群众参与"的水土流失防治机制,形成"一任接着一任干,一任干给一任看"的好作风。1983年至2017年,兴国县共投入水土流失生态扶贫资金76111.71万元,其中中央财政资金23877.88万元,带动社会资本和私人资本投入10亿元以上,实施了水保林、经果林、种草、封禁、开挖水平沟、建设小型水保工程等规划。在治理过程中,兴国县在华中农业大学、湖南农业大学、南昌工程学院、江西省水保科学研究院等单位的支持下,探索出等高水平沟整地技术和竹节沟加密放浅技术,"山顶戴帽、山腰系带、山脚穿靴",形成了完善的水土流失综合防护体系。经过近40年的接续治理,兴国县曾经的"癞痢山"披上了绿衣裳,植被覆盖率由曾经的28%提升至82.8%,森林覆盖率达74.6%。

"绿水青山就是金山银山。"兴国因"七山一水一分田,一分道路和庄园"的自然风貌形成"靠山吃山"的山地经济特征,生态保护与经济发展成了一个矛盾的孪生体。怎么做到既要绿水青山,又要金山银山,成为兴国发展的一个重大课题。近年来,兴国县坚持"发展与保护并重,生态与经济兼顾,兴林与富民结合"原则,因地制宜,适地、适果、适度开发经济果林。特别是在脱贫攻坚战中,兴国县把生态文明建设与脱贫攻坚同步推进,通过发展林果经济、发放生态补偿金、安排生态公益性岗位等方式,达到"山有人管、林有人护、火有人防"和贫困户收入增加不耽误。例如,杰村乡含田村万亩基地与贫困户联结,辐射带动452户贫困户参与发展油茶种植,每户年均增收5000元。此外,生态公益林和天然林保护补助也成为贫困群众增收的常态。据统计,2019年全县生态公益林和天然林保护补助受益贫困户共14109户,发放金额552万元。良好的生态环境给兴国农民带来了实实在在的经济效益,兴国逐渐实现从"绿起来"向"美起来""富起来"转变。

打开"国"门,助力脱贫攻坚

"要致富,先修路。"长期以来,交通是兴国县社会经济发展的瓶颈。兴国要发展,就必须改变交通落后状况,才能打开"致富路"。

20世纪90年代初期,得知搁置多年的京九铁路重新规划建设消息后,兴国便积极向中央争取项目。1996年9月1日,在兴国"拐了个弯"的京九铁路正式通车,兴国终于有了第一条直接连通北京、迈向大江南北的大通道。打开"国"门后的兴国,社会经济发展实现第一次"提速"。

2012年6月,《国务院关于支持赣南等原中央苏区振兴发展的若干意见》出台以后,兴国迎来了更大的发展机遇,交通发展越加快速。2019年,又一条"绕弯"兴国的铁路——昌赣高铁正式通车,"兴国弯"再度成为热点,兴国进入高铁时代。至此,兴国县逐渐形成了以昌赣高铁、京九铁路、兴赣高速公路及北延、238国道为"纵向",以兴泉铁路、泉南高速公路、356国道、319国道为"横向"的"四纵四横"综合交通网,区位优势明显提升。"走出去、引进来",兴国与全国政治、经济发达地区有了更紧密、更快捷的联系。2019年,兴国"北上南下"招商引资引进亿元以上项目达28个;全年接待游客430余万人次,实现旅游综合收入35亿多元,与2018年相比分别增长30.17%、48.6%。"兴国弯"为兴国社会经济发展带来了"蝴蝶效应",也为高质量脱贫攻坚提供了坚实保障。

随着时代发展,农村交通难的问题依然存在。脱贫攻坚战打响后,兴国县着力加大农村道路建设,改善农民出行环境,为脱贫攻坚扫清交通障碍。2016年以来,兴国县累计投入交通项目资金10.6582亿元,实施路、桥项目2706个,其中自然村通水泥路1260余公里。全县26个乡镇、304个行政村公路硬化实现村村通、组组通。同时,兴国县大力推进"七改三网"等电力、通信公共项目,安排资金3.35亿元,147个贫困村电力、通信实现全覆盖,为贫困户了解党的脱贫政策、农产品线上销售等方面提供了极大的便利,更为外出务工提供了方便。据统计,为鼓励贫困人口外出务工,兴国县仅2019年就发放交通补贴1923.58万元,惠及贫困人口4.11万人。农村交通、通信等基础设施的日臻完善,为贫困户的生产、生活水平提质增效搭上了"兴国弯"快车道。

精准施策,打通最后一公里

习近平总书记强调,扶贫开发贵在精准,重在精准,成败之举在于精准。脱贫攻坚战打响后,素有革命传统和优良作风的兴国人民紧紧围绕习近平总书记关于精准扶贫、精准脱贫的重要论述,以"精准"的精神,创造"兴国经验",打通全面小康最后一公里。

调查研究,构建高效政策体系。根据中央、省、市决策部署,兴国县领导班子立足县情实际,强化调查研究,细化政策措施,形成了一套较为完整的目标体系、政策体系、责任体系和工作推进体系,实现脱贫攻坚与经济建设、政治建设、文化建设、社会建设、生态文明建设、党的建设等各项工作有效衔接。2016年以来,兴国县大力开展调查研究,收集村情调研报告300多份,扶贫工作人大建议、政协提案39件;出台涉及健康、教育、危房改造、易地搬迁、产业、就业等方面的扶贫政策142项。

首创"七步法",扣准"第一粒扣子"。实现精准扶贫,准确识贫是前提。为公平、公正地识别贫困户,兴国县在多次调研的基础上,首创精准识别"七步法",即通过"农户申请—组级评议—组级公示—村组审核—村级公示—乡镇复核—村级公告"程序,堵塞在评定过程中出现的人情漏洞,做到不漏评、不错评,真正达到精准识别效果。兴国县首创的精准识别"七步法",在全省精准扶贫攻坚现场会上得到省委主要领导的充分肯定,并在全省推广学习。

创新学生营养餐,巧念扶贫经。2020年4月28日,江西卫视新闻联播"决战决胜脱贫攻坚"栏目播出"兴国县:营养餐里巧念扶贫经"专题报道,说的就是兴国县创新"农村学生营养餐+菜篮子+产业扶贫基地"精准扶贫新模式。2018年8月,为落实省委书记刘奇同志关于兴国营养餐的批示,省教育厅专门召开推广"兴国经验"专题会议,兴国县创新建立的学生营养餐供应模式在全省推广。目前,该模式已带动5000余户贫困户增收脱贫。杰村乡韶溪村的贫困户李舒涛,因腿残不便,种的蔬菜难以外销。县营养餐公司与他签下订单合同后,他的销路问题得到解决,又扩大了种植面积,仅种蔬菜,李舒涛每年就能增加近3000元的收益。

开辟"绿色通道",突破项目管理瓶颈。精准扶贫,项目落地,是推动扶贫工作进程的关键。但扶贫项目多,加上多头管控,有很多项目无法及时落地,耽误了建设时间,群众意见大。为解决这个制约脱贫攻坚质量的瓶颈问题,兴国县创新建立"项目池""资金池",开辟项目建设"绿色通道",实现"多个渠道引水、一个龙头放水"的资源整合效应;出台《政府性投资脱贫攻坚工程项目招投标工作暂行规定》,简化、规范脱贫攻坚项目招投标程序,有力推动政策落实和项目建设。省委、省政府对兴国的做法给予了充分肯定,并印发《江西省脱贫攻坚工程项目"绿色通道"实施方案》,向全省推广兴国经验。

创新产业发展模式,提升带贫益贫实效。兴国县将产业扶贫作为脱贫攻坚主抓手,创新建立"12345"产业发展模式,大力发展产业扶贫。"1"即一套产业体系,以油茶、脐橙、蔬菜三大农业主导产业为重点,做优烟叶、灰鹅两大传统产业,做亮肉牛新兴产业体系;"2"即完善奖补、项目两大扶持政策;"3"即拓宽大财政投入、撬动贷款资金、吸引社会资金三条筹资渠道;"4"即提升组织建设、提升结对帮扶、提升技术指导、提升电商扶贫四项服务能力;"5"即创新返租倒包、入股分红、劳务就业、土地流转、托管经营五种受益模式。全县建成农业产业基地 515 个,联结带动 28377 户贫困户持续稳定增收。潋江镇杨澄村现代农业示范园通过返租倒包形式,20 户贫困户年均增收 2 万元以上。崇贤乡上洒村是深度贫困村,坚持"一村一品"与"五个一"扶贫产业基地建设相结合,贫困户家庭散养与产业规模发展相结合发展产业,全村产业覆盖率达 82.09%,2019 年落实产业直补 55 户达 17.9 万元,户均增收 3500 多元。

打造"兴国表嫂"品牌,稳步推进就业扶贫。2016 年以来,兴国县通过开发农村公路养护员、环卫保洁员等"九员三岗",安置了 13021 人贫困劳动力就近就地就业。为解决农村妇女特别是贫困家庭妇女的富余劳动力问题,兴国县积极探索打造"兴国表嫂"家政服务培训品牌。《人民日报》《中国妇女报》以及省、市电视台对"兴国表嫂"家政培训进行详细报道。2016 年至 2019 年,"兴国表嫂"累计培训 34 期 1652 人,其中贫困妇女 1512 人。长冈乡石燕村贫困户曹银凤,丈夫去世后,家中缺乏劳动力,生活困难,帮扶干部动员她参加"兴国表嫂"培训班。从业后,她的月收入从 2600 元提高到 8000 元,实现"一人就业,全家小康"。

凝集攻坚力量,构建大扶贫格局。兴国县动员各方力量协力攻坚,中央和国家机关、社会企业和致富能人各方力量大力支持,形成了全社会脱贫攻坚的大格局。浙江传化集团捐资 1400 万元,援建 70 个标准化卫生计生服务室;碧桂园集团结对帮扶兴国;崇贤乡霞光村养殖大户王正福以"基地 + 贫困户"方式带动 10 余户贫困户饲养肉兔致富。据统计,仅 2015 年,兴国累计争取上级各类资金 26.1 亿元。其中,国家民政部、国家烟草专卖局累计分别支持兴国项目资金 1.51 亿元和 5.56 亿元。2016 年以来,兴国有 121 个商会、企业积极参与"百企帮百村"行动,结对帮扶 106 个贫困村,投入帮扶资金 3768.98 万元。

感恩奋进,苏区再唱赞歌

兴国是一块红色热土。毛泽东曾在这里亲自指导兴国革命实践,制订中央苏区第一部土地法——《兴国县土地法》,教育兴国的党员干部"要像和尚念'阿弥陀佛'那样,时刻叨念争取群众"。长冈乡苏维埃主席谢昌宝带领苏区干部"日着草鞋干革命,夜打灯笼访贫农"。他们密切联系群众,关心群众生活,注意工作方法,赢得了广大人民群众的衷心拥护和大力支持,苏区大地唱响《苏区干部好作风》。

脱贫攻坚战打响后,兴国广大党员干部秉承党的优良传统,自觉接受党的纪律监督,深入开展"党员十带头先锋创绩"活动,以冲刺的精神和过硬的作风取得了脱贫攻坚的胜利。他们宣传政策、规划产业、整治乡村环境,对贫困群众的吃饭穿衣,生老病死,交通出行,放心水、卫生厕,事无巨细,样样关心。

"白加黑""五加二",他们感到"时间不够用";屋场会、小组会,他们唯恐漏了群众的利益。据教育、住房、医疗等行业扶贫部门的统计,2016 年以来,全县累计资助贫困学生 21.2 万人次,发放金额达 2.54 亿元(含助学贷款);6543 户贫困户实施了危房改造,符合易地扶贫搬迁条件的 100% 搬迁入住。2017 年以来,农村贫困人口享受"四道保障线"20.08 万人次,医疗总费用达 5.22 亿元,个人自付比例控制在 10% 以内。

舍小家,顾大家,抛家舍业,扶贫干部心中装的全是群众的利益,而唯独忘记他们自己,有的甚至牺牲了生命。例如,县生态环境局驻教富村第一书记刘柏荣,身患心梗、糖尿病、痛风三种慢性疾病,仍坚守扶贫一线;交通银行赣州分行驻永丰乡大江村第一书记曾令华,积劳成疾,术后三天不到便回到了扶贫岗位;闵贤倡、胡贵茂、舒祖德三位同志牺牲在工作岗位上,成为扶贫路上永不泯灭的"明灯"。

感恩的心总是如春风化雨般滋润着大地,给予人们前进的力量。苏区时期,长冈乡的群众称赞"共产党真正好,什么事情都替我们想到了"。如今,党的好政策和广大扶贫干部的艰辛付出,群众看在眼里,再次称赞"扶贫干部真正好,什么事情都替我们想到了"。

潋江镇五里亭村黄素云家是一个单亲家庭,一家 3 口,女儿读高中,儿子智障。2014 年,黄素云家被识别为贫困户。在驻村工作队及扶贫干部的帮扶下,黄素云发展了养殖业,每年出栏 200 多头猪、150 只鸡,还有博苑农业产业基地的分红,因脑瘫智障辍学的儿子也跨进校门圆了读书梦,女儿也顺利完成了高中和大学的学习。2019 年,黄素云家顺利脱贫,全家人均收入由 2014 年的 2100

元增加到 15482 元,家里住上了三层楼房,用上了干净的自来水和卫生洁厕。2020 年,黄素云的女儿考取了江西师范大学研究生。脱贫后的黄素云说:"感谢党和政府的好政策,感谢扶贫干部对我们的关心和帮助!我们虽然是贫困户,享受有那么多的扶贫政策,但自己也一定要努力。"

欧阳积平是城岗乡严坑村的贫困户,一家 4 口,2016 年被识别为贫困户。此前,他和妻子长期在广东务工,生活还不错。但随着两个小孩和患有小儿麻痹症的妻子先后患病,自己又中风,还患上结核病,失去了工作,一家人陷入困境。得知欧阳积平家的情况后,驻村帮扶工作队和村干部根据政策把他纳入精准扶贫户,并帮他争取到易地搬迁政策在县城安了家。生活上有低保,享有"四道保障线",欧阳积平一家的生活得到了质的改善。"都不敢想今生还能住上这么好的电梯房,在城里务工、小孩读书很方便,真心感谢党!"欧阳积平感慨万分。2019 年春节,他在大门贴上了一副"党恩浩荡"的对联:"毛主席开国建政恩泽百姓,习大大精准扶贫福沐万民。"在得知兴国县退出贫困县那一天,他情不自禁地唱起了山歌:"精准扶贫暖人心,共产党领导真英明;两不愁三保障,产业发展补资金;四道保障人康健,环境美化笑盈盈;抓好疫情促生产,条条大路通北京;城乡建设日月异,祖国山河处处春。"

"红雨随心翻作浪,青山着意化为桥。"兴国扶贫干部弘扬苏区精神,用自己的"辛苦指数"换来贫困户的"幸福指数",书写了脱贫攻坚的满意答卷。全县 86 万儿女以"模范"的精神,谱就了脱贫攻坚、旧貌变新颜的新时代赞歌。

会昌县脱贫攻坚工作纪实

八十六年前，一代伟人毛泽东来到会昌视察工作，留下了脍炙人口的词篇，盛赞会昌"风景这边独好"，激励着一代又一代会昌儿女在如火如荼的革命年代奋勇前进，夺取了中国革命一个又一个伟大胜利，开启了历史发展的新篇章。

会昌，地处江西省东南部，东邻福建、南靠广东，为赣粤闽"三省通衢"，国土面积2722平方公里，人口52.9万，是当年中央苏区的核心区域，是中央苏区全红县、扩红模范县，也是国家扶贫开发重点县、罗霄山区集中连片特困地区县。历史及各种原因造成的贫困成为制约会昌发展的重要障碍，拔穷根、摘贫帽成为会昌人民迈向全面建成小康社会进程中伟大的攻坚战。在以习近平同志为核心的党中央的坚强领导下，会昌县委、县政府深入贯彻落实习近平总书记关于扶贫工作的重要论述，按照中央、省、市脱贫攻坚决策部署，强化政治站位、责任担当和行动自觉，紧盯高质量脱贫目标，狠抓工作落实、政策落实和责任落实。经过全县党政干部和人民群众的共同努力，2019年2月，会昌县正式通过省级专项评估检查，达到贫困县退出的标准；同年4月，江西省扶贫开发领导小组宣布会昌县脱贫摘帽，全县脱贫攻坚取得了决定性胜利。

民生工程聚民心

会昌县始终把脱贫攻坚作为首要政治责任和第一民生工程，把打好打赢脱贫攻坚战作为增强"四个意识"的实际行动，坚持以脱贫攻坚统揽经济社会发展全局，所有工作都向脱贫攻坚聚焦，各种资源都向脱贫攻坚聚集，各方力量都向脱贫攻坚聚合，以"一边倒"的态势坚决打赢脱贫攻坚战。

立下愚公志,构建"一边倒"大格局

工作重心"一边倒"。会昌县先后出台《关于决战决胜脱贫攻坚工作的实施意见》《关于打赢脱贫攻坚战三年行动的实施意见》等系列文件,对全县脱贫攻坚工作进行系统部署、高位推动。一是抓统筹,理顺工作机制。成立以县委主要领导为总指挥、县政府主要领导为第一副总指挥的决战决胜脱贫攻坚总指挥部,指挥部下设 21 个工作推进小组,县四套班子领导全部"挂帅出征"。指挥部定期召开调度会,研究解决各推进小组提报的问题,统筹推进全县脱贫攻坚工作。二是压责任,层层传导压力。强化脱贫攻坚党政一把手负总责制,明确县、乡、村三级党组织书记履行本级脱贫攻坚工作的第一责任人责任,县委、政府分管领导履行行业扶贫"第一责任人"责任,各行业部门主要负责人履行行业扶贫"直接责任人"责任,县、乡、村三级层层签订脱贫攻坚责任状。实行脱贫攻坚考核"一票否决"制,2018 年全县重点工作考评只考评脱贫攻坚一项工作。每周对乡镇领导班子副职履行脱贫攻坚重点工作情况进行排位,排位倒数第一的由挂点县领导进行约谈,连续 2 次排位倒数第一的由县委副书记约谈,目前已约谈 12 人。

人员力量"一边倒"。坚持尽锐出战,集结攻坚力量。一是配齐结对帮扶力量。按照县级领导 7 户、科级干部 6 户、一般干部 5 户的标准,统筹安排结对帮扶力量,全县共安排各级各类干部 3878 人结对帮扶所有贫困户,县财政出资为每个行政村分别选聘 1 名扶贫专职信息员。二是选强驻村帮扶力量。坚持把最精锐的力量下派驻村扶贫,从全县各单位、各乡(镇)科级干部和科级后备干部中选派优秀党员干部到村任第一书记,全县共选派 243 个工作队、636 名驻村干部,其中处科级的驻村第一书记(工作队长)达到 166 人。一大批优秀年轻后备干部在脱贫攻坚一线得到锻炼和检验,取得脱贫攻坚和人才成长双丰收。三是集结包村攻坚力量。实行包村责任制,划小作战单元,县四套班子领导及县直(驻县)结对帮扶单位、乡(镇)党政主要负责人等每人担任 1 至 2 个行政村的包村责任人,统一调度村内其他"九职"干部组成战斗集体,合力攻坚。四是凝聚社会扶贫力量。借助审计署、国家质检总局、中国日报社等国家部委和省、市挂点帮扶(对口支援)相关部门职能优势,积极争取资金、技术、人才等政策倾斜,解决水、电、路、网等一系列基础设施问题;人大、政协和工会、妇联、团委等围绕中心、服务大局,充分发挥自身独特优势,积极参与脱贫攻坚;积极推进社

会扶贫网和民营企业"百企帮百村"精准扶贫行动,畅通社会力量参与脱贫攻坚事业新渠道,落实民营企业帮扶资金 400 余万元,帮扶项目 60 余项。

时间精力"一边倒"。一是实行"3 + 1"进村入户帮扶制度。制定出台《关于进一步调整充实干部力量压实脱贫攻坚责任的意见》,规定各结对帮扶干部每周到挂点村开展帮扶工作不少于 3 天。将每周六定为扶贫日,组织全县帮扶干部统一进村入户开展帮扶工作。二是保障常驻干部驻村帮扶时间。规定驻村干部一律与原单位工作"全脱钩",坚持在村工作、吃住在村,并确保每月驻村时间不少于 20 天;驻村干部日常管理以乡(镇)党委政府管理为主,定期调度驻村工作情况,严格执行日常考勤、请销假、外出报备等日常管理制度。全县广大扶贫干部讲政治、顾大局、守纪律,放弃节假双休,努力克服生活、家庭和工作上的各种困难,舍小家为大家,不畏艰辛走村入户,用情用心帮扶济困,用自己的"辛苦指数"换取贫困群众的"幸福指数",赢得了广大群众的高度赞扬。2016年以来,全县在脱贫攻坚中牺牲扶贫干部 3 名,受伤住院治疗 11 人,他们用实际行动践行了"不忘初心、牢记使命"的铮铮誓言。

财力物力"一边倒"。一是加大项目资金投入。2014 年以来,始终坚持将可用财力优先用于脱贫攻坚,扶贫投入持续增长,5 年来共投入资金 63.78 亿元(2014 年至 2018 年分别为 6.09 亿元、8.05 亿元、9.91 亿元、15.17 亿元、24.56亿元)用于脱贫攻坚项目和改善贫困户的生产生活条件。二是加大工作经费投入。为加快项目推进,2017 年会昌县按照每个贫困村 30 万元的标准,安排乡(镇)项目前期工作经费 2640 万元,县项目归口管理部门工作经费 100 万元;2018 年按整村推进脱贫攻坚项目总投资额 3% 的比例,为 19 个乡(镇)安排前期工作经费 2529 万元,县项目归口管理部门 120 万元,用于保障脱贫攻坚项目立项、科研、设计、预(决)算、验收等费用支出。

苦练绣花功,夯筑"高精准"大根基

对象识别"高精准"。坚持把做好贫困人口的精准识别及动态管理作为实施精准扶贫、推进脱贫攻坚的基础工作和首要工程,严格按照贫困对象精准识别"七步法"要求及"七严四甄别"原则,精准识别建档立卡贫困户;每年按各村农户总户数 5% 的比例动态筛选本村最困难的农户,与在档贫困户进行比对,与公安、交警、房管、国土局等职能部门的大数据进行比对,对属因病因灾等特殊情况致贫的农户及时动态纳入建档立卡;对历年已纳入建档立卡的贫困户也开

展大数据比对,对发现存在错评嫌疑的贫困户由结对帮扶干部联合乡(镇)、村两级再摸底、再识别,对不符合建档立卡条件的及时予以清退;县精准办定期不定期组织专业化队伍分片区进村入户,对乡(镇)把握不了、疑似漏评(错评)等疑难问题进行综合研判并提出处理意见,确保真正做到"不漏一户、不漏一人"。

因村派人"高精准"。一是精准安排帮扶单位。根据各乡(镇)、各村的实际情况,精准安排相关单位有针对性地开展结对帮扶工作。如针对筠门岭镇旅游资源丰富的特点,专门安排县旅发委、旅投公司、汉仙岩管委会等单位结对帮扶相关村;针对麻州镇是省级示范镇的工作实际,专门安排县国土局、规划建设局等单位结对帮扶相关村。二是精准安排驻村帮扶力量。制定出台《会昌县驻村第一书记和驻村工作队选派管理实施细则》,尽锐出战,把熟悉党群工作的干部派到基层组织软弱涣散、战斗力不强的村,把熟悉经济工作的干部派到产业基础薄弱、集体经济脆弱的村,把熟悉社会工作的干部派到矛盾纠纷突出、社会发育滞后的村,充分发挥驻村干部自身优势,帮助所驻村解决突出困难和问题。

做到结对帮扶"高精准"。在结对帮扶之初,组织全县结对帮扶干部全面摸清贫困户家庭实际情况,找准致贫原因,因户施策制定帮扶规划和年度计划,精准开展结对帮扶工作,确保政策宣传到位、落实到位。同时,为确保帮扶干部下得去、帮得了,县财政投入1520万元资金,为每个帮扶干部安排4000元帮扶经费,专门用于精准施策、靶向施策,帮助贫困户实现"微心愿"等。

脱贫退出"高精准"。严格按照"预定退出、精准扶持、调查摸底、民主评议、入户核实、退出公示、批准退出"的程序开展脱贫退出工作,特别是重点抓好精准扶持、调查摸底两个关键环节:一是紧紧围绕解决贫困户"两不愁三保障"问题和稳定提高家庭收入,因户施策对预退出对象加大扶持力度,有针对性地开展精准扶持;二是对预退出对象进行深入调查并综合评定,对"一达标两不愁三保障"相对薄弱的不安排脱贫退出,以此确保退出的精准度和可持续。此外,对部分因特殊原因返贫的对象,及时做好返贫处理,与未脱贫对象一起管理,持续加大帮扶力度,力争早日脱贫。

铆足实干劲,做好"真脱贫"大文章

狠抓产业扶贫,做好"造血文章"。按照"五个一"(选准一个产业、打造一个龙头、扶持一笔资金、建立一套利益联结机制、健全一套服务体系)思路,鼓励和扶持贫困户通过自主或加入合作组织发展农业、电商、光伏、旅游等产业,提升"造血"功能。农业扶贫方面:出台一系列产业奖补政策,2016 年以来累计发放产业奖补资金 1.06 亿元,大力推广蔬菜、肉牛、水产、稻(莲)虾共生等农业特色产业,结合高标准农田和"双百基地"建设,为每个行政村建设至少 1 个产业扶贫基地,培育 3 至 5 名产业致富带头人;大力扶持龙头企业、合作社、家庭农场、种养大户发展,完善利益联结机制,目前全县与贫困户建立利益联结机制的龙头企业、新型经营主体达到 706 家,有效扩大了贫困户产业扶贫覆盖面。电商扶贫方面:建成创业创新中心、农产品交易中心 2 大公共服务平台,注册电商企业 470 家,建立县级运营中心 5 个、乡村服务站点 345 个,开展各类电商培训 162 期次,培训贫困劳动力 5322 人。2018 年电商交易额实现 20.26 亿元,其中脐橙、橘柚、米粉、酱干等农特产品网销近 4 亿元,连年增幅在 30% 以上。在国家第二批电子商务进农村综合示范县绩效评价中,会昌县位列前 3 名,被共青团中央授予全国青年电商创业孵化中心,被中国电子商务协会扶贫办公室授予"中国社交电商扶贫示范县",被省商务厅、农业厅列为全省 2018 年农产品电商出村试点县。光伏扶贫方面:全县分布式光伏扶贫电站装机达到 20.54 兆瓦,覆盖贫困户 4059 户,现已发放补贴资金 446.5 万元,全县 243 个行政村每村可增加村集体收益 3 至 9 万元;集中式光伏扶贫电站装机达到 20 兆瓦,覆盖贫困户 667 户,每户每年可获收益 3000 元,持续 20 年。旅游扶贫方面:利用丰富的旅游资源,大力发展乡村旅游,先后打造了洞头雪莲山、文武坝古坊、清溪盘古嶂、白鹅梓坑、高排团龙等一批乡村旅游精品点,带动 314 户贫困户就业或增收。

　　狠抓就业扶贫,做好"增收文章"。按照"就业实现脱贫、创业扶持带动脱贫、技能培训促进脱贫"思路,采取发放外出务工交通补贴、岗位补贴、社保补贴和创业担保贷款等扶持措施促进贫困劳动力就业创业。2016 年以来累计发放就业扶贫补贴 1619.74 万元,为贫困户发放创业担保贷款 146 万元。大力推进就业扶贫车间建设,建成就业扶贫车间、企业产业基地 65 个,带动 783 名贫困劳动力就业。开发扶贫就业专岗 1942 个,举办创业、家政、电商标准课时培训班 103 期,2119 名贫困劳动力得到技能培训;组织电商、种养技术下乡巡回培训 51 场,培训贫困劳动力 6310 人,实现了有劳动能力贫困户家庭至少有 1 人就业及"就业一人脱贫一户"的目标。

狠抓生态扶贫,做好"红利文章"。大力推进林业生态项目建设,在退耕还林等林业重点工程以及森林抚育、造林补贴等林业项目中吸收贫困户参与务工,并将贫困户的山场优先纳入低质低效林改造范围。建立健全环境保护和生态恢复经济补偿机制,2016 年以来累计为 1136 户贫困户发放退耕还林补助 123.6463 万元,为 3707 户贫困户发放生态公益林补偿 666.92 万元,为 2006 户贫困户发放天然林保护工程补助 386.84 万元。全县共选聘贫困户生态护林员 519 名,累计发放劳务补助 743 万元。

狠抓社保扶贫,做好"兜底文章"。进一步加强社会救助对象的精细化管理,健全农村低保、五保对象定期核对、部门协作、信息共享、动态管理机制,把符合条件的贫困对象纳入低保范围,做到"应保尽保""进出有序"。做好农村低保与扶贫开发有效衔接,保障各项政策全面落实到位。2016 年以来,全县累计救助农村困难群众 93.76 万人(次),发放救助资金 2.42 亿元,有力保障了农村困难群众的基本生活。

巧打组合拳,建立"全闭环"大机制

建立常态化调度机制。一是县脱贫攻坚指挥部定期统筹调度。县决战决胜脱贫攻坚工作指挥部每周召开调度会,研究解决各推进小组提报的问题、通报全县脱贫攻坚工作进展情况、部署阶段性重点工作,有效地凝聚共识、把握政策、解决问题、推进落实。二是各工作推进小组不定期分行业调度。21 个工作推进小组根据各自工作实际,不定期组织召开推进小组调度会,研究推进工作,重点是厘清行业扶贫政策、发现并解决问题,抓好工作推进落实。三是各乡(镇)定期推进落实调度。各乡(镇)在每周的全县脱贫攻坚指挥部调度会召开之后,及时进行安排布置,结合本地实际抓好贯彻落实,确保各项政策措施落地落实。

建立立体式督查机制。一是开展全覆盖督查。组织县级专业化督查队伍,按照"户户见面、村村过关"方式,对全县 243 个行政村所有贫困户以及六类重点人群"全面过筛"。组织县级领导督查,按照每个乡(镇)随机抽取一个村的方式,定期对全县 19 个乡(镇)开展督查,检验各乡(镇)脱贫攻坚工作推进落实情况。对在督查中连续排名倒数的乡镇和村,由县委巡察组进驻巡察。2018年,县委巡察组对 2 个连续排名倒数的乡镇进行了脱贫攻坚专项巡察。二是开展机动式督查。组建了一支 22 人的常态化机动式督查组,采取县领导轮流带班的方式,对工作基础相对薄弱的村全面过筛督查,通报并跟踪督促问题整改到位。同时,根据各阶段脱贫攻坚工作重点,分成若干小组,采取随机抽查的方式,督促乡镇推进工作落实、问题整改。三是开展驻村帮扶督查。成立县驻村办,把驻村第一书记和工作队履职尽责情况作为重要内容开展经常性督查,每次督查形成专报问题清单,见人见事见单位,并抓好督促整改;将驻村第一书记和工作队在岗情况和履职情况列入县机动式督查和"96333"平台调查内容,发现问题启动追责问责。

建立高效率传导机制。一是搭建交流平台。充分利用手机互联网信息优势,建立"会昌县决战决胜脱贫攻坚工作群""会昌县第一书记和驻村工作队工作群""摆脱贫困"等系列微信工作群,促进脱贫攻坚工作的沟通与交流,极大地提高了工作效率,实现全县各层面、各层级之间工作联系交流"无缝对接"。同时,创编《精准扶贫简报》,展现全县脱贫攻坚工作一线新动态、新风貌,分享各乡(镇)、各部门脱贫攻坚的新举措、新经验,提升整体工作水平。二是搭建释疑平台。建立"会昌县脱贫攻坚政策释疑解惑群",所有帮扶干部、驻村干部均可在群里就政策落实过程中遇到的"疑难杂症"进行提问,然后由县精准办或相关行业扶贫主管部门及时予以解答,提高政策执行落实的精准度。三是搭建献策平台。在全县范围内开展"绣花宝典"征集评选活动,向广大帮扶干部和驻村干部征集政策落实、工作落实、责任落实等方面的建议与经验,凡入选"绣花宝典"的案例,在每周的县决战决胜脱贫攻坚指挥部会议上进行大会通报分享,并在《精准扶贫简报》上刊发;同时向建言单位或个人颁发荣誉证书,给予相应考核加分奖励。

建立全覆盖培训机制。一是开展扶贫干部大轮训。按分级分类分责原则,开展脱贫攻坚业务能力培训。2016年以来县级共举办脱贫攻坚干部培训班47期,培训11767人次,实现全县各级各类扶贫干部培训全覆盖。特别是2018年7月份以来,采取分类分层次讲自己的故事等方式进行了8批次培训,实现扶贫干部培训全覆盖,取得了明显成效。各乡(镇)、村参照县级培训机制,开展各类有针对性的业务培训,进一步巩固培训效果。二是开设"乡村大讲堂"。各乡(镇)根据全县统一部署,开设"乡村大讲堂",让扶贫干部上台做"讲师",为其他扶贫干部宣讲政策、交流帮扶心得、讲述扶贫故事,大力锻造"无讲稿能宣讲政策、无准备能陈述情况、无材料能汇报工作"的"三能扶贫干部",取得良好效果。

建立多维度激励机制。一是树立正确用人导向。坚持在脱贫攻坚一线考核考察干部,对业绩突出、群众认可的扶贫干部,优先列为后备干部,优先提拔使用。2016年以来,全县共提拔使用扶贫领域干部53人,重用20人,其中提拔副科30人,副科提拔正科23人,副科重用18人,正科重用2人。二是强化待遇后勤保障。实行派出单位与驻村工作队帮扶工作"联村捆绑",派出单位每年安排不少于1万元的工作经费,给予帮扶干部、驻村干部30元/天的下乡补助,为驻村干部发放每人每月300元的工作津贴,每年安排驻村干部进行体检,并办理人身意外伤害保险;要求每个村因地制宜开办伙食团,解决帮扶干部和驻村干部的伙食问题。三是挖掘先进模范典型。注重对涌现出的先进典型进行深入挖掘并广泛宣传,先后树立了冯宗伟、文树人等一批不辞辛劳、为民服务的先进典型人物,真正发挥示范引导、教育群众的作用,形成"人人学典型、个个争先进"的浓厚氛围。

建立最严厉问责机制。一是加大扶贫领域执纪问责和查处力度。2016年以来,全县共查处扶贫领域腐败和作风问题280个,处理481人,其中给予党纪政纪处分69人,移送司法机关4人,诫勉谈话31人,通报批评381人。2018年,有2名乡(镇)党委书记和1名镇长因脱贫攻坚履职不力被组织调整。二是加大驻村帮扶干部召回和问责力度。对驻村干部作风不实、履职不力、群众不认可或违反驻村工作纪律2次以上的,责成派出单位及时"召回"。实行"召回"干部和派出单位"双问责"制度,"召回"干部年终考评"不称职",三年内不得评优评先、提拔重用,取消派出单位和主要领导年度评优评先资格,单位三年内不得推荐提拔干部,单位主要负责人到村接任且与原单位脱钩离岗,直至派驻新的替换人员为止。2016年以来,全县共召回驻村第一书记和工作队长7人、问责处理驻村第一书记和工作队员61人。

奋力攻坚显成效

2014年底,会昌全县有建档立卡贫困人口14217户62485人,贫困发生率14.02%,经过全县广大党员干部和群众数年共同奋力攻坚,截至2018年底,全县未脱贫贫困人口减至821户3274人,测算综合贫困发生率0.73%,88个"十三五"贫困村全部退出,在2019年2月接受全省贫困县退出省级第三方评估,取得了全县零漏评、零错退、群众满意度97.96%的好成绩,顺利实现了贫困县高质量脱贫退出。会昌县在脱贫退出后,严格按照"四个不摘"的要求,以"不获全胜,决不收兵"的决心与韧劲,持续巩固脱贫成果,年内顺利实现了 9 个深度贫困村退出,604 户 2466 人脱贫,贫困发生率降至 0.17%,为 2020 年全面打赢脱贫攻坚战奠定了坚实的基础。

农村居民收入大提升。全县农村居民年人均可支配收入显著提升,从 2014 年的 5743 元提升至 2018 年的 10751 元,年均增收在 10% 以上。

基本医疗保障快精准。全面落实"四道医疗保障线"政策,县财政出资为每户贫困户代缴基本医疗保险费和疾病医疗补充保险费,2016 年至 2018 年累计代缴 1.16 亿元;全县贫困人口住院医药总费用 3.83 亿元,"四道保障线"补偿 3.5 亿元,报销比例达到 90% 以上。同时完善"四道医疗保障线"同步结算系统和"一站式"服务窗口,贫困户住院产生的费用实现一次性补偿结算到位。扎实推进大病集中救治工作,建档立卡贫困患者大病专项救治率达 100%。

义务教育保障零遗漏。建立从学前教育到高等教育"全覆盖"的贫困学生资助体系,2016 年以来已累计资助贫困学生 7.35 万人(次),发放教育扶贫资助金 7784 万元;建立"六对一"挂点联系制度,对因健康原因不能到学校接受义务教育的适龄儿童少年,组织实施"送教上门"服务,实行"一对一"教学,想方设法帮助他们完成九年义务教育,实现贫困群众子女教育资助无遗漏、义务教育学生零辍学。

住房安全保障无死角。全面推进安居扶贫政策,通过实施农村危房改造拆旧建房、修缮加固、建设农村保障房、移民搬迁等措施,彻底解决住房安全保障问题。三年来,累计实施农村危房改造 6706 户,其中新建房屋 4320 户、修缮加固 728 户、建设农村保障房 1658 户,解决了 4214 户"四类重点对象"、2492 户一般户的住房安全保障问题。实施易地移民搬迁 8942 人,其中贫困人口 4199 人,同步搬迁非贫困人口 4743 人,有效解决了贫困群众安居问题,实现所有贫困群众住房安全有保障。

农村人居环境大变样。对标贫困村退出"9 + 3"指标体系,统筹安排实施 243 个行政村整村推进扶贫工程。一是实施交通扶贫工程。对全县 25 户及以上自然村公路实施水泥路硬化建设,完成建设里程 1357.3 公里,顺利实现了"村组公路硬化全覆盖"目标;对全县约 90 公里县道、536.3 公里通乡通村公路进行升级改造,实现每个乡镇至少有一条三级以上公路联通县城,每个行政村有一条四级出村公路。二是实施农村饮水安全巩固提升工程。2016 年以来,累计投入 3.5 亿元,新建日供水 5 万吨水厂 1 座,新建及改造提升"百吨千人"以上水厂 45 座、小微型水厂 76 座,全面推进城乡供水一体化项目建设,铺设供水管网 3826.8 公里,受益总人口 43.3 万人。截至 2018 年底,全县农村饮水安全问题已全面解决到位。三是推进信息化扶贫工程。2016 年以来,累计投资 1.25 亿元,用于农村 4G 网络和宽带网络建设,全县 243 个行政村村委会所在地 4G 网络和宽带网络实现全覆盖。四是全面推进"空心房"整治工作。2016 年以来,全县累计完成整治面积 694.9 万平方米,其中拆除 565.6 万平方米、修缮 128.1 万平方米、乡村旅游开发 7643 平方米、公益设施开发 5208 平方米,总规模位列全市第一。通过大力度整治,广大农村处处旧貌换新颜。五是推进乡村环境综合治理。按照"四清一建"(清存量、清沟渠、清杂草、清乱放,建园子)的要求,积极开展乡村存量垃圾清理、房前屋后水沟清淤、杂草清除、乱堆乱放杂物清理以及危旧土坯房拆除点建菜园果园等工作,打造了"干净、整洁、有序、生机"的美丽乡村环境。

群众精神面貌新改观。坚持扶贫同扶志、扶智、扶德相结合,强化正向激励与反向约束,激发贫困群众内生动力。深入开展脱贫攻坚"最美"系列评选,表彰了一批"最美人""最美家庭""最美村庄""最美脱贫攻坚人"等先进典型。各新闻媒体曝光了因懒、因赌、因婚、因不孝情形等反面典型 60 余人次,依法处置歧视、虐待、遗弃被赡养人等不孝行为 10 例,行拘 7 人,纳入诚信黑名单 10 例,让贫困群众学有榜样,行有戒律,赶有目标,贫困群众脱贫致富的内生动力不断激发,精神面貌焕然一新。

新时代肩负新使命。会昌全县干部群众将继续深入贯彻落实习近平总书记关于扶贫工作的重要论述,深入贯彻落实党中央、国务院及省委、省政府关于打赢脱贫攻坚战三年行动的指导意见,以更高的政治站位、更实的工作举措、更硬的干部作风,做到脱贫摘帽后收入不降、政策不变、队伍不撤、力度不减,巩固提升全县脱贫攻坚胜利成果,做好乡村振兴工作,向党和人民交上一份优秀答卷。

寻乌县脱贫攻坚工作纪实

　　寻乌县位于江西省东南边陲,居赣、闽、粤三省交界处,是个"八山一水半分田、半分道路和庄园"的山沟沟县。

　　寻乌县是中央苏区全红县。土地革命战争时期,毛泽东、朱德、邓小平等老一辈无产阶级革命家在这里从事过伟大的革命实践活动。这里先后发生过"圳下战斗""罗福嶂会议""罗塘谈判"等在中共党史上具有重大意义的历史事件。特别是 1930 年 5 月,毛泽东在寻乌县进行了近一个月的调查,写下了《寻乌调查》《反对本本主义》两部光辉著作,提出了"没有调查,没有发言权"等著名论断,寻乌县由此成为我党实事求是思想路线的发祥地之一。

　　寻乌县是国家扶贫开发重点县,也是罗霄山片区特困县。党的十八大以来,寻乌县认真贯彻落实习近平总书记关于精准扶贫、精准脱贫的重要论述,特别是习近平总书记 2017 年在《寻乌扶贫调研报告》上做的重要指示精神,牢记嘱托,感恩奋进,积极传承红色基因,大力发扬唯实求真的寻乌调查精神,坚持真扶贫、扶真贫、真脱贫,努力走出一条行之有效的脱贫攻坚之路。2019 年 3 月,寻乌县以"零漏评、零错退、满意度 99.2%"的成绩,顺利通过省扶贫开发领导小组组织的脱贫"摘帽"第三方评估。同年 4 月 28 日,省政府正式批复寻乌县脱贫退出贫困县序列。

感恩奋进　持续尽锐出战

　　改革开放以来,寻乌县经济社会得到长足发展,但受自然和历史条件影响,欠发达、后发展的现状没有得到根本性改变。贫困落后仍然是寻乌的基本特征。寻乌县基础设施欠账多,产业结构单一,县级财力薄弱,农村贫困面依然较广、贫困程度较深。2002 年寻乌县被列为国家扶贫开发重点县,2011 年被列为罗霄山片区特困县。据统计,至 2014 年年底,全县有建档立卡贫困人口 51377 人,贫困发生率为 18.9%;列入省定"十三五"贫困村 69 个(含 9 个深度贫困村)。

为了让老区人民与全国人民同步迈入全面小康,党的十八大以来,寻乌县委、县政府立下"一个都不能少,一个都不能掉队"的铮铮誓言,团结带领 33 万寻乌儿女向贫困宣战,在全县范围内打响了一场声势浩大的脱贫攻坚战。

寻乌县的脱贫攻坚战,得到了党中央的高度重视。2017 年,习近平总书记在中央宣传部呈报的《寻乌扶贫调研报告》上作出重要批示,号召全党大兴调查研究之风。党中央先后安排中央宣传部、国家统计局、国家供销总社三个中央部委和国家机关对口支援寻乌。

打响脱贫攻坚战后,寻乌县委、县政府牢牢把握政治方向,以脱贫攻坚统揽经济社会发展全局,一切工作围绕脱贫干,一切措施围绕脱贫上,一切力量围绕脱贫转,持续尽锐出战,狠抓责任落实、政策落实和工作落实,奋力书写新时代脱贫攻坚的答卷。

寻乌县先后出台《关于深入贯彻习近平总书记扶贫开发战略思想以脱贫攻坚统揽经济社会发展全局的意见》《关于开展脱贫攻坚成果巩固提升三年行动的实施意见》等政策文件或实施方案 136 个,形成了一套较为完整的目标体系、政策体系、责任体系和工作推进体系,有力确保精准扶贫、精准脱贫工作落到实处、收到实效。

落实脱贫攻坚"书记工程"。全县的县、乡、村三级书记带头抓脱贫,并实行脱贫攻坚县、乡、村三级党政同责。认真执行"县党政正职每周 5 个工作日抓扶贫""县委书记遍访贫困村、乡(镇)党委书记遍访贫困户"的要求,县乡党政一把手担当作为、亲力亲为,全面担当起脱贫攻坚第一责任人责任。全县细化 25 项行业扶贫责任体系,县党政分管负责同志履行行业扶贫"第一责任人"责任,抓好分管范围内行业扶贫的统筹、调度;各行业部门主要负责同志履行行业扶贫的"直接责任人",负责行业扶贫工作的具体落实。县乡纪委监委聚焦扶贫领域开展监督执纪问责,先后开展了三轮专项巡察,做到了扶贫推进到哪里,监督就跟进到哪里。

　　建立以村为单位的工作落实机制。全县为 173 个行政村配备"大村长",由县级领导干部带头,带领全县正科级以上干部落实"六包"(包精准识别、包精准退出、包责任落实、包政策落实、包工作落实、包社会稳定)责任,一包到底,带领机关干部全员上阵,每月分 AB 岗驻村帮扶,真正沉下去抓扶贫,做到时间精力"一边倒"。寻乌县为 173 个行政村选派了驻村工作队,69 个贫困村和 104 个非贫困村,均选派了优秀干部担任第一书记或驻村工作队队长、队员,把最优秀、最能战斗的干部选派到扶贫战场,全县共派出 506 名干部脱产专抓脱贫攻坚。在实际工作中,寻乌县通过落实"2 + 10864"工作机制,即每位现职县级领导包2 个贫困村,每个贫困村至少有 1 个县直、驻县单位帮扶,每位县级领导、正科级、副科级和一般干部分别结对 10 户、8 户、6 户、4 户贫困户,向贫困村选派第一书记和驻村工作队,实现了"县级领导包村、单位对口帮村、干部结对帮扶"三个全覆盖,让全县各级干部人人肩上有责任、个个身上有任务,确保每个贫困村都有驻村工作队、每户贫困户都有干部帮扶,较好地解决了"谁帮扶"的问题。

　　加强乡镇、村扶贫工作站(室)建设。全县在每个乡镇工作站安排 4 个编制,配齐了人员力量,并由综合素质最强的班子成员兼任工作站站长。按照一个固定的工作场所、配备一个文件柜、每户贫困户一张帮扶卡、每户贫困户一个文件资料袋、一块贫困户信息公示栏的"五个一"要求,全县大力建设村级扶贫工作室,做到"人员、场所、经费"三个固定,并为每个行政村招聘 1 名大学毕业生担任村级扶贫专干,专门负责信息系统和资料台账工作,让专业的人干专业的事,让基层干部的主要精力用在入户帮扶、发展产业、推进项目等实际工作上。

　　寻乌县把做好贫困人口的精准识别工作作为实施精准扶贫、推进脱贫攻坚首要的基础性工作来抓。全县先后开展了多轮精准识别"回头看"工作,按照"七清四严"要求,实行逐村、逐户、逐人"过筛",进一步提高了识别精准度。同时,成立了专项督评组,开展了拉网式、地毯式督查,发现疑似漏评问题第一时间研判、第一时间反馈、第一时间整改,确保扶贫对象"不落一户、不漏一人"。寻乌县坚持时间服从质量的要求,严格落实脱贫标准和程序,紧盯贫困户脱贫"两不愁三保障",对每年年初选定的预脱贫对象,逐项进行比对,对达到脱贫标准的,严格按照"八步法"程序予以退出,特别是通过开展"民主评议"、信息公示和扶贫公开手册等方式,引导群众评判、接受群众监督。全县注重提高攻坚均衡度,做好"贫困村与非贫困村、贫困户与非贫困户、中心村与边远村"的均衡推进,尤其是在住房安全保障、改水、改厕、入户建设等方面兼顾非贫困户受益;注重提升政策落实透明度,对农村低保、产业奖补等到户政策项目,全过程公开,自觉接受群众监督;注重提高识别退出精准度,严格执行识别退出标准,尤其是在贫困户评选上做到公平、公正、公开,杜绝"优亲厚友""扶富不扶贫"问题,实现阳光扶贫、廉洁扶贫,切实提升了群众认可度。

产业扶贫 多点"开花"结硕果

寻乌县坚持把产业扶贫作为贫困户稳定脱贫的治本之策来抓。落实选准一个产业、打造一个龙头、建立一套利益联结机制、扶持一笔资金、培育一套服务体系的"五个一"产业发展机制,鼓励每个有劳动能力和发展意愿的贫困户参与两个以上产业扶贫项目。在产业扶贫的实践中,全县按照"柑橘为主、多元发展"的产业布局,大力实施"六个一批",实现了有劳动能力的贫困户产业发展全覆盖。

示范带动引领一批。寻乌县将培育新型农业经营主体和推进产业扶贫相结合,充分发挥新型农业经营主体示范带动作用,采取"合作社+基地+贫困户""基地+贫困户""公司+基地+贫困户""公司+合作社+贫困户"等模式,带动引领群众发展柑橘、蔬菜、猕猴桃、甜柿、百香果等产业,有效激活产业的"造血功能",激发贫困户参与产业发展的内生动力。截至2018年底,全县新培育创业致富带头人216人,建设产业扶贫基地184个,共带动贫困户4419人务工或直接参与基地产业发展。

政策奖补扶持一批。为鼓励、引导、支持贫困户发展产业,寻乌县结合实际,专门为贫困户发展蔬菜、甜柿、百香果、红薯及养蜂等产业量身定做扶持政策,并按重点支持产业与鼓励发展产业实行差异化扶持,通过抓好产业奖补政策落实,不断激发贫困户发展产业的积极性和主动性。2018年,全县有9700多户贫困户申请了产业奖补,全年共发放资金2640余万元。除此之外,寻乌县非常重视主导产业在产业扶贫中的主力军作用,作出大力实施柑橘专项扶贫的决策部署,专门出台免费向贫困户发放柑橘大苗、奖励扶持行政村建设假植扶贫基地以及建立柑橘扶贫"三个一"服务贫困户机制等惠民政策措施,为贫困户发展柑橘产业提供资金、技术等要素保障。截至2018年底,全县共建立柑橘苗木假植扶贫基地53个,覆盖带动贫困户6112户。2017年以来发放柑橘扶贫专项补助资金达 2098 万元,受益贫困户达 8304 户。同时,寻乌县对建立"龙头企业(新型经营主体)+合作社+基地+贫困户"利益联结机制的合作社,纳入财政奖补范围,切实提高新型经营主体带动贫困户发展产业的积极性。

金融贴息引导一批。为解决贫困户发展产业资金短缺的难题,寻乌县用好、用活"产业扶贫信贷通""财政惠农信贷通"等金融扶贫政策,采取财政给予贷款贴息和担保的形式,有效解决了贫困户产业发展启动资金不足的困难。2017 年至 2018 年,全县累计发放"产业扶贫信贷通"贷款 48588.15 万元,其中贫困户个人贷款 21472 万元,惠及贫困户 4178 户,带动发展猕猴桃、百香果、龙脑樟等种植产业 3.2 万亩。

利益联结带动一批。寻乌县建立健全"五个一"产业扶贫工作机制,大力推广"示范引导型、农户参与发展型、托管型"等利益联结模式,采取订单农业的方式,为贫困户发展产业提供种苗、技术、管理等服务,并与贫困户签订产品回收协议,让产业基地与贫困户之间的利益联结更加灵活多元、更加真实有效。例如,晨光镇香山村华美猕猴桃专业合作社通过"示范引导型"利益联结模式,辐射带动了香山、竹背、新群、高布 4 个行政村 666 户农户(其中贫困户 138 户)脱贫致富。

长短结合发展一批。在推进产业扶贫过程中,寻乌县十分注重长短结合、种养结合,既注重发展柑橘、甜柿、猕猴桃、油茶、茶叶等周期较长、长期受益的产业,又兼顾日常增收需要,培育投资少、见效快的红薯、辣椒、百香果及蜜蜂养殖等产业项目,实现长短结合,以短养长,滚动发展,持续增收,特色产业种植面积达 12.5 万亩。例如,吉潭镇团船村坚持"长短结合、以短养长"的产业发展模式,大力推广种植蜜雪梨这一长期受益产业,并辅助发展紫薯、百香果、西瓜等"短平快"产业,取得良好成效。

发展电商支撑一批。寻乌县把农村电商与产业发展有机结合起来,加快完善县、乡、村三级电商发展支撑体系,加强与供销 e 家、邮乐购、本来生活网、一亩田等电商平台的对接,电商产业园投入使用,101 个行政村电商服务站投入运营,全县电商企业达到 526 家,微商 4000 多人,年交易额超过 15 亿元,利用电商资源为群众提供产业信息、技术指导、产品销售等服务,帮助销售农副产品,促进农民增收。据初步统计,仅 2019 年上半年,全县通过电商销售脐橙 5000 万斤、橘子 300 万斤、百香果 600 万斤、鹰嘴桃 150 万斤、红薯 100 万斤左右。2016

年,寻乌县荣获"电商消贫十佳县"称号;中华人民共和国农业农村部和阿里研究院发布"2017～2018 年贫困县农产品电商 50 强名单",寻乌县排名第五;寻乌县长宁镇城北村被评选为"2018 年中国淘宝村"。

在脱贫攻坚的火热进程中,寻乌县的农业产业积极转型发展,从"一果独大"到"百果争香",成为助力脱贫"摘帽"的有力抓手。产业已成为贫困户实现稳定脱贫和持续增收的有力支撑。

聚焦核心 确保基本生活无忧

寻乌县紧紧围绕"两不愁三保障"的核心指标,在就业、住房、教育、医疗等方面落实落细民生工程,让农村贫困户的基本生活得到保障。

俗话说得好,家有良田万顷,不如一技在身。寻乌县大力实施劳动力转移培训、农村实用技术培训、就业技能培训、创业培训和"雨露计划"培训等,帮助有劳动能力的贫困对象掌握一项以上的职业技能,培训贫困劳动力累计 10341人(次);设立扶贫车间 44 个,吸纳贫困劳动力 356 名;切实做好了公益性岗位的开发和管理,以政府购买公益性岗位方式,对扶贫对象实行就业援助,安置贫困劳动力公益性岗位就业 1598 人;有组织地实行劳务输出,共为外出务工的8167 户 14176 人贫困劳动力每人发放 300 或 600 元的交通补贴。

百姓的需求,就是行动的方向。寻乌县投资 12.56 亿元,历时 4 年,建设了太湖水库工程,全面提升沿线乡(镇)及县城共 18.77 万人的饮水保障水平;建成 7 个千吨万人、69 个百吨千人饮水安全工程以及 84 个微小型水厂,实现全县所有行政村集中供水全覆盖。2018 年,为扫除安全饮水工作的盲区,县里相关部门先后多次组织对农村饮水情况逐村逐户逐人拉网式、地毯式排查,重点关注散居户、偏远户等群体,筹集资金 6855.9 万元,实施安全饮水提升工程,点对点解决饮水困难户的安全饮水问题,确保农村所有居民喝上"放心水"。

住房安全是脱贫攻坚战的关键一局。寻乌县坚持问题导向,先后出台《全面推进农村住房安全保障工作实施方案》《农村老人居住危旧房专项整治工作实施方案》等系列政策,综合采取"移民搬迁、拆旧建新、维修加固、交钥匙保障和整治老人住危房"五项措施,突出建档立卡贫困户、低保户、分散供养五保户、贫困残疾人家庭四类重点对象,全面解决住房安全问题;对有人居住土坯房分类别、分对象进行差异奖励,C 级危房全面维修加固,D 级危房全面拆除重建或兜底安置。为彻底解决边远山区群众脱贫问题,寻乌县取消村级和乡镇安置点,投入6.1亿元,选择县城黄金地段,采取EPC模式建设移民进城安置点,对贫困移民搬迁对象全部实行集中安置。几年来,全县共维修加固13648户、实施拆旧建新1747户、农村保障房兜底安置238户;建设易地搬迁安置房1910套,安置贫困户745户、3286人。

实施教育扶贫是斩断贫困代际传递的根本措施。2015年至2018年,寻乌县累计投入教育发展资金11.66亿元,大力实施义务教育学校标准化建设、薄弱学校改造工程,农村义务教育学校办学条件明显改善,县域义务教育均衡发展且顺利通过国家督导组评估验收。在保障义务教育的基础上,寻乌县进一步完善资助体系,实现了从学前教育到高等教育的贫困家庭学生享受资助政策全覆盖。2015年至2018年,全县共资助贫困学生6.66万人次、发放资助金5605.3万元,办理生源地助学贷款1.07万人次、贷款金额达7478万元。此外,寻乌县还投入2.4亿元建设中等职业技术学校,2018年9月份顺利完成首批招生。

因病致贫、因病返贫,是脱贫攻坚战难啃的"硬骨头"。寻乌县为全县建档立卡贫困户代缴了城乡居民基本医疗保险、大病保险和重大疾病医疗补充保险,落实了民政医疗救助,构筑了健康扶贫"四道保障线",贫困人口住院治疗报销比例均达到90%以上,切实减轻了贫困户医疗负担。全面实行贫困人口"一卡通"和"先诊疗后付费""一站式"结算服务,为贫困户看病就医建立了绿色通道。落实贫困户健康建档、家庭医生签约服务等政策,为贫困户提供周到、细致的基本医疗卫生服务。同时,寻乌县专门设立了非贫困户"暖心基金"。截至2018年底,全县共为716名城乡居民医疗保险报销后自付费用1万元以上的非贫困群众,落实了"暖心基金"救助,有效地防止了非贫困户因病致贫。

寻乌县还依托新时代文明实践中心,深入推进感恩自立教育、自强培育等"四项行动"和"三讲一评"颂党恩活动,持续推进治懒、治奢、治赌、治不孝、治愚"五治"活动,广泛开展"六星创评""脱贫示范户"评选等活动,扎实开展扶贫扶志感恩行动,不断激发贫困户求发展的内生动力。

数载磨砺,终结硕果。截至2018年底,寻乌县建档立卡贫困人口下降至2052人,贫困发生率降至0.75%;省定"十三五"贫困村退出65个。2018年,寻乌县实现了脱贫"摘帽",标志着全县脱贫攻坚战取得决定性胜利。

寻乌县脱贫摘帽后,县委、县政府坚持做到人员队伍、责任体系、资金保障、考核标准、失职问责"五个不变",一如既往压实县乡村三级书记、帮扶干部、第一书记等责任,以"不破楼兰终不还"的劲头,不断巩固和扩大脱贫成效。截至2019年底,寻乌县贫困人口下降至246人,贫困发生率下降到0.09%;剩余的4个深度贫困村实现脱贫退出。2019年,寻乌县被省政府评为"全省脱贫攻坚组织创新奖"。

石城县脱贫攻坚工作纪实

86年前,石城军民众志成城,阻击百万敌军,为红军主力集结长征,建立不世之功。

新时代,石城党政奋力攻坚,阻击贫穷落后,为人民群众谋求幸福,再创历史荣光。

石城,是江西母亲河——千里赣江的源头县、中央苏区全红县,因"环山多石,耸峙如城"而得名,位于江西省东南部、赣州市东北部,属典型的省边市角县,居难"安"、食难"饱"、衣难"添"、路难"行"是长期以来的真实写照。

曾经,这里有846个村小组、1398个自然村不通公路,有77个行政村、1255个村民小组、1745个自然村、38847户村民不通自来水,占农村总户数的65.3%。

曾经,这里有33163户农民住在土坯房中,2477户农民住在危房里、无房户有329户;371个村小组、943个自然村、43658户农户未通有线电视。

曾经,这里缺少46万平方米的校园面积、7.8万平方米的校舍面积,校舍中有8.4万平方米的教室为危房。教学设备落后,电脑等现代教学设备几乎没有。

…………

把人民对美好生活的向往作为奋斗目标,是中国共产党人的初心和使命。作为罗霄山脉集中连片特困县的石城,坚持把脱贫攻坚作为最大的政治责任和第一民生工程,历经7年的接力攻坚,7年的风雨兼程,向这个时代、向党和人民交出了一份合格的脱贫答卷。

——贫困人口大幅减少。全县建档立卡贫困人口由 2014 年底的 49820 人减少到 2019 年底的 486 人,贫困发生率下降至 0.18%。29 个贫困村、15 个深度贫困村全部摘帽。

——产业发展崭新飞跃。旅游产业引爆,"寻赣江源头、走闽粤通衢、探丹霞地貌、沐峡谷温泉、趟高山流水、赏百里荷花、览万亩杜鹃、缅红色记忆、品千年遗风"成为特色品牌,先后被列入"江西省全域旅游示范县""江西省旅游产业发展十佳县"。工业短腿伸长,总投资 31.3 亿元的鞋服产业园加快建设,阿迪达斯、斯哌纹奇、新百伦领跑、奇酷等多家知名品牌制鞋业纷纷进驻,现代鞋服业朝着"五年内成为百亿产业集群"目标迈进。农业产业转型升级,烟叶、白莲等传统产业巩固发展,蔬菜、脐橙等特色产业提速壮大。产业发展实现从无到有、从小到大的飞跃。

——城乡面貌焕然一新。琴江廊桥、客家旅游文化街区、城市规划建设展览馆、文化艺术中心、颐高电商产业园、闽粤通衢街区等项目成为城市新地标,石城连续四年蝉联中国深呼吸小城 100 佳。先后建成新村点 608 个,完成村庄整治 132 个,改造农村危旧土坯房 25000 余户,城乡供水、垃圾处理、污水处理一体化即将实现城乡全覆盖。漫步"一江两岸",崭新的客家建筑复古而大气,彰显江南水乡的温婉与恬静。

——幸福指数全面提升。近年来,全县新建改建农村公路 678 公里、改造危桥 48 座,25 户以上自然村通水泥路实现全覆盖;完成农村饮水安全工程 191 个,城乡一体化供水覆盖小松、琴江、屏山、珠坑、横江等乡镇;新建改建校舍 34.7 万平方米,信息化教育走在全国前列;107 所村卫生室建成并投入使用,行政村医疗机构实现全覆盖;推行非贫困人口大病医疗补充保险,受益人口达 20 余万人;百姓反映的出行难、上学难、看病难、住房难、喝水难等问题得到有效解决。

筑梦苏区多壮志,脱贫摘帽涌红潮。这是中国梦的赣南原中央苏区石城篇章,一项项政策落地、一串串数据纪实、一个个山村巨变,勾勒出一幅宏伟蓝图,奏响了苏区脱贫致富最强音。

旗帜指引方向,统揽发展攻坚

苏区时期,石城,这片红色的土地,处处是血与火的历史痕迹和峥嵘岁月的光荣印记。

1927 年 8 月,八一起义的枪声打破了长夜黑幕,唤来了黎明曙光;毛泽东同志亲临石城,宣传真理,播撒火种,星火燎原,石城的天地红起来了。

1931 年 12 月,国民革命军第二十六路军 1.7 万余名官兵入驻石城秋溪整编,红五军团诞生,迅速成为了一支钢铁劲旅。

1934 年 9 月,红军长征前夕在中央苏区进行的最后一次规模较大的战斗——石城阻击战打响了,历时 12 天,3 万对 10 万的胜利,有力保障了中央机关和主力红军安全集结与战略转移。

时光如水,历史的硝烟早已散去,革命先辈们发扬"坚定信念,求真务实,一心为民,清正廉洁,艰苦奋斗,争创一流,无私奉献"的苏区精神,毅然决然践行共产党人的初心和使命——为中国人民谋幸福,为中华民族谋复兴,创造了"第一等工作",不胜不休,豪情如昨。

旗帜指引方向,穿越承载荣光和热血的时空,迈入新时代,在苏区精神的鼓舞指引下,石城干部群众奋斗豪情万丈,阻击贫穷落后,统揽发展攻坚,为人民群众谋求幸福。

思路决定出路,观念推进行动。"2018 年提前脱贫摘帽,2020 年实现全面小康,全力打造'国家精准扶贫创新示范区'"——这是石城干部群众凝心聚力、众志成城许下的铿锵誓言,是一次从量到质的转变,是一场轰轰烈烈的思想聚焦。一石激起千层浪,全县党员干部始终以是否有利于脱贫攻坚为标准,想问题、做决定、抓落实全县各项工作更是始终围绕脱贫攻坚转,把思想和行动统一到习近平总书记关于扶贫开发重要战略思想上来。

守正笃实,久久为功;一张蓝图、一干到底。石城县专门出台《关于全面打赢脱贫攻坚战的实施意见》和系列行业扶贫文件,建立农业产业扶贫、电商扶贫、光伏产业扶贫、易地搬迁扶贫、兜底保障扶贫、就业扶贫、教育扶贫、健康扶贫、信息化扶贫、金融扶贫、水利扶贫、整村推进扶贫……"1 + 1 + N"的目标体系、政策体系、责任体系和工作推进体系,攻坚战场搭好,万事俱备只等一声号令,千军万马只为脱贫攻坚!

"考核就是指挥棒",石城县扶贫办负责人说道,"为确保工作思路围绕扶贫,工作始终聚焦扶贫,把乡镇脱贫攻坚考核权重提高到 60%,行业扶贫单位提高到 45%,各帮扶单位提高到 30% 以上。此外,在评先评优、干部任用等方面对脱贫攻坚工作出现严重问题者实行'一票否决'。"

拼搏只争朝夕,各级干部纷纷签下脱贫攻坚责任书,立下军令状;思路目标、实施体系、考核激励三驾马车发力驱动,加速前行;脱贫攻坚理念深入人心,脱贫攻坚路径清晰明了。

一个机构统领指挥,五支队伍攻坚拔寨。坚持脱贫攻坚党政"一把手"负总责制,成立以县委书记为第一组长、县长为组长的县精准扶贫工作领导小组,统筹调度指挥全县脱贫攻坚工作。认真执行县委常委会、县政府常务会、县精准扶贫工作领导小组会定期调度脱贫攻坚制度,将第一书记纳入县后备干部队伍管理,把最优秀的人才调配到扶贫队伍中。132 名包村指挥长统揽 132 个村(居)脱贫攻坚各项工作,275 名专职扶贫干部上下联动推进工作,132 名村第一书记、132 支驻村工作队、3257 名结对帮扶干部下村精准对接帮扶,4 个调研指导组常态化开展调研指导,45 家企业结对帮扶贫困村与深度贫困村,143 支 1296 人志愿者队伍主动参与扶贫。包村指挥长、县乡村三级扶贫队伍、驻村帮扶队伍、调研指导队伍、社会扶贫队伍五支队伍齐聚,各级领导班子带头示范,冲在最前、守到最后;他们把责任扛在肩上、放在心上、落实在行动上,用沾满泥土的脚印丈量着脱贫攻坚的速度。

扶贫资金优先保障,目标导向精准落地。投资 2.5 亿元的铜锣湾易地扶贫搬迁安置点顺利竣工、长乐现代农旅休闲示范园顺利开园、屏山 2000 亩蔬菜大棚建成投产、濯坑 60 兆瓦的协鑫地面光伏电站并网发电……一个个扶贫项目的投入使用离不开扶贫资金的支持保障和监督管控。

扶贫资金优先保障,通过向上争资争项、撬动金融资金、整合部门资金、引入社会资本等方式积极筹措资金,形成"多个渠道引水、一个龙头放水"的扶贫资金投入格局。坚持按照"重点工作项目化"要求,谋划实施产业、就业、教育、健康、社会保障、安居、整村推进、基础设施、金融、生态保护精准扶贫十大重点项目。2016 年以来,全县已累计投入脱贫攻坚资金近 75 亿元。

目标导向精准落地。聚焦"七改三网"要求,按贫困村 1000 万元、非贫困村 300 万元标准统筹安排,扎实推进改路、改水、改厕等村庄整治建设。在听取群众意见、村"两委"会议商定的基础上,严格按照"乡镇审核、县级审批、村级公示"程序落实,全透明公示公开,确保项目安排精准,充分发挥带贫效益。

金融扶持最大化。推出"产业扶贫信贷通""财政惠农信贷通""创业信贷通""小微信贷通""财园信贷通"等多个金融信贷产品,并设立风险缓释基金,提供利息补贴,支持有劳动能力的贫困户发展扶贫产业。全县已累计发放"产业扶贫信贷通"等各类贷款近 40 亿元,惠及合作社 447 个、种养大户 959 个,贫困群众 10900 余户。

使命领航征程,初心鼓劲扬帆

脱贫攻坚是一场硬战,各种重大挑战、重大风险、重大阻力、重大矛盾并存,必须进行具有许多新的历史特点的伟大斗争。

全面打好打赢脱贫攻坚战,带领群众奔小康,是时代赋予我们的神圣使命,是党和人民交给我们的历史重任。"不以事艰而不为,不以任重而畏缩",为全面打赢这场硬仗,石城县党员干部牢记初心使命,坚定理想信念,坚持忠诚任事、负重拼搏,勇担重任精准攻难关。

夯实基础绘画卷。围绕户户安全饮用水、户户通照明电、组组通水泥路、处处环境美"四场硬仗",集中人力、物力攻坚冲锋,昔日积贫积弱的小村庄,摇身一变,成了一个个"望得见山、看得见水、记得住乡愁"的美丽乡村。

——安全饮用水有了。"我们把让群众喝上干净、安全的饮用水放在了更加重要的位置上,一户一户摸排,一户一户核查。"县水利局负责人说道,"投入资金 1.1 亿余元,实施城乡供水一体化工程、农村饮水安全巩固提升精准扶贫项目和小型分散饮水项目等 191 处,彻底解决了群众的饮水不安全问题。"

——用电不用愁了。石城农村电网处于整个电网的末端,虽经改造,停电现象仍时有发生。脱贫攻坚战以来,石城县加快实施新一轮农网升级改造工程,新建改造 10kV 线路 293.7 公里、低压线路 816.4 公里,行政村通动力电 100% 覆盖,供电可靠性由 86% 提高到 99.6% 以上,农村"卡脖子"和"低电压"现象得到了彻底根除,有力满足了广大人民群众日益增长的用电需求。

——路更快捷便利了。"咱村子里的人出门也不愁了,现在家家户户门前都有一条水泥路。"丰山乡下坑村贫困户温祖英说道。石城县将"四好农村路"建设与精准扶贫、农旅一体化和美丽乡村相结合,优化区域内交通网络布局。2016 年以来,全县投入资金 6.6 亿元,修建农村公路 678 公里,通乡、通村、通组及组内道路全部畅通,群众出行便利多了。

——农村环境变美了。把改善农村人居环境作为脱贫攻坚工作的重要内容之一,积极推进城乡污水处理、垃圾处理一体化建设,大力开展"五拆五清"(即拆除违章房、残败房、废弃房、危旧房、铁皮棚与清垃圾、污泥、杂物、路障、杂草)活动,累计拆除空心房 330 万平方米,修缮 70 万平方米。特别是采取 EPC

模式对全县 28 个行政村 95 个自然村以及 9 个乡镇圩镇予以美化提升,以点带面全域开展村庄整治,罗源村、前江村、江背村、长乐村、濯坑村、竹溪村等精品示范村落连线成片,形成靓丽风景长廊。

走进珠坑乡竹溪村,道路平整干净,文化墙光彩夺目,房屋错落有致,白墙青瓦勾勒出一幅独具江南水乡特色的"水墨画"。时值初春,油菜花渐次开放,大棚蔬菜长势正旺,村中游人络绎不绝,或用手机记录美景,或于花丛中悠游赏玩,鸡犬相闻,岁月静好,真是现代版世外桃源。

产业扶贫铺富路。"前几年我种植蔬菜只有两三亩,现在扩大到七八亩,你看我种的辣椒相当漂亮,每年收入至少 3 万多元。"屏山镇新富村贫困户陈汉口欣喜地向人介绍自家的田地。

近年来,石城县把产业扶贫作为脱贫增收的根本之策来抓,依托主导产业优势,建立完善"3 + X"产业扶贫模式("3"指吸纳贫困户参与"烟、莲、菜"产业增收;"X"指选择参与特色种养产业增收),带动贫困户发展产业,或通过土地、资金入股与劳务用工等方式参与,实现产业扶贫全覆盖。

——农业产业效益显现。推行"政策奖补 + 基地示范 + 合作社组织 + 保险兜底"模式,做优烟莲传统主导产业。全县烟叶种植稳定在 2.3 万亩以上,白莲种植达 9 万亩,蔬菜种植面积达 3.5 万亩,合计覆盖带动 9900 余户贫困群众增收,占建档立卡贫困户的 79.3%。山地鸡、油茶、脐橙、薏仁、翻秋花生等优势产业也如雨后春笋般破土而出,孕育出一片新的希望。

——旅游扶贫优势引爆。围绕"旅游强县"战略,利用好青山绿水资源,大力发展生态旅游扶贫产业,探索出"景区带动型""农旅融合型""节事民俗游型"三大旅游扶贫模式,通过"旅游企业 + 贫困户""旅游协会 + 贫困户""自主创业 + 贫困户""旅游商品 + 贫困户""旅游技能 + 贫困户"等方式,带动 1300 多户贫困群众参与增收。

——光伏扶贫温暖动力。与苏州协鑫新能源公司合作投资 4.5 亿元建成 60 兆瓦地面集中光伏电站;利用赣江源农发公司平台投资 3.96 亿元建成 88 个共计 56.54 兆瓦村级联村光伏电站,光伏扶贫收益资金全部划入村集体,由村集体统筹用于公益性岗位人员工资、产业发展奖励、乡风文明奖励、爱心超市运营、深度贫困人群保障等支出。光伏扶贫产业,给脱贫攻坚注入了"温暖的动力"。

——电商扶贫拓宽增收。依托全国电子商务进农村综合示范县平台,引进阿里巴巴、京东、邮政等一线品牌电商企业入驻，打造"赣农宝""农村淘宝"等涉农电商平台，"电商企业＋电商服务站＋贫困户""电商企业＋合作社＋贫困户"等模式带动，3000 多户贫困群众把农特产品放在电商平台销售，石城的优质农特产品也"走出去""叫得响"了。

就业帮扶增动力。"既可照顾孩子，又可料理家务，还增加了务工收入，这个扶贫车间真是办到老百姓的心坎里去了。"小松镇胜和村贫困户陈红英高兴地说。在石城县，像陈红英那样被困在家中无法外出工作的贫困户还有 2600 多人。为此，石城县加大政策激励，引导就业门槛低、工时灵活的鞋服、电子、工艺品、农产品加工企业把车间建到农村，建成就业扶贫车间 37 个、就业扶贫基地 37 个，带动贫困户 1058 户增收。

就业一人，脱贫一户。石城县通过技能培训与转移就业、"扶贫车间"就业、公益性岗位就业、能人带动就业、"一村一品"项目带动就业六大项目，全面提升就业扶贫实效。2016 年以来，全县累计培训 7481 人次，其中培育创业致富带头人 1043 名，带动贫困群众 6100 余户群众实现增收；实现贫困劳动力转移就业 11100 余人，公益性岗位安置贫困劳动力 1191 人；打造了 14 个产业基地，带动贫困劳动力就业 265 人。

四大保障兜"底线"。让幸福的笑容写在每一位百姓的脸上，这是党员干部最大的心愿。石城县以提升群众幸福指数为目标，着力夯实教育、健康、安居与民政兜底四大保障扶贫基础，确保贫困群众都能学有所上、病有所医、住有所居、困有所托。

架桥铺路挪穷地，易址安居富一方。石城县严把易地搬迁对象"四线"要求，让 2889 人建档立卡贫困户走出了深山，住上了安全屋。其中，投资 2.5 亿元建成铜锣湾"进城进园"集中搬迁安置点，人均不超过 25 平方米、每户自筹 1 万元即可搬迁入住，2538 名贫困群众的"进城梦"得以实现。同时，投入资金 9462 万元，全面解决 3682 户群众的住房安全保障问题，其中建成农村保障房 909 套。"安得广厦千万间，大庇天下寒士俱欢颜"成为现实。

尽力阻断贫困代际传递，是教育扶贫的重要使命。石城县全面落实校长（园长）负责制，构建完善从幼教到大学的资助全覆盖体系。专门实施特殊困难儿童兜底保学计划，保障了困境儿童有尊严地上学。筹资 3000 多万元全面推进教育信息化建设，让偏远山区的学生在家门口接受优质教育。教育扶贫，为山里的孩子"拉齐"了人生起跑线。

没有全民健康,就没有全面小康。石城县建立完善"城乡居民基本医疗保险＋大病保险＋疾病医疗商业补充保险＋医疗救助＋民政救急难"五道保障线,落实"一站式"同步结算与"先诊疗、后付费"政策,确保贫困户住院自负费用的比例控制在10%以内。同时探索推行"3＋1＋X"医疗扶贫模式动态跟踪贫困群众健康状况,健康扶贫的"保护伞"撑起来了。

"民之所盼,政之所向。"在扶贫的路上,不能落下一个贫困家庭。石城县社会救助局负责人说,"对于没有劳动能力、没有经济来源的贫困群众,实行保障兜底,全部纳入低保或五保保障范围。目前,全县有农村低保6915户14459人,其中建档立卡贫困对象5351户12157人,占低保人数的84.08%,基本实现了应保尽保、应扶尽扶"。

敢为人先试点,石城样板引领

脱贫攻坚是一个不断寻求新方法、积累新经验的探索过程。石城县依托国务院扶贫办对口支援优势,坚持问题导向,积极探索,把顶层设计与基层实践结合好,上下对接、试点带头闯新路,形成了一系列可复制、可推广的"石城样板"。

"四步曲"培育创业致富带头人

第一步,把握标准选好人。突出政治思想强、创业意愿强、创业基础强和带领能力强四个条件,把基层党组织带头人培养成致富带头人,把创业致富带头人培养成基层党组织带头人,将最优秀分子选进队伍。

第二步,培训激励育好人。采取老师带学员、师傅带徒弟、老生带新生等模式,聘请创业导师,组建创业致富带头人协会,出台金融、土地、税收、教育等方面政策,提升创业效果。

第三步,选准路径带好人。积极探索租赁返聘、抱团互助、协会吸纳、产品代销、订单收购、代养增收六大链接模式,把贫困群众利益链接起来,扩大了贫困户受益面。

第四步,科学考核管好人。签订责任状、考核管理、关爱激励多管齐下,营造事业留人、感情留人、待遇留人的良好氛围,提高创业带贫主动性与参与性。全县累计举办培训班15期,培育创业致富带头人1043名,带动6100多名贫困群众增收。

珠坑乡坳背人黄小勇,曾是深圳市年收入百万的一个小老板。2014年返乡创业,流转了农田山林 6000 余亩,建立麒麟山现代农业观光园,带动张金亮、张天豪等贫困户发展产业,累计帮带贫困户 136 户 200 余人实现就业增收,开办的普丰果蔬专业合作社被评为"省级示范合作社",其个人荣获"2019 年全国乡村文化和旅游能人""2019 年赣州市乡村振兴带头人""石城县优秀创业导师"等荣誉称号。

屏山镇屏山村人赖宝林,建立宝利园农业发展有限公司,流转土地 500 余亩,种植白莲、养殖小龙虾与山地鸡。虽历经挫折,经培育培训后,公司成为了"赣州市级龙头企业",吸纳贫困户 208 户,户均增收 5000 元;个人荣获"赣南乡村明星"、国务院扶贫办(蓉中)培训基地创业导师等称号。

创新推广使用社会扶贫网

自古以来石城人就乐善好施、助人为乐。为汇聚全社会力量,石城县创新推广使用社会扶贫网,指导贫困户发布爱心需求,引导爱心人士通过社会扶贫网进行精准对接。

坚持分类施策,全面提升社会扶贫网的注册率、发布率、参与率;注重多管齐下,深入挖掘志愿者、企业商会、政府支持三方面潜力;创新对接机制,全面用活爱心帮扶、扶贫众筹、电商扶贫、扶贫展示与扶贫评价五大平台,构建完善"一对一""一对多""多对一""多对多"四大体系,凝聚合力共同参与扶贫。目前,全县爱心人士注册突破 4.5 万人,对接贫困户需求 55468 个,对接成功率达94.5%;140 余家企业捐赠资金物品 3500 余万元;"扶贫爱心超市"筹集资金126 万元,已有 2.6 万余户贫困户通过劳动挣取积分、兑换生活物品。

小松镇小松村贫困户许生球妻子早年中风一直瘫痪在床,儿子前两年刚离婚,留下一个 6 岁的孙子。为方便照顾妻子,许生球通过中国社会扶贫网手机APP 发布了"需要轮椅"的请求。没想到,几天后,爱心人士熊达卫便送来了轮椅。看到眼前的轮椅,许生球却一时懵了,眼睛泛着泪光,浑身都在轻微地颤抖,"谢谢,谢谢……"说个不停。

试点开展非贫困人口大病医疗补充保险

"一人致贫,全家倒下",这种情况在非贫困人口还是存在。为尽可能减少"因病致贫"现象发生,2018 年 3 月,石城县在全省率先出台城乡居民非贫困人口大病医疗补充保险试点,财政出资 110 元/人、个人出资 20 元/人,全县所有参加基本医保的城乡非贫困人口全部纳入。

非贫困人口享受大病医疗补充保险,目录内个人自付医疗费用最高可报销90%,目录外个人自付费用最高可报销75%。参保人因病住院,享受"基本医保+大病保险+医疗补充保险"三道保障,医院报销窗口一站式即时结算,三项报销补偿叠加后,年封顶线最高可达60万元。

非贫困户邓中排因患"主动脉瓣狭窄伴关闭不全"疾病,在南昌大学第二附属医院治疗共花费12.98万元,基本医保报销5.76万元,自己还要负担7.22万元,后通过非贫困人口大病医疗补充保险报销4.68万元,自负2.54万元。

患蛛网膜下腔出血的非贫困户熊东红,因参加非贫困人口大病医疗补充保险,再次获得4.6万元报销。他表示,没想到还能报销这么多费用,自己多日的担心终于放下来了。

2018年以来,全县累计赔付大病患者4100人次,赔付金额3500多万元,人均赔付8708.69元,自付比例由55%左右下降至20%,有效遏制了"因病致贫"现象发生。

苏区干部再现,铭记党恩奋进

苏区时期,"苏区干部好作风,自带干粮去办公,日穿草鞋干革命,夜打灯笼访贫农。"这首歌谣,曾经在石城大地火热传唱。

八十多年后,在石城,流传着无数扶贫干部传承红色基因,夜以继日奋力攻坚的感人故事,激荡起脱贫攻坚的磅礴力量。

以上率下,负责任的包村指挥长

石城县委、县政府主要领导率先垂范,每人负责了1个贫困村、还有1个深度贫困村的脱贫攻坚工作,其中包括贫困程度最深的礼地村与赣江源村,担任包村指挥长,以上率下揽总负责所包村的脱贫攻坚各项工作。

"这张'作战图',可以帮助扶贫干部尽快进入角色,高效指挥。通过作战图,我们能够直观了解每一个贫困户的位置……"良溪村包村指挥长指着墙上的作战图娓娓道来。每周扶贫日,县级领导带头,132个包村指挥长下到所包村,村不漏组、组不漏户、户要见人进行走访,踏实情、商对策、破难题、促攻坚,统筹推进各项脱贫攻坚工作。

贫困群众"亲人"的第一书记

"真想做你的贫困户,不愿做你的妻子,"走在乡间小路的潘海鹏打趣地说道。"妈妈,我难受,爸爸怎么不回来啊!"发着高烧的儿子喃喃自语。面对电话中妻子的"埋怨",熊志超也只能愧疚地说声:"老婆,对不起!"电话一挂掉,他就又带领干部走进深山田野中。

为带领群众发展茶树菇产业,高田镇湖坑村第一书记熊志超偷偷拿出家中仅有的 3 万元存款,并用工资抵押贷款 10 万元,成立合作社,建立茶树菇种植基地。"熊书记就是我们的亲人,跟着他干,还是放心。"在他的带领下,大家纷纷加入合作社,不到两年,每户实现年增收 2000 多元,村集体账户上也多了 5 万元。

敢想敢干,雷厉风行的扶贫干部

又是晚上八点,乡间小道上,一名怀孕女子骑着"小电驴"突突而过,这是有着"女汉子""铁娘子"之称的木兰乡扶贫办主任曾媛。

2015 年 9 月,曾媛从校园走进职场,来到了木兰乡政府工作;2017 年 2 月,曾媛就被委以重任,担任木兰乡扶贫办主任,成为全县十一个乡镇唯一一名女扶贫办主任。为做好扶贫工作,她用一个多月的时间走遍了全乡 7 个村,从帮扶干部到贫困户,用双脚丈量出最真实的贫困数据,摸清了"底子"。

2017 年 8 月份,曾媛怀孕了,家人担心她工作太累身体吃不消,劝她申请换岗位。但关键时期,怎么能做一名"逃兵"呢?她依然坚持白天忙扶贫业务工作,晚上挤出时间上户走访,贫困户陈由胜(已经 60 多岁了)很严肃地跟她说:"捏啊(女儿啊),不能这样啦,你现在怀孕了,要保重自己的身体啊!"

很多人说曾媛怀孕跟平时一样,如常工作、加班、下村入户,甚至健步如飞,因此她儿子还未出生大家就给了他一个别致的称呼:扶贫宝宝。曾媛也收获了两个外号:"女汉子"和"铁娘子"。

贫困群众的"亲人"熊志超,"女汉子""铁娘子"曾媛,他们只是石城基层干部的一个缩影。历经苏区干部好作风的岁月洗礼,石城干部更加奋力攻坚、拼搏实干、辛劳付出,带领贫困群众创造实打实的幸福生活。

温昌善的致富路

"2018 年,我养殖 16000 多羽山地鸡,带着 30 多户贫困户一起养殖,带动年纯利润 2 万元以上的贫困户就有 6 户。谢谢木兰乡党委、政府,谢谢共产党!"木兰乡杨坊村贫困户温昌善介绍起来滔滔不绝,脸上洋溢着自信的笑容。其实,曾经的温昌善也是举步维艰的贫困户,哥哥意外离世,丢下白发父母忧伤难抑;自己左手臂被车撞成骨头碎裂,落下暗疾;结发妻子患上脑瘤,病魔噬体……一连串的人生意外,如山般的负担把他压得一蹶不振。风雨飘摇之际,帮扶干部推开了他的家门,木兰山地鸡养殖专业合作社负责人,创业导师频频光顾他家,在他们的鼓励和指导下,温昌善的鸡场很快红火昌盛起来,鸡仔、母鸡、公鸡的出栏率年年提升,2018 年达到了 15000 多只。从负债累累到年收入十几万,温昌善的日子越过越有盼头。

赖朝优的"大作为"

身高不足 1.5 米,右手无法抬高超过肩膀,左手肘部无法正常弯曲,一个真真实实的"小块头"——赖朝优,却顶天立地,创造了一番"大作为"。

赣江源镇迳口村贫困户赖朝优,16 岁就到福建长汀鞭炮厂当学徒,但一次意外爆炸事故导致全身大面积烧伤,肢体残疾,手指活动不便,生活一下陷入困境中,甚至有人劝他去乞讨,但他坚决不干:"手伸出去容易,但可能一辈子都无法缩回了。"

作为家中的顶梁柱,赖朝优种过朝天椒、养过土鸡,虽都失败,但心中依然坚定要有"大作为"。2017 年 7 月,赖朝优申请 5 万元的"产业扶贫信贷通",把重心转移到石蛙养殖和鱼苗培育。现在,赖朝优家养的鸡有 500 多羽、番鸭 60 余只,还有石蛙、鱼苗 7.3 亩,年收入可达 4 万余元。2018 年,他贫困户的帽子摘掉了。

"感谢党的好政策!感谢单位的帮助!"赖朝优笑着说,"贫穷本身不可怕,关键是要自力更生,只要心中有希望,坚定有'作为',一定会迎来属于自己的幸福生活。"

没有等来的辉煌,只有拼来的精彩。从开发式扶贫到整村推进,到精准扶贫,到脱贫攻坚,到如今的摘帽退出,石城不断刷新的减贫成绩单令人惊叹。2018 年 12 月,全县所有贫困村退出;2019 年 4 月,石城县顺利脱贫摘帽;2019 年 9 月,石城荣获全国脱贫攻坚组织创新奖。

回顾过去,石城人民又创造了"第一等"功绩;展望未来,石城已站在了乡村振兴的新征程上。"产业兴旺、生态宜居、乡风文明、治理有效、生活富裕",这是我们的追求;苏区精神与石城(实诚)精神,这是鼓舞前进的力量。全县人民将采取更加有力的举措、更加集中的支持、更加精细的工作,全面激发乡村的磅礴动能,发展特色产业让"农民更富",完善基础设施让"农村更美",推进产业升级让"农业更强",全力彰显"生态宜居"乡村之美。

瑞金市脱贫攻坚工作纪实

　　瑞金市位于江西省东南边陲、武夷山脉西麓,是著名的红色故都,素有"共和国摇篮"之誉。2018年7月,经国务院扶贫开发领导小组组织的第三方评估并经江西省政府批准,瑞金市以零错退、零漏评、群众满意度99.38%、综合贫困发生率0.91%的优异成绩,率先在赣南革命老区脱贫"摘帽"。脱贫"摘帽"两年多来,瑞金市依然迈着坚实的步伐,以昂扬的姿态踏上致富的新路,像一列火车头引领着赣南老区人民奋力奔跑在幸福的新征程上。

初心系老区　使命重在身

　　回望历史,瑞金是中国共产党践行初心的试验田。80多年前,中国共产党人在这里建立了中华苏维埃共和国临时中央政府,宣传"打土豪、分田地"的政治主张,进行着《宪法大纲》《土地法》《劳动法》等制度设计,探索并初步形成了党的群众路线……这些执政实践把"让穷苦人过上好日子"的初心镌刻在革命的旗帜上。翻身做主人的瑞金人民忠于党、忠于革命事业,为中国革命胜利作出了巨大贡献和牺牲。当年只有24万人口的瑞金,参军参战11.3万人,5万多人为革命捐躯,有姓名记载的革命烈士达17166人。可以说,瑞金的每一寸土地都浸染着革命烈士的鲜血,是一片红到骨子里的革命圣地。

　　然而,历史不仅赋予瑞金以耀眼的"红",也留给这片土地以揪心的"穷"。由于自然条件、资源禀赋、战争创伤等多方面原因,直至几年前,贫困问题仍然是困扰瑞金人民的突出问题。2012年,全市仍有61659户群众住在危旧土坯房中,占农村总户数的52.5%;有20.27万人喝着不安全饮用水,占农村总人口的

37.99%;4686个自然村中,有54个不通电、1921个未通公路;农村教育、医疗卫生条件也非常落后。2014年底,全市有省定贫困村49个,建档立卡贫困户20179户82094人,贫困发生率为14.3%。冰冷的数字后面是刺痛人心的现实。如著名的红军村华屋,苏区时期留下了可歌可泣的"十七棵信念树"故事,但是村民在2012年走的仍旧是狭窄的泥路,住的是破旧的土坯房,用的是土灶台,喝的是泥塘水,没有一家有厕所;一些村民甚至过着"柴当枕、盖蓑衣、露天浴"的日子。

瑞金连着北京。党和国家没有忘记这片为中国革命作出特殊贡献的土地,以及生活在这块土地上的人民。2008年,时任中共中央政治局常委、中央书记处书记、国家副主席习近平同志来到瑞金调研考察后,更加惦念老区人民的生活。2011年12月,习近平同志在《赣南苏区经济社会发展情况调查报告》上作出重要批示:"由于种种原因,赣南苏区目前经济发展依然落后,人民生活依然比较困难。如何进一步帮助和支持赣南苏区发展,使这里与全国同步进入小康,使苏区人民过上富裕、幸福的生活,应当高度重视和深入研究。"同年,瑞金被列入全国特困片区——罗霄山片区。2012年6月,《国务院关于支持赣南等原中央苏区振兴发展的若干意见》出台,为赣南老区吹响了打造"全国革命老区扶贫攻坚示范区"的嘹亮号角,瑞金由此成为国家扶贫攻坚重要战场之一。习近平同志担任中共中央总书记、国家主席、中央军委主席后,仍然时时牵挂着赣南老区人民,殷殷嘱托要"让老区人民过上幸福生活",并指示:"原中央苏区振兴发展工作要抓好,这具有政治意义。"

瑞金作为红色故都、"共和国摇篮",打赢脱贫攻坚战,对于赣南老区人民能起到引领、示范的作用,具有深远的政治意义。为此,江西省委、省政府主要领导给予高度关注、倾力支持;赣州市委、市政府主要领导殚精竭虑、周密部署,分管领导亲临瑞金、靠前指挥。国家部委的干部来了,省直、赣州市直单位的干部来了,社会力量参与进来了,瑞金形成了财政部、银监会对口支援,省财政厅、省投资集团等省直单位和33个市直单位挂点包村帮扶,"百企帮百村"三位一体的大扶贫格局。

攻坚脱贫,时不我待;实现小康,使命在身。从2015年打响脱贫攻坚战以来,瑞金市上下牢记习近平总书记的嘱托,深入贯彻习近平总书记关于精准扶贫、精准脱贫的重要论述,按照中央、省委省政府、赣州市委市政府的决策部署,坚持以脱贫攻坚统揽全局,把脱贫攻坚当作首要政治责任、发展的头等大事和第一民生工程,举全市之力,推动各类资源和力量向脱贫攻坚工作聚集,坚决打赢这场脱贫攻坚硬仗。严格落实脱贫攻坚党政一把手负总责制,实行市、乡、村三级书记一起抓,成立以市委书记为组长、市长为第一副组长的精准扶贫攻坚战领导小组。专题研究脱贫攻坚议题641个、听取汇报50余次、出台各类文件158个,先后召开全市性会议37次部署脱贫攻坚工作,形成了"1+N"脱贫攻坚政策体系。全市广大党员干部日夜奋战在脱贫攻坚战的最前线。市委、市政府把最优秀的干部派到脱贫攻坚第一线,组织70名副处以上领导干部(含省直、赣州市直挂点帮扶单位)挂点49个贫困村和21个山区困难村,5000多名党员干部组建227支扶贫工作队,实现了每个贫困村都有副处以上领导干部挂点、每个行政村都有市直单位驻点联系、每户贫困户都有干部结对帮扶。各乡镇还建立精准扶贫工作站,配备不少于3名扶贫专干;各行政村设立扶贫工作室,招聘一名大学生作扶贫专干,进一步强化了基层一线特别是边远山区的扶贫攻坚力量。

短短两年时间,瑞金市实现了新中国成立以来最大规模的人口脱贫。至2017年底,全市累计减贫18639户76935人,贫困发生率由2014年底的14.3%降至0.91%,49个贫困村全部顺利退出。农村居民人均可支配收入由2015年的8251元增至2018年的11355元,年均增速达11.2%,远高于全国、全省平均水平。华屋村也彻底改变了面貌,成为"红色文化旅游特色村""脱贫攻坚示范村""苏区振兴样板村"。

回首来路,瑞金人民跟随党的脚步也一直不曾停止!瑞金这方红色沃土,生长出来的是一片片红心,滋养的是感恩奋进、勇于拼搏的精神。

精准"绣花"　瑞金样板

在瑞金沙洲坝,有一口闻名中外的红井,这是时任中华苏维埃共和国临时中央政府主席毛泽东为解决群众饮水问题而挖掘的一口清泉,也是党和苏维埃政府关心群众、为群众谋利益的历史见证。在沙洲坝,毛泽东还写下《关心群众生活,注意工作方法》的光辉著作,"我们应该深刻地注意群众生活的问题,从土地、劳动问题,到柴米油盐问题。……一切这些群众生活上的问题,都应该把它提到自己的议事日程上。应该讨论,应该决定,应该实行,应该检查。要使广大群众认识我们是代表他们的利益的,是和他们呼吸相通的"。

80多年前,党在瑞金的执政实践和一代伟人的言行可谓是当今脱贫攻坚的教科书。八十多年后,瑞金干部群众在习近平总书记"最牵挂的还是困难群众"的为民情怀感召下,以习近平总书记关于精准扶贫、精准脱贫的重要论述为指导,结合瑞金实际和苏区历史经验,创造性地开展脱贫攻坚工作,形成了"瑞金经验",打造出"瑞金样板"。

习近平总书记关于精准扶贫、精准脱贫的重要论述,最关键的是两个字:精准。瑞金紧紧围绕"扶持谁、怎么扶"这个核心问题,抓住识别、帮扶以及资金使用等重点环节,在精准扶贫、精准脱贫各项工作中下足了"绣花"功夫。

"望闻问切",找准"贫根"。在贫困识别方面,摸清贫困底数,做到识别精准。瑞金严格按照"农户自愿申请——村两委核查收入及'两不愁三保障'——相关部门按'七严四甄别'要求进行信息比对——村民代表大会民主评议,驻村工作队和村两委核实后第一次公示——乡镇审核,二次公示——市精准扶贫攻坚战领导小组复核——村级公告"七步工作法,认真把好对象条件、民主评议、对象公示、监督检查"四道关口",确保应进尽进、应退尽退,精准确定贫困人口。在精准识别的基础上,系统梳理了因病、因灾、缺资金、缺技术等主要致贫原因,在各行政村全面推行村级一室、一橱、一袋、一牌、一卡"五个一"工作法,村村建立精准扶贫工作室、设置脱贫档案橱、统一制作脱贫档案袋、精准扶贫工作卡,实行一户一档、长期公示。相关做法得到省委、省政府领导的充分肯定,并在全省作经验推广。同时,建立扶贫返贫预警机制,每月定期开展贫困户再识别、再核查,重点对独居老人、低保户、无劳力户、因灾、因病、因残户和散居户、偏远户、外来户"6+3"重点人群进行全面过筛,对发现的返贫户和新增贫困户,及时进行动态调整并落实帮扶措施,确保精准识、别不漏一人。

对症施策,靶向治贫。为什么贫穷?瑞金人民扪心自问,查找原因,关键是没有产业的支撑。打响脱贫攻坚战以来,瑞金始终把产业扶贫作为贫困群众脱贫增收、持续发展的基础性工作。通过选准一个产业、打造一个龙头、建立一套利益联结机制、扶持一笔资金、培育一套服务体系的产业扶贫"五个一"模式,鼓励引导贫困户直接发展产业,或通过土地资金入股链接到产业链上,实现脱贫。

黄柏乡龙湖村邓大庆,致富不忘乡亲,一直想把村里近十户像自己一样的残疾贫困户带上致富的道路。2016年2月,由邓大庆牵头成立"瑞金市龙珠塔脐橙专业合作社",邀请乡亲们加入合作社共同发展脐橙致富产业。合作社刚成立时社员只有 5 人。为了打消乡亲们的疑虑,他和村干部挨家挨户做工作,毫无保留地把自己种植脐橙的"独家诀窍"传授给大家。2016 年 8 月,合作社成员增加到 18 人,脐橙园面积扩大到 930 亩;到 2016 年年底,合作社第三次扩社,成员还吸纳了周边几个村的村民,社员达到 56 人,果园面积扩大到 3200 亩。合作社把分散的果农组织起来,通过"五统一"产业扶贫机制,即统一规划流转、统一技术培训、统一农资供应、统一病害防控、统一市场销售,帮助果农取得了经济效益的最大化,同时也通过广大社员的影响辐射,带动了周边更多的贫困户脱贫致富,仅 2016 年得到合作社帮扶的残疾户、贫困户就有 46 户。对普通的未加入合作社的果农,如有需要也免费提供技术服务,给予优惠的农资,带动了 1000 多农户的发展,其中贫困户在 2016 年实现脱贫的有 36 户,得到了社会的广泛赞誉和肯定,取得了良好的社会效益。

目前,瑞金形成了以蔬菜、脐橙、油茶、白莲四大主导产业以及烟叶、生猪、蛋鸭、肉牛、水产、养蜂等特色产业为引领发展的农业产业扶贫格局。产业扶贫基地总数达到 429 个,农业龙头企业 11 家,农民专业合作社达到 774 家,家庭农场 337 家,累计发放产业扶贫贷款 14.9 亿元,全市通过产业脱贫的比例达 62.6%。2017 年,全国产业扶贫现场观摩会和全省现代农业发展暨产业扶贫现场推进会相继在瑞金召开,产业扶贫"五个一"模式在会上作经验推广。

在产业销售渠道方面,瑞金在传统销售的基础上,引入了"互联网 +"新经济形态,为产品销售插上了一双会飞的翅膀。

壬田镇凤岗村村民廖秀英,人称"廖奶奶"。80 多岁的她有一手腌制咸鸭蛋的绝活,年轻时开始售卖咸鸭蛋,一部分咸鸭蛋用于改善家里的伙食,另一部分用来售卖换取些许生活费。因为交通不便"走不出去",廖奶奶咸鸭蛋的价格一直很低。2015 年,瑞金市被确定为全国电子商务进农村综合示范县(市),电子商务的发展也有了突破性的进展,邮政 e 邮、农村淘宝、淘实惠等电商服务站如雨后春笋般出现在农村。在壬田镇党委、政府和邮政的扶持下,廖奶奶开始尝试在网上售卖咸鸭蛋。由于咸鸭蛋味道鲜美、口味独特,廖奶奶家由原来一个月销售咸鸭蛋几百个,到现在一天销售几千个,最多一天卖到了 4000 多个。除了销量的增长,利润也在翻倍,传统销售渠道 1 元多一个的咸鸭蛋,通过电商销售价格可以卖到 3 元。后来,"廖奶奶咸鸭蛋"注册了商标,并成为全国知名的品牌,一个咸鸭蛋可以卖到 4 元钱。廖奶奶咸鸭蛋已经不仅是"土鸭蛋",而是行销全国、媒体争相采访的"金蛋蛋"。2016年,廖秀英被评为全国脱贫攻坚"奋进奖"。

瑞金通过"政府＋运营商＋服务商＋电商平台＋实体终端"的运营模式,让脐橙、油茶、白莲、蜂蜜、茶叶、辣椒酱、竹笋等特色农产品成为"网红",打造了"廖奶奶咸鸭蛋""好客山里郎蜂蜜""武夷源茶叶"等一批知名电商品牌。全国"互联网＋"社会扶贫工作现场推进会在瑞金召开时,瑞金的这一做法得到了与会人员的赞扬。

习近平总书记强调,没有全民健康,就没有全面小康。对于不少贫困户来说,疾病、残疾正是其致贫的主要原因。长期以来,瑞金农村医疗卫生基础设施薄弱,农村群众特别是边远山区乡村的群众"小病拖、大病扛",导致"小病拖成大病、大病导致贫困"。

为杜绝"病倒一人,拖垮一家"的现象发生,瑞金筑牢保障措施,实施健康扶贫政策。瑞金市内所有定点医疗机构实行"先诊疗后付费"和"一卡通"即时结算服务模式,实施健康扶贫"四保障一提升"工程,全市贫困人口医疗费用平均报销比例达到90.27%。同时加强农村基本医疗服务设施建设,加大乡村医生队伍建设与管理,对11个乡镇卫生院进行升级改造,新建214个村级卫生计生服务室,实现所有行政村产权公有制村级卫生计生服务室全覆盖。开展家庭医生签约服务和"万名医生进万家"活动,为贫困人口提供家庭医生上门"一对一"健康服务,并为每户贫困户配备一个保健箱,相关做法受到省委主要领导的充分肯定,并在全省推广。

内外兼修,激发斗志。瑞金的扶贫举措讲究内外兼修,扶贫重在扶志,扶贫与扶智、扶德、扶勤相结合。对于一些内生动力不足的贫困户,瑞金市通过开展"我的脱贫故事"乡村巡回宣讲活动,介绍80多岁高龄创业脱贫的廖奶奶和身残志坚、以贫为耻、自强不息奔小康的邓大庆等一批先进典型的光荣事迹,激发贫困群众脱贫致富的内生动力。同时,以乡风文明建设为抓手,开展文明家庭、卫生家庭等评比活动,引导村民积极开展移风易俗、新农村建设和环境卫生整治,并通过实行项目奖补制、普惠制,进一步调动群众参与脱贫攻坚的积极性。

在多年的脱贫攻坚实践中,瑞金不断探索出科学适用、接地气、可复制、易推广的经验,在就业、教育、安居、旅游、生态、兜底保障等方面都打造出了脱贫攻坚的"瑞金样板",并在实践中得到丰富和发展。

脚下有泥土　心中有真情

　　历史中的瑞金是苏区精神和苏区干部好作风的主要形成地,新时代的瑞金是苏区精神和苏区干部好作风的践行地和发扬地。在脱贫攻坚战中,瑞金市把脱贫攻坚作为锤炼干部、转变作风的主战场,建立了每名处级领导至少结对帮扶 6 户,科级干部至少帮扶 5 户,一般干部至少帮扶 4 户,村干部至少帮扶 3 户的脱贫攻坚"6543"结对帮扶机制,成立了 227 支扶贫工作队,实施"五天四夜""干群夜谈会"等工作法,坚持不脱贫不脱钩,不拔穷根不撤队伍。尤其是面对难啃的硬骨头,瑞金把最优秀、最能干的党员干部放在最前线,长期驻守,进村入户与贫困对象谈问题、谈发展,像当年的苏区干部一样给贫困户解决生产生活中的实际困难,送上党的政策和温暖。

　　拔英乡是瑞金市最偏远、最穷的乡,被当地人形容为"天晴一把刀,下雨一团糟"。2015 年以前,该乡的贫困发生率高达 19.3%。在 2017 年全市脱贫攻坚现场观摩大会上,该乡排名倒数第一,人们常说"拔英乡能脱贫,瑞金就能脱贫"。在全市党员干部上下齐心、群策群力下,短短一年间,拔英乡立足山区、综合施策,走出了一条具有山区乡镇特色的发展之路,绿色养殖、生态山珍、漂流、民宿等成为拔英乡的新亮点。曾经倒数第一的拔英乡正在努力打造脱贫攻坚示范乡、全省生态示范乡。

　　脚下沾有多少泥土,心中就沉淀多少真情。扶贫干部要有"沉下去"的干劲,与群众交朋友、结"亲戚",立足群众角度想办法、干事业。真扶贫、扶真贫。"真"字的背后,对应的是一个"实"字。被誉为"新长征路上的'花木兰'"的曾小娜就是这样一位动真情、出实招的人。90 后的曾小娜,是招商银行赣州分行派驻叶坪乡禾仓村的第一书记。因为扶贫工作忙,没有时间谈恋爱,她就在扶贫日记里写下"不脱贫就不脱单"的誓言。两年多来,她从早到晚走村入户,对村里 50 多个贫困户家里有多少人口、多少田地、多少劳动力、多少孩子,以及生产生活情况如数家珍。在她的带领下,全村干部为每个贫困户量身定制了脱贫措施;通过产业信贷通,依靠地理位置及自然资源条件,积极发展脐橙、白莲特色产业,扩大传统草鱼、肉猪、种鸭养殖,大力帮助农户成立合作社,做到了户户有产业、人人有事业。因为她对群众的真情实意、对工作的担当负责,禾仓村的扶贫工作逐步名列前茅。村民对她的态度也由怀疑转变为肯定和称赞,经常夸"小曾书记真有苏区干部好作风那股劲头!"

在瑞金的脱贫战场上，还有一大批党员干部在扶贫一线烙下深深的脚印、挥洒着辛勤的汗水。例如，大柏地乡党委书记梁宝英，感冒发烧时一手打吊针、一手忙工作，被人赞为不让须眉的"铁娘子"；万田乡乡长李萍，忙于扶贫工作一再推迟生二孩，读初三的孩子一个月难得见到一次妈；90后第一书记刘源，自愿与妻子一起扎根拔英乡荣新村，开展扶贫工作；"最美新娘"范友馨，上午还披着婚纱，下午就下村扶贫。还有誓把青春献扶贫的袁立，龙井村的"活雷锋"谢敦杨，愿做永不停歇的"老黄牛"的胡德铨，夕阳红映照山村红的李安创。他们把苏区时期的牺牲奉献精神融入自己的血脉，把苏区干部好作风刻入自己的基因，他们的精神让人肃然起敬，他们的力量催人奋进。

千淘万漉虽辛苦，吹尽狂沙始到金。一场新时代反贫困的伟大斗争在"共和国摇篮"大功告成，70万"红都"儿女同心勠力共赴时代大考，书写了"最成功的脱贫故事"。

雄关漫道真如铁，而今迈步从头越。"红都"儿女深知，脱贫"摘帽"不是终点，实现全面小康才是目标。瑞金市广大干部群众以率先脱贫"摘帽"为新起点，坚持"摘帽不摘责任、摘帽不摘政策、摘帽不摘帮扶、摘帽不摘监管"，坚持思想不松、政策不变、力度不减、队伍不散、关心不断，进一步完善确保不返贫的长效机制，扎实做好脱贫后续帮扶和巩固提升工作。瑞金，正以全新的姿态阔步迈进在实现乡村全面振兴的新征程上。

赣州市南康区脱贫攻坚工作纪实

南康区属罗霄山脉集中连片特困地区,土地面积1645平方公里,辖16个乡镇、2个街道,农业人口61.4万。全区有建档立卡贫困人口24653户91296万人,25个"十三五"贫困村和4个深度贫困村(其中2个与"十三五"贫困村重叠)。2019年2月,南康区顺利接受了省级脱贫攻坚第三方考核评估,实现"零漏评、零错退",群众认可度98.93%,综合贫困发生率为0.85%,于同年4月28日经省政府批准,正式脱贫摘帽,退出贫困县序列。截至2019年底,全区剩余贫困人口下降至438户894人,贫困发生率由"十三五"初期的9.94%下降至0.146%,27个贫困村全部达标退出。

脱贫攻坚以来,南康区坚持以习近平新时代中国特色社会主义思想为指导,认真贯彻落实习近平总书记脱贫攻坚重要论述,坚持以脱贫攻坚统揽经济社会发展全局,始终把脱贫攻坚作为重大政治任务、头等大事和第一民生工程,作为增强"四个意识"、坚定"四个自信"、做到"两个维护"的实际行动,在省委、省政府,赣州市委、市政府的正确领导下,按照"核心是精准、关键在落实、实现高质量、确保可持续"的工作路径,坚持以人民为中心、以党建为引领、以精准为核心、以产业为先导、以作风为保障、以小康为目标,举全区之力打赢打好脱贫攻坚战。

以人民为中心,牢记初心使命,
主动肩负起脱贫攻坚的重大政治责任

习近平总书记指出:"全面建成小康社会、实现第一个百年奋斗目标,最艰巨的任务是脱贫攻坚,这是一个最大的短板,也是一个标志性指标。"南康区始终牢记初心使命,深入贯彻习近平总书记对江西、对赣州工作的重要要求,特别是"在脱贫攻坚上领跑,不让一个老区群众在全面小康中掉队",以及"赣州是革命老区,抓好脱贫攻坚具有政治意义"的重要指示精神,认真履行脱贫攻坚政治责任,以最讲党性、最讲政治、最讲忠诚的责任担当,全力推进脱贫攻坚。

持续深入学习贯彻习近平总书记关于扶贫工作的重要论述,不断增强脱贫攻坚的政治自觉和行动自觉。坚持从讲政治、讲大局、讲担当的高度,通过区委中心组学习、全区领导干部研讨班、专题辅导、现场教学等形式,特别是开展"大学习、大调研、大落实、大提升"四项主题活动,深刻领会习近平总书记关于脱贫攻坚的新思想、新观点、新论断,认真学习习近平总书记"立下愚公志、打赢脱贫攻坚战""让贫困人口和贫困地区同全国一道进入全面小康社会是我们党的庄严承诺""越是进行脱贫攻坚战,越是要加强和改善党的领导""脱贫攻坚贵在精准,重在精准,成败之举在于精准"等重要论述,坚决贯彻习近平总书记在深度贫困地区脱贫攻坚座谈会上对赣南老区的重要要求,真正学出对人民群众的深厚感情,学出不忘初心、牢记使命的担当作为,学出打赢打好精准脱贫攻坚战的方法举措。

以习近平总书记扶贫开发战略思想为指引,立足实际谋划脱贫思路举措。习近平总书记指出,"推进扶贫开发、推动经济社会发展,首先要有一个好思路、好路子。要坚持从实际出发,因地制宜,理清思路、完善规划、找准突破口。"南康自古以来人多地少、资源匮乏,勤劳朴实、聪明能干的南康人民在改革开放的春风沐浴下,特别是党委政府"一任接着一任干"的引导支持,敢想敢干、敢于"无中生有",创新创业,发展壮大了家具、服装、矿产品等在全国都有一定影响力的产业,全区人民群众生活质量水平得到了明显提高。但由于发展不平衡、不充分,仍然有部分群众没有享受到改革发展的红利和成果,生活依然贫困,"两不愁三保障"还未得到根本解决;城乡发展不平衡,南北乡镇特别是北部乡镇受交通条件、区位条件的影响,发展相对滞后,与城区发展不同步。加之,南康享受贫困县政策红利时间短,在交通、水利等基础设施建设方面存在差距,农村基础设施欠账大,群众对改善生产生活条件的愿望十分强烈。对此,南康区牢牢抓住脱贫攻坚主要矛盾,研究制定了《关于全力打好精准扶贫攻坚战的决定》《关于大力支持深度贫困村脱贫攻坚实施方案》等攻坚方案,以及年度脱贫攻坚工作方案和住房保障、易地扶贫搬迁、产业就业扶贫等系列专项子方案,形成了完善的脱贫攻坚政策体系,确保了脱贫攻坚工作系统、有序推进。

坚持贯彻落实习近平总书记关于脱贫攻坚的重要指示批示精神,不断推动脱贫攻坚取得新成效。南康区深入贯彻习近平总书记关于扶贫工作重要论述,特别是"六个精准""五个一批""四个切实"等重要扶贫思想,不断把习近平总书记关于脱贫攻坚的指示要求贯彻落实到具体工作实践中,推动脱贫攻坚取得新成效。习近平总书记指出:"精准扶贫,关键的关键是要把扶贫对象摸清搞准,把家底盘清,这是前提。"为解决好"扶持谁"的问题,南康区紧紧围绕扣好精准识别"第一粒扣子",严格对照"两不愁三保障"和"七清四严"标准,按照"一评二审三公示"的"七步工作法"程序进行识别,做到"应纳尽纳、应退尽退",确保符合条件的农户不漏一户、不落一人。习近平总书记指出,"打好脱贫攻坚战,关键在人,在人的观念、能力、干劲"。南康区把全区干部特别是把优秀后备干部全部压到脱贫一线,旗帜鲜明地树立"不会抓扶贫的干部就不是好干部、就是不会做群众工作的干部、就是不称职的干部"的导向,把脱贫攻坚作为干部作风、能力的"大擂台""赛马场",在扶贫路上和擂台上检验干部、让人民群众挑选干部。

以党建为引领,统筹各方资源,构筑脱贫攻坚的强大合力

习近平总书记指出:"脱贫攻坚,加强领导是根本。"南康区始终坚持党对脱贫攻坚的领导,全面落实党委政府脱贫攻坚主体责任,把脱贫攻坚列入重要议事日程,倒排工期、挂图作战,强化措施、压实责任,坚定不移做好脱贫攻坚工作。

坚持以上率下,构筑三级书记抓扶贫格局。把脱贫攻坚工作作为"一把手"工程,坚持"书记抓"与"抓书记"相结合,落实区委主体责任和党政主要领导"第一责任人"责任,建立区乡村三级的协同推进机制和责任包干机制,层层签订责任书,层层立下军令状,一级抓一级,逐级传导压力。一是主动履行脱贫攻坚"第一责任人"责任。区委主要领导自觉履行"第一责任人"责任,统揽脱贫攻坚,统筹做好进度安排、项目落地、资金使用、人力调配、推进实施等工作。为提高脱贫攻坚针对性和实效性,设计"脱贫攻坚一览表""村脱贫攻坚基本情况公示表"等5个公示表;创新采取组织帮扶干部参加扶贫知识测试的方式,既全面掌握了贫困户和乡村的真实情况,又倒逼帮扶干部熟悉了扶贫工作情况;在

攻城拔寨的关键期,按照全区脱贫攻坚工作"一盘棋""补短板"的要求,区委主要领导坚持每个月召开一次脱贫攻坚现场会,既到先进乡镇学经验、学做法,又到后进乡镇点问题、教方法,激励先进鼓舞后进,推动形成全区上下比学赶超、你追我赶的浓厚氛围。同时,区四套班子成员紧紧围绕脱贫攻坚,认真履职尽责;分管领导主动作为,履行好"直接责任人"责任,当好主要领导参谋助手,认真协助主要领导具体组织实施脱贫攻坚,推动脱贫攻坚工作有序扎实开展。二是建立区乡村三级推进机制。在区级层面成立由区委书记任组长、区长任第一副组长的精准扶贫工作领导小组,负责全区脱贫攻坚工作的指挥调度;在乡镇层面成立精准扶贫工作团,由区委确定一名区领导担任团长,实行"工作团"包乡;在村级层面成立脱贫攻坚工作组,从帮扶单位主要负责人、正科级领导干部中挑选233名优秀干部担任脱贫攻坚工作组组长,实行包村负责。三是"挂图作战"倒逼责任落实。区乡村三级实行"挂图作战",在区党政大楼每周通报一次各乡镇、行业扶贫工作落实排名情况,营造"比学赶超"氛围,同时接受社会监督;在乡村两级分别设立公示牌,对工作推进情况、存在问题及整改时限进行公示;在帮扶单位以宣传展板形式,每周通报本单位帮扶存在的问题,限期整改、销号管理。区脱贫攻坚督导组按图督查、按图考核,推进脱贫攻坚工作落实落细。

统筹各方资源,形成"三集中、一边倒"工作态势。紧紧围绕习近平总书记关于脱贫攻坚工作"全员出征""尽锐出战"和"坚持加大投入,强化资金支持"的要求,坚持一切力量向脱贫攻坚聚焦,一切资源向脱贫攻坚倾斜,一切工作为脱贫攻坚让路,形成了精力、人力、财力"三集中、一边倒"的工作态势。一是集中精力狠抓落实。脱贫攻坚以来,每一次区委全会都旗帜鲜明地把脱贫攻坚作为重中之重,同时区委、区政府、区精准扶贫领导小组坚持常态化专题调度脱贫攻坚工作,及时研究脱贫攻坚问题,有力推进脱贫攻坚工作的落实。二是集中人力"尽锐出战"。坚持把讲政治、敢担当、有责任心的干部派到脱贫攻坚一线去,安排148个单位参与驻村帮扶,实现"应派尽派"。以科级领导干部、后备干部为主力,选优配强514人担任第一书记、驻村工作队长,选派驻村帮扶干部324人,帮扶干部4864名,实现了结对帮扶工作实现"全员出征"和"双向全覆盖"。增强区乡村三级扶贫专职力量,确保扶贫专职人员配备有坚强保障。突出整治扶贫领域"怕慢假庸散"问题,狠刹干部"走读风",让干部把更多的精力和时间投入到脱贫攻坚工作中。三是集中物力财力保障攻坚。坚持扶贫资金优先保障，加大财政涉农资金整合力度，财政新增财力主要用于脱贫攻坚。2016 年至 2019 年，财政投入扶贫资金共计 42.58 亿元。

落实"党建＋"理念，激发脱贫攻坚强大动力。习近平总书记指出："抓好党建促脱贫攻坚，是贫困地区脱贫致富的重要经验。"牢固树立"围绕脱贫抓党建、抓好党建促脱贫"的思想，将党的组织优势转化为助推脱贫攻坚的源泉动力，实现党建与扶贫的"双促双赢"。一是加强基层基础，筑牢攻坚堡垒。聚焦脱贫攻坚，配强班子选好干部，2016 年换届中，选用的乡镇党政正职都是农业农村工作经验较丰富、善于做群众工作和基层一线工作的干部，同时选拔了 39 名在脱贫攻坚一线实绩突出的乡村一般干部进入乡镇领导班子。以村级"两委"班子换届为契机，选优配强村支部书记，加强对新进"两委"班子成员的培训。以贫困村和软弱涣散村为重点，对不能胜任工作、长期打不开局面、群众意见较大的同志坚决调整，2016 年以来，共调整配齐村党组织书记 79 人。创新推行"963 模式"，因地制宜、因村施策，2017 年，全区村集体经济收入总量实现翻番，收入总量达 3325 万元，村集体经济收入突破 5 万的有 206 个；2018 年，全区村级集体经济收入总量达 5868 万元，242 个行政村集体经济收入均突破 5 万元。抓好村级活动场所建设，累计新建或改建村级活动场所 54 个。二是抓好教育培训，营造良好氛围。建立了区乡村三级全覆盖培训机制，围绕精准扶贫业务知识、基层组织建设和扶贫资金项目管理等内容，统筹各部门力量共计举办扶贫相关培训班 43 期，培训 14195 人次。通过建立一批专门的脱贫攻坚宣传阵地，制作发放一批脱贫攻坚宣传手册，把精准扶贫政策春风送进千家万户。2016 年以来，全区共设置扶贫攻坚宣传广告牌 63 块、宣传栏 684 块、围挡标语横幅 4430 条，发放宣传单 9 万份、张贴画 9 万份，开展脱贫攻坚专题巡回演出 268 场。三是强化正向激励，树立鲜明导向。把脱贫攻坚作为锻炼和识别干部的第一战场，把脱贫攻坚的成效作为衡量班子和评价、使用干部的第一标准，把脱贫攻坚实绩作为选拔任用干部的重要标尺，激励各级干部到脱贫攻坚战场上大显身手。换届以来，提拔重用的 111 名干部中，90% 以上都是来自脱贫攻坚一线。在年度干部考核考察中，分别征求了结对帮扶贫困户和扶贫工作团、乡镇党委书记、挂村领导、村书记主任的意见建议。对在脱贫攻坚中因公牺牲的帮扶干部邓小梅同志进行褒奖，追授其"优秀共产党员"称号，在全区开展向邓小梅同志学习的活动。

以精准为核心,坚持对标对表,推动各项方针政策落地见效

习近平总书记指出:"坚持党中央确定的脱贫攻坚目标和扶贫标准,贯彻精准扶贫精准脱贫基本方略,既不急躁蛮干,也不消极拖延,既不降低标准,也不吊高胃口,确保焦点不散、靶心不变。"南康区始终严格对标对表中央各项脱贫攻坚方针政策,认真实施精准扶贫、精准脱贫基本方略,以脱贫实效为依据,以群众认可为标准,更加精准、更加务实绣好脱贫攻坚的"一针一线",确保高质量脱贫。

聚焦对象精准,做到不漏评、不错退。习近平总书记指出:"精准识别贫困人口是精准施策的前提,只有对象清楚了,才能因户施策、因人施策。"在脱贫攻坚初期,就把主要精力放在精准识别上,区乡村三级严把标准关、程序关、复核关,着力扣准精准扶贫第一颗"扣子",做到了应纳尽纳。在脱贫攻坚过程中,强化贫困户动态管理,做到有进有出、动态管理。同时,定期开展已脱贫户、已退出村"回头看",坚决防止"错退"。特别是在脱贫摘帽之年,通过整村普查、帮扶干部自查、组织力量全区"地毯式"大排查和接受省市督导检查等方式,牢牢把握扶贫对象,做到不漏评、不错退,确保真扶贫、扶真贫。针对脱贫质量不高和潜在返贫对象,有侧重地加大帮扶力度,确保实现稳定脱贫。

聚焦脱贫标准,着力解决"两不愁三保障"。习近平总书记指出,"在脱贫目标上,实现不愁吃、不愁穿'两不愁'相对容易,实现保障义务教育、基本医疗、住房安全'三保障'难度更大","开对'药方子',才能拔除'穷根子'"。南康区坚持实事求是,紧盯"两不愁三保障"底线标准,在解决好吃、穿问题的基础上,重点解决好义务教育、基本医疗、住房安全和饮水安全问题,让贫困群众"应享尽享"各类扶贫政策。一是抓实教育扶贫,阻断贫困代际传递。紧扣"教育资助全覆盖"和"控辍保学"两大重点,全面落实学前教育资助、义务教育寄宿生生活补助、普通高中免学费等9项上级资助政策,确保不让一户贫困家庭学生因贫失学、因贫辍学。同时,将学前教育资助范围扩大至非普惠性幼儿园,对义务教育阶段非寄宿生、特困大学生、应届大中专毕业生给予资助。2016年以来,投入教育扶贫学生资助金1.04亿元,资助贫困家庭学生13.18万人次,全区建档立卡贫困家庭学生22795人均应享尽享。同时,落实"双线责任"控辍保学,多渠道开展残障适龄少儿教育帮扶,让每一朵"花朵"都能享受到教育扶贫"阳光雨露"。二是抓实健康扶贫,确保不因病致贫返贫。全面落实健康扶贫"四道医疗

保障线"制度,构筑完善的健康扶贫保障体系。2016 年至 2019 年政府累计投入 16243.40 万元,为全区所有建档立卡贫困人口购买城乡居民基本医疗保险和疾病医疗商业补充保险,做到参保全覆盖。落实贫困人口在区内定点医疗机构住院"先诊疗后付费"和"一卡通"即时结算制度。自 2018 年设立专项救助资金 1000 万元以来,对建档立卡贫困人口的住院费用经"四道医疗保障线"报销后因特殊情况比例不足 90% 的,对建档立卡贫困人口经"四道医疗保障线"报销后,其年度住院费用个人自付累计超过 1 万元的再补助 50%,共补助 1047 人次 425.56 万元,全区贫困人口住院报销比例达到 90% 的适度目标。三是抓实住房保障,确保住得安全。采取拆旧建新、完善保障房建设、修缮加固、易地扶贫搬迁、敬老院(福利院)安置等 7 条途径,解决贫困户住房安全问题。2016 年以来,累计投入资金 4.47 亿元,实施拆旧建新 791 户,建设农村保障房 1469 套,维修加固 3334 户。规划建设易地扶贫搬迁安置点 16 个,安置易地扶贫搬迁 1437 户 5277 人。四是抓实水利扶贫,确保饮水安全。对全区所有建档立卡贫困户饮水安全状况进行全面核查并建立台账,同时继续实施好农村安全饮水扶持政策,落实管护措施,投入资金 4.13 亿元,实施水利扶贫项目 1188 个,完成农村农饮安全巩固提升工程 174 处,受益建档立卡贫困户 6.6 万人。五是抓实兜底保障扶贫,保障困难群众基本生活。推进农村低保与扶贫开发有效衔接,加大保障政策兜底力度,将无力发展、无业可扶的贫困家庭全部纳入兜底保障范围,做到应保尽保。截至 2018 年 12 月,建档立卡贫困户中有 3.09 万人纳入农村低保,2016 年以来发放农村低保金 2.83 亿元。同时,对因大病、因祸遭受突发事件的困难群众给予救助,2016 年以来拨付医疗救助、临时救助资金 5726 万元。

聚焦脱贫实效,着力提升群众满意度。习近平总书记指出:"始终坚持以群众满意不满意、高兴不高兴、答应不答应作为衡量工作成败得失的出发点和落脚点。"南康区始终坚持把群众满不满意作为衡量脱贫攻坚实效的标准,用心用情推进脱贫攻坚,使全区人民共享改革发展成果。一是强化基础设施建设和村庄整治,补齐公共服务设施短板。针对非贫困户心理不平衡、非贫困村发展不平衡的问题,以基础设施建设、村庄环境整治作为统筹贫困户与非贫困户、贫困村与非贫困村的主要抓手,大力开展以清除村庄垃圾、治理生活污水、推进"厕所革命"、清理乱搭乱建、改善路域环境、提升村容村貌等为重点的农村人居环境整治行动,切实增强群众的获得感和满意度。2016 年以来,累计投入资金

5.3 亿元,实施交通扶贫项目 2959 个,其中通组路 1170.8 公里,维修破损公路 45 万平方米,建设错车道 1075 个,建设桥梁 137 座,农村出行条件得到较好改善。加大以改水、改厕、改路、改沟、改塘、改房、改环境为主要内容的村庄整治力度,投资 3.06 亿元对 1038 个自然村进行村庄整治,所有"十三五"贫困村均建有文化室和卫生室,65% 以上农户享有无害化卫生厕所,电力、广电、互联网已完成改造升级,25 户(含 25 户)以上自然村有保洁员、有垃圾集中收集点、有一条硬化的对外机动车道,公共服务基础设施和村庄环境面貌有了质的提升,有效破解了"穷在山里""困在路上"等主要致贫原因。二是聚焦深度贫困,确保脱贫攻坚整体推进不留盲区。进一步聚焦深度贫困精准发力,做到新增扶贫项目向深度贫困村倾斜安排,并确保支持深度贫困村每村资金达到 1000 万元。出台专项产业扶持政策,重点支持 4 个深度贫困村肉牛养殖、油茶低改、葛根、蔬菜等当地特色产业发展,因地制宜确定和发展主导产业。三是开展扶贫扶志,确保内生动力有提升。围绕乡风文明、家庭美德、家风家训及庭院整治等内容,扎实开展以"扶贫与扶志、扶德、扶智、扶勤"为主题的赣南新妇女运动,覆盖 257 个有扶贫任务的村,受益妇女 5.8 万人。同时,还通过典型带动、广播公示、司法援助等方式,采取龙头企业带动、开发扶贫专岗、鼓励自主发展产业、开展技能培训等多措并举的形式,激发贫困户内生动力。特别是对老人住旧房、子女住新房和农村不赡养老人现象,通过乡村两级和帮扶干部教育引导、司法手段反面教育、建立"红黑榜"的形式,加强贫困户感恩教育,大力弘扬孝敬父母的良好家风。

以产业为抓手,强化就业带动,奋力实现可持续高质量脱贫

习近平总书记强调,"发展产业是实现脱贫的根本之策。要因地制宜,把培育产业作为推动脱贫攻坚的根本出路","一人就业,全家脱贫,增加就业是最有效最直接的脱贫方式,长期坚持还可以解决贫困代际传递问题"。南康区通过"产业促就业,培训加就业",做好"产业 + 就业"这篇文章,让贫困户可持续增收、高质量脱贫。通过多举措推动"一人就业、全家脱贫",实现全区有劳动能力且有就业意愿的"零就业贫困家庭"基本动态清零。

注重特色、扬优成势,把家具产业作为脱贫攻坚的最大优势、最强支撑,最大深挖潜力推动脱贫攻坚。2012 年南康区纳入罗霄山连片特困地区时,南康家具产业已有百亿规模,但带动贫困户脱贫致富的作用还不强,辐射效应还不突

出。南康区牢固树立"要发展就要抓产业,要脱贫更要抓产业,抓产业就是抓扶贫"的理念,从2013年开始,抢抓《国务院关于支持赣南等原中央苏区振兴发展的若干意见》的历史机遇,出台了系列扶持政策,通过"搭平台、育集群,拆转建、促转型、重创新、塑品牌",推动产业转型升级、做大做强,短短五年时间实现了从百亿到千亿的重大跨越,2018年产业集群产值突破1600亿元,吸纳各类从业人员40多万人,家具产业实实在在成为富民产业、扶贫产业,为脱贫攻坚提供了强大支撑和持续动力。一是借助家具产业搭建就业平台,鼓励企业吸纳贫困户就业。发挥万余家生产、物流、包装等企业作用,通过岗位补贴、社会保险补贴、场地租金补贴、水电费补贴、一次性建设补助资金等奖补措施,集中在家具重点乡镇和家具产业园区搭建产业扶贫平台,鼓励企业打造扶贫车间吸纳贫困劳动力就业。并同时在家具生产、家具配套、家具物流三大主力行业上通过设立专岗安置一批、技能培训带动一批、师傅带徒帮扶一批、交通补助引导一批、结对励志影响一批等方式,提供压板、上胶、拼接、搬运、安装等各类岗位,链接大量具备劳动能力且有意愿的贫困户就业增收。目前,全区贫困劳动力在家具及配套产业就业人数达1.35万人,占已就业贫困劳动力总数的33.4%,人均工资每月可达3000元左右。二是借助家具产业落实技能培训,实现贫困人口获技上岗。"授人以鱼,不如授之以渔。"围绕千亿家具产业及相关配套产业链,把落实贫困人口技能培训、提升贫困人口就业能力作为突出重点,实施贫困劳动力培训意愿摸底调查,建立全区贫困劳动力培训意愿摸底调查台账,并按照意愿采取针对性的职业技能培训、岗前培训、企业在岗培训等,努力提高培训与就业的匹配度,提升劳动者就业水平,转变就业理念。2019年已累计组织3321名贫困劳动力根据自己的培训意愿参加各类职业技能和实用技术培训。三是家具电商帮扶带动贫困户实现创销增收。着力打造以家具为主的电商运营体,2017年被评为电子商务进农村综合示范县。开辟贫困户子女电商培训就业渠道,对学费、教材费、食宿费等费用全免,累计培训923人(次),带动445户贫困户创业就业。同时,在有条件的行政村建设电商精准扶贫站点,聘请贫困群众为站点负责人,帮助解决农产品"卖不出、卖不好"的问题。如坪市乡贫困户谭广忠,虽是重度残疾人,但通过电商培训后,树立了创业致富的信心,在乡村两级的帮助下,不仅自己创业成功,还创立维纳斯公司带动6个残疾人就业。四是组织家具企业深入开展社会扶贫"百千万"工程。按照"村企共建,实现双赢"原则,选派6个商会、协会和38家企业实现对全区贫困村结对帮扶全覆盖,帮助贫困村发展产业、改善基础设施,提升村集体经济水平。全区家具企业累计捐资捐物2200万元,帮扶贫困学生2458名,营造全社会支持、参与脱贫攻坚的强大合力。

大力发展特色优势产业,因地制宜、因人施策带动扶贫。充分发挥蔬菜、甜柚、优质稻、油茶等特色农业产业优势,按照"自主干、抱团干"等方式,推进链条式农业产业扶贫。一是鼓励贫困户自主发展产业促脱贫。采取奖补和加强农业产业技能培训的办法,引导贫困户自主发展农业产业。2016年贫困户自主发展产业2.14万户,奖补资金3065万元,覆盖面86.4%;2017年贫困户自主发展产业2.16万户,奖补资金4275万元,覆盖面87%;2018年贫困户自主发展产业达2.24万户奖补资金5291万元,覆盖面91%;2019年贫困户自主发展产业达2.25万户奖补资金5328万元,覆盖面92%。自2016年以来,"产业扶贫信贷通"累计发放12.64亿元,惠及1.6万余户贫困户,建档立卡贫困户覆盖率约66%。二是新型农业经营主体联结带动促脱贫。以高标准农田为抓手,促进农村土地流转发展适度规模经营,大力推进农业结构调整,积极培育新型农业经营主体271个,联结带动4504户贫困户增收。其中在贫困村培育创业致富带头人86人,带动1244户贫困户增收。如获得省脱贫攻坚奋进奖,人称不怕事多、不怕挨骂、不怕疲劳的"三不怕"书记王建华,带头引进种植效益高、周期短的葛根,以实际效益带动全村发展葡萄、白莲等高效农业产业近千亩,成立合作社吸纳就业和带动致富200多户,其中20户贫困户仅此一项增收近万元。三是大力发展光伏产业促脱贫。全区共建设光伏扶贫项目5880个,总建设规模40279千瓦,带动贫困户6681户,占建档立卡贫困户的27%,其中5744户贫困户安装了分布式光伏发电站,46个"十二五""十三五"贫困村和2个深度贫困村建设光伏电站带动贫困户287户,7家龙头企业建设光伏电站带动贫困户650户。四是产销对接消费扶贫带动。印发了《关于开展南康区贫困户、贫困村农产品产销对接活动的通知》,进一步加强贫困户、贫困村优质农产品产销对接,促进农产品销售,提升产业扶贫质量,加快贫困群众脱贫增收步伐,各帮扶单位和结对帮扶干部帮助贫困户销售农产品取得了较好成效,全年累计销售蔬菜等产品22971公斤,稻米等粮油产品40404公斤,水果类28375公斤,茶油100公斤,鸡鸭鹅等产品5392羽,牛羊53头,草鱼等水产品2335公斤,蛋类

7720 个, 蜂蜜、腐竹、腌菜等加工农产品 7263 公斤。五是旅游扶贫带动。通过吸纳务工、流转土地、代销农副产品和捐资捐物等方式, 累计帮扶贫困户 221 户。贫困户开发休闲农业和乡村旅游产品专项奖补 21 户, 奖补资金 6.3 万元。

广泛深入推进就业扶贫, 多举措推动实现"一人就业、脱贫一家"。"土地亩产值再高, 也不如外出务工收入高。"为推动实现有劳动力的家庭就业增收, 有稳定可持续收入南康区采取多种有效措施, 一是加大就业技能培训力度提升就业技能。采取送培训下乡的方式, 对 4361 名贫困劳动力开展免费培训, 着力让他们掌握一技之长。二是创建扶贫车间和扶贫基地, 帮助贫困劳动力实现家门口就业。创建一批家具、服装、农产品加工、食品加工企业扶贫车间, 建设一批商品蔬菜、乡村旅游扶贫基地, 吸纳 1800 多名贫困劳动力就近就地就业。三是开发扶贫专岗, 托底安置实现就业。累计开发乡村保洁员、生态护林员、乡村公路养护员、农家书屋管理员、城乡电商管理员、河道巡查员、木材加工监督员等各类就业扶贫专岗 3968 个。四是实施外出务工交通补贴引导就业。2017 年和 2018 年累计 69515 人次享受交通补贴, 发放金额 7624 万元, 极大地降低了贫困劳动力外出务工成本。脱贫攻坚以来, 全区有 4.05 万名贫困劳动力实现就业增收, 占 4.25 万贫困劳动力的 95.2%。

以作风为保障, 强化正风肃纪, 以作风攻坚推动脱贫攻坚

习近平总书记指出: "党中央已经明确, 将 2018 年作为脱贫攻坚作风建设年。要坚持问题导向, 集中力量解决脱贫领域'四个意识'不强、责任落实不到位、工作措施不精准、资金管理使用不规范、工作作风不扎实、考核评估不严格等突出问题。"南康区深入贯彻落实习近平总书记关于坚决整治形式主义、官僚主义的重要讲话和指示批示精神, 扎实开展深化扶贫领域腐败和作风问题专项治理, 把作风建设贯穿于脱贫攻坚全过程, 以作风建设新成效促进各项扶贫政策举措的落实。

深化开展扶贫领域腐败和作风问题专项治理。习近平总书记指出: "凡是群众反映的问题都要严肃认真对待, 凡是损害群众利益的行为都要坚决纠正。"南康区落实总书记重要指示精神, 坚决惩治扶贫领域腐败问题, 对胆敢动扶贫项目、资金"奶酪"的腐败问题, 严肃查处, 及时曝光, 形成震慑, 营造知畏知止的浓厚氛围。注重抓早抓小、防微杜渐, 把握运用监督执纪"四种形态", 对扶贫领域苗头性、倾向性问题及早介入, 防止小问题演变成违规问题。2016 年换届至

2018年12月30日,共查处扶贫领域违纪问题191件391人,其中党纪政纪处分97人、组织处理294人。2016年换届以来,共下发、转发扶贫领域典型问题通报46期176起。

强化项目资金管理使用,最大程度发挥脱贫项目资金效益。坚持实事求是、分清轻重缓急,采取有效措施,切实改进工作作风,提高工作效率,严格项目申报程序,建立脱贫攻坚项目库,防止资金闲置和浪费,提升项目绩效,增强贫困群众获得感,杜绝用扶贫资金搞华而不实的标志性建筑、豪华广场等"形象工程""政绩工程""面子工程"及景观景点。针对项目多、前期准备时间长、项目资金拨付程序繁等影响项目建设的一系列问题,制定了《关于进一步加强和规范政府投资项目招标投标及标后管理工作的通知》及其《补充通知》,开通了"绿色通道",变"资金等项目"为"项目等资金"。坚持"花钱必问效、无效必问责",加大对同级扶贫审计力度,对全区2016年1月至2018年5月扶贫项目及政策执行情况进行审计,查出问题17个并已全面整改到位。

扎实开展脱贫攻坚形式主义官僚主义突出问题立行立改。深入贯彻落实习近平总书记关于坚决整治形式主义、官僚主义的重要讲话和指示批示精神,根据省市要求,南康区围绕立行立改重点中所列的3个方面12类突出问题,通过自查自纠和广泛征求意见,区级层面共查摆出8个方面的问题,并逐条进行深入剖析,制定整改措施,明确整改时限,确保整改到位。

切实抓好巡视巡察反馈及各类问题整改。坚持把做好巡视巡察整改作为重大政治任务,持之以恒抓好整改落实,确保整改问题见底到位、长效机制建立健全,不断提升脱贫攻坚工作水平。2016年以来,已接受上级脱贫攻坚巡视巡察和监督检查共5次,其中省委第六巡视组巡视南康区脱贫攻坚工作情况反馈3大类9个方面问题,移交20件问题线索;省脱贫攻坚工作第一督察组督察南康区脱贫攻坚工作情况反馈5个方面问题;市委第三机动巡察组巡察南康区脱贫攻坚工作情况反馈2个方面6个问题、移交5件问题线索;国家审计署武汉特派办审计南康扶贫政策落实及扶贫资金分配管理使用情况反馈5个方面23个问题;2017年度省级脱贫攻坚考核反馈4项问题。目前,反馈问题已全部整改到位,移交的问题线索已办结。

抓好涉贫信访问题排查化解。坚持把化解涉贫领域信访问题作为检验全区脱贫攻坚成效的一项重要指标,把涉贫领域信访问题调处化解与"十大扶贫工程"同部署、同落实。建立健全涉贫领域信访问题首办责任制、快办快结制和包案责任制。对全区涉贫领域信访问题落实扶贫分管领导统筹、第一书记包案、工作队长协助的调处工作责任,限期办结回复,形成上下联动、齐抓共管、合力化解扶贫领域信访矛盾纠纷的工作格局。目前,全区涉贫领域信访问题办结率100%,化解率达100%。上级转办"12317""我为督查提建议"等信访件已全部处理到位。

以小康为目标,全面补齐短板,不断巩固提升脱贫攻坚成效

脱贫摘帽后,南康区坚持以习近平总书记视察江西(赣州)重要讲话精神为指引,严格按照"摘帽不摘责任、摘帽不摘政策、摘帽不摘帮扶、摘帽不摘监管"要求,始终保持"尽锐出战、越战越勇"攻坚定力,以"不获全胜、决不收兵"的攻坚决心,始终把落实"四个不摘"作为增强"四个意识"、坚定"四个自信"、做到"两个维护"的具体体现。继续坚持以脱贫攻坚统揽经济社会发展全局,把脱贫攻坚作为头等大事和第一民生工程,继续把脱贫攻坚摆在全区工作最优先的位置,做到"组织领导、扶贫政策、攻坚队伍、帮扶力度"四个保持不变。并在省市统一部署下,大力开展"春季整改、夏季提升、秋冬巩固"三大攻势,把聚力攻克深度贫困和有效实施巩固提升作为决战决胜全面小康的关键重点和突出任务,一手抓剩余深度贫困人口减贫,一手抓已脱贫人口巩固提升,做到"家具产业 +就业"再发力、巩固提升再强化、基层基础再夯实、党建引领再发挥,一鼓作气、越战越勇,坚决打赢脱贫攻坚后半程战役,在实现全面小康和革命老区高质量脱贫上勇当排头兵。

扎实做好已脱贫人口巩固提升和有效推进剩余贫困人口减贫。一方面,制定了南康区脱贫攻坚巩固提升工作方案和产业扶贫巩固提升、就业扶贫巩固提升等系列子方案,对已退出的贫困村,原有支持政策不变、扶持力度不减,持续落实帮扶措施;对已脱贫的贫困户,继续享受扶贫相关政策,巩固脱贫成果;对未脱贫的贫困户,加大政策叠加帮扶力度,确保如期稳定脱贫,持续推进攻坚,同时建立"一预警三机制",通过返贫预警和遇病不返贫、遇灾不返贫、遇困不返贫3项机制,做好脱贫成果回查监测和防范风险、防止返贫,全面巩固提升。另一方面,坚持靶心聚焦和分类实施,有效推进剩余贫困人口脱贫和深度贫困村退出。脱贫摘帽后,南康区对剩余未脱贫的贫困人口逐户逐人进行摸底梳理研判,找出最根本的贫困原因,建立情况台账。并组织开展针对性帮扶工作,分家

庭成员中有劳动能力的、家庭成员为弱劳动力半劳动力的、家庭成员中患病的、家庭无任何劳动力的四大类建立管理台账,精准施策。已在国办系统操作 2019 年底脱贫对象 2101 户 4109 人,超额完成年初省扶贫办下达的 3862 人的减贫指导数,未脱贫人口下降至 894 人,贫困发生率由 0.85% 下降至 0.146%。麻双乡花潭村、坪市乡李岭村 2 个深度贫困村 2019 年已经上级批准退出。

始终紧紧扣住"义务教育、基本医疗、住房安全、饮水安全"四项保障根本底线不放松,把全面查摆"两不愁三保障"薄弱短板作为脱贫摘帽后的首要工作任务,做到久久为功、常抓不懈,实行挂牌督战,全面补齐"三保障"短板弱项。对全区剩余未脱贫所在的 175 个重点村,市级挂牌的 4 个村,区级挂牌的 19 个三类重点村实行重点挂牌督战,全面落实区领导包乡、乡领导包村、乡村干部和帮扶干部包户责任机制,逐村逐户对账销号,全面补齐"一收入两不愁三保障"和安全饮水短板。一方面是行业扶贫部门突出问题整改挂图作战,各行业扶贫部门横向上加强了与其他行业部门的沟通协调,纵向上加强了与市直行业部门的沟通对接,通过对标"一收入两不愁三保障"脱贫标准,有效防止返贫和新增致贫,逐行业逐项精准过筛,排查摸清问题底数。另一方面是乡镇脱贫攻坚突出问题整改挂图作战,通过结合实际细化挂牌督战内容,对标"三落实""三精准""三保障",以行政村为单位、自然村小组为单元,逐户逐人精准过筛,重点聚焦脱贫监测户、致贫边缘户对照查摆存在的具体问题。目前,在实施挂牌督战推进"十个清零"工作上,已实现"有劳动能力和就业意愿的零就业贫困户清零、贫困户滞销积压农产品销售清零、农村现住唯一住房是危房的人口清零、农村饮水不安全的人口清零"和"农村家庭无卫生厕所的人口"已实现全部清零。

聚焦产业扶贫、就业扶贫、易地扶贫搬迁后续扶持、兜底保障等方面,持续推动各项政策精准落细落实。牢固树立"要发展就要抓产业,要脱贫更要抓产业,抓产业就是抓扶贫"理念,通过"产业促就业,培训加就业",把千亿家具产业作为脱贫攻坚的最大优势、最强支撑,深耕细作"家具产业 + 就业"这篇文章,让贫困户可持续增收、高质量脱贫,千方百计增加贫困群众的幸福感、获得感。农业产业扶贫方面,持续实施贫困户产业奖补、土地流转奖补、农机具奖补、乡村旅游产品奖补、深度贫困村(地区)特色产业专项奖补等政策,实现应补尽补,大力推进农业结构调整,积极培育新型农业经营主体。广泛深入推进就业扶贫,借助家具产业搭建就业平台,通过多举措推动,推动"一人就业、全家脱贫",全区有就业意愿的贫困劳动力实现充分就业,有劳动能力且有就业意愿的"零就业贫困家庭"基本动态清零。兜底保障方面,2020 年农村低保、城市低保月人均补助水平由 285 元、410 元提高到 325 元、450 元;农村集中供养特困人员供养标准由每人每月 565 元提高到 615 元;分散供养标准由每人每月 400 元提高到 615 元,达到农村低保标准 1.3 倍。实现特困人员护理费全覆盖,分别按照每人每月 1300 元、320 元、70 元的标准发放护理补贴。易地扶贫搬迁后续扶持方面,继续完善南康区易地扶贫搬迁服务中心和公共服务配套,所有的安置点做到"五通七有",解决贫困户搬迁后落户、就业、医疗、就学等生产生活难题。

有效应对化解疫情影响统筹脱贫攻坚。面对突如其来的新冠疫情,南康区按照中央、省、市关于打赢疫情防控阻击战,全面决战决胜脱贫攻坚的决策部署要求,紧紧抓住稳定贫困劳动力就业和化解农产品滞销积压两个关键,最大限度降低疫情对贫困户收入的影响,确保脱贫质量和减贫成效。在疫情防控期间,南康区先后出台《关于有效应对新冠肺炎疫情扎实做好当前脱贫攻坚有关工作的实施意见》《关于做好疫情防控期间贫困劳动力稳定就业的通知》《关于对受疫情影响贫困户和带动贫困户经营主体滞销农产品开展消费扶贫的紧急通知》和《南康区关于有效应对疫情影响稳定贫困户收入的若干措施》等文件,特别是对照省级十条实施意见,结合实际在排查疫情风险、筑牢保障底线、帮扶复工复产、帮扶返岗稳岗等方面制定了 20 条具体工作举措,确保有力有效应对疫情影响。

开展"千名干部帮扶贫困劳力抓就业"专项行动。组织各乡镇(街道)、各帮扶干部开展贫困劳动力就业状况和因疫情影响的就业需求排查,落实企业用工和贫困户就业"双摸底、双对接",通过帮扶就业对接、"送岗下乡"、"送岗入户"、拓宽就业信息渠道服务等措施,多措并举搭建企业"招工"与贫困户"就业"桥梁,实现贫困户就业需求与企业用工需求精准双向对接,千方百计解决贫困劳力就业困难问题,推动企业复工复产和贫困劳动力返岗、稳岗、复工。截至目前,全区有贫困劳动力总数 45135 人,有就业意愿的 44250 人均已实现就业,其中在企业务工就业人数 28422 人(占比 64.17%),灵活就业人数 8906 人,公益性岗位安置 4355 人,专业从事种养殖人数 2610 人。通过积极有效的应对措施,南康区高标准完成上级零就业贫困家庭至少有 1 人实现就业的要求,全区有就业意愿的贫困劳动力实现充分就业。

　　大力实施消费扶贫及时化解农产品滞销积压。疫情防控期间,及时开展受疫情影响贫困户和贫困户经营主体滞销农产品的摸底工作,以乡(镇、街道)为单位,加大消费扶贫力度,采取订单模式,组织机关、企事业单位、超市、复工企业、社区等单位和社会各界订购贫困户的农副产品,减缓滞销压力,尤其是乡村一线干部通过入户摸排、电话、微信等方式帮助贫困户解决农产品滞销积压,帮助稳定和提高收入。同时,通过新增奖补政策、金融贷款展期续贷和贴息扶持、工会福利资金采购滞销扶贫产品等多种措施,有效化解农产品滞销积压和帮助经营主体渡过难关。

　　2021年,南康区深入学习贯彻习近平总书记视察江西(赣州)重要讲话精神,在中央、省、市党委政府的坚强领导下,坚决按照"摘帽不摘责任、摘帽不摘政策、摘帽不摘帮扶、摘帽不摘监管"的要求,坚持以脱贫攻坚统揽经济社会发展全局,落实区委主体责任,按照国务院扶贫开发领导小组开展脱贫攻坚"三落实""三精准""三保障"部署要求,不断巩固减贫成效,持之以恒推进脱贫攻坚各项工作,统筹打赢防控疫情影响风险"阻击战"、全面完成脱贫攻坚任务"歼灭战"、聚力攻克重点堡垒"强攻战"、深入推进减贫工作"接续战",做好巩固脱贫攻坚成果与乡村振兴衔接工作,确保南康区与全国同步全面建成小康社会!

遂川县脱贫攻坚工作纪实

遂川县位于江西省西南部、湘赣边界罗霄山脉南段东麓,是井冈山革命根据地的核心组成部分、湘赣苏区和中央苏区的重要组成部分、红六军团西征始发地,也是国家扶贫开发重点县、罗霄山片区集中连片扶贫开发县。党的十八大以来,遂川县委、县政府认真贯彻落实习近平总书记关于精准扶贫、精准脱贫的重要论述,立下愚公志,团结带领全县人民以"咬定青山不放松"的韧劲、"抓铁有痕,踏石留印"的干劲,攻坚克难,写就一份贫困县高质量脱贫"摘帽"的时代答卷。截至 2018 年底,全县贫困户脱贫 20619 户 80678 人,贫困发生率降至 0.956%;实现省定"十三五"贫困村退出 84 个。2019 年 2 月,遂川县以零漏评、零错退、群众满意度 97.9% 的成绩,顺利通过国务院扶贫开发领导小组组织的第三方评估。4 月 28 日,省政府正式批复同意遂川县退出贫困县序列。

干群勠力齐攻坚

新中国成立后,遂川县作为革命老区得到党中央的深切关怀,特别是 20 世纪 80 年代以来,先后被列入国家扶贫开发重点县、原中央苏区振兴发展县、罗霄山片区集中连片扶贫开发县、国家主体功能区建设试点示范县。民政部自 1986 年起对遂川县实施定点扶贫开发。在国家政策叠加效应影响下,遂川县经济社会有了重大发展,人民生活水平明显提高。但是,由于地处偏远、交通不便、信息闭塞等原因,"贫穷"仍然是阻碍遂川县发展的主要问题。据统计,截至 2014 年底,全县有建档立卡贫困户 22885 户 85645 人,贫困发生率为 15.66%;列入省定"十三五"贫困村的有 90 个,其中吉安市仅有的 8 个深度贫困村全部在遂川。对于遂川这样一个贫困人口多、贫困面广、贫困程度深的山区贫困县而言,要如期实现脱贫"摘帽",任务十分艰巨,形势十分严峻。

党的十八大以来,以习近平同志为核心的党中央把扶贫开发工作纳入"五位一体"总体布局和"四个全面"战略布局,把贫困人口脱贫作为全面建成小康社会的底线任务和标志性指标,在全国范围内打响了一场前所未有的脱贫攻坚战。

遂川县委、县政府坚决响应党中央号召,深入贯彻习近平总书记关于精准扶贫、精准脱贫的重要论述,紧紧围绕省委"核心是精准、关键在落实、实现高质量、确保可持续"和市委"三个到位、志智双扶、两表公开、两表认定"要求,坚持以脱贫攻坚统揽全县经济社会发展全局,以目标、问题、效果为导向,聚焦"两不愁三保障",凝聚党委政府、党员干部、贫困户三方合力,高效有序推进精准扶贫、精准脱贫各项工作。

强化党委政府引领责任。一是加强组织领导。遂川县坚持"县抓落实、乡镇推进和实施",做到县乡村三级书记带头抓脱贫。遂川县成立县扶贫开发领导小组和县脱贫攻坚指挥部,县党政主要领导分别担任相关机构的组长、第一副组长和指挥长、第一副指挥长,带头挂点脱贫任务最重乡、帮扶贫困程度最深村,带头遍访贫困村;分管脱贫攻坚的县级领导负责具体协调推进,其他县级领导负责牵头抓总分管部门行业扶贫工作,各行业扶贫部门分工协作推进。乡村具体抓好项目到村、资金到户、措施到人。县直单位驻村帮扶,帮扶干部结对帮扶。二是加强调度推进。遂川县立足补短板、固质量,狠抓工作调度推进。县级层面,县委、县政府坚持每月至少召开一次全县脱贫攻坚工作调度推进会,县脱贫攻坚指挥部、行业主管部门则每半月召开一次工作例会,对工作中存在的问题及时分析、研判,部署解决措施。乡镇层面,每周至少召开一次调度会,研究脱贫攻坚,分析问题,拿出举措。村级层面,村支部书记、村主任、驻村第一书记、驻村干部则每天开一次碰头会,掌握工作进展。

加大党员干部帮扶力度。一是落实定点帮扶。遂川县严格选派驻村第一书记和帮扶工作队,安排年富力强、作风扎实、基层经验丰富、群众工作水平高的干部任驻村第一书记;驻村帮扶工作队由科级以上领导干部任队长,安排队员不少于3人。6家省直单位、9家市直单位和131家县直单位共派出90支驻村帮扶工作队,定点帮扶全县90个贫困村(含8个深度贫困村)。全县统筹安排帮扶干部,构建干部"9753"帮扶体系(1 名县级领导帮扶 9 户贫困户、1 名科级领导帮扶 7 户贫困户、1 名股级干部帮扶 5 户贫困户、1 名一般干部帮扶 3 户贫困户),全县 6675 名党员干部与贫困户结对帮扶;同时逐户制定了扶持措施,在贫困户住处悬挂"帮扶责任牌",清楚标注每户扶贫对象的主要困难、扶持措施和责任人员,做到不脱贫不摘牌。二是落实工作职责。遂川县在落实乡镇领导包片、第一书记和驻村工作队驻村、帮扶干部包户责任的基础上,进一步完善以县乡(镇)结对帮扶干部为帮扶责任人、村干部为帮扶联络人的帮扶工作机制;同时,强化日常管理,第一书记和驻村工作队确保每月驻村开展工作时间不少于 20 天,吃住在村,第一书记和驻村工作队严格执行请假销假、外出报备、工作周报、驻村工作日志等日常管理制度。

激励贫困户自强奋斗。遂川县创新"新时代讲习所""板凳夜访""茶乡夜话""爱心超市"等阵地,实施"志智双扶",大力宣传扶贫政策,讲好脱贫故事,激发贫困户内生动力,又通过发展产业、实现就业,引导贫困群众"立志、强智",全县广大贫困户自力更生,变"要我脱贫"为"我要脱贫"。与此同时,遂川县还大力开展感恩自立激励行动,将自治、德治、法治结合起来加强宣传教育,不断增强贫困群众内生动力,防范"养贫助懒",对因懒惰等不良习性致贫者将其纳入诚信黑名单。

在党委政府、党员干部、贫困户三方合力攻坚下,经过多年努力,遂川县脱贫攻坚战取得决定性成果。截至 2020 年 6 月底,遂川县共有 22370 户 84755 人脱贫,贫困发生率降至 0.16% ;90 个省定"十三五"贫困村全部退出。

"双业"扶贫促增收

一无产业、二无就业,这是贫困户脱贫路上的"拦路虎"。遂川县紧扣增加贫困家庭收入,大力推进双业(产业、就业)扶贫,实现贫困户"被动输血"到"主动造血"的转变。

作为"遂川三宝"之一的狗牯脑茶,是遂川县许多贫困户脱贫致富的"金疙瘩"。在脱贫攻坚过程中,遂川县依托狗牯脑茶资源禀赋和品牌优势,以"五个一"产业扶贫模式(选准一个产业、打造一个龙头、建立一套利益联结机制、扶持一笔资金、培育一套服务体系)为抓手,积极引导贫困户参与到全县的茶业发展中来,通过发展茶业实现脱贫致富。一是加大资金扶持。遂川县财政每年投入 3000 万元,用于奖补茶叶基地建设、市场营销和品牌宣传、加工企业设备升级和投资创新等。从 2016 年起,对贫困户新种茶叶 1 亩以上的,每亩奖补 1000 元;实施茶叶低改的,每亩奖补 500 元。二是完善利益联结。遂川县支持有实力的市场经营主体建设产业扶贫基地,以自主发展、反租倒包、"母鸡带小鸡"等方式带贫受益,让贫困户参与和监督企业(合作社)经营管理,持续获得股份红金、土地租金、劳务薪金等多重收益。三是加强技术指导。遂川县通过举办茶叶种植技术培训班、组建茶叶技术推广员队伍、组织茶叶种植能手与贫困户结对子,不断提高贫困户种茶技能。2020 年,全县茶叶种植面积达 26 万亩、年产量 8000 吨、年产值近 20 亿元,有近 10 万人从事茶业相关行业,带动 4000 多户贫困户种茶 1.6 万亩,户年均增收 4000 多元,贫困户参与茶叶种植、管理、采摘、加工、销售全产业链条扶贫的生动格局已经形成。

通过发展茶业实现脱贫致富,是遂川县产业扶贫的一个缩影。在此基础上,遂川县广泛开展产业、就业"双业"扶贫,引领贫困群众走上产业和就业脱贫的"快车道"。

实行分类施策。遂川将贫困户分为"有产业有就业""有产业无就业""无产业有就业""无产业无就业"四种类型,因户因人分类施策,通过落实扶持资金、实施培训转移、搭建就业平台、完善利益联结等措施,积极引导群众发展"四个一"产业(一片茶山、一块果园、一栏畜禽、一人就业)和光伏、旅游等新型产业,实现贫困户发展产业全覆盖。2016 年以来,全县共发放产业奖补 14392 户、2629 万元,扶贫小额信贷 8386 户、3.7 亿元,支持有产业发展意愿和能力的贫困群众发展茶叶、油茶等传统富民产业 76416 亩,养殖猪牛羊 9002 头;支持 5874 户贫困户入股光伏合作社,每户 20 年可分红 1 万元。

完善利益联结。遂川县推行"龙头企业(合作社)+基地(扶贫车间)+贫困户"等产业扶贫模式,积极引导群众以土地、劳务等资源入股,帮助群众获得土地租金、股份红金、劳务薪金、经营利金,带动贫困户增加收入,实现产业、经营主体和贫困户多赢。2016 年以来,全县共培育扶贫合作社 155 家,建设扶贫基地 109 个,2829 户弱能户入股各类产业扶贫合作社、基地,1565 户失能户纳入旅游扶贫保障范围。

拓宽农产品销售渠道。遂川县组织 16 家农业龙头企业(合作社)先后参加广西(东盟)农产品交易会暨广西"党旗领航·助力脱贫"洽谈会、湘粤赣黔贫困地区农产品产销对接会暨湖南(郴州)第四届特色农产品博览会、江西省扶贫产品展销会等。此外，遂川县将特色产业和电商扶贫有机结合，充分运用"互联网＋扶贫"模式，为群众销售茶叶、油茶等农产品提供电商服务。村邮乐购、供销 e 家等电商服务已辐射全县 309 个行政村。

搭建就业平台。遂川县开展技能培训，对接就业需求，积极组织外出务工，同时大力发展工业，出台奖补政策，引导贫困户在本县园区就近就业。截至 2018 年底，全县 45156 名贫困劳动力，19822 人参加了扶贫技能培训，33422 人实现转移就业（其中省外务工 16705 人、省内务工 2338 人、县内务工 1289 人、乡内务工 13090 人）。大力推进车间下村，在乡村建设扶贫车间 84 个，截至 2018 年底，已吸纳 2310 人（其中贫困劳动力 606 人）就业。开发河道保洁员、村庄保洁员、图书管理员、生态护林员等就业扶贫公益性岗位 2820 个，一个岗位最高每年可获得约 1 万元工资性收入。

"组合拳"扶出底气

为筑牢稳定脱贫的"防洪堤"，遂川县打出安居扶贫、健康扶贫、教育扶贫、保障扶贫"组合拳"，扶出了贫困群众的脱贫底气。

采取安居扶贫"五个一批"，圆困难群众"安居梦"。为了让家家户户住上安全房，遂川县全面实施安居扶贫工程。一是高标准维修解决一批。按照"屋顶无漏水、墙体无裂缝、内外无裸墙、梁柱无隐患、门窗无破损、地面全硬化、四周排水畅"的标准，遂川县对 C 级危房进行高标准维修加固，维修加固户最高可享受 3.8 万元安居补助。二是拆旧建新解决一批。遂川县对 D 级危房采取分散新建和集中新建方式实施危房改造，拆旧建新户最高可享受 2.2 万元安居补助。三是"交钥匙工程"解决一批。遂川县在开展农村危房排查鉴定并实施农村危房改造的基础上，对无房或住 D 级危房，且自筹资金和投工投劳能力极弱的"五类人员"（分散供养五保户，孤寡残疾人，女儿均已外嫁无入赘、夫妻双方或一方已达 60 岁的纯女户，18 岁至 60 岁之间家庭成员均为残疾人，没有 18 岁至 60 岁之间的劳动力家庭），分别按照一人户 40 平方米、两人户 50 平方米、三人及以上户 60 平方米的标准，由乡镇组织实施"交钥匙工程"，在满足居住条件后，无偿提供给其居住。四是"爱心公寓"解决一批。遂川县由县财政出资，乡村统一代建，或对旧学校、旧村委会、旧厂房等一些闲置资产进行高标准维修加固，建设一批爱心公寓。在提升设施功能、具备基本居住条件后，将爱心公寓免费提供给除"五类人员"以外的其他困难农户居住。五是易地扶贫搬迁解决一批。遂川县是地质灾害频发县,全县2/3以上的行政村地处深山区、地质灾害区,洪涝、泥石流等自然灾害频繁。对这些"一方水土养不活一方人"的地方,遂川县实行安置土地零地价、自筹控制在1万元以内、人均面积不超过25平方米的要求,推进移民进园、进圩镇、进中心村组的三级梯度模式,将"四条底线"一步执行到位。这项工作受到国家第三方评估组的充分肯定,并连续多年在全省作为典型推介。2016年至2018年,遂川县共有9197户贫困户拆旧建新、6838户贫困户高标准维修、1093户贫困户享受"交钥匙工程";实施易地扶贫搬迁2238户9300人,其中贫困户1334户5425人、同步搬迁904户3875人。

筑牢健康扶贫"五道防线",织密医疗支出"保障网"。为了让群众看得起病、看得好病、方便看病、更好防病,遂川县全力筑牢基本医保、大病保险、商业保险、民政救助、爱心基金"五道防线",确保贫困人口住院费用报销比例达90%以上,有效杜绝因病致贫返贫现象。一是基本医保。遂川县建立贫困人口基本医保代缴制度,2016年、2017年、2018年分别按照每人120元、150元、180元的标准为贫困人口代缴基本医保,住院医疗费用按基本医保政策予以报销。二是大病保险。遂川县建立贫困人口免费参加大病保险制度,住院医疗费用按基本医保政策报销后,大病保险报销起付线下降50%,达到大病保险起付线后,补偿比例提高5%。三是商业补充保险。遂川县建立商业补充保险代缴制度,2016年、2017年、2018年分别按照每人100元、100元、200元的标准,为贫困人员购买重大疾病医疗商业补充保险,贫困患者医疗费用在经基本医保、大病保险报销后的剩余费用,按商业补充保险有关政策进行补偿。四是民政救助。遂川县对五保对象政策范围内医疗费用实行全额救助,对低保对象救助比例提高5个百分点,对贫困人口纳入支出型大病救助范围予以救助。五是爱心基金。遂川县建立爱心基金救助制度,由县财政投入100万元、开展"扶贫一日捐"活动募集社会资金421万元,设立健康扶贫第五道保障线——爱心基金,对经"四道防线"补偿后,自付医疗费超过5000元的易返贫户和自付费用超过3万元的易致贫户,实施定向救助。2016年至2018年,全县为贫困户代缴基本医保和商业补充保险5947万元,为5.5万人次贫困患者报销医疗费用2.5亿元,其中"爱心基金"救助1176人次,救助金额达409.83万元。在筑牢健康扶贫"五道防线"的基础上,遂川县还创新工作方法,构建新防线。一是实行"一站式"结算。遂川县开发贫困人员医疗补偿结算系统,贫困户只需在县、乡两级医疗机构综合服务窗口,就可以享受"一站式"结算服务。二是开展家庭医生签约服务。全县建立贫困人口动态管理电子健康档案,扩大专项救治病种范围,对65岁以上老年人、6岁以下儿童、孕产妇、慢性病患者等重点人群,每年提供不少于6次的面对面个性化上门随访服务。三是发放贫困失能人员照护补助。对因中风、截瘫等长期卧病在床、无法行动、生活不能自理、需要专人长期照料、护理的贫困患者,县财政按每人每年2000元的标准发放照护补助。截至2018年底,共为1116名贫困失能人员发放照护补助223.2万元。

实现教育扶贫"五无目标",阻断贫困"代际传递"。遂川县坚持绵绵用力、久久为功,开辟教育扶贫新渠道,有效阻断贫困代际传递。一是全面落实无辍学。遂川县全面推进义务教育均衡发展,大力改善农村中小学办学条件,在县城新(扩)建8所学校,新增义务教育阶段学位10670个、高中学位5500个,为贫困户进城进园后子女教育提供坚实保障。遂川县对无法到校学习的残疾学生开展送教上门服务,"一对一"提供心理、生活和学习帮扶,确保学有所教,全县义务教育阶段无一人因贫辍学。二是全程资助无缝隙。遂川县出台从学前教育至大学阶段资助政策,学前教育每人每年可享受1500元资助;义务教育寄宿小学每人每年可享受1000元资助、初中每人每年可享受1250元资助;高中阶段每　每年可享受不低于2000元资助;中职教育每人每年可享受2000元资助;大学阶段除第一年可享受5000元的基本生活费用资助外,每人每年还可享受0.8万至1.2万元助学贷款。三是全员覆盖无遗漏。遂川县建立健全贫困学生电子档案,全面落实资助政策学校校长和乡镇属地双负责制。2016年至2018年,遂川县共为2.1万名县内就读贫困学生发放各类教育补助2740万元。针对729名在县外就读但未落实政策的贫困学生,建立资助台账,根据"不重不漏"原则全面落实各项资助35.71万元。四是全力扶持无间断。遂川县出台贫困学生"三定向"加20分参与招录政策,以及划出40%师范定向生指标单独招录贫困学生政策。2016年至2018年,全县"三定向"共招录贫困户子女234人,取得贫困户稳定脱贫和贫困村稳定师资的"双稳双赢"实效。五是全域排查无盲区。遂川县开展大排查、大走访、大数据、大宣传、大帮扶、大巡查"六大"活动,组织全县4000多名教师和6675名结对帮扶干部,逐村逐户、双线摸排贫困家庭子女就学和各项资助落实等情况,查缺补漏,做到资助政策不漏一项、贫困人口不漏一人、国内就学不漏一地。

推进保障扶贫,让贫困群众吃下"定心丸"。遂川县全面衔接农村低保和扶贫开发两项制度,兜牢贫困底线。2016 年以来,全县为低保贫困人口发放补助4 亿元。

经过多年的艰苦奋斗,遂川县已正式摘帽退出贫困县。遂川县委、县政府带领全县干部群众,正按照"摘帽不摘责任、摘帽不摘政策、摘帽不摘帮扶、摘帽不摘监管"的要求,不断巩固提升脱贫攻坚成效,确保全县人民与全国人民一道同步全面建成小康社会。

万安县脱贫攻坚工作纪实

万安县地处江西省中南部,吉安市南缘,与泰和、遂川、兴国、赣县四县毗邻,是国家扶贫开发重点县、原中央苏区县、罗霄山特困片区县、西部大开发政策延伸县。全县土地面积2051平方公里,辖9镇7乡1个垦殖场,行政村135个,总人口32万人,其中农业人口26.8万人,有"十三五"贫困村61个,2014年建档立卡贫困户为11172户42730人,贫困发生率为16.21%,打赢脱贫攻坚战任务非常艰巨繁重。

习近平总书记2016年、2019年视察江西时要求江西省"在脱贫攻坚上领跑""在加快革命老区高质量发展上做示范,在推动中部地区崛起上勇争先",这一嘱托激励着广大干部群众。

万安全县上下万众一心,坚决贯彻中央脱贫攻坚决策,全面落实省委"核心是精准、关键在落实、实现高质量、确保可持续"工作要求,始终把脱贫攻坚作为最大政治任务、头等大事和第一民生工程来抓,尽锐出战,攻坚克难。

2013年,万安县委、县政府率先在全市总结推行"核定对象、因户施策、责任帮扶、限期摘帽"的扶贫到户十六字方针,在全省率先开展干部"1+2"结对帮扶和"干部学用技术"活动;2015年被评为全省扶贫和移民工作先进县;时任省长刘奇同志2016年9月在万安调研视察时,对县委、县政府在脱贫攻坚中发展壮大村级集体经济的做法给予充分肯定,并在全省脱贫攻坚推进会上点名表扬。

2018年6月,万安县以漏评率和错退率均为零、群众认可度99.1%的优异成绩,顺利通过国家第三方评估。同年7月29日,江西省人民政府正式批复同意万安县脱贫退出。

注重顶层设计，齐心合力，尽锐出战

在脱贫摘帽的工作实践中，万安县紧紧围绕"扶持谁、谁来扶、怎么扶、如何退"关键问题，狠下"绣花"功夫，坚决以钉钉子精神，突出精准施策，健全工作机制，确保脱贫攻坚高效有序推进。

提高政治站位，注重顶层设计

坚决贯彻落实习近平总书记脱贫攻坚"中央统筹、省负总责、市县抓落实"指示精神，坚持"三级书记"抓脱贫，不断优化顶层设计，形成县委总揽全局、协调各方，政府狠抓落实、强化担当，全县上下同心同欲、齐力攻坚，县乡村三级合力高效推进脱贫攻坚的工作机制、责任体系，为决战决胜脱贫攻坚提供坚强保证。2013年以来，每年都召开县脱贫攻坚千人动员大会，举全县之力，齐心协力抓脱贫。2016年，成立以县委、县政府主要领导担任双总指挥长的高规格脱贫攻坚指挥部，下设"一室十四组"（"一室"即指挥部办公室，"十四组"即产业、安居、就业、生态、保障、健康、教育、村庄整治、基础设施、易地扶贫搬迁十大扶贫工程领导小组以及消费扶贫、资金整合、巡查督导、宣传报道组），组长均由县党政班子领导担任，抽调精干力量实行集中办公。全县17个乡镇场和135个行政村都建立了人员、机构、经费和场所"四固定"的扶贫工作站（室），实行县乡视频会议垂直调度体系。2017年以来，县委县政府主要领导坚持每月调度脱贫攻坚工作，并率先垂范推动"书记遍访"制度，县分管领导坚持常态化召开"一室十四组"工作调度会，及时分析研判，安排部署，常抓不懈推进精准脱贫工作。

据统计，2016年至2018年，共整合各类资金22.75亿元，筹集社会帮扶资金4828万元，为"十大扶贫工程"快速推进提供了有力保障，确保了全县脱贫攻坚"粮草丰沛"。央企、省、市、县201个帮扶单位2160名帮扶干部，与贫困村、贫困户实现了结对帮扶"全覆盖"，每月至少开展结对帮扶工作2次以上，第一书记、驻村工作队严格按照吃住在村的要求，保证每季度在村工作不少于50天。

精准识别对象，精准施策帮扶

一是坚持把"精准"贯穿脱贫攻坚全过程。

首先做到精准识别，精准到每一户、每一人。2014年，万安县按照农户申请、民主评议、公示公告和逐级审核等程序开展建档立卡工作，将11172户42730人纳入建档立卡系统。

其次坚持动态调整原则,及时更新数据。严格按照"七清四严"标准,以"两不愁三保障"为进退关键指标,采取"两评议两公示一公告"的方法,先后对全县贫困人口开展了 6 次精准再识别。2017 年底,指挥部还抽调 600 多名业务人员,对全县 6 万多农户进行网格式、地毯式排查,逐村、逐户、逐人"过筛",做到"应进尽进,应退必退",确保符合条件的农户一个不漏,不符合条件的农户一个不留,认真扣好脱贫攻坚的"第一粒扣子"。

再次,坚持每季度村两委、第一书记、驻村干部对贫困人口的自然增减进行核实、评议、公示,并分类上报乡镇审核,乡镇对各村上报情况进行研判审核,再上报县指挥部办公室。县指挥部办公室抽调人员组成核查组,对拟调整的贫困户家庭基本情况进行综合比对、分析研判,最终确定调整对象,确保扶贫对象更加精准。

二是始终聚焦"两不愁三保障"核心指标。切实筑牢贫困群众脱贫基础,重点突出贫困户吃穿不愁、稳定增收,确保教育、健康、安居扶贫、安全饮水等各项政策落实落地。

教育扶贫扎实推进。2016 年至 2018 年春,全县共资助贫困学生 28821 人次,累计发放教育资助金 2519.795 万元,有效阻断贫困现象代际传递,确保不出现因贫辍学或因学致贫。

健康扶贫步步为营。2016 年至 2018 年 6 月,建档立卡贫困人口基本医疗补偿 8848 人次、补偿资金 2668.4 万元;大病保险补偿 324 人次、补偿资金 286.2 万元;商业补充保险补助 270 人次、报销医药费 502 万元;实施贫困户民政医疗救助补偿 1697 人次、补偿资金 195.32 万元。

安居扶贫日新月异。2016 年至 2018 年 6 月拆除危旧正房 7412 栋、附房杂房 21732 间,完成危房改造 8195 户,其中新建 3414 户、维修 4781 户,安全住房问题得以全面解决,确保人人住上安全房。

搬迁扶贫稳定人心。2016 年至 2018 年 6 月,全县共落实易地扶贫搬迁对象 468 户 1700 人,其中建档立卡贫困户 270 户 816 人,做到搬一户稳一户。

产业扶贫后劲充足。探索实施产业扶贫"1+4"工程(即在人员相对集中、生产条件较优越的乡镇新建一个扶贫企业或一个以上扶贫车间,在资源禀赋较好的村完善或新建一个产业基地、一个专业合作社、一个光伏电站和一个电商扶贫站),实现村村有脱贫产业、户户有增收项目、人人有脱贫门路。全县建立扶贫车间40余家,吸纳家门口务工人员1128人,其中贫困户262人。建立中药材、柑橘类水果、有机茶叶等特色产业基地261个。吸纳6230户贫困户以申贷资金、扶持资金和土地入股发展产业。2016年,为61个"十三五"贫困村建设了一个25至40千瓦的村级光伏电站。2017年,结合光伏扩面工程,县财政安排8160万元扶持每个行政村和麻源垦殖场新建一个100千瓦的村级光伏电站,明确村级光伏电站收益4:3:3分配方案,即40%用于公益性项目建设和维护,30%用于贫困群众公益性岗位工资补贴,30%用于"失能、弱能"贫困家庭、深度贫困家庭帮扶救助,每年可为每个村集体增加5万元以上的收入。不断加强对贫困群众发展产业的资金扶持,2016年至2018年6月,共安排小额信贷风险补偿金4249万元,累计发放小额贷款3626户1.8173亿元,累计贴息803万元。

此外,还有保险扶贫和保障扶贫。自2018年起,投入865.28万元为全县建档立卡贫困户办理自然灾害、意外事故、大型牲畜死亡、大额医疗救助等方面的扶贫救助保险,又为农户购买水稻、中药材种植保险、林木综合保险等涉农保险,累计赔付1550余万元,有效提高了贫困户抵御风险能力,确保贫困户不返贫。通过信息核对、三级评议、三榜公示,确保低保对象与建档立卡对象有效衔接。2016年至2018年6月,保障扶贫共发放各类资金19629.97万元,其中农村低保资金14346.13万元,特困人员供养资金3231.53万元,残疾人两项补贴资金992.96万元。

创新运行机制,凝聚磅礴力量

一是创新探索包乡挂村"大村长"制。"大村长"制的核心和关键,在于能否真正压实包村负责人责任,使其切实转换角色,以"一村之长"身份带领全村高效推进脱贫攻坚。

建立"大村长"负总责的责任体系。由所有县级领导、相关县直单位负责人以及乡镇党委书记、乡镇长、人大主席担任行政村的"大村长",对所包村脱贫攻坚工作负总责,全县135个行政村实现了下派"大村长"全覆盖,其中61个"十三五"贫困村实现了县级领导包村全覆盖,每一个行政村均配了一个强有力的总责任人,形成"百村大战"的脱贫攻坚新格局。在"大村长"领衔负责下,工作责任——传导压实细分到人,村两委干部、第一书记、驻村工作队和帮扶干部各负其责,各类扶贫干部形成一个责任共同体。2017年以来,20名"大村长"因积极履责、工作出色被全县通报表彰,提拔重用帮扶干部 66 名;立案 13 起,处理 23 人,2 名第一书记因履职差、群众满意度测评低被"召回"。

建立"大村长"总调度的指挥体系。对所包村脱贫攻坚工作,"大村长"进行统一指挥、统一部署、统一调度、统一督查,形成以"大村长"为指挥长的战斗集体。围绕县委县政府安排的阶段性工作任务,"大村长"牵头抓总,研究制定具体实施方案,密集进行调度指挥,做到"月月有计划、周周有调度、日日有安排",并明确时间节点,倒排工期,将目标任务细化分解到每一个人。

建立"大村长"总落实的推进体系。"大村长"由县级领导干部和正科级领导干部担任,相比村支部书记来说,具备更强的抓落实的能力和水平,有助于工作的高效快速推进。"大村长"统筹抓总,及时组织整改,确保问题销号。在此基础上,"大村长"带头开展"户户过筛",逐户上门检查落实,及时发现、研判、解决问题,确保每一户贫困户和边缘户"两不愁三保障"稳定达标。对工作过程中发现的带有普遍性的难题,比如建立重病户在"五条保障线"报账之后仍然负担沉重需要另外救助、偏远山区乡村亟须政策倾斜等,及时向县级层面建言献策,最后形成全县性的"爱心基金"、差异化扶持政策等政策举措。

在"大村长"的统一调度下,县、乡、村、组各级干部和群众,以及社会各级帮扶力量有机统一,取得了领导力下沉、组织力提升、战斗力增强的良好效果。2016 年至 2018 年,累计完成 2194 个村点建设任务,提前实现全县所有 25 户以上自然村整治建设;完成新建通村组道路 907 条 812 公里,新建桥梁 51 座;拓宽改造通村组道路 85 条 211 公里,全县 135 个行政村 25 户以上自然村通组公路均已硬化;先后实施了 103 个农村饮水提升工程,共惠及农村 10 万多人;安排贫困村农网改造工程项目 80 个,有效解决了电路老化、电压偏低问题。按照"缺什么、补什么"原则,大力开展"七改三网"建设(七改:改路、改水、改厕、改房、改沟、改塘渠、改环境,三网:电力、广电、电信),完成入户路硬化 746.8 千米,修建排水沟 324.2 公里。

二是创新开展脱贫攻坚争创优秀村活动。为有效推进以村为单位的工作机制,县委、县政府以"两不愁三保障"和"两率一度"为核心内容,创造性地开展争创优秀村活动,着力解决贫困村和非贫困村工作进展不平衡的问题。

定目标抓争创。在开展争创优秀村活动中,县指挥部做到"月月有计划,旬旬有目标,周周有调度",实行倒排工期,顺排工序,将目标任务细化分解到乡村和"十大扶贫工程"办公室,再以村为单位落实到自然村(组)负责人和帮扶干部,形成一级级抓争创的工作格局。

树标杆带争创。在争创优秀村活动中,县级领导以上率下,主动加压,深入一线,因村施策,带头示范树标杆,为全县脱贫攻坚提供可借鉴的"样本"。全县上下以此为动力,迅速掀起你追我赶、不甘落后的争创热潮。

抓考核促争创。建立乡村两级考核机制,分别组织开展行政村和自然村(组)脱贫攻坚工作评比活动,每月一次量化排名,以先进带后进。同时,强化督导,通过实地督查、明察暗访、电话抽查等方式,按工作进度安排督查,及时发现问题,建立台账,限期整改。年终对所有行政村脱贫攻坚工作进行考核评比,对优秀村予以奖励,不达标村按有关规定问责,形成了"决战脱贫,合力攻坚"的良好氛围。通过考核,全县所有行政村脱贫攻坚工作均实现达标,20个村被评为"优秀村"。2017年起先后开展"百日会战""争创优秀村""春季攻势""夏季整改""决胜月"等集中活动,全县脱贫攻坚工作得到整体均衡推进。

注重持之以恒,巩固提升,越战越勇

2018年7月摘帽退出后,万安县坚决贯彻习近平总书记关于贫困县摘帽后"不能马上撤摊子、甩包袱、歇歇脚"和"脱贫攻坚不获全胜、绝不收兵"的重要指示精神,严格按照"四个不摘"要求,聚焦"两不愁三保障"突出问题,瞄准深度贫困,狠下"绣花"功夫,做到问题整改和巩固提升两手抓、两手都要硬,压茬推进"春季整改""夏季提升""秋冬巩固"三大攻势以及问题整改20天集中攻坚行动,不断巩固脱贫成果。2019年万安县高质量脱贫716户1682人,为2020年全面打赢脱贫攻坚战打下坚实基础。

继续压实责任,坚持久久为功

2019年5月,习近平总书记再次视察江西时,明确提出江西是全国脱贫攻坚的主战场之一,脱贫攻坚进入最后冲刺阶段,务必尽锐出战、越战越勇。万安牢记总书记殷殷嘱托,始终保持摘帽不是终点、脱贫攻坚还在路上的政治警醒,增强"四个意识"、坚定"四个自信"、做到"两个维护",确保以实实在在的成效在"江西脱贫攻坚领跑"中作示范、勇争先。

强化问题整改和巩固提升工作,确保"五个不变",全县脱贫攻坚继续均衡推进。

组织架构不变。继续坚持脱贫攻坚指挥部及"一室十三组"高位推进机制，继续坚持完善人员、机构、经费和场所"四固定"的乡村两级扶贫工作站（室）运行，较好地保持了高位推动、高效运转的脱贫攻坚良好格局。

考核权重不变。继续将脱贫攻坚工作纳入对乡镇场和县直单位年度高质量发展考核重要内容，考核评分权重跟脱贫摘帽年度一样保持达到70%，考核结果作为绩效奖励、评先评优的重要内容。

帮扶力度不变。继续坚持"大村长"工作机制，实现工作责任压实到村、到人，在实现结对帮扶全覆盖基础上，继续坚持帮扶干部每月到贫困户家中开展2次以上帮扶工作，驻村工作队、第一书记每季度驻村工作时间不少于50天，精准帮扶做到无盲区、无死角。社会扶贫大格局进一步形成，央企定点扶贫力度进一步加大。

投入强度不变。2018年7月摘帽以来，共整合各类扶贫资金4.53亿元，筹集社会帮扶资金9500万元。

激励约束不变。树立正确的用人导向，继续坚持在脱贫攻坚一线考核、培养、提拔干部，提拔重用一大批表现优秀的扶贫干部。2018年7月以来，共提拔重用一线帮扶干部70人，其中第一书记20人。继续沿用摘帽前制定的《万安县脱贫攻坚工作问责办法》，从制度设计上防止松懈滑坡现象。积极发挥巡查督导作用，强化精准监督，加大督导力度，科学精准地实行过程性问责，以问责倒逼工作落实。

立足建章立制，强化问题整改

不仅仅满足于整改问题，更不满足于一时成效。县委、县政府立足长远发展，立足建章立制，立足万安县脱贫攻坚和乡村振兴实情，"当下改"和"长久立"并行，制定下发《万安县2019年脱贫攻坚巩固提升工作实施意见》《涉农整合扶贫资金管理办法》等一系列规范性文件，进一步完善了脱贫攻坚十大工程提升方案，建立健全长效机制，推动问题整改和巩固提升深入开展。

县委、县政府主要领导亲自协调、高位推动，第一时间召开整改任务交办会，下发23个立行立改通知，确保中央巡视指出的问题立即整改到位。把脱贫攻坚巡视考核问题整改作为"硬任务"和"必答题"，进一步筑牢县乡村"三级书记"整改责任体系，成立以县委、县政府主要领导为正副组长的整改领导小组，抽调优秀干部组建整改办及督查组，动真碰硬抓好整改落实。同时做到两个结合:一是坚持常态化推进与集中攻坚相结合。全面承接中央专项巡视与脱贫攻坚考核反馈问题,县委常委会逐一研究制定整改方案、整改措施,以"任务清单"形式,明确整改目标、整改时限、责任领导。在常态化推进问题整改的同时,聚焦"两不愁三保障"重点突出问题,结合脱贫攻坚巩固提升,先后开展了脱贫攻坚春季整改"攻坚周""督导周""夏季提升"攻势问题整改20天集中攻坚及"秋冬巩固"专项问题整改,取得显著成效。特别是在2019年7月5日至25日开展的20天集中攻坚问题整改活动,对照《万安县脱贫攻坚"夏季提升"整改集中攻坚问题清单》,举一反三,逐项逐条对照,逐村逐户排查,根据各村存在的问题,将清单任务分解细化,按照清单措施,逐条执行,全面落实到位。对已完成整改的问题,建立健全长效机制,从源头防堵疏漏,防止问题反弹。二是坚持部门一线指导与乡村主体发力相结合。落实乡镇整改主体责任和部门牵头整改责任,健全协调联动机制,形成强大攻坚合力。十大工程部门全部"下沉"一线,部门主要领导带队对脱贫攻坚巩固提升政策面对面宣传,对整改工作面对面指导,对重点难点问题面对面协调。乡村主体同向发力,与职能部门有效联动,推动各类问题改得了、改到位、改彻底。

继续落实政策,突出产业发展

在"两不愁"基本解决的基础上,重点针对"三保障"中尚未彻底到位的问题,因地制宜,因户施策,全力提高脱贫攻坚巩固提升的质量和实效。

教育扶贫,落实落细义务教育扶贫资助学校校长、乡镇属地双负责制,按学籍地管理要求,落实贫困家庭学生资助政策。以保障义务教育为核心,加强对异地就学学生信息跟踪,让教育扶贫政策到边到角,确保不"因学致贫""因贫辍学"。同时创新送教上门服务方式,保障因残辍学学生受教育的权益,控辍保学工作扎实有力。2019年,共资助贫困学生22094人次、累计发放资金1632.903万元。

健康扶贫,加强对乡镇卫生院和村级卫生室管理和运行,确保群众有地方看病,能看得起小病、常见病、慢性病。规范"一站式"结算运行,全面统筹"四道保障线"(基本医保、大病保险、医疗救助、商业补充保险),实现贫困患者住院费报销比例达到90%的适度要求。2019年,全县贫困人口住院报账27139人次,住院总费用7353.7万元,补偿总金额6632.63万元,其中基本医保补偿4352.26万元,大病保险补偿599.94万元,医疗救助460.12万元,商业补充保险补偿1194.51万元,其他兜底补偿25.8万元。

　　安居扶贫，2019 年，对全县建档立卡贫困户等重点对象住房安全进行安全鉴定，并制作悬挂农村房屋安全等级标识牌和 2016 年、2017 年"政府援建"牌共计 13500 块。2019 年省未下达危房改造任务，万安县参照上级危房改造政策文件执行，县财政投入 26.4 万元实施完成 10 户"四类对象"危房改造新建。持续做好贫困户维修房屋安全巡查工作，做到发现问题及时整改，确保贫困户住安全房，进一步巩固安居扶贫工作成效。不断强化易地扶贫搬迁后续帮扶措施，确保做到搬得进、稳得住、能致富。

　　安全饮水很重要，万安县对 11066 户贫困人口饮水安全状况进行排查鉴定，全面建立安全用水台账。加强对农村饮水水质、水量、用水方便程度和供水保证率的监督监测，强化集中供水工程管护，实施供水源头消毒，确保贫困群众饮水水质、水量符合要求。同时，继续实施农村集中饮水工程，投入 2010 万元新建 27 个农村集中饮水工程，强化"百吨千人"农村集中供水运行管理，推进建设城乡一体化建设，建成"同网、同价、同质、直供到户"的城乡供水系统，确保农村群众饮水安全。

　　保障扶贫，2019 年，全县发放农村低保资金 4232.83 万元，特困人员供养资金 887.89 万元，残疾人两项补贴资金 352.26 万元。此外，在继续组织实施基础设施项目建设、切实提升农村公共设施水平的同时，坚持把农村人居环境整治作为脱贫攻坚重要内容来抓，部署开展农村人居环境整治攻坚行动，全面提升农村人居环境质量，全力争创"全省美丽宜居示范县"。

　　产业扶贫是脱贫致富的根本之策，万安县将产业扶贫与特色优势产业发展相结合，修订完善《万安县 2019 现代农业产业发展奖补扶持办法》，引导和扶持贫困户自主发展或依托农业龙头企业发展长短结合产业。对贫困户自主发展产业并审核合格的，给予信贷资金扶持，2019 年，共发放小额信贷 571 户 2374 万元，共贴息 769 万元，奖补 9891 户 4558.43 万元，代缴农业保险保费 312 万元。另一方面完善提升产业扶贫"1 + 4"工程，进一步完善利益联结，着力补齐产业发展短板，让贫困群众真正地、稳定地、安心地在富民产业发展中增收致富。一是不断加大农业招商力度，2019 年成功引进国内农业产业化龙头企业温氏食品集团建设肉鸭旱养一体化项目，力争三年达到养殖面积 4000 亩，肉鸭产量 3000 万羽以上，实现产值 2.4 个亿。全县 12 个乡镇建立肉鸭养殖小区 38 个、村级养殖基地 20 个。2020 年万安县重点推进罗塘、芙蓉、枧头 3 个示范养殖小区建设。二是积极践行习近平总书记"两山理论",依托现有资源禀赋条件,因地制宜实施竹产业提升发展三年行动,在全县 11 个乡镇 44 个毛竹林资源丰富的行政村开展毛竹林低改,县财政每年整合资金 1600 万元,以针对性奖补的形式扶持竹产业发展,力争三年建设优质高效毛竹林 10.6 万亩,新修竹林经营道路 450 公里,引进精深竹加工企业 3 家,力争 80% 以上毛竹和竹笋在县内加工增值,真正把竹产业做成全县乡村振兴的重要产业、农民致富增收的主导产业,切实打通绿水青山变为金山银山的转化通道。

立足党建引领,强化扶志扶智

"融入扶贫抓党建、抓好党建促脱贫"。万安县不断推进抓党建促脱贫工作,通过建强村级党组织,实施能人返乡创业工程,积极动员外出务工创业"能人"回村兼任村干部并带头创业。在 2018 年村"两委"换届选举中,全县 268 名返乡挂职"能人"有 21 人当选为党组织书记,82 人当选为党组织委员,142 人当选为村民委员会成员。

把脱贫攻坚工作纳入全县年度干部教育培训计划,定期举办脱贫攻坚工作业务培训班,对第一书记、驻村工作队员和帮扶干部进行多角度、多层次、全方位的培训。先后举办 23 期扶贫干部、第一书记、驻村工作队业务培训,培训人员 2502 人次,强化扶贫政策落实,全面提升脱贫质量。同时先后组织 10 期 620 多名乡村干部赴浙江省委党校和江西农大培训,进一步提高乡村干部能力和水平。

抓好"党建+致富能力培训"系统工程实施,培养农村致富带头人。加大对扶贫干部的关心关爱力度,积极落实偏远乡镇干部补贴、公车补贴等干部福利制度;逐步提高村干部薪资报酬,按每村 8 万元的标准下拨经费用于村干部增加报酬;从 2017 年 1 月起,率先在全市为村"两委"其他干部办理社会养老保险;从 2018 年 1 月起,实施"党内关爱系统工程",全面提高基层党员干部报酬和离任村干部、老党员生活补贴,2018 年从优秀村级干部中选聘 1 名乡镇领导班子成员,2019 年选聘 6 名优秀村书记主任到乡镇基层站所等事业单位工作。

坚持把发展壮大村级组织集体经济作为加强基层党建、打赢脱贫攻坚战的重要抓手,设立村级集体经济发展基金 2000 万元用于各村借资,引导各村通过建设光伏电站、盘活闲置资产、挖掘土地资源、发展特色产业、兴办乡村旅游、创办经济实体增收等多种途径,不断发展壮大村级集体经济。2019年全县135个行政村村集体经济收入均达到10万元以上。如期实现"三年打翻身仗"目标。该项工作得到省委刘奇书记的充分肯定,并在全省脱贫攻坚推进会上对万安县点名表扬,号召全省学习借鉴推广。

同步推进扶贫与扶志、党建与扶智工作,组织开展"听党话、知党恩、跟党走"感恩教育活动,增强党恩对贫困群众的感召力。一是组织开展精准培训。二是继续开展干部学用技术活动,通过专家带领干部能人学技术、干部带领群众用技术、能人带领农户推技术,提升贫困群众自我发展的"造血"功能。三是在全县持续开展脱贫先进户评选,讲好贫困群众身边的勤劳脱贫故事,深入挖掘脱贫典型,予以表彰颁奖,并将其事迹制成光盘发放至各乡镇场、各村,组织贫困户收听收看,让贫困户学有示范、行有标榜,不断激发贫困户"我要脱贫"的斗志,全县志智双扶取得新成效。

注重长短结合,产业为本,决战决胜

2020年,面对突如其来的新冠肺炎疫情,万安县全面贯彻落实习近平总书记在决战决胜脱贫攻坚座谈会上的重要讲话精神,坚持把全面打赢脱贫攻坚战作为最大政治任务,努力克服疫情影响,早谋划、早部署,坚决做到不松劲不懈怠,工作重点不转移、干部精力不分散,统筹衔接脱贫攻坚和乡村振兴,严格按照"四个不摘"要求,紧盯剩余181户363人脱贫目标,聚焦产业发展和稳定就业两个重点,一手抓剩余人口脱贫,一手抓成效巩固提升,全力推进脱贫攻坚决战决胜,坚决全面打赢脱贫攻坚战,实现全面建成小康社会目标。

坚持长短结合,强化产业根本

2月26日,万安县出台《关于积极应对疫情影响力促贫困户增收的通知》,突出产业和就业"两业"扶贫,制定了门槛低、补贴标准高、覆盖面广的贫困户产业发展和就业奖补政策,为贫困户应对疫情实现增收提供有力保障。

一方面,在全县开展脱贫攻坚"大走访、大宣传、细排查、细落实""产业扶贫集中帮扶周"等系列活动,全力推进贫困户发展长短产业,鼓励能种尽种、能养尽养,激发贫困群众发展产业的积极性。在长效产业发展上,重点支持贫困群众发展柑橘类水果、毛竹低改、油茶等可持续增收的产业,奖补资金从330元/亩到1200元/亩不等。在短效产业发展上,重点支持贫困户发展畜禽养殖、蔬果种植等周期短、见效快的产业,奖补范围不仅包括牛、猪、羊、鱼、鸡、鸭等传统

产业养殖，还涵盖蔬菜、西瓜、甘蔗等种植产业，奖补资金从养殖家禽20元/羽到养殖猪牛1000元/头不等。同时，为了防止奖补"垒大户"，规定每户贫困户短效产业奖补上限为3000元。目前，全县贫困户申报发展长效产业4095户、完成苗木定植3567户，发展短效产业9059户、完成种苗进栏户8572户；申报产业奖补资金达1000余万元。

巩固提升脱贫成果，需要建立健全长效工作机制。万安县着重在新型主体带贫益贫、村集体经济发展、项目管护、志智双扶等方面下功夫，建立健全了一系列长效机制，从源头上防堵疏漏，不断提升脱贫成效。结合"党建+致富能力培训"工程，分批次分类别培养一批创业能成功、带动见实效的致富带头人、产业发展带领人，培育一批新的经营主体，带领广大群众发展致富产业。结合各村现有的经济条件、资源禀赋等，深入推进"能人返乡创业"工程，用活用好村级集体经济发展、村级债务化解等系列扶持政策，确保集体经济有能力为无劳动能力的贫困户提供基本收入保障。加强贫困村村庄整治、基础设施建设等以及易地扶贫搬迁安置点项目后期管理维护，明确运维管护主体和运维管护方式，保障项目后续有人管，不闲置、不浪费、不损失，确保持续发挥扶贫作用。深化感恩教育"四大行动"和"三讲一评颂党恩"活动，不断唤醒贫困群众主体意识，充分激发贫困群众内生动力。

另一方面，坚持把就业扶贫作为贫困群众实现稳定脱贫的重要抓手，多渠道帮助贫困群众实现稳定就业。针对因疫情影响不能返工返岗的贫困群众，通过电话、微信等方式，逐一与返岗人员联系，了解其健康状况和返工意愿，并积极协助计划返岗人员开具健康证明，确保务工人员能够有序、安全抵达务工企业。全县851名因疫情影响滞留在家的贫困劳动力已全部实现就业。针对有意愿在本地务工的贫困群众，实行点对点服务，由村委会统一带领贫困劳动力到园区企业办理入职手续，并出台县园区企业新招用一位贫困劳动力实际务工3个月以上给予300元/人的补贴政策，对园区企业务工贫困劳动力实行40元/人/月交通补贴，优先安排公租房，并给以50%的租房补贴。先后引导贫困劳动力到园区企业就业1091人。针对年龄较大、劳动能力较弱的贫困群众，通过农村保洁员、生态护林员、农家书屋管理员等公益性岗位以及扶贫车间就近就业。目前，全县40个扶贫车间已全部开工，带动贫困劳力就业184人；开发乡村保洁员等公益性岗位1301个，聘请生态护林员960个。同时，参照"以工代赈"的方式,在 135 个行政村推行组建劳务队,优先在本村基础设施扶贫项目和村庄整治项目工地务工,带动帮助贫困劳动力就业。

雄关漫道真如铁,而今迈步从头越。按照"四个不摘"要求,万安县持续推进脱贫攻坚巩固提升。至 2019 年底,万安县生产总值 88.58 亿元,可比增长 8.6%;财政收入 13.4 亿元,同比增长 4.3%。61 个"十三五"贫困村全部退出。

2018 年,万安县脱贫攻坚工作获市委市政府"特别嘉奖"。2019 年,荣获中国唱船文化之乡、全国电子商务进农村综合示范县、全国首批农村幸福社区建设示范县等称号,获得全市高质量发展综合考评二类县第一名、农村人居环境整治工作先进县、全域旅游发展二类县第一名、政务服务工作优秀县、工业园区建设第三名等荣誉。万安县 2016、2017、2018 年连续三年被市委评为县级五好班子。2019 年 9 月,万安县代表江西省接受了国家脱贫攻坚巡查,并获得好评。尤其是万安县创新实施的"大村长制"做法在全省推广,被总结归纳为江西脱贫攻坚四条经验之一,并在国扶办《扶贫开发》、中组部《组工信息》、人民日报等刊发。

永新县脱贫攻坚工作纪实

　　永新县地处赣西边境,罗霄山脉中段,南接革命圣地井冈山。永新历史红、人文浓、生态美,是著名的"三湾改编"和"龙源口大捷"发生地、全国书法之乡、中国绿色名县、全国生态农业建设示范县、国家重点生态功能区和省级生态文明先行示范县。受革命时期的多年战争影响,加之地处偏远、区位不优和底子薄等诸多原因,全县经济社会发展不充分,贫困人口多、贫困程度深、人民生活水平较低;也是国定贫困县、罗霄山连片特困地区片区县和原中央苏区振兴发展规划县。2011 年全县有贫困户 4.5 万户 10.3 万人。2014年,全县经济总量还不到 100 亿,财政收入不到 10 亿,全县人口 53 万,其中农业人口 43 万,建档立卡贫困户有 11787 户 44876 人,"十三五"贫困村多达 106 个,贫困发生率高达 9.98%,农民人均纯收入只有 6667 元,交通、水利、电力等各项基础设施建设滞后。2015 年 11 月,党中央吹响了脱贫攻坚的号角,永新全县上下深入贯彻落实习近平总书记"吉安要在脱贫攻坚中作示范、带好头"指示精神,按照省委"核心是精准、关键在落实、实现高质量、确保可持续"要求,以及市委"三个到位、志智双扶、两表公开、两表认定"工作方法,以作战的状态、作战的效率、作战的机制决战精准脱贫,勇担使命拔"穷根",2018 年 7 月实现高质量脱贫摘帽。

　　永新县在脱贫攻坚中创新出"443"永新脱贫攻坚工作方法,培育了"真心为民、精心绣花、沉心苦干、一心求变"的永新脱贫攻坚精神。正是在这种精神激励下,永新人民上下同欲、勠力同心,在奔向全面小康的进程中谱写了一首波澜壮阔的脱贫攻坚协奏曲,用忠诚信仰、使命担当和智慧汗水,圆满地书写出具有划时代意义的"永新脱贫答卷"。

坚守真心为民情怀,倾心倾力谋发展、谋民生

为人民谋幸福,为民族谋复兴,这是中国共产党人的初心和使命。新中国成立后,尤其是进入新时代以来,永新县委、县政府不忘初心,牢记使命,以饱满的热情、必胜的信心,团结带领永新人民在脱贫攻坚这场没有硝烟的战场上攻坚克难、决战决胜,为实现党的第一个百年奋斗目标作出了永新贡献。

承前启后谋发展,革命老区展新姿。永新是著名的革命老区,井冈山斗争时期,毛泽东同志曾说过"看永新一县,要比一国还重要",提出要"大力经营永新"。永新人民为中国革命的胜利做出了巨大的牺牲。新中国成立后,党和国家没有忘记永新这片革命先烈鲜血染红的红土大地,从领导关怀、资金扶助、项目倾斜、科技扶贫,多方面扶持永新革命老区建设。

毛泽东、邓小平、江泽民三代国家领导人先后来到永新,视察工作。从 1950年开始,国家对永新老区的资金扶助逐步增加,扶持范围逐年扩大,受惠群众逐日增多。1950 至 1986 年,中央拨付老区扶贫建设资金翻了 25 倍多。1989 年以来,国家科技部挂点永新科技扶贫,一干就是 30 多年。30 多年来,科技部与永新人民风雨同舟、并肩作战,连续派驻 21 名优秀干部到永新挂点,争取各级各类科技项目 270 余项,扶贫资金 7413 万元。白莲生态种植、绿色大米栽培等219 项新技术、156 个新品种在全县推广,建成远程诊疗、远程监护、健康教育"三大平台",惠及老区人民群众 10 万余人。这一切让永新发生了翻天覆地的变化,为永新的扶贫、脱贫事业打下了扎实的基础。

不忘初心勇担当,更高站位谋脱贫。永新县委、县政府牢记习近平总书记指示,不忘初心、勇于担当,坚持把脱贫攻坚工作作为头等大事和第一民生工程,创新推行"443"(四个围绕、四大战区、三个机构)工作法,以聚点发力的态势、决战决胜的勇气,尽锐出战。

——坚持"四个围绕"扶贫思路,强化脱贫攻坚政治担当。一是坚持各项工作围绕脱贫攻坚转,突出脱贫攻坚工作导向,在制定政策、分配资金、项目实施等方面优先安排贫困村、贫困户,逢会必议、逢会必讲脱贫攻坚,提高脱贫攻坚年度考核比重,实行"一票否决",强化政治担当和主体责任。二是坚持党员干部围绕贫困群众转,推行党政一把手负责制,实行县、乡、村三级书记抓脱贫,实

施单位定点和党员干部"321"结对帮扶制度,县四套班子领导带头挂点最偏远最困难的贫困村,督促指导、现场推进,构建全县脱贫攻坚工作格局。三是坚持扶贫举措围绕产业发展转,把发展产业作为脱贫的根本之策,以合作社为纽带,推行土地入股、反租倒包、股本分红等方式,构建"企业+合作社+电商+贫困户"服务体系,发展"四个千万工程"等富民产业,实现贫困户参与产业全覆盖。四是坚持工作机制围绕巩固成效转,深化以党建为核心的"三位一体、四群联创"基层发展和治理模式,建立脱贫增收长效机制,突出志智双扶,强化技能培训,切实增强贫困群众内生动力。

——推行"四大战区"工作机制,强化脱贫攻坚指挥调度。将23个乡镇划分为东南西北"四大战区",一套县级班子负责一个战区,每个县级领导挂点一个乡镇,签订"军令状",明确作战阵地、任务和职责。建立县、乡、村三级精准脱贫作战室和战区例会制度,一季一汇报、一月一调度、一周一例会,建立台账、挂图作战,集中精力抓脱贫。

——配套"三大机构"推进体系,强化脱贫攻坚责任落实。一是成立综合协调机构,调度全县脱贫攻坚工作,抓好扶贫资金分配、使用和监管。2016年、2017年分别整合资金4.25亿元、6.15亿元,连续两年获得全省脱贫攻坚财政资金绩效考核最高奖,并获得共计400万元资金奖励。特别是2017年投入资金16.28亿元,力度前所未有。2018年整合财政涉农扶贫资金4.12亿元,投入脱贫攻坚资金6.67亿元。二是成立帮扶队伍管理机构,加强第一书记、帮扶工作组的派驻、帮扶、考核管理等工作,将考核结果作为评先评优、提拔晋升的重要依据。近几年提拔重用扶贫一线干部180余名,省国资委驻高桥楼镇白堡村第一书记高柳珠荣获全省脱贫攻坚作为奖。三是成立督查巡查机构,组建8个脱贫攻坚专项督查组,开展常态化督查巡查,运用通报、约谈、处分等手段,对脱贫攻坚不力的,进行追责问责,倒逼作风转变和责任落实。

狠下精心绣花功夫,聚焦聚力扶真贫、真扶贫

面对贫困程度深、贫困人口多、致贫原因复杂多样的实际情况,永新县按照习近平总书记"要下一番绣花功夫"的要求,聚焦"两不愁三保障"突出问题,坚持把脱贫质量摆在首位,以精心绣花精神,一丝不苟精准识别,毫厘不差精细推进,心无旁骛精心落实,绣好脱贫攻坚的"一针一线"。

精准识别,扣好脱贫攻坚第一粒扣子。精准扶贫首先就要精准识别。永新县坚持扶贫对象精准化、分类化、动态化管理,确保脱贫奔小康路上一个不落、一个不少。

一是"七步工作法"识别:"一步不少"到"一个不少"。全面推行"七步工作法"流程,坚持农户申请、入户核查、大数据比对、村组民主评议、村委初审一榜公示、乡镇审核二榜公示、县批准三榜公示,精准锁定扶贫对象,确保"贫困户一个不漏,非贫困户一个不进"。

二是"黄、红、蓝"分类:"分辨不清"到"三种类型"。综合贫困户劳动力、身体状况、收入水平等因素,按照贫困对象有劳动力处于贫困线边缘、有部分劳动力贫困程度较深、无劳动力基本生活依靠保障三种情况,将贫困对象分为黄卡、红卡、蓝卡三种类型,厘清致贫原因,因户因人精准施策,做到"贫困原因个个门清,脱贫门路户户有数"。

三是"一册二证三卡"管理:"模糊印象"变"数据说话"。不搞"贫困终身制",建立贫困对象动态管理机制,全面推行贫困户"一册两证三卡"管理,坚持"两表公开、两表认定",做到"户有卡、村有册、乡有簿、县有档",实现贫困人口全方位、全过程的分级管理、动态监测,确保"不漏评一户、不错扶一人"。

紧扣增收,抓牢产业这个根本。永新县将发展产业作为脱贫根本之策,立足农业大县实际,因地制宜、因户施策,找准产业定位、跟进产业配套、完善利益联结,着力推进贫困村、贫困户产业扶贫全覆盖,筑牢贫困群众脱贫的基础支撑。

一是定位准:因地制宜科学布局。大力推进"四个千万工程"(千村万户井冈蜜柚老乡工程、千丝万缕种桑养蚕富民工程、千垄万亩绿色蔬菜示范工程、千秋万代珍稀楠木生态工程)扩面提质,重点推进永宁永厦线百里(黄桃)桃花谷、泉南高速"稻渔共生"生态产业带、禾河沿岸蚕桑绿廊、现代农业示范园综合体"一谷一带一廊一园"产业发展,发展壮大扶贫产业。2019年,宁都县大力盘活土地资源,因地制宜、适度规模发展农业产业,新增黄桃产业5000亩、稻渔综合种养6000亩,大棚果蔬8000亩、蚕桑6000亩。特别是与西南大学共建的蚕桑富民产业院士工作站,引进江西大成绿色产业集团种植草本桑,为传统蚕桑业找到新出路。组织好消费扶贫,成功举办"赣品网上行"永新县农产品上行渠道精准对接活动,推进扶贫产业农产品进机关、进学校、进企业、进社区、进超市。

二是配套准:多点发力全面推进。全链条配套技术服务,充分利用科技部挂点扶贫优势,建立"专家+农技人员+科技示范户+贫困户"技术服务模式,确保每一个贫困村至少有一名技术人员进行跟踪服务,每一户有劳力的贫困户至少掌握一门实用技术。大力推进"产业扶贫信贷通",全面落实"免担保、免抵押、基准利率、财政贴息、风险补偿"的政策,累计向贫困户发放扶贫小额贷款2.13亿元,惠及贫困户4200余户;大力实施产业奖补政策,在蔬菜、蚕桑产业中试行农产品价格指数和气象灾害保险,有效解决贫困户产业发展的后顾之忧。全方位做好物流销售,积极向互联网借力,建立县、乡、村三级物流配送体系,依托农民专业合作社及县内农产品骨干企业,构建"公司+合作社+电商+农民(贫困户)"服务体系,建设乡村电商服务站点121个,实现23个乡镇全覆盖。

三是带动准:"四种模式"促进增收。针对贫困户有无劳动力、资金、技术等现状,永新县建立健全"四种"产业利益联结模式,让贫困户切实享受产业发展"红利"。示范引领"跟着种",发挥龙头企业、农民合作社、家庭农场等新型经营主体的传帮带作用,采取统一育供幼苗、统一技术指导、统一配方肥料、统一保护价收购、分户规划种植的"四统一分"模式,引领群众发展产业。产业分红"入股种",健全县、乡、村三级农民合作组织,贫困户将土地、资金等要素资源,通过股权量化方式参与产业合作社,让资源变资产、资金变股金、农民变股东,带动1.1万多户贫困户捆绑发展。反租倒包"自己种",加强"政、企、户"三方联动,采取反租倒包、反租代包方式,由政府从企业或基地经营主体手上租赁大棚,反向承包给具备种植能力的贫困户种植,或由贫困户委托亲友种,按6:4比例进行效益分成;企业做好苗木提供、技术指导、回购销售等服务,让贫困户拿到良种、学到良法、看到希望。门口就业"帮着种",注重"产业+就业"双向发力,加大农村实用技能、就业等培训力度,积极开展免费就业技能培训,并采取政策奖补、贴息贷款、税收优惠等方式,鼓励龙头企业、家庭农场、专业合作社等在生产经营中优先安排贫困人口就业,实现"一人务工、全家脱贫"。

精准保障,守住"最后一道防线"。在稳定解决群众不愁吃、不愁穿的基础上,精准聚焦教育、医疗、住房、安全饮水等基本需求,通过铺平求学路、把好健康脉、建好安居房、喝上放心水等方式,全面保障贫困群众生活需求。

一是铺平求学路:阻断贫困代际传递奔小康。坚持教育为本,将人、财、智、物精准对接最贫困地区、最贫困群体,建立县、乡、村三级"控辍保学"责任体系,建立贫困户学生从学前教育到高等教育的资助体系,恢复17个山区教学点,绝不让一个贫困孩子因学致贫、因贫辍学。据统计,仅2016年至2018年三年时间,永新县就有778名贫困大学生圆了"大学梦"。2019年上半年,全县共发放各项教育扶贫资助金共计441.7025万元,惠及贫困学生4528人。

二是把好健康脉:全民健康奔小康。高度重视健康扶贫,坚持财政全额资助贫困人口100%参加城乡居民基本医疗保险和医疗商业补充保险,提高门诊特殊慢性病保障水平,让贫困人口住院医疗费用报销达到90%适度目标;建立住院医疗报销一站式结算机制,实行先诊疗后付费,让贫困群众看得起病、看得好病。全县组建177个家庭医生团队,全面实施家庭医生签约服务;引进共建互联网+医疗远程影像中心,推行乡镇卫生院拍片,省级医疗机构诊断的模式,提升群众就医体验。建立了基本医疗保险、大病保险、商业补充保险、民政医疗救助"四道保障线",为贫困群众健康加固了一道"防护网"。

三是圆上"住房梦":安居乐业奔小康。坚持"应改尽改、应拆尽拆、应搬尽搬、应保尽保",按照"五不标准"和"九大项提升"要求,危房改造、移民搬迁、爱心公寓、村庄整治多管齐下,全面改善群众生产生活条件。2014年至2017年共投入危改资金近2亿元,实施农村危房改造13417户。2018年又安排整合资金6972万元,实施安居提升工程23865户。2019年实施"四类人员"危房改造89户,进一步巩固提升安居扶贫成果。针对经济困难、无能力建房的特困对象,创新实施"爱心公寓"工程,按照"三统一分"模式(即统一选址、统一规划、统一建设、分户入住),由政府代建"爱心公寓",让特困群众"拎包入住",圆上"新房梦"。

四是喝上放心水:饮水思源奔小康。持续推进农村安全饮水巩固提升工程,大力推进城乡供水一体化建设和农村集中供水工程,全面提高农村自来水普及率,加强集中供水设施的管护和水质监测,确保饮水安全。截至2017年底,全县3455户贫困户饮水不安全问题已全部解决,其中366户通过压水井解决,10户通过大口井解决,39户通过引山泉水解决,2835户通过管网延伸接自来水解决。

秉承沉心苦干韧劲,百折不挠脱穷帽、拔穷根

全县党员干部发扬"日着草鞋干革命,夜打灯笼访贫民"的苏区干部好作风,沉下心、弯下腰、扑下身子谋脱贫,形成了三级书记带头干、扶贫干部精心

帮、贫困群众自发做的良好局面,凝聚了打赢打好脱贫攻坚战的强大合力。

三级书记带头干,发挥"主心骨"作用。打赢脱贫攻坚战,关键在党,关键在人。坚持县乡村"三级书记抓脱贫",一级带着一级干、一级做给一级看,全县上下形成干群齐发力、合力促脱贫的良好格局。

——县委是脱贫攻坚一线"司令部"。作为"一线总指挥",县委向省委、市委立下军令状,要坚决打赢脱贫攻坚战,一次性通过国家第三方评估检查。县党政主要领导带头深入走访调研、带头精准指导帮扶、带头从严把关落实,走遍所有贫困乡村,主动将最偏远、最困难的三湾乡、象形乡作为脱贫联系点;其他县级领导干部也都挂点 1 个乡镇,具体联系 1 个贫困村,每周到点调度 1 次以上、指导帮扶工作 2 次以上。

——乡镇党委是作战前沿"指挥部"。各乡镇党委书记作为"一线指挥员",统筹协调扶贫工作,精准摆布攻坚力量,白天调度指导、夜晚访贫问苦,勇担扶贫主体责任,坚决为乡镇脱贫攻坚签字背书。

——村党支部是攻坚作战"尖刀队"。村支部书记作为"一线战斗员",不顾小家顾大家,不畏困难、冲锋在前,集中精力上门走访,全力纾解群众情绪,主动对接政策、对接产业、对接项目、对接资金,全力落实扶贫举措"最后一公里"。

扶贫干部精心帮,发挥"急先锋"作用。把精准帮扶作为脱贫攻坚的有力抓手,全面落实单位定点和干部"321"结对帮扶机制,派驻挂点帮扶单位 193 个、帮扶工作组成员 697 名、第一书记 238 名,构建行政村第一书记帮扶、贫困村单位定点帮扶、驻村工作组帮扶、贫困户干部结对帮扶"四个全覆盖"的帮扶体系,精准帮扶做到无盲区、无死角。

帮扶增加收入。根据贫困群众致贫原因,有针对性地设计帮扶措施,带头发展产业,把贫困户吸引到产业链中,帮助贫困户学习种养技术,全力增强贫困户致富能力。

帮扶改善环境。各级干部充分利用自身条件,积极向上争取项目、资金,带领群众开展"一扫二抹三洗四整"活动,全面改善农村人居环境,提升群众生活质量。

帮扶解决困难。帮扶干部们每月 20 天以上吃住在村,与群众同吃、同住、同劳动,哪户贫困户有什么突发情况,有什么实际困难,他们都心如明镜时刻记挂在心上,并想方设法予以解决,为群众送去及时雨。

贫困群众自发做,发挥"主力军"作用。始终把"扶贫先扶志、致富先治心"理念贯穿脱贫攻坚全过程,将"扶贫与扶志扶智扶德"有机结合起来,大力开展"六个一"感恩行动和"三讲一评"颂党恩活动,激励贫困群众感恩奋进、脱贫致富,真正让贫困群众成为脱贫"主力军"。

扶"志"为先,脱贫信心立起来。立足永新红色资源优势,依托"将军讲堂""民生讲堂""红色文艺轻骑兵下基层"等活动平台,开展"弘扬井冈山精神·讲好永新红色故事"活动,创排以脱贫攻坚为主题的永新小鼓《鞋》、采茶戏《今天有客来》,累计开展各类活动 600 余场,用身边人身边事教育贫困群众,点燃贫困群众自主脱贫的燎原之火。

扶"智"为重,致富本领强起来。针对贫困群众平均文化素养不高、实用技术欠缺等情况,2016 年以来,永新县积极开办农村农业实用技术培训班,邀请省市农业技术专家为乡亲们授课并实地演练,累计开展培训 15302 人,集中解决贫困群众"不会脱贫"的困扰。

扶"德"为本,良好风气树起来。着眼于构建农村思想道德新高地,永新县把扶贫精准到道德范畴,通过村规民约、"身边好人"、道德模范等载体,引导贫困户树立自尊、自立、自强理念,全力破解因道德滑坡和价值沦丧现象导致再度返贫的难题,推动形成积极向上的社会风气。

强化一心求变的意识,构建攻坚新机制、新体系

"苟日新、日日新、又日新"是永新的地域内涵,也是永新人民从不甘于现状、一心求变的意识体现。在脱贫攻坚中,永新人民充分发扬这种一心求变的精神,创新党建引领、社会参与、巩固长效等多项机制体系,为永新脱贫攻坚巩固提升提供了有力支撑。

创新"三位一体、四群联创"党建引领机制。永新县坚持"党建+脱贫",延伸"支部建在连上"的三湾改编精神内涵,将党建与精准扶贫相结合,创新推进以党建为核心的"三位一体、四群联创"基层发展和治理模式,走出了一条以党建促脱贫的新路子。

一是构建党政经"三位一体"的基层组织架构。建强党支部和党小组、配齐村委会和村民小组、建立农民合作社和分社,构建党政经"三位一体"的基层组织构架,实现了党员"先走"带"后走",带着群众"一起走"。比如,曲白乡浆坑村因地制宜,推广"锦绣"黄桃品种,大力发展黄桃特色产业 200 亩,通过"一领

办三参与"党政经三位一体发展经济模式,采取"合作社 + 贫困户 + 村集体"利益联结机制,将全村 28 户贫困户全部纳入,2019 年黄桃产量达 8 万斤,村级集体收入达 30 万元,贫困户每亩增收 4000 元,让贫困户、村集体经济富在产业链上。

二是推行"四群联创"基层发展和治理机制。坚持以人为本,实施"产业群帮群助、治安群防群治、村务群晓群议、幸福群乐群享"基层发展和治理机制。比如,石桥白鹭村围绕和谐脱贫,以村干部和党员为引领,大力实施"十户连心、四群联创""大喇叭"工程、关爱留守老人留守儿童和产业兴村计划,成立村红白理事会、老年体协、农民剧团、书画协会、治安巡防队等群众性组织,发挥党员干部在治安维稳、矛盾纠纷化解等工作中的关键作用,打造"农村一小时平安圈",激发了群众积极参与农村经济社会发展与自我发展的内生动力。

创新"爱心四化"社会参与机制。充分发挥政府和社会两方面作用,坚持动员全社会参与,创新"爱心四化"扶贫模式,积极引领、协调企业、社会组织、爱心人士等社会力量与脱贫攻坚工作精准对接、精准配置。

一是爱心资金化,为脱贫攻坚"输血"。动员社会各界参与,开展脱贫攻坚人大代表、政协委员在行动,实施工会扶贫、赣青扶贫、巾帼扶贫、助残扶贫,深入推进产业帮扶、金秋助学、千名代表暖心行等活动,为贫困群众"送温暖""送健康""送智慧""送科技""送政策"。

二是爱心基金化,为脱贫攻坚"储血"。探索设立脱贫攻坚爱心基金,对所有爱心捐资实行基金化管理,以制度化、规范化的模式引领社会力量长期参与扶贫济困。

三是爱心项目化,为脱贫攻坚"造血"。以增强群众的自我"造血"功能为重点,充分发挥非公经济和非公经济人士在产业、技术等方面的优势,为困难群众提供"定制"式帮扶。

四是爱心长效化,为脱贫攻坚"活血"。充分利用爱心基金、爱心队伍等力量,建立爱心屋、爱心超市等爱心阵地,为贫困群众提供全天候不打烊的爱心服务。

创新巩固脱贫成果长效机制。脱贫摘帽后,永新县坚持摘帽不摘责任、摘帽不摘政策、摘帽不摘帮扶、摘帽不摘监管,统筹推进脱贫攻坚与乡村振兴,不断巩固提升脱贫质量。

一是健全完善巩固脱贫长效机制。健全完善扶贫对象动态监测机制、产业扶贫稳定增收机制、扶贫政策落实保障机制等八大长效机制，以及产业扶贫巩固提升实施方案、就业扶贫巩固提升实施方案、教育扶贫巩固提升实施方案等十二项提升方案，同时统筹推进农村人居环境整治，坚决打好乡村振兴"第一仗"。

二是较真碰硬抓好问题整改。全面对标对表中央和省委整改问题清单，聚焦"两不愁三保障"突出问题，全面认领并举一反三查摆整改问题。同时，建立问题整改效果评估机制，由县纪委监委牵头对各乡镇、各部门整改结果进行评估，评估不合格的要求限期整改，确保问题整改全面到位。

三是全面开展脱贫攻坚"回头看"。脱贫既要看数量，更要看质量。为不断巩固提升脱贫质量，推进贫困村发展、贫困户增收可持续，确保已脱贫人口稳定脱贫不返贫、同步奔小康，对全县脱贫攻坚工作全面开展"回头看"，重点核查脱贫人口是否稳定实现"两不愁三保障"、退出贫困村是否稳定巩固、档外边缘户是否还有未实现"两不愁三保障"，切实巩固脱贫成效，做到脱真贫、真脱贫。

四是加强贫困人口动态监测。进一步完善贫困人口动态管理机制，深入开展常态化动态管理。建立贫困信息共享机制，将每次动态调整信息及时与医保、教育、民政、住建、卫健等相关部门进行共享，确保各项扶贫政策落实到位，不漏一人，对在贫困动态监测中发现的患有重大疾病、遭遇重大灾难的困难群众，建立健全救助帮扶机制，通过购买大病商业补充保险、发放临时救助、开展扶贫济困等帮扶措施，确保贫困群众遇病、遇灾不返贫，非贫困群众遇病、遇灾不致贫。

井冈山脱贫攻坚工作纪实

井冈山,是一座特殊的地标,是一座屡创奇迹而应在史册中浓墨重彩的丰碑。

90 多年前的 1927 年深秋,历史的风云际会,毛泽东和他的战友们选择了井冈山,在这里开创了中国第一个农村革命根据地,引领劳苦大众迈出了站起来的铿锵步伐,尔后闯出了一条具有中国特色的革命胜利道路,形成了影响和引导当年国内其他 12 颗"红星"的"井冈山经验"。

90 年后的 2017 年初春的 2 月 26 日,对于革命摇篮井冈山,又是一个历史性时刻:经国务院扶贫开发领导小组评估并经江西省政府批准,井冈山市正式宣布在全国率先脱贫"摘帽"。井冈山又一次创造了一个"第一",为全国乃至世界贫困地区脱贫竖起了标杆,创出了"井冈山样本"。

一句句殷殷嘱托,就是一股股奋勇向前的动力和信心,就是一份份践行初心的责任和担当

90 多年前,中国共产党人带着初心来到井冈山,在这里建立工农政权,颁布《井冈山土地法》……一系列艰苦卓绝的革命斗争实践,唯一追求的就是要让劳苦大众翻身做主人,过上好日子。然而,由于斗争的残酷,两年零四个月的血与火的岁月中,井冈山军民牺牲了 4.8 万余人。在井冈山烈士陵园里,黑色大理石墙上密密麻麻地刻录着 15744 位烈士的英名,还有一块显眼而静穆的汉白玉无字碑,则是 3 万多没有留下名字的先烈的集中纪念。革命先烈用鲜血和生命生动地诠释了共产党人的初心和追求。

革命胜利后,老一辈革命家和历任党和国家领导人一直牵挂着井冈山这块厚重的红土地,不仅莅临井冈山访贫问苦,鼓励老区人民发扬井冈山精神,艰苦奋斗、自力更生,还推动国家层面陆续实施了一系列定点扶贫政策。然而,由于战争创伤和山大沟深、交通不便、基础薄弱等诸多因素,集"革命老区、边远山区、贫困地区"三区叠加的井冈山,虽然区域经济逐步在发展,人民生活有了很大改善,但与山外的差距却在逐渐拉大,落后和贫困一直交叠在老区人民心头。截至2014年初,井冈山17万人口中,有贫困人口4638户16934人,贫困发生率13.8%,贫困户人均收入只有2600元。截至2015年初,井冈山人均收入不到全国人均收入的68%,106个行政村中,年收入不足5万元的集体经济弱村93个,其中年收入2万元以下的"空壳村"55个,占51.88%。脱贫的压力像大山一样堵在井冈山老区人民的胸口。

让人民群众过上好日子,是共产党人的初心,也是恒心。

2016年2月2日,瑞雪丰年,习近平总书记带着对老区人民的惦念和牵挂,来到井冈山看望慰问贫困群众,强调:我们党是全心全意为人民服务的党,将继续大力支持老区发展,让乡亲们日子越过越好。发出了"在扶贫的路上,不能落下一个贫困家庭,丢下一个贫困群众""井冈山要在脱贫攻坚中作示范、带好头"的殷殷嘱托。

总书记的殷殷嘱托,极大地激发了老区党员干部和群众脱贫攻坚的斗志,井冈山市委市政府向省委省政府作出庄严承诺:2017年在全国、全省率先脱贫,努力把井冈山老区打造成全国革命老区脱贫攻坚示范区。

铿锵的誓言,就是冲锋的"集结号",力量迅速向脱贫攻坚战场聚集:成立脱贫攻坚指挥部,下设8个工作组;明确产业扶贫、社会保障扶贫等十大扶贫工程;建立"321"帮扶责任机制,县处级以上干部每人帮扶3户贫困户,科级干部帮扶2户贫困户,一般党员干部帮扶1户贫困户。从市委书记到一般科员,人人都是扶贫干部,人人肩上都扛着责任和使命。同样是井冈山,跨越时空,不同的"战场",坚守着不变的初心。

井冈山的脱贫攻坚意义非凡。江西省委、省政府主要领导高度重视,多次深入井冈山作专题调研视察,省委书记刘奇亲自挂点井冈山脱贫攻坚,安排省农业农村厅、江铜等一批省直单位帮扶井冈山;吉安市委书记、市长率领17位市领导在井冈山分别挂点一个乡镇,并组织每个市直单位挂点一个行政村。一股股力量汇聚井冈山,一场场波澜壮阔的脱贫攻坚史诗精彩上演。

贫困群众是脱贫的主体,如何调动贫困群众的内生动力,立志脱贫?井冈山注重"三扶""三不扶":扶"志"不扶"懒",解决"要我脱贫"还是"我要脱贫"的问题;扶"干"不扶"看",解决"坐等看"还是"动手干"的问题;扶"一世"不扶"一时",解决"眼前过关"还是"长远过硬"的问题,从群众的思想根源入手,循序渐进断"穷根"。全市3000多名机关党员干部沉下身子,卷起裤腿,和老百姓同吃、同住、同走脱贫路,向老百姓讲好红色历史,讲清扶贫政策,讲颂脱贫典型,让广大贫困户接受"文化充电"和"精神补钙",提振脱贫决心和信心。心中有期待,脚下有力量,困难群体坚定地迈出"敢教日月换新天"的豪迈步伐。

上下齐心,其利断金。井冈山人民在习近平总书记的鼓舞和激励下,在彻底摆脱贫穷、走向富裕小康生活的征程中交出了一份不同寻常的答卷:截至2016年底,全山贫困人口由2014年初的4638户16934人,减少到539户1417人,贫困发生率由2014年初的13.8%下降到1.6%,低于国家2%的贫困县退出标准;农民人均纯收入由2013年的5857元增长到8647元,贫困户人均纯收入由2013年的2600元增长到4500元以上。

这是一份合格的答卷。数字的变化,见证了历史变迁,数字的变化,也凝聚了一群人的辛勤汗水和无穷智慧。

下足"绣花"功夫,创造性推出"三卡识别""五个起来"等系列精准扶贫模式

脱贫攻坚,贵在精准。井冈山市深入贯彻习近平总书记关于精准扶贫、精准脱贫的重要论述,创造性推出"三卡识别""五个起来",把精准精细要求贯穿于"扶持谁、谁来扶、怎么扶、如何退"的全过程。

"三卡识别",精准"扫描"每个贫困户。创新提出红卡(特困户)、蓝卡(一般贫困户)、黄卡(2014年前已脱贫但有可能返贫的边缘户)精准识别办法,不搞"大概印象、笼统数据",而是聚焦"贫困面有多大、贫困人口有多少、致贫原因是什么、脱贫路子靠什么"等问题,以"村内最穷、乡镇平衡、市级把关、群众公认"为原则,以"一访(走访农户)、二榜(在村和圩镇张榜集中公示)、三会(召开村民代表大会、村两委会、乡镇场党政班子会)、四议(村民小组提议、村民评议、村两委审议、乡镇场党政班子决议)、五核(村民小组核对、村两委初核、驻村工作组核实、乡镇仲裁小组核查、乡镇场党政班子会审核)"的阳光操作办法,让群

众身边、最熟悉情况的人来把关分类,从而确保"贫困户一个不漏,非贫困户一个不进,贫困原因个个摸清,脱贫门路户户有数"。

为加强对脱贫的动态管理,在精准识别的基础上,又创新制作以贫困户基本信息卡、帮扶工作记录卡、脱贫政策明白卡、贫困户收益卡为主的"四卡合一"脱贫档案卡。一卡在手,即可了解贫困对象的所有基本信息,谁来扶的、怎么扶的、解决了哪些问题、实现了哪些收入等信息一目了然。同时实行"三表公开",为红、蓝、黄卡户分别统一印制"贫困户收益确认公示表",实时登记每一项实际收入,经贫困户签字确认后公开公示。这样,户有卡、村有册、乡有簿、市有电子档案,利于实行有进有退的动态管理,确保"贫困在库、脱贫出库,"准确做到应扶则扶、应退则退。

"五个起来",打造出五把亮堂堂的"金钥匙"。"有能力"的"扶起来",实现家家有产业。井冈山以产业扶贫为抓手,实施"231"特色产业富民工程,即重点打造20万亩茶叶、30万亩毛竹、10万亩果业产业基地。农户根据实际情况自主选择产业项目,市里每年整合5000万元涉农资金用于扶持特色产业发展,每年拿出1000万元财政资金对新增扶贫产业基地进行奖补,推动实现"家家有一个致富产业、户户有一份稳定收入"的目标。

"扶不了"的"带起来",实现个个有收益。针对部分贫困群众缺乏劳动能力、难以自我发展的客观实际,采取股份制、联营模式、托管模式等多种合作模式,贫困户或以资金或以土地入股等形式参与产业发展,固化贫困户与企业、基地、合作社的利益联结,让每家每户有一份稳定的资产性收益。至2016年底,全市产业扶贫合作社达209个,贫困户人社率达到100%。拿山镇江边村一个草莓基地,就吸纳了全镇近60%的贫困户,租金、股金、薪金多种受益叠加,户均年增收8000元。

"带不了"的"保起来",实现人人有保障。对于完全丧失劳动能力的贫困群众,将各类扶贫政策向其聚焦叠加,实施贫困线与低保线"双线合一",并扩面提标,实行兜底保障。截至2016年底,累计向贫困户发放了1320万元低保金,红卡户人均享有2340元/年。扶贫政策叠加的效应,使不少贫困户迅速摆脱了困境。古城镇塘头村贫困户陈汉明,以往为三个小孩学费愁眉不展;井冈山实施脱贫攻坚后,当地教育部门为其大女儿和二女儿争取了爱心企业资助,每人每年3000元,并免去了大女儿高中学费和书本费3000元,还申请了2500元最高标准国家助学金。受益的陈汉明一下子就愁眉舒展,心里亮堂了。

"住不了"的"建起来",实现户户有其屋。井冈山结合空心村整治、清净整洁工程,实行拆旧建新、维修加固、移民搬迁、政府代建四种安居模式,采取政府补一点、群众出一点、社会捐一点、扶贫资金给一点"四个一点"的办法筹措资金,通过开展"消灭危旧土坯房,建设美丽乡村"攻坚行动,到 2016 年底,全市7000 多栋危旧土坯房全部得到改造或新建。对于居住在那些"一方水土养不起一方人"的深山区居民,引导向中心村镇有序"转移",其中的特别贫困移民户,政府采取统建"爱心公寓"交钥匙工程,集中配套安置。

"建好了"的"靓起来",实现村村有新貌。井冈山坚持全域规划,大力推进镇村联动和美丽乡村建设,25 户以上自然村全部通水泥路、通自来水,所有行政村卫生室、文化室、党建活动室均达标。结合村庄环境整治工程,打造了 6 条公路干线沿线美丽乡村示范带和一批美丽乡村精品示范点,神山、案山、坝上等一大批贫困村实现了美丽蝶变,群众在干净、漂亮、整洁、舒适的环境中实现脱贫。

做好"变"的文章,因地制宜拓展致富路

脱贫致富,收入是核心,产业是关键。井冈山两件宝"历史红、山林好",红色资源和自然生态是井冈山两大资源优势。如何将资源优势转变成发展优势,打通资源与产业的双向转化,井冈山在"变"字上大做文章。

变资源为资产,让集体与个人同步增收。说起"农旅一体化"的井冈山高科技农业博览园这 1000 亩的"聚宝盆",拿山镇江边村党支部书记王小波抑制不住内心的喜悦:原来不起眼的撂荒地,现在建成了一栋占地 6.1 平方米、亚洲最大的现代化独栋智能观光大棚,12 万平方米连栋多功能生产大棚,以及智能化育苗中心、产品深加工车间、生态餐厅等配套设施。这次从当地农民手中流转的土地,租期 20 年,村民按当年每亩 450 斤稻谷的市场价收取租金,同时按土地纯收益的 5% 获取股金。村民们在园区按点上下班,每月领工资,定期收租金,年底分股金,过上了惬意的新型职业农民生活。博览园每年还拿出 20 万元壮大村集体经济。

相距 50 公里的东上乡,拥有丰富的山林资源,养蜂是当地的传统产业。为了发展蜂业,东上乡政府与广州海伦堡公司签订协议,成立养蜂合作社,吸纳 51户贫困户、9 个村委会为成员,由公司投资购买 800 箱种蜂,并建立标准化蜂蜜加工厂,采取"合作社＋集体＋贫困户"和公司包销售的模式,确保村集体、养

殖户、贫困户多方收益。

与东上乡相邻的原坳里乡渡陂村,一处 100 多亩的河滩地闲置多年,江西中电仪能公司投资 1700 万元建成了"渔光互补"光伏电站,将全乡 159 户贫困户全部入股,按收益的 10% 分红,4 个行政村也纳入股方,村集体每年收益 5 万元。渡陂村"渔光互补"光伏电站与众不同的,还在于它还可以放养鱼苗,配套发展渔业,一个光伏电站,实现了土地租金、分红股金、务工佣金"三金"收益。

瓯峰科技、厦一农业、强顺果业、樟红水稻……一家家外来企业,促成了当地资源的转换,促成了农民变股民,逐步带壮一个个村,带活一片片人。

变山区为景区,让乡村与城市同步振兴。井冈山紧扣"全景井冈、全域旅游",实施"茨坪 +"行动计划,致力打造"1 +6"特色旅游小镇,推进景村融合,充分发挥旅游业的辐射能力和带动能力,通过"三个一批",推动山区变景区、农户变商户,努力让老百姓吃上旅游饭,走上致富路。

精品民宿带动一批。引进有实力、有理念、有情怀的市场主体,打造了 22 个民宿点,增设接待床位 6000 多张。茅坪镇茅坪村打造"山地人家"项目,统一规划建设 25 栋庐陵风格与客家风情民居,前些年每年接待游客近 4 万人,有力地带动了当地农民增收致富。案山村,原来是个建筑物杂乱无章的小山村。2016 年,当地政府引进广东客商投资 2000 万元,租用 9 栋旧民房开始打造民宿,仅一年工夫,就形成了民宿、餐饮、KTV、咖啡屋、清吧(烧烤)等业态,别具意大利风情的"苏莲托"成了网红,43 户贫困户入股收益。如今,规模进一步扩大,建成了垄上行度假村,被评为全省唯一一个 5A 级乡村旅游点。龙市大仓、柏露鹭鸣湖、拿山长塘……一批精品民宿示范点逐步呈现。

培训研学兴起一批。全山红色培训、研学机构与乡镇场结对帮扶,为乡村带来人气、带来活力,贫困群众既可获得就业岗位,又可以通过提供住宿、销售农副产品增加收入。山上的大井村曾有一段光荣而厚重的历史,但是,这个海拔 900 多米的小山村,因土地贫瘠,粮食产量低,老百姓长期处于贫困状态。脱贫攻坚战打响后,大井村联合井冈山旅行社,引导帮扶村民将房屋改造成设施齐全的民宿,将周边场地改造成研学活动场地,逐步形成了 93 户农家共 2088 个床位的承接规模。同时,研发了住一次农家院、听一个红军故事、学唱一首红歌、自制一顿红军餐、举办一场篝火晚会等"十三个一"的研学内容,使大井村变身为非常接地气的教育培训基地,成为了远近闻名的研学村。山下的马源村,人口不足 1 千,从 2 间旧房改造起步,目前已形成了研学床位 900 余张的规模,前些年每年接待研学旅行学生 2 万余人,参与接待农户户均增收近 3 万元。该村一个红色大讲堂,每年就为村集体增收 2 万元。汉头、源头、中岭……一批研学基地逐步建成。

乡村旅游发展一批。鼓励发展观光农业、农事体验、户外休闲、田园骑射、漂流体验等乡村旅游"农家乐"项目,并通过"协会＋农户",将农户尤其贫困户纳入农家乐产业协会,搭建迈向脱贫致富的桥梁。景区 100 多家宾馆酒店也与贫困村结对帮扶,在食材、农副产品方面实行产销接龙。柏露乡长富桥村,村名虽然带个"富"字,但早些年却穷得响叮当,全村 157 户 557 人,就有贫困户 16 户 59 人,贫困发生率达到 10.59%。从陶瓷企业回村当选村党支部书记兼村主任的吴雪香,在市里发展乡村旅游政策的鼓舞下,连续打出了一套脱贫"组合拳":抓村庄规划,抓环境整治,抓土地流转,抓产业招引……,"禾晟农业科技公司""柏露文化旅游发展有限公司"相继成立,发展"虾稻共作""鳖稻共作""莲虾共作"等新型农业生产业态,开发鹭鸣湖,建设研学游乐园。如今的长富桥,一排排白墙蓝瓦的民居依山傍水而筑,帐篷、小木屋、纸风车、露天餐厅、网红桥、水上乐园构建成了和谐美丽的幸福家园。"村美环境优,也引来了金凤凰,有来旅游的,有来研学的,有搞拓展的,有做红培的,老百姓都吃上了旅游饭,办民宿,开餐馆,贫困户现在都住上了三层楼房,全村 50% 的人家买了小车,大家的日子越过越红火喽。"爽朗的吴雪香笑得比阳光更灿烂。比长富桥村海拔高出 400 多米的神山村,自 2016 年开春以来就游客不断,从外地务工返乡的罗林辉整天忙得不亦乐乎。"今天早上刚从黄洋界送黄桃回来,实在是忙不过来……"面对人头攒动的游客,看似无奈的语气,自信自豪却写在脸上。村支书彭展阳掰开手指,给罗林辉算出了收入账:拉起的施工工程队每年收入 10 万元,经营的土特产店保守收入 10 万元,种植黄桃年收入 5 万元,再加上闲置房产出租和其他星零收入,全家每年收入突破 30 万元。坝上、古田、下陇……在发展乡村旅游中一个个村庄实现华丽转身,一个个山里老表在实现着老板梦。

坚持大格局扶贫,聚合力量办大事

脱贫攻坚是一项系统工程,是一场大仗、硬仗。办大事,就要有大格局。井冈山一方面发挥政治优势,既激发内生动力,又充分借助外力,形成扶贫"全覆盖"体系;另一方面,积极培育多元主体,构建扶贫"立体化"格局。

　　力量的凝集,是干事的前提。省市县三级组建 25 个扶贫团,313 个驻村工作组,下派第一书记 118 名,确保了"乡乡都有扶贫团,村村都有帮扶队,一村一个第一书记",近 7000 名党员干部奋战在脱贫攻坚第一线。

　　力量还远不止这些。原南京军区按照习近平总书记关于部队要为脱贫攻坚作出贡献、推进红色武装建设的指示,2013 年 11 月就启动了帮扶井冈山脱贫的三年计划,筛选了 9 个先进单位对口帮扶井冈山 9 个乡镇。三年到位资金 1.49 亿元,实施项目 102 个。张家港市在该市人武部实施对口帮扶的基础上,还与井冈山市结成友好城市,每年帮扶井冈山 1000 万元。

　　新城镇排头村,是省农业农村厅帮扶的村子,该厅先后扶持资金 1000 多万元,修好了村道,装好了路灯;完成了 1300 多亩良田改造;引导村民成立了苗木花卉合作社、生猪养殖合作社,帮助该村 89 户贫困户全部脱贫。2018 年初,该厅又派出了一支特殊的扶贫工作队:一名畜牧博士,一名茶博士,一名硕士。村民高兴地称他们是"博士扶贫团。"工作队一头扎进群众中,倾听群众所思所求,然后与村两委班子研究,很快拿出了"一鱼二金三畜四果"的脱贫巩固提升方案,并引导鼓励排头村民勇当"排头兵",先后成立和盛家庭农场、银岗肉牛养殖合作社、祥明养蜂专业合作社、银岗红农业开发公司"一场二社一公司"。而今,"博士扶贫团"正在引领排头村民创造更高的幸福指数。

　　扶贫,资金是保障。井冈山整合农林水、交通、国土等项目资金,设立基金撬动担保贷款、产业保险,争取社会支持三路并进,形成"多个渠道引水、一个龙头放水"的扶贫投入新格局,通过发挥财政资金引导和杠杆作用,撬动更多金融资本、社会帮扶资金,并捆绑集中使用,形成了脱贫攻坚的更强大合力。2016年,全市整合资金 4.57 亿元用于扶贫,比上年增加 58%,撬动精准扶贫贷款新增 4 亿元,争取社会支持资金 3.18 亿元(其中三联单位 9800 万元、江铜 1 亿元、华润 1.2 亿元),有力地保障了脱贫攻坚的资金投入。

　　阻断贫困代际传递,必须确保不让任何一名学生因贫困而失学。井冈山构建覆盖从学前教育到高等教育各个学段各类贫困学生的"一揽子"帮扶政策。对所有建档立卡贫困户,建立到校、到户、到学生的教育精准扶贫平台,从幼儿园开始全程追踪到大学。对贫困户子女,高中以下费用全免,国家是初中以下全免,井冈山推广到高中阶段;进入大学或职业学校实行奖补,一个学生每年奖补 8000 元或 4000 元,确保了让所有孩子上得起学、上得好学。

没有全民健康,就没有全面小康。井冈山实行健康兜底,降提结合,织牢健康防线。一方面,取消贫困群众县、乡住院补偿的起付线,降低省以下住院的起付线;另一方面,提高贫困人口住院的医疗报付比例,把报销比例提高到90%,防止"一人得病,拖垮全家"。同时,实施"暖心工程",贫困群众实行先治后费,并依托医联体、医共体建设优势,优化整合医疗资源,确保小病不出村、大病不出市,减少市外就医,让人看得起病、看得好病。

交通扶贫:村村通公交,在全省率先实行65周岁以上老人免费乘车;文化惠民:乡有文化站,村有农家书屋,"百姓大舞台"月月下乡来;社会红色治理:"天网雪亮工程"全山全覆盖,干警"人人都是110"……

一张扶贫的大格局在井冈大地铺展着。

"快马加鞭未下鞍",努力为革命老区高质量发展探索经验、作出示范

脱贫摘帽不是终点,而是新生活、新奋斗的起点。2018年3月,省委书记刘奇同志在井冈山调研时,作出了"井冈山要感恩奋进。要在脱贫摘帽的基础上,坚守绿色底色、做亮红色特色、璀璨发展金色,奋力实现在全面小康道路上高质量跨越发展"的指示。为此,井冈山提出了"红色最红、绿色最绿、脱贫最好,在全面小康征程中实现高质量跨越发展"的"三最一跨"奋斗目标。2019年6月,江西省委十四届八次全会工作报告中提出"井冈山要着力在巩固提升上下功夫,为革命老区高质量发展探索经验、作出示范"。这是第一次以文字形式在省委全会工作报告中对一个县的发展提出具体要求。为此,井冈山紧紧围绕"三最一跨"奋斗目标,致力在四个领域探索经验、打造"示范区"。

做亮红色底色,打造理想信念的示范区。井冈山牢记习近平总书记"让跨越时空的井冈山精神放射出新的时代光芒"的指示要求,坚持强化红色引领,致力打造"最讲党性、最讲政治、最讲忠诚"示范区。一方面,保护红色遗存,力求最完美。投入巨资对100多处革命遗址遗迹进行修缮提升,注重与周边地理、人文环境相连相融,推进区域红色资源辐射、整合、串接,让红色遗存在保护中开发、在开发中保护,努力把井冈山打造成一座经典的没有围墙的红色博物馆。另一方面,深挖红色内涵,讲好演好红色故事,将红色培训做旺做强,力求最鲜活。井冈山制订的《红色教育培训服务规范》已经成为江西省地方标准,即将获得国家标准委评审通过,成为国家行业标准。

　　坚守绿色底色,打造绿色崛起的示范区。"绿水青山就是金山银山。"井冈山许下"绿色最绿"的坚定诺言,努力打通"绿水青山"与"金山银山"双向转化通道,用绿色理念挖掘生态"好钱景",用绿色理念探索工业"新定位",用绿色理念打造新型"动力源",努力把美丽风光转化为美丽经济,让井冈山绿色绿出新精彩。近年来,大力发展以精品民宿为重点的全域旅游,大力发展以茶竹果为重点的绿色富民产业,大力发展以绿色生态产业为重点的电子信息、绿色食品、竹木加工、陶瓷创意等特色工业,大力发展以总部经济、康养经济、培训经济、电商经济为重点的新型经济,不断培植绿色产业发展新动能。井冈山继2018 年获得全国生态文明示范市之后,2019 年又先后拿到了首批国家全域旅游示范区,国家级"绿水青山就是金山银山"实践创新基地等"国字号"金字招牌。

　　璀璨发展金色,打造老区振兴的示范区。习近平总书记多次强调:要"接续推进全面脱贫与乡村振兴有效衔接"。井冈山牢记嘱托,把脱贫攻坚的成功经验带入乡村振兴整体布局,注重以脱贫产业的长效,引领乡村振兴产业的长远。对"231"茶竹果富民产业实行差异化奖补政策,推动产业持续壮大;发挥乡村生态涵养、休闲观光、文化体验等优势,把产业全局建设与乡村振兴紧密结合起来,促进农村一二三产业深度互动、融合发展。注重以脱贫帮扶力量的常在,形成乡村振兴力量的常态。脱贫"摘帽"后,"321"帮扶机制不变,帮扶力量和力度不减,并探索推广"党支部 + 合作社 + 农户""党支部 + 企业 + 基地 + 农户"等模式,深入开展"十百千万"工程和"百个支部结对共建"等活动,充分发挥党建引领作用。注重以脱贫自主意识的长树,转化振兴自主意识的长驻。讲好身边的"脱贫故事"激励人,深入实施文化惠民工程鼓舞人,引领老区人民奔向新征程。

　　绘就改革成色,打造基层治理的示范区。社会安定和谐,人民才能安居乐业,生活才能甜美安康。井冈山立足"红"的优势和特色,大力实施"红色治理法",推进基层治理"共建共治共享",探索出一条红色传承助推现代治理的基层社会治理新路径。井冈山公众安全感连续十年全省排名前五,连续四年荣获全国信访"三无"县,"红色治理法"荣获 2019 中国改革年度优秀案例。

　　如今的井冈大地,处处弥漫着昂扬向上的新气息,井冈老区人民正昂首阔步走在高质量跨越式发展的大道上。

吉安县脱贫攻坚工作纪实

　　吉安县地处江西省中部、吉泰盆地中心，素有"金庐陵""文章节义之邦""江南望郡"的美誉，是井冈山革命根据地的重要组成部分、赣西南革命斗争的中心，是原中央苏区县，也是国家扶贫工作重点县、省定罗霄山脉连片特困县。党的十八大以来，吉安县认真贯彻落实习近平总书记关于精准扶贫、精准脱贫的重要论述，特别是习近平总书记视察江西时提出的"吉安、井冈山要在脱贫攻坚中作示范、带好头"重要指示精神，始终把脱贫攻坚作为最大政治责任和第一民生工程，精心谋划，聚力破局。脱贫攻坚之战，吉安县作出决胜之答，向党和人民交出了一份靓丽答卷。2017 年 11 月 1 日，国务院扶贫办举行新闻发布会，正式宣告全国第二批 26 个贫困县脱贫"摘帽"，吉安县荣列其中。吉安县顺利实现在全国率先脱贫"摘帽"的目标，成为继井冈山市之后全省第二个脱贫"摘帽"的贫困县（市），为全省脱贫攻坚工作进入全国"第一方阵"作出了积极贡献。

牢记嘱托赴征程

　　吉安县是一块红色的土地。土地革命时期，在中国共产党领导下，吉安县内先后举行过东固暴动、延福暴动、官田暴动，创建了东固革命根据地、延福革命根据地和西区革命根据地，成为赣西南革命根据地的重要组成部分。毛泽东、朱德、陈毅率领红军从井冈山辗转来到东固革命根据地与当地的红二、红四团会师，取得了第一至第四次反"围剿"胜利，演绎了"九打吉安"波澜壮阔的精彩画卷，为中央革命根据地的建立奠定了坚实的基础。为了人民的解放、民族的独立，吉安县人民前赴后继，付出了巨大牺牲，有名有姓的革命烈士就达

10049 人，可以说，吉安县每一寸土地都浸染着英烈鲜血的"红"。这里还走出了 46 位开国将军，是全国闻名的"将军县"。

2002 年，吉安县被列为全国扶贫开发重点县，从此戴上了"国家贫困县"的帽子。多年来，与全国大多数贫困县一样，为了让贫困群众早日脱贫奔小康，县委、县政府进行了不懈努力和长久探索。但是，由于历史、自然条件等原因，全县农村贫困现象依旧比较严重。截至 2014 年初，全县仍有贫困人口 14453 户48660 人，贫困发生率为 12.6%；贫困村有 86 个，占全县全部行政村的 28% 以上。"如何脱贫"成为县委、县政府亟待解决的首要任务。

2016 年 2 月 2 日，习近平总书记来到井冈山，看望吉安老区人民。"吉安、井冈山要在脱贫攻坚中作示范、带好头。""我们党是全心全意为人民服务的党，将继续大力支持老区发展，让乡亲们日子越过越好。在扶贫的路上，不能落下一个贫困家庭，丢下一个贫困群众。"铿锵话语响彻神州大地，殷殷嘱托铭刻干群心间！

吉安县作为国家贫困县，在全省率先脱贫"摘帽"是一件对全国老区脱贫具有重要意义的大事，打好这一"政治仗"意义重大。为此，县委、县政府牢记习近平总书记的嘱托，带领 50 万人民立下军令状：吉安县要在全省率先摘掉贫困县帽子，在脱贫攻坚中作示范带好头，努力创建全省脱贫攻坚样板县、示范区。

脱贫攻坚战打响以来，江西省委、省政府和吉安市委、市政府领导多次深入吉安县调研精准脱贫工作。省委主要领导要求吉安县紧紧抓住"精准、落实、可持续"三大关键，市委主要领导提出了"三个到位、志智双扶、两表公开、力度加大"的思路。吉安县四套班子领导带队，下村组进农户，通过实地查看、座谈交流等形式，了解贫困现状，掌握致贫原因，算清扶贫细账，共商扶贫计策，并经过多个层面反复研究论证，在全县构建了"1 + 10"政策支撑体系，向 19 个乡镇和16 个县直单位下达了脱贫攻坚目标责任书。对照全面小康各项指标和群众需求，仅县级干部就完成专项调研报告 42 篇，群策群力编制《吉安县"十三五"脱贫攻坚规划(2016—2020 年)》和《关于举全县之力坚决打赢 2016 年率先脱贫摘帽决胜战的实施方案》等文件。全县上下以"脱贫攻坚月""百日大会战""决战决胜 60 天"活动为抓手，大力推进产业扶贫、安居扶贫、教育扶贫、健康扶贫、保障扶贫、设施扶贫等十大脱贫工程，投入逾 10 亿元，共 1652 个项目，打出了一套精准发力，脱真贫、真脱贫的组合拳。

吉安县广大党员干部弘扬跨越时空的井冈山精神,激发奋进力量,舍小家为大家,在决战决胜脱贫攻坚的征程上砥砺前行。

干部带着群众干,党员领着群众走。"想干干不好,想走怕走错",这是脱贫路上贫困群众的最大担忧。脱贫使命呼唤干部担当,群众忧虑指引前行方向。吉安县把脱贫攻坚第一线,作为锻造干部才干的第一"熔炉"。党政主要领导挂帅出征,真正把脱贫责任扛在肩上。构建县、乡、村、党员干部四级扶贫保障机制,成立由县委书记任组长的脱贫攻坚工作领导小组,各乡镇成立精准脱贫服务中心,构建县级、正科级、副科级、一般干部"4321"帮扶体系,做到"乡乡有领导挂点、村村有单位入驻、户户有干部帮扶",确保贫困户不脱贫、干部不脱钩。53 名致富带富能人被推荐为村党支部书记,5317 名机关党员干部与贫困户结对帮扶,86 名科级后备干部到贫困村脱产任"第一书记",172 名优秀机关干部到贫困村担任村党支部书记助理和村委会主任助理,其余 221 个非贫困村加派"第一书记",实现全县 307 个行政村"第一书记"驻村全覆盖。

人人都是扶贫干部,个个都是扶贫专家。油田镇江下村委会主任彭佐民,带领村干部到萍乡进行实地考察,引进栽培技术,利用菌棒冬季栽培黑木耳,带领贫困群众脱贫致富;横江镇 90 后干部王成,是镇里闻名的扶贫"小专家",不仅对村里的贫困户情况如数家珍,还主动为群众脱贫出谋划策;在永阳镇荷浦村,县委党校派驻第一书记钱升飘因忘我工作、不顾伤病痛地无私奉献,村里人都称他为"狗不叫干部"……吉安县组建了一支支勇担当、业务强的帮扶队伍,为顺利脱贫摘帽提供了坚强保障。同时,先后选派涵盖医疗卫生、农业、林业、畜牧水产、科技、文化等 11 个领域 200 名专业技术人员 10 个专家组长期到村一级开展技术帮扶工作,遍访帮扶贫困户 1665 户,帮助贫困村解决专业技术问题732 个,落实帮扶项目 149 个。

脚下沾有多少泥土、心中就沉淀多少真情。脱贫攻坚路上,涌现了许多可歌可泣又可爱的好干部,他们在新时代传承党的好作风,在扶贫一线默默奉献,让革命老区忠诚于党、服务人民的红色基因代代相传。2016 年端午,大冲乡大冲村第一书记钟洁接到村民打来的电话,让她马上赶回来,挂了电话立刻起身赶往大冲,10 岁大的孩子急切地问妈妈:"今天过节,也要赶回去吗?"钟洁坚决地点了点头说:"村里需要我。"登龙乡黄陂村到邻村泗塘的道路不通,村民去往县城只能绕远走,大家热切期盼修新路,第一书记罗清看在眼里急在心里,向村民立下庄严承诺:"不修好路我就不离开黄陂!"经过努力,他成功帮助村民争取到70多万元的道路改造资金,修通了村民出行之路。万福镇圳上村"第一书记"兰兆义,整日为脱贫工作劳心劳力,竟体力不支在驻村期间晕倒,挂上吊瓶刚醒来,就心心念念地叮嘱同事将未完成的工作做好……"这是一场不能输的硬仗,没有击鼓,但有冲锋;没有硝烟,但有呐喊。攻城拔寨,不胜不还!"一位年轻的"第一书记"在扶贫日记中这样写道。

吉安县精准脱贫引起全国的广泛关注。2016年5月15日,吉安县作为江西省唯一代表参加全国集中连片贫困地区抓党建促脱贫攻坚工作座谈会,并作典型发言。《齐心协力摘掉"穷帽子"——江西吉安县抓党建促脱贫的实践》被编入全国干部教育教材《脱贫攻坚新发展理念案例选》;《横江葡萄合作社党支部发挥党组织引领作用的做法》入选中央组织部全国党员教育教材《基层党组织脱贫攻坚案例选》。

幸福都是干出来的。短短两年时间,吉安县上下一心,在追求美好生活的道路上迈出了新步伐! 截至2016年年底,全县贫困人口减少到1833户4103人,贫困发生率降至1.71%;全县86个"十三五"贫困村成功退出83个。2017年11月,经过国务院扶贫开发领导小组组织的第三方严格评估,吉安县综合贫困发生率为1.71%,低于2%的贫困县退出标准;群众认可度为98.61%,高于90%的要求,江西省政府正式批复同意吉安县脱贫退出贫困县序列。

精准发力出实招

脱贫攻坚,精准是第一要义。吉安县深入贯彻习近平总书记关于精准扶贫、精准脱贫的重要论述,紧紧抓住省委"核心是精准、关键在落实、确保可持续"的总要求,围绕"两不愁三保障"这一靶心,下足了"绣花"功夫,让贫困户"华美转身"。

精准识别,坚决不让一个老区群众掉队。吉安县把"精准"贯穿脱贫攻坚全过程,确保不落下一个贫困家庭,不丢下一个贫困群众。在实际工作中,吉安县严格按照"七步法"工作程序,认真把好对象条件、民主评议、对象公示、监督检查"四道关口",全县共识别出贫困户15121户50665人。在此基础上,吉安县根据贫困户劳动能力、身体条件、收入水平、务工状况等因素,将贫困户分为蓝卡户、黄卡户、红卡户3种类型,区分贫困程度,厘清致贫原因,制定相应帮扶措施,因户施策、因人施策。

锁定不愁吃穿,确保贫困群众能致富、可持续。吉安县通过"一个提标、一个扩面、一个代缴"全面提高农村建档立卡贫困户兜底保障水平,实现贫困户低保兜底、五保供养、残疾人扶持、养老保险代缴4个全覆盖。2016年以来,全县共发放低保兜底保障资金1449.8万元,五保兜底保障资金39.9万元。

保障住房安全,让贫困群众建得起、住得好。吉安县采取集中新建、分散新建、乡村代建三种不同改造方式分类推进。对确无能力建房的特别困难群体,采用"交钥匙工程"等方式,帮助其解决住房问题。2016年以来,全县共协调投入资金8794万元;拆除无人居住危旧房、土坯房2.65万栋,完成危房改造任务6564户。

推进教育扶贫,有效阻断贫困现象代际传递。在加强学校标准化建设、师资队伍建设和落实教育扶贫普惠性政策的基础上,吉安县提高对贫困户学生的特惠性资助力度,防止因学返贫现象发生。2016年以来,全县累计资助贫困生19861人次,资助总金额2167.62万元。

筑牢健康防线,全面提高医药费用报销比例。吉安县通过实施"一个代缴、四道防线"(一个代缴,即新农合代缴;四道防线,即新农合、大病保险、商业补充保险、大病救助四道防线)政策,贫困户医药费用报销均可达95%左右。2016年以来,全县新农合基本医疗补偿50299人次、补偿资金9814.74万元,通过"四道防线"报销医药费用53063人次、1.47亿元。

产业扶贫全覆盖

习近平总书记指出:"发展产业是实现脱贫的根本之策。"在脱贫攻坚战中,吉安县找准脱贫的"根",结合自身优势,对症下药、靶向治疗,变传统的"输血"式扶贫为"造血"式扶贫开发,实现了全县所有贫困户产业全覆盖。先后创新推广"四个一"产业扶贫模式、探索建立了"一领办三参与"产业扶贫模式,奏响了产业扶贫的交响乐章。

坚持"四个一"产业发展路子。吉安县县域经济不弱,但边远山区乡镇不少,贫困群众占比大,边远山区局部贫困特征突出。吉安县总结多年扶贫工作经验,精准把脉,认为"致贫,根本原因在于缺乏自我发展能力;脱贫,当以产业为根"。在实际工作中,该县探索出"一户一亩井冈蜜柚、一户一亩横江葡萄、一户一个鸡棚、一户一人进园务工"的"四个一"产业扶贫模式,创新构建"担保贷款、贷款贴息、现金奖补、产业保险"的"四轮驱动"金融扶贫机制,激发贫困群众投身产业发展的热情,确保家家有一个致富产业、户户有一份稳定收入。

一颗小葡萄,带来大变化。横江镇公塘村,以前由于土地贫瘠,村里贫困发生率高达34%。如今,家家户户种葡萄,共发展葡萄种植1300余亩,每亩上万元的收入,为贫困户脱贫提供了坚实的保障。葡萄种植户户均年收入超10万元,几乎家家都盖起了漂亮的新房,超过一半人家买了小汽车。

一个就业岗,脱贫底气足。天河镇毛田坑村,道路崎岖,百步九折,是吉安县海拔最高的乡镇,曾经是出了名的穷村。"我在县工业园区上班,一年工资就2万多元。"穷了半辈子的村民杨厚华,喜滋滋地算起了家里的收入账,"我还通过政府贴息贷款10万元,养了20箱蜜蜂,种植了10亩生姜呢!"

一株蜜柚树,乐了全村人。永阳镇江南村,沙质土壤,种植水稻没收入,导致大片田地撂荒。村里成立合作社,带领全村人一同种植井冈蜜柚,套种百香果、西瓜等作物,一地多收,效益大增,户户都能增收。

2016年2月3日,习近平总书记在江西考察时,充分肯定吉安县"四个一"产业扶贫模式,誉其为"让农民学得到良法、拿得到良种、找得到市场、分得到红利、看得到希望,是比较扎实的扶贫脱贫路子"。总书记的肯定,更加激励了吉安县人民的扶贫斗志。同年9月26日,吉安县在全省脱贫攻坚推进会上作典型发言,"四个一"产业扶贫模式成为全省精准扶贫样本。目前,全县井冈蜜柚种植面积达6.5万亩,覆盖贫困户4614户;横江葡萄种植面积5.3万亩,覆盖贫困户1232户;年出栏肉鸡3600万羽以上,覆盖贫困户1719户;帮助6179名贫困户劳动力实现务工就业。

创新"一领办三参与"产业模式。吉安县率先探索建立了村干部或致富带头人带头领办、村党员主动参与、村民自愿参与、贫困户统筹参与为主要内容的"一领办三参与"产业扶贫模式。县里出台《吉安县"一领办三参与"产业扶贫奖补实施方案》,对每个"一领办三参与"产业基地按投资总额的30%给予产业资金奖励,其中奖励资金的70%计入村级集体经济股份,30%用于"一领办三参与"对象按各自入股比例增资扩股,引导带动群众发展高产、高效、优质产业。全县先后建立江南井冈蜜柚、大冲百香果、油田黑木耳、浬田"小牧童"蛋鸡养殖等26个"一领办三参与"产业项目,有效带动5722户贫困户增收致富,得到群众一致认可,并在全省推广。

浬田镇"小牧童"生态农业公司,按照"一领办三参与"模式,成立"南湖蛋鸡专业合作社",统筹浬田镇 309 户贫困户以产业扶持资金入股合作社,按每年 12% 以上进行分红,并扶持 28 名贫困户进行蛋鸡养殖,年平均收益 10 万元。

大冲乡森塘村积极响应"一领办三参与"产业扶贫政策,由村支部书记张月华联合村致富带头人刘旭鹏等人,成立天一生态种养合作社,投资 900 万元(1800 股),流转土地 600 余亩,重点种植百香果。年底每户贫困户分红 1300 元以上,村集体年增收 26 万元,2019 年该基地又以森塘村为核心,新增百香果种植面积 3000 亩。

谋划"一乡一业"特色产业布局。近年来,吉安县结合脱贫攻坚需要,顺应农业农村发展的趋势规律,根据自身资源禀赋和区位特点,聚焦提升组织化、专业化水平,找准主导产品和主导产业,大力推进"一乡一业"特色产业。井冈蜜柚、横江葡萄、黑木耳、合作养鸡分别达到 6.5 万亩、5.3 万亩、5000 亩、3600 万羽,百香果、艾草、羊奶果、稻虾共作等特色产业种植面积突破 2 万亩。目前全县已形成井冈蜜柚、横江葡萄、油田黑木耳、大冲百香果、万福羊奶果、凤凰艾草、浬田蛋鸡等一批"一乡一业"特色产业基地,初步探索出一条行之有效的产业扶贫新路径。

敦厚镇瑶池村返乡青年、县政协委员肖高龙回乡创办江西麓林现代农业有限公司,采取"基地 + 合作社 + 协会 + 支部 + 农户"的模式发展黑木耳种植,在油田镇江下村成立黑木耳产业专业合作社,覆盖全村 70 户建档立卡贫困户,并发放股权证。贫困户除可获得股权分红外,还可在基地务工。通过政策帮扶、合作社带动等方式,全村贫困户人均可增收 1800 元以上,为乡亲们开辟了一条"致富路"。2019 年江西麓林现代农业被评为全国"万企帮万村"先进民营企业。

长效机制筑防线

脱贫"摘帽"不是终点,是新生活、新奋斗的起点。成功脱贫"摘帽"后,吉安县没有沉浸在"摘帽"的喜悦之中,更没有躺在"功劳簿"上沾沾自喜,而是全面把握脱贫攻坚由"打赢"向"打好"转变的新要求,重整归零再出发,把巩固脱贫成效摆在突出位置,坚持一手抓剩余贫困人口脱贫解困,一手抓已脱贫人口巩固提升,确保脱贫"摘帽"后不松劲、不懈怠、不停顿。

全面小康一个都不能少。吉安县建立县乡村三级联动的动态监测队伍,按照"村级监测上报、乡镇收集复查、县级复核审核、分类帮扶到位"的动态监测管理程序,对脱贫户、边缘户、人口自然变更三类对象实行每月定期动态监测,及时识别发现返贫户和新增贫困户并落实帮扶举措,有效防止致贫返贫现象发生。2019 年,全县脱贫 998 户 2571 人,新增贫困户 32 户 108 人。

防贫保险有依靠。吉安县紧盯因病、因学、因灾导致家庭年人均纯收入低于国家贫困线 1.5 倍的脱贫监测户、边缘监测户等重点人群,县财政投入资金 113 万元,按每人 20 元的标准,为脱贫监测户和边缘监测户购买防贫保险,确保防贫保险对象家庭收入稳定。仅 2019 年,全县就对 90 户农户实施了保险理赔,其中贫困户 78 户,贫困边缘农户 12 户,理赔金额 72.48 万元。

正向激励、反向警示。吉安县先后评选出"最美脱贫户"306 户,每户奖励 1000 元,脱贫致富典型 285 人,每户奖励 3000 元,并通过报纸、微信等新闻媒介进行宣传,引导贫困户树立勤劳致富、脱贫光荣的思想。同时,将存在不履行赡养义务、参与赌博、讲排场等严重违反公序良俗行为的贫困户 103 人,纳入警示教育名单,补齐贫困群众"等靠要"精神短板。

成功脱贫"摘帽"后,吉安县脱贫攻坚成效和质量得到全面巩固提升。2017 年 11 月 9 日,全省"千企帮千村"精准扶贫行动现场会在吉安县召开。2018 年 10 月 22 日,国家卫生健康委、国务院扶贫办通报表扬全国 45 个健康扶贫工作表现突出的贫困县,吉安县名列其中。"一领办三参与"产业扶贫模式经验在全省推广。

潮平两岸阔,风正一帆悬。汗水与澎湃血液交融,真情与昂扬激情碰撞,一幅波澜壮阔的脱贫画卷,已经绘就在庐陵大地上。在决战决胜脱贫攻坚的路上,吉安县坚持以习近平新时代中国特色社会主义思想为指导,坚决贯彻习近平总书记关于精准扶贫、精准脱贫的重要论述,进一步健全和完善脱贫攻坚长效机制,持续巩固提升脱贫成效和质量,在产业扶贫、政策保障、长效机制三个方面持续用力,确保贫困群众实现稳定脱贫、可持续脱贫,朝着全面小康的更高目标不断前进。

上饶市广信区脱贫攻坚工作纪实

上饶市广信区位于江西省东北部，全区土地面积2240平方公里，总人口83万，其中农业人口74万，现辖24个镇（乡、街道）、195个行政村、37个居委会。广信区原名上饶县，于2019年7月份正式更名为"广信区"，沿袭了唐乾元元年设立广信府的称号。广信区自东汉建安初年建县，至今已有1800余年历史。改革开放以来特别是党的十八大以来，广信区党员干部群众狠抓脱贫攻坚，致力绿色崛起，奋力迈出了决胜全面建成小康社会的新步伐。

时间定格到2018年7月29日，经过国务院扶贫开发领导小组组织的第三方严格评估，广信区综合贫困发生率低于2%，群众满意度高于90%，符合贫困县退出的要求，江西省政府正式批复同意广信区脱贫摘帽。自此，广信区正式退出贫困县序列，翻开了历史新篇章。

一个千年梦想，从漫漫的历史长河中走来，闪耀着金色的光芒。这个梦想就是摆脱贫困、奔向小康。

一种拼搏精神，在不屈的广信区人心底激荡，凝聚起笃行的力量。这种精神就是苦干实干、创新创造。

为了这个梦想，践行这种精神，广信区人生命不息、奋斗不止。

几十年来，广信区扶贫开发走过了以解决基本温饱为主要任务的攻坚式扶贫、以改善人居环境为主要任务的综合式扶贫、以建成全面小康为主要任务的精准式扶贫，走出了一条革命老区特色脱贫致富之路。

"十三五"以来，广信区83万人民，在向第一个百年奋斗目标挺进的特殊战役中,咬定目标不放松,点燃了向贫困宣战的激情岁月,以勇往直前、舍我其谁的拼搏奋力书写着脱贫攻坚的新时代荣光。

这是一次十分艰难的赶考

全区上下始终保持疾步赶考的姿态,把脱贫攻坚这个头等大事抓紧抓牢,"民亦劳止,汔可小康"。

小康,是百姓对幸福生活的恒久守望,是穿越无数苦难的执着梦想,更是广信区人民千百年不改的美丽初衷。

基础之弱、任务之重、压力之大,前所未有。与全国全省实现同步全面小康,于广信区而言,不啻于一场前所未有的大考,赶好这场大考,何其艰难!

广信区到底有多难?

难在贫困人口多。到 2013 年底,广信区仍有贫困村 91 个,占全区行政村比重为 39.2%,贫困户 25013 户 96257 人。

难在贫困程度深。城乡、区域、群体间发展很不均衡,特别是偏远乡村基础设施存在明显短板,人居环境改善较慢,减贫形势较为严峻,全面脱贫尚需努力。

难在脱贫难度大。"十二五"期末剩下的 9.6 万贫困人口,大多是经过前几轮扶贫之后剩下来的"硬骨头",或丧失劳动能力、或身患重病、或文化程度低,因灾、因残、因学、因病等致贫返贫问题突出。

难在增收渠道窄。新型工业化、城镇化、农业现代化水平不高,产业集聚不足,带动能力弱,贫困群众收入主要依靠外出打工,财产性收入和转移性收入比重小,增收渠道单一。

难在内生动力弱。少数贫困户"靠着墙根晒太阳,等着别人送小康","等、靠、要"的思想贫困和意识贫困的问题还不同程度存在。

这些难,个个千钧压顶,件件如鲠在喉。

精准扶贫、精准脱贫,这既是一场没有退路、没有商量、没有余地的大考,也是共产党人义不容辞的责任!

区委、区政府坚决贯彻习近平总书记扶贫开发重要战略思想,认真落实中央各项决策部署,严格按照省委"核心是精准、关键在落实、确保可持续"要求,坚持把脱贫攻坚作为最大政治任务和第一民生工程来抓,把脱贫攻坚作为全区经济社会的统领地位来抓,把脱贫攻坚作为告慰革命先烈和回报老区人民的最好战果,提高政治站位、注重精准发力,坚持问题导向、发扬"愚公"精神,做足"绣花"功、画好"工笔"画,集中人力、物力、财力、精力,全力打好打赢脱贫攻坚决胜战。

从2014年至今,广信区全面实施精准扶贫、精准脱贫,贫困户收入增幅大大高于农民收入增幅,"两不愁三保障"问题得到持续稳定解决;贫困户造血功能不断增强,生活方式大为转变;农村基础设施明显改善,公共服务水平极大提高。在2017年度省委省政府市县脱贫攻坚考核中排在"第一方阵",得到"好"的评价。

在一次次与贫困抗争中,这片土地上激情与艰辛并存,汗水与收获共舞。英勇无畏的广信区人民为了摆脱贫困,向命运发起了一次次挑战,进行了前赴后继、百折不挠的抗争。

一路兼程,几度风霜。在广信区人自强不息的同时,上级领导没有忘记这片贫穷与荣光并存的土地,深情的目光一次次投向这里。

省委书记刘奇同志两次到广信区视察指导扶贫工作,市委、市政府主要领导则是经常到广信区实地调研、现场指导扶贫工作,省、市扶贫办更是一次又一次把关怀带给广信区。项目倾斜、资金倾斜、政策倾斜,省委、市委"倾囊相助",爱之深、情之真,广信区摆脱贫困的信心更足了、信念更坚定了!

虽然"赶考"路举步维艰,但有中央的路线方针政策指引,有省委、市委的坚强领导,广信区牢记习近平总书记"赶考远未结束"的谆谆告诫,坚定扛起扶贫开发、脱贫攻坚的政治责任,用实际行动艰难而又笃定地解好一道又一道难题。

道路虽艰,但梦想终将抵达。行进在奔康路上,广信区的步伐愈加从容。

这是一份舍我其谁的担当

全区上下始终保持负责担当的心态,把政治责任这个第一要素压紧压实。

一代人有一代人的责任,一个时代有一个时代的担当。

在全省率先脱贫摘帽,是区委向省委、市委和全区人民作出的庄严承诺,这是一项误不起的政治任务、慢不得的民生工程、绕不开的担当事业,责任重如山,使命大如天。

区委、区政府主要领导和他们的战友们毅然决然担起限期脱贫摘帽的重大政治责任,履行向市委和广信区人民立下的"军令状",一刻也没有懈怠,组织带领全区人民打响了一场又一场攻坚战役。

"打赢脱贫攻坚决胜战，是我区最大的政治任务，是贫困群众的殷切期望，也是对全区干部工作能力的最终检阅。"2017年4月10日，区委书记在全区脱贫攻坚工作调度会暨每月干部结对帮扶周活动动员会上指出。

"脱贫攻坚是当前最大的政治任务，我们一定要不忘初心、牢记使命，履职尽责、担当实干……高质量打好脱贫攻坚决胜战，向省委市委、向全区人民交上一份满意的答卷！"区乡村三级干部共500余人的铮铮誓言响彻区机关大礼堂，铿锵有力的誓词，表明了广信区脱贫的信心；群情激昂的誓言，展现了广信区脱贫的决心。

2018年3月5日，全区脱贫攻坚"春季总攻"誓师大会暨农村工作会议召开，吹响总攻号发起总攻，扎实开展"3月份决胜月"和"春季总攻"行动，以更坚定的决心、更严格的标准、更强烈的担当，向顺利实现高质量、高水平脱贫目标发起最后的冲刺，确保一次性顺利通过国家验收。

这里是战场，没有真枪实弹，却同样直击靶心。

按照中央、省委、市委决策部署，以区委书记为"班长"的一班人超前谋篇布局、科学调兵遣将，采取超常举措，决战决胜脱贫攻坚。

各级领导干部既挂帅又出征。区乡建立作战指挥部，用好"绣花针"，做好"绣花功"，建立精准扶贫构架体系，挂图作战，把"六个精准"落到实处。

"区委领导进屋里来问有什么困难，提起菜罩看我家有没有肉吃，非常亲切，就像自己家人一样。"回想起2017年的夏天，区委领导冒着酷暑、汗流浃背登门看望的情景，上泸镇毛源村安山自然村贫困户张本兴至今难以忘却这温暖的一幕。

区委主要领导深入基层一线调研指导脱贫攻坚工作的力度之大、频率之高、范围之广，前所未有。2017年4月以来，从晨曦微明到夜色浓郁、从机关到基层、从南乡到北乡、从城郊村庄到偏远乡村、从丘陵到深山，走遍了全区所有行政村，走到了全区90%以上的自然村，其中50%的自然村至少去过两三遍，边远偏僻山区和基础相对薄弱的乡镇全部自然村都去过。研究最多的是脱贫攻坚工作，去得最多的地方是贫困村，牵挂最多的是贫困群众。

"军令状"在前，广信区派出前所未有的组织力量：全区228名"第一书记"驻村，将2016年的结对帮扶"532"机制调整为"654"机制，7173名党员干部职工"沉下去、贴着帮"，与2.5万户贫困户"结亲戚"，做到了"乡乡都有扶贫团、村村都有工作队、户户都有帮扶人"。

区委书记提出的六个"四问",考题容易,答题不易。战场如考场,拷问每位党员干部的担当实干。

区委政府担当得力,靠前指挥,强力推进;人大政协支持给力,主动作为,扬优成势;部门乡村工作卖力,认真履职,甩开膀子;社会各界捐资助力,主动参与,积极奉献。

区级领导班子率先垂范,乡村领导干部快步跟上,以更扎实的工作作风将压力传递到每一名帮扶干部。

广信区建立了区级领导、区直单位、镇(乡、街道)、第一书记、工作队员、村"两委"、帮扶干部七个层面的管理考核办法,建立了每月区委常委会调度、"三个一"调度、每周五例会等制度,强化了年度科学发展考核脱贫攻坚权重,构建了上下联动、齐抓共管的工作格局。

全面落实区乡村三级书记抓扶贫"第一责任",明确了党委政府的主体责任、相关领导的领导责任、包片领导的挂钩责任、职能部门的主管责任、帮扶单位个人的直接责任、帮扶干部的帮扶责任、督察督查的督查责任,有效开展了区委脱贫攻坚专项巡察,完善追责问责机制,《上饶县压实脱贫攻坚问责实施细则》被称为史上最严的问责办法。

辨穷户。全区建立精准扶贫数字管理信息系统和贫困对象动态调整机制,确保信息真实准确全面。

把穷脉。针对不同的致贫原因和特殊现实,尊重不同实际情况,为贫困户量身定制"一户一册"帮扶措施。

断穷根。量身定做产业扶贫计划,把贫困群体纳入精准帮扶的产业链条主体中,实现持续发展和永续脱贫。

强志智。培养贫困户自力更生的能力,着力阻断贫困代际传递,推动扶贫模式从传统的"输血式"扶贫转变为"造血式强身"。

为天地立心、为生民立命,舍我其谁。在脱贫攻坚一线,活跃着一大批像沈国辉、陈能考、李军、陈维生这样的第一书记、扶贫干部。贫困村里的"新面孔"逐渐成了群众喜爱的老熟人。

无私奉献、舍小家、顾大家,把使命铭记在心,把责任扛在肩上,把困难群众的期盼高举到头上……这样的故事在广信区的每一个贫困角落上演。

这是一场没有硝烟的战争

全区上下始终保持背水一战的势态，把综合施策这个关键举措用活用好。

脱贫攻坚是一场没有退路的背水之战，我们必须誓师立令、勇往直前！

脱贫攻坚是一场攻城拔寨的决胜之战，我们必须一鼓作气、强攻硬夺！

脱贫攻坚是一场歼灭贫困的人民战争，我们必须干群同心、合力突围！

这场脱贫攻坚战役跟当年的解放战争、抗日战争有所不同，这是新时期全国全民在960万平方公里土地上全面开展的一场战争，是一场没有硝烟的战争，是以习近平同志为核心的党中央集体出来的一场战争，它必将为全中国全人类的脱贫攻坚作出巨大贡献，流芳千古。

这场战争对广信区来讲，跟全国一样，都是输不起的。战争要有战略和战术，脱贫摘帽必须不驰于空想，步步坚实。

在战略上，区委、区政府始终把精准脱贫工作摆在全区经济社会发展的统领地位，一切工作都以精准脱贫为中心，一切常规性工作都为精准脱贫让路，坚持工作重心向扶贫决战转移，区级领导向扶贫攻坚集结，干部力量向扶贫一线驻扎，优势资源向扶贫区域汇聚，激励机制向扶贫战场集约。

在战术上，广信区针对不同原因、不同类型的贫困户，因村因户综合施策，制定了有针对性的具体帮扶政策，扎实推进产业扶贫、安居扶贫、教育扶贫、健康扶贫、保障扶贫、设施扶贫等十大脱贫工程，打出了一套脱真贫、真脱贫的"组合拳"。

突出产业扶贫"造好血"。大力发展"一壶油、一群蜂、一毛竹、一电商、一光伏、一岗位"的"六个一"脱贫产业。采取"合作社＋龙头企业＋基地＋贫困户"新模式，区级层面组织了62家农业扶贫企业，有效带动全区4.3万贫困群众持续增收。

突出教育扶贫"上好学"。建立教育扶贫"一签式"资助绿色通道，确保学生享受资助的快捷高效；以送教上门、上门劝返、结对帮教、举办初中强化班等方式，有力强化保学控辍，从根本上阻断贫困代际传递。

突出健康扶贫"看好病"。构建了基本医保、二次报销、大病关爱基金、大病保险、大病医疗商业补充保险、民政医疗救助和民政临时救助"七条保障线"，在全省率先解决了长期慢性病贫困群众的门诊医药费承担问题，切实做到让建档立卡贫困人口"看病少花钱、报销少跑腿"。全区为63986人次贫困患者报销总费用2.9亿元。

突出安居扶贫"建好房"。采取农村危房改造、垦区危旧房改造、易地搬迁、交钥匙工程等多种措施,从根本上解决了贫困群众安全住房;按照每平方米24元的标准进行奖补,进一步帮助贫困户提升住房质量,确保搬迁群众特别是贫困户"不举债、搬得出、稳得住、能致富"。

突出保障扶贫"兜好底"。通过"提标、扩面、代缴"提高兜底保障水平,坚持保障政策向贫困户聚焦、向困难户叠加,积极做好农村低保与扶贫开发有效衔接,贫困户低保纳入率高于全省平均水平。

突出设施扶贫"补好课"。所有贫困村列入新农村建设点,全面开展农村基础设施建设,大力实施水、电、路、厕、房、电视通讯"六到农家"工程,着力改善农民生产生活条件,让贫困群众在整洁、舒适的环境中实现脱贫,让非贫困户在干净、漂亮的环境中增强获得感。

突出社会扶贫"聚好力"。广泛动员党政机关、企事业单位、社会组织、民主党派和爱心人士、志愿者参与脱贫攻坚,变"独角戏"为"大合唱",政府、市场、社会"三位一体",同心同向的大扶贫工作格局迅速形成。

突出精神扶贫"扶好志"。以"精神扶贫"促进"精准扶贫",组建下派扶贫政策"百人宣讲团""千人宣讲队""万人宣讲员"下乡进村入户宣讲,积极做好扶志扶智扶德扶勤工作。精神扶贫不仅是"富了口袋",更重要的是"富了脑袋"。从"要我脱贫"到"我要脱贫",成为全区脱贫攻坚最不可或缺的内生动力和强劲"引擎"。

…………

倾注的是真情实意、落实的是真抓实干、投入的是真金白银。广信区通过对上争资金、对外融资金、对内挤资金,积极整合各类资金用于脱贫攻坚,以解决突出制约问题为重点,强化支撑体系,加大政策倾斜,聚焦精准发力,攻克坚中之坚。2016 年投入 5.1 亿元,2017 年达到 11.2 亿元,两年累计投入 16.3亿元。

这是一张亮丽辉煌的答卷

全区上下始终保持不胜不休的状态,把探索创新这个内生动力激发激活。

不忘初心、牢记使命,汇聚全区人民力量和智慧,全力以赴打赢脱贫攻坚战,在新时代、新征程中展现新气象,实现新作为,向党和人民交上一份经得起检验的答卷。

今天的广信区,一场漂亮的脱贫攻坚战,更让全区干部群众自信满满:广信区不仅有能力在全省脱贫攻坚工作中立标杆、作示范,也有决心在小康路上做出新探索、形成好经验。

——创新推行"一签式"资助,教育扶贫成效引起国家部委特别关注。广信区创新设立了建档立卡贫困户学生资助"一签式"绿色通道,变"家长跑"为"学校办"。"腾讯智慧校园"把广信区作为全国唯一区域教育扶贫推进试点县,第二届中国"互联网+教育"峰会在上饶召开。教育扶贫做法得到教育部和国家扶贫办特别关注。

——率先实行"一站式"服务,健康扶贫做法赢得省领导充分肯定。广信区在全市率先实行"一站式"结算服务,建立"先诊疗后付费"便民服务机制和"七条保障线+财政兜底+爱心基金"医疗保障机制,看病费用实际自付比例为9.5%。在全市创新推行了贫困人口门诊慢性病管理服务新举措,对慢性病患者用药实行县级统筹、集中采购,组织基层医疗机构开展送诊上门、送药上门等靠前服务。建档立卡贫困人口"看病少花钱、报销不跑腿"这一举措受到群众普遍好评,并两次在中央电视台新闻联播播出。

——探索发展"六个一"产业,电商扶贫成为全国示范县。建立4.5亿元的扶贫产业专项扶持资金,围绕特色产业大力实施"六个一"脱贫产业,形成了多元富民产业模式。产业扶贫做法多次在中央电视台、《新华每日电讯》、《人民日报》、新华网、人民网刊播。特别是区政府与中国邮政合作率先在全国建立中国邮政上饶电商产业园,农村电商扶贫成为全国示范县。

——全面落实"五扶持"措施,易地搬迁扶贫成为全省典型。广信区在抓好搬迁项目实施的同时,落实好五项搬迁后续扶持措施:在搬迁安置点创办产业基地,让搬迁户脱贫有产业;建立来料加工和电商等扶贫车间,让搬迁户赚钱有平台;设立多种公益性岗位,让搬迁户收入有提升;利用"扶贫移民贷"政策,让搬迁户创业有扶持;提供培训和就业介绍,让搬迁户就业有依托。易地搬迁扶贫做法在全省扶贫移民大会上做经验介绍。

——依法实行"三结合"办法,法理结合做法在全社会引起强烈反响。广信区坚持法理结合,敢于担当、敢于担责,依法进行教育惩戒。对义务教育学生辍学问题,2017年12月起,在反复劝说无效的情况下,探索试行对辍学学生家长提起法律诉讼制度,通过法律手段督促厌学人员返校读书,坚决斩断贫困代际传递的穷根。控辍保学举措于 2018 年 3 月 28 日被新华社《国内动态清样》专供中央领导决策参考,省委书记刘奇同志专门在内参上作出批示,广信区的做法写进了省政府出台的文件中。

——创新建立了"十模式"产业,产业扶贫取得积极成效。广信区探索建立了自主经营、流转经营、领办促进、资产托管、资产收益、就业务工、消费扶持、技术支持、乡村旅游、产业直补的产业扶贫"十大项目超市",贫困户参与度不断提高,确保了贫困群众稳定脱贫可持续。产业扶贫做法在 2019 年《半月谈》上发表。

——开辟拓宽了"八途径"就业,贫困群众劳动参与度不断加大。创新开辟了区外企业务工、区内企业务工、农业基地务工、公益性岗位就业、扶贫车间就业、来料加工就业、政府投资项目就业、自主创业的就业扶贫"八条途径",对有劳动能力的贫困对象,都鼓励和引导他们参加劳动,破除"不劳而获"养懒汉的思想,真正实现"一人就业、全家脱贫"。

千年脱贫梦,今朝终得圆。

脱贫攻坚是中华民族历史进程中最温暖的一页,也是广信区发展史上最辉煌的一页。在这场反贫困的伟大决战中,广信区的每一个贫困户都感受到了来自党委政府的关怀,每一寸土地上都在发生着翻天覆地的变化。贫困人口越来越少、贫困发生率越来越低,农民人均可支配收入越来越高、获得感越来越强。

越过了贫困的沟坎,广信区的干部群众并没有松口气,绷紧弦的广信区人瞄向下一个目标:脱贫不是终点,小康才是方向;摘帽不是终点,让人民过上更加美好的生活才是奋斗目标。

脱贫摘帽风帆远,广信大地舞东风。

重整行装再出发,而今迈步奔小康。

广信区在习近平新时代中国特色社会主义思想指引下,在省委、市委的坚强领导下,一心向着书写实现伟大复兴中国梦的"广信区篇章"目标挺进,任何困难都阻挡不了广信区 83 万"追梦人"一往无前的铿锵步伐!

横峰县脱贫攻坚工作纪实

　　80多年前,革命烈士方志敏在《可爱的中国》中描绘了对中华民族复兴的美好畅想,"欢歌将代替了悲叹,笑脸将代替了哭脸,富裕将代替了贫穷,康健将代替了疾病,智慧将代替了愚昧,友爱将代替了仇杀,生之快乐将代替了死之悲哀,明媚的花园将代替了暗淡的荒地!"这八个"代替",正是20世纪共产党人心中的"中国梦"。

　　走进新时代,横峰切实扛起"脱贫攻坚、富民强县"的历史责任。不忘初心、牢记使命,凝聚脱贫之力,找准脱贫之策,拔穷根、摘贫帽,脱贫攻坚取得决定性胜利,为实现中华民族伟大复兴的中国梦贡献横峰智慧和力量。

　　如今,方志敏所言的八个"代替"正在横峰大地上逐步实现。

不忘初心的脱贫答卷

　　横峰县位于江西省东北部,是全红县、老区县,方志敏精神的首创地和"清贫精神"的发源地,也是一个典型的贫困地区。1986年开始被确定为贫困县。2012年被江西省列为赣南等原中央苏区和特困片区县之一。2013年底,全县贫困发生率12.48%,贫困群众人均纯收入仅2600元。

　　习近平总书记在江西考察时指出:"以百姓心为心,与人民同呼吸、共命运、心连心,是党的初心,也是党的恒心。"习近平总书记强调:"中国共产党的初心就是为人民谋幸福、为民族谋复兴,党中央想的就是千方百计让老百姓都能过上好日子。"

　　横峰县委、县政府牢记总书记指示,贯彻落实省委、省政府提出"创新引领、改革攻坚、开放提升、绿色崛起、担当实干、兴赣富民"的工作方针和市委、市政府提出"为决胜全面小康、打造大美上饶而努力奋斗的决心"的工作目标,把脱贫攻坚作为第一政治责任、第一民生工程和第一发展动力来抓,以脱贫攻坚统揽经济社会发展全局,大力实施"脱贫攻坚、富民强县"战略,勠力向贫困发起猛攻。

"我宣誓:脱贫攻坚是政治责任,是历史使命,是向全县人民作出的庄严承诺。打赢脱贫攻坚战,全面迈步奔小康!"这是横峰全县扶贫干部许下的铮铮誓言。全县上下以前所未有的力度、热度、速度,尽锐出战,走出了一条"党建引领、产业为根、志智双扶"的脱贫之路。

2015 年 9 月,全县"结对帮扶、精准扶贫"推进大会召开,确定全县脱贫规划,落实结对帮扶责任,派出第一书记和驻村工作队员。

2016 年,重点落实了十大行业扶贫政策,提出并推进了"个十百千万"工程。全面打响了"秀美乡村·幸福家园"攻坚战,时任省长刘奇在横峰调研脱贫攻坚工作时提出"要更加奋发有为、务实进取"的更高要求。

2017 年,全面发起总攻,召开誓师大会。打响了"精准再识别、产业再帮扶、村庄再提升、保障再落实"四大战役,全县 32 个"十三五"贫困村全部脱贫。

2018 年,开展了"清零、连心、新风、提升"四大活动。6 月,横峰顺利通过贫困县退出实地评估检查,取得"零漏评、零错退、97.9%的群众认可度"的骄人成绩。同年 7 月 29 日,经国务院扶贫开发领导小组审议同意,省政府批准横峰退出贫困县。

2019 年,开展春季问计划、夏季问落实、秋季问面貌、冬季问成效"一年四问"活动,全县建档立卡贫困人口由 6899 户 22912 人减少到 33 户 85 人,贫困发生率由 12.48% 下降至 0.046%。

秀美乡村的华丽转身

任何时节,走进横峰,秀美如画的乡村美景令人陶醉。葛源镇崇山头村白墙青瓦勾勒出一幅独具江南水乡特色的"水墨画";新篁办事处早田村潺潺流水自山谷划过;莲荷乡亭子上村慢时光剪纸文化留住游客的脚步;司铺乡风情火车小镇仿佛时空穿越⋯⋯秀美乡村建设,让横峰的乡村容貌实现了一次"华丽转身"。

近年来,横峰将秀美乡村建设与脱贫攻坚工作紧密结合,初步走出一条"脱贫与创建"共融、"里子和面子"并重的产村融合发展之路。

坚持以"个十百千万"工程为抓手,以"1+N"的现代农业产业发展为核心,以实现"2.2万人脱贫、提升22万人民生活品质"为目标,大力实施"秀美乡村、幸福家园"创建活动。加强村庄基础设施建设,开展"七改三网""五拆五清""平坟栽树""干道提升",25户以上自然村全覆盖、扫一遍。全县共拆除三房8960栋(73.01万平方米)、拆围墙87千米、钢棚1107个、整治荒地500.2万平方米、处理坟墓1712座、改厕13608个、改沟556.1千米、改塘418口、改房14455栋、改路217.3万平方米、100%农户饮水安全、整治环境312.2万平方米,绿化面积新增56.6万平方米。

实现100%自然村干道和入户道硬化、100%农户饮上干净水、100%农户住房安全、100%村庄通电通网络,切实改善了城乡人居环境。2017年底,全县32个贫困村全面达标,实现全部脱贫。

一座座传承文化、农旅相融、充满乡愁的特色乡村,在横峰秀美乡村的新画卷上舒展开来。根据横峰村落的特色和历史遗存,打造了以葛源4A景区——闽浙赣革命旧址群、姚家黄道故居、青板周村中共横峰县委一大旧址为代表的红色记忆回廊,以及依托景区、产业带动、民俗风情、医疗康养、生态村寨等"十大发展模式",推出了六条精品旅游线路。成功打造了葛源石桥、岑阳王家、莲荷梧桐畈等一批"产村融合"幸福新村,通过环鄱赛、美食节、荷花节、葡萄节、甘蔗节等系列节庆活动,推动了"秀美乡村、幸福家园"创建成果向经营成果转化,有效带动了贫困群众实现脱贫致富。

上下齐心的合力攻坚

横峰县坚持"党建引领、干部示范、典型引路、全员参与",做到真扶贫、扶真贫,用干部的"辛苦指数",换取群众的"幸福指数"。

成立了县委书记任第一组长、县长任组长,县人大、县政协主官及党政班子领导任副组长的脱贫攻坚领导小组。建立帮扶责任制,县级领导联乡、县直部门包村、乡镇包组、干部包户。县四套班子成员各挂2个村,靠前指挥、靠前督战,高频度调研脱贫攻坚工作。

1个央企、5个省直单位、9个市直单位、128个县直单位结对帮扶贫困村。组建12个帮扶团,下派63个第一书记、68个驻村工作队沉在脱贫一线。探索建立了第一副书记机制,从全县各单位抽调13名优秀干部,在省市直单位挂点的村,担任第一副书记,协助配合开展工作。

2500 余名帮扶干部奔赴扶贫一线,上山下乡、吃住在农家,夙兴夜寐、风雨兼程,用艰苦卓绝的努力、忘我无私的情怀,带领 2.2 万贫困群众在小康路上奋力前行。

开展支部结对共建,坚持"支部生活日"与脱贫攻坚相结合,全县 97 个基层党组织引领 9580 名党员深入扶贫一线,为贫困户代办事项 5300 多件,解决实际困难 4200 多件。

"翁书记,有空到我家里玩",贫困户杨云香在村里看到第一书记翁贤杰,总是热情地喊他。"他经常走近 10 里山路来看我,帮助指导我养殖鸡鸭,在我资金短缺无钱购买饲料的时候,他还利用干部帮扶资金送给我价值 10000 元的玉米饲料度过危机。以前我老是到处上访,现在,我家养殖产业年收入 5 万余元,我再也不上访了。"

"作为扶贫干部,一定要负起扶贫责任,从身边事做起、从点滴事做起,时时处处以身作则,决不能让任何一名贫困群众由于我们的工作不力而在奔小康的路上掉队。"在生命的最后几天仍惦记着贫困户的第一书记李桂芳常常对战友这样说,她用短暂的一生,诠释了一个共产党人的"初心"和"使命"。

在脱贫攻坚这场没有硝烟的战役中,横峰涌现了扶贫父子兵、夫妻档、兄弟连等各种典型,他们舍小家为大家,胸怀大爱,情系群众,谱写了一曲曲动人的扶贫之歌。在扶贫干部倾心帮扶下,许多贫困户坚持勤俭持家、自强不息、身残志坚,走上了脱贫致富的道路。

不落一人的精准识别

实现对贫困户的精准识别,是打赢脱贫攻坚战的首要任务。

全县上下步调一致,县领导率先垂范,帮扶干部披星戴月访农家,走村串户察民情,把村民大会开到村组,做到上户走访率 100%、参会知晓率 100%,实现对全县所有村民小组、所有农户逐户逐人进行全覆盖核实。同时,严格遵循"一访、二榜、三会、四议、五审"制度,严把识别关口,努力做到不错评一户、不漏评一人。

在全面摸清贫困基本情况尤其是致贫原因和家庭劳动力状况的基础上,按照有力有业、有力无业、无力无业将贫困对象分为"红卡户、蓝卡户、黄卡户"三种类型,为产业政策对接、因户因人施策、精准滴灌打下坚实基础。

完善基层基础,全县共建设标准化扶贫工作站 11 个,扶贫工作室 63 个,落实编制配备 33 名扶贫专干,标准化工作站(室)覆盖率达 100%,做到户有卡、村有册、乡有簿、县有档。

拔掉穷根的"四剂药方"

上有生病的父母,下有两个在读书的小孩,用"疾病、贫穷、落后"来形容葛源镇崇山头村贫困户陈清华再合适不过了。但他不放弃,政府不放弃,依托秀美乡村建设契机,办农家乐、开民宿;参加养鸡培训班,建起养鸡场,生活越来越好,日子越过越红。"我去年脱贫摘帽了,现在集市上大家都叫我陈经理。"说起自己家里现在的经济状况,陈清华自豪之情溢于言表。

"产业扶贫、增收致富"是横峰打赢打好脱贫攻坚战的根本举措。始终把农业产业扶贫作为扶贫工作的重点,围绕特色优势产业,因地制宜,推进"一笔光伏收入、一片竹果林、一亩花草药、一顷油茶山、一个人就业、一桌农家饭、一桶爱心蜂"的"七个一"产业发展,构建具有横峰特色的以葛为主"1 + N"现代农业产业体系。形成了县扶贫开发有限公司领办,村集体经济参与,龙头企业、合作社参与,能人大户、贫困户参与的"一领办三参与"的产业合作模式。

截至目前,全县发展种植以马家柚为主的果业 1.6 万亩;以葛为主的中药材 1 万亩;水稻制种、籽莲、油茶、甘蔗等特色产业 1 万亩;64 家农家乐;1200 桶爱心蜂的养殖,贫困户通过分红、租金、酬金等方式受益,户年均受益 2000 余元。

全县各类龙头企业共 240 余家,其中省级龙头企业 3 家、市级以上龙头企业 14 家,合作社 510 家,家庭农场 178 家。打造百亩以上连片种植基地 159 个、千亩基地 15 个,全县产业基地总面积达 10 万亩以上,乡乡有产业,村村有基地的格局逐步形成。

积极稳妥发展光伏产业,建设了 26 兆瓦集中式光伏电站,53 个村级光伏电站,1110 户屋顶光伏,贫困户年均增收达 3000 元以上。

转移就业是脱贫攻坚的一个重要渠道。横峰坚持"三个一批",实现"一人就业,全家脱贫"。

搭建平台服务一批。2016 年以来,举办"春风行动""就业援助行动""精准扶贫专场招聘会"等各类招聘活动 132 场,提供就业岗位 5.5 万余个,达成意向贫困户 510 余人。通过信息发布平台,共输出农村劳动力 2.3 万余人,其中贫困户 6000 余人。

加大培训就业一批。开展时间短、见效快的农村实用技术培训班,增强贫困户就业技术本领,共举办 79 个班次,3890 名贫困家庭劳动力参加培训。

扶贫车间带动一批。建成省级就业扶贫示范点 8 个、市级就业扶贫示范点 1 个、县级就业扶贫示范点 50 个,扶贫车间 40 个,带动贫困人员就近就地就业 1000 余名。大力发展小手工业,积极对接义乌市场,让老人、妇女在家就能做手工,每日能有 10 至 50 元不等的收入。

同时,借助电子商务高速发展和秀美乡村建设的东风,电商扶贫和旅游扶贫成为横峰脱贫攻坚的有效手段。

积极推进农村 e 邮、农村淘宝、县电商产业园、县农产品电商运营中心建设,鼓励和引导县内龙头企业、合作社、家庭农场、种养大户加入互联网渠道,全县直接从事农村电商的企业和个体户达 500 多家,实现销售额超 1 亿元,实现横峰农特产品走出去。

横峰县朝堂村地处怀玉山脉磨盘山麓,特殊的地理条件造就了当地独特的富硒水稻品种,却带来了朝堂村的闭塞。为把好产品卖出去,党员苏益辉成立了邮乐购电商扶贫站,以富硒大米为突破口,走上了电商致富之路。随着市场逐步做大,大米供不应求。为说服村民扩大种植面积,苏益辉与村民签订种植供销协议,带动起周边村民形成了种植销售产业链。

"致富这件事,党员在前,责任在肩。"如今苏益辉带领乡邻种植的富硒稻远销广东、江苏、浙江等地,每公斤大米卖出了 20 元的好价格。他的邮乐购电商扶贫站从 2016 年 9 月开业至今,共帮助 25 户贫困户增收,带动 21 户贫困户就业。

发展乡村旅游,做大旅游节庆经济,开展了荷花节、开村节、美食节、油菜花节、葡萄节、甘蔗节、割蜜节等一系列农业休闲节庆活动,建设 64 家农家乐,形成了"旅游节庆 + 扶贫产业 + 贫困户增收"的"旅游 + 扶贫"的横峰模式,拓宽贫困户增收渠道。

补足短板的精准施策

青板乡青板村坞塘里家组村民张照泉。2006 年因父亲患肝硬化,花费 7 万多元巨额医疗费,父母最终因救治无效去世,却欠下了大笔医疗费,给年迈的奶奶、体弱的妈妈和当时尚年幼的他带来了沉重的生活压力。不幸的是,不久,他又被确诊为慢性肝炎,这对一个家庭来说,无疑是雪上加霜。

"幸运的是,感谢党感谢政府,从我生病以来,政府就一直帮扶我们。2013年,给我奶奶办理低保;2015年,在政府的资助下,我们把破旧的瓦房改建成了楼房。回顾这几年来,政府给我无微不至的关怀与照顾,现在我身体也渐渐好转,夫妻俩在四川一理发店里上班,通过自己的辛勤劳动,我们有了较可观的收入,妈妈在家政府也给她安置了公益性岗位,同时在本村的茶山上务工,全家人在'两不愁三保障'上完全没有问题。"

在贫困面前,横峰结合地方实际,全速推进了十大行业扶贫工程(产业扶贫工程、就业扶贫工程、健康扶贫工程、保障扶贫工程、安居扶贫工程、易地搬迁扶贫工程、教育扶贫工程、村庄整治扶贫工程、基础设施扶贫工程、生态扶贫工程),形成个性化、差异化、动态化的扶贫举措,种种"加强版""创新版"的脱贫攻坚方法不断推出,很多"老大难"问题有了针对性解决方案。

强化医疗保障,让病者有其医。织牢"基本医保、大病保险、商业补充保险、民政救助、康健工程"五道保障防线,贫困人口住院看病自付比例不高于10%;由政府全额出资为建档立卡贫困人口代缴新农合和购买商业补充保险;率先成立了"一站式"服务中心,所有贫困户县内就医实行"先诊疗后付费"政策,门诊实行"三免四减半"。设立县乡两级"扶贫药房",全方位保障贫困对象用药需求;开展慢性病门诊试点,率先实行乡镇卫生院贫困户门诊90%报销;办理慢性病证,倾斜报销政策,提高慢性病的保障水平;实行家庭医生签约制度,对患大病贫困户家庭进行"一对一"精准跟踪。

强化教育保障,让少者有其学。完善全学段无缝隙资助体系,实现了"义务教育全保障"和"教育资助全覆盖"的目标。加大控辍保学力度,实行"双线"控辍,积极开展走访劝学活动,千里劝学的例子举不胜举。保障特殊学生入学,对三类残疾儿童劝返回校随班就读或安排了教师定期送教上门,构建了学校、家庭、社会"三位一体""覆盖到边,监护到位,关爱到人"的留守儿童动态关爱网络。

强化安居保障,让居者有其屋。推进危旧房改造工程,对符合条件的建档立卡贫困户,优先安排危房改造指标。对C级危房全面进行维修加固,对D级危房全面拆除或新建,切实解决贫困户危旧房改造问题。并对全县所有农村建档立卡贫困户等重点对象房屋进行安全鉴定。推进易地搬迁工程,对深山区、库区、地质灾害频发区贫困群众,按照群众自愿、规模适度、梯度安置的原则,实施易地扶贫搬迁，真正让"一方水土养不起一方人"的贫困群众"挪穷窝、换穷貌、改穷业、拔穷根"。推进"幸福楼"工程，统筹整合危房改造、因灾倒房、易地搬迁、垦区改造四块资金，在基础设施完备的区域，统规统建"幸福楼"。

强化政策兜底，让弱者有其助。逐年提高农村低保标准和特困人员救助供养标准，让困难群众共享改革发展成果。针对急难类型的多样性、特殊性和差异性，突出临时救助的"救急难"功能，将遭遇突发事件、意外伤害、重大疾病或其他特殊原因导致基本生活陷入困境的贫困群众纳入临时救助范围，力求救助无盲区。

不断激发的内生动力

脱贫的关键是让贫困户树立脱贫的决心，掌握致富的能力，不断增强脱贫致富的内生动力。

"政府已经帮了我们好多忙了，不能什么都等政府，要脱贫，关键在于自己，要靠自己的勤劳脱贫。"司铺乡宋村村的余金才不等不靠，每天都在为幸福生活而努力，由被动脱贫变为主动脱贫。

在脱贫攻坚战役里，横峰积极推动社会主义核心价值观在横峰生根发芽，推进精神文明之花在乡野村落美丽绽放，推动向上向善的精神力量在百姓心中重塑成形。

大力开展"文明新风进万家"活动，按照"乡乡抓落实、村村有行动、组组能开花"的思路，强化扶贫扶志感恩行动，引导贫困群众感党恩、听党话、跟党走。实施"十大亮相工程"，开展十大最美系列人物评选，以及乡贤在行动、小手牵大手、邻居节、开村节等各类活动600余场次，受益群众近10万人。开展"彩礼治理、不孝治理、环境治理、殡葬治理"四大专项治理，增强"自主脱贫"的主体意识。积极探索法治扶贫新方式。出台《关于开展依法治理不孝行为，推进法治扶贫专项工作的通知》《关于开展敦促赡养人将被赡养人接入安全住房共同生活工作的通知》两个文件，在全县组织开展依法治理不孝行为专项行动，让广大群众自觉履行赡养义务，营造良好的法治扶贫环境。通过文艺融化、道德教化、爱心感化等多种途径，弘扬善行义举，改变思想观念，激励贫困群众自我脱贫的内生动力，实现物质和精神双脱贫，为贫困村摘帽、贫困户脱贫积累了强大动能，为全面打赢脱贫攻坚战奠定了坚实基础。

横峰县姚家乡好客王家，这个只有27户人家的小村庄围绕乡风文明做足

"功课",成为"推动移风易俗,促进乡风文明"的标杆村。

自1980年起,不断完善并执行《治村规约》,创新推出"王家议事群、基地建设群、基地活动接待群"等若干个村庄管理与议事群,每天通报村里情况,共同议事,分工负责,村民自治能力得到提升。真正帮助村民解难题、明是非、办实事,从而正民风、促乡风,用舆论的力量引导农民自觉践行社会主义核心价值观,形成良好道德风尚。王家村从建村至今,无一栋违章建筑、无一例治安刑事案件、无一起上级入村调解的矛盾纠纷、无一笔集体财务漏洞,展现出良好乡风。

近年来,村里还成立村民红白理事会,为村民提供全程免费服务,规定60岁以上老人吃喜酒不送贺礼,70岁以上老人过生日集体做寿等等,有效遏制了农村红白喜事铺张浪费、盲目攀比的不良风气。

东风正劲,利箭满弦!2021年,横峰将再以昂扬的斗志、饱满的热情、旺盛的干劲,传承红色基因,决胜全面小康,坚持不止步、不懈怠、不停顿,乘势而上、务实苦干,坚决兑现党中央的庄严承诺,向党和人民交上一份优秀答卷!

余干县脱贫攻坚工作纪实

信江滔滔,从怀玉山奔流而下,冲积和滋润了物阜民丰的鄱湖平原,占鄱阳湖区水域面积六分之一的千年古邑——余干,成了得天独厚的鱼米之乡。余干,又是一块红色的土地。大革命时期,红旗漫卷,余干人民紧跟方志敏闹革命,开辟了辖信江以东400多平方公里的革命根据地,成为当时赣东北苏区的重要组成部分,上千名干越优秀儿女的鲜血化作了满山杜鹃红。

当历史的车轮转到2016年,作为1993年首批国定贫困县的余干,县域经济虽然有一定发展,但贫穷面貌依然未得到完全改观。全县仍有贫困户34187户126329人、"十三五"贫困村138个、省定深度贫困村6个。面对破烂不堪的住房和校园、坎坷不平的泥巴村道,面对面朝黄土背朝天的众乡亲期待的目光,余干县委县政府主要领导向上级组织和全县人民作出庄严承诺,立下军令状:不摘"穷帽",就摘"官帽"。

铮铮誓言如同集结号在干越大地回响,震撼了余干每寸土地。这标志着一场新的决定性的战役已经打响,全县广大党员干部就像当年跟随方志敏创建苏区一样勇往直前,踏上了这个不见硝烟的战场。

脱贫攻坚开展以来,余干县按照中央和省市决策部署,始终把脱贫攻坚作为最大的政治任务、最大的政治责任、最大的民生工程,创新思路,真抓实干,以攻城拔寨的决心、"绣花"的功夫扎实推进脱贫攻坚工作。至2019年底,全县138个"十三五"贫困村全部退出,31443户120544个贫困人口脱贫,贫困发生率由2014年的11.4%降至0.64%,农民人均可支配收入由2014年6826元增长到11661元，顺利通过了贫困县退出省评估检查和国家抽查，实现高质量脱贫摘帽。贫困人口"两不愁三保障"问题得到有效解决、生活质量得到明显提升，农村生产生活条件得到极大改善，城乡面貌发生翻天覆地的变化，脱贫攻坚工作取得决定性进展，解决区域性整体贫困迈出了实质性步伐。

坚持四轮驱动，推动责任落实

始终坚持把脱贫攻坚工作牢牢记在心上、扛在肩上、抓在手上。

念好"紧箍咒"。县委、县政府以前所未有的力度，把脱贫攻坚摆在重要位置强力推进。县委、县政府主要领导亲自调度、亲赴一线、亲自指挥，做到脱贫攻坚工作第一时间部署、问题第一时间协调、难题第一时间破解。严格落实脱贫攻坚"一把手"负责制，建立健全县乡村"三级书记"（县委书记、乡镇场党委书记、驻村第一书记和村支部书记）抓扶贫、党政主要领导（县委书记、县长，乡镇场党委书记、乡镇场长，村党支部书记、村委会主任）齐抓共管的工作机制。调整充实脱贫攻坚领导小组、十大扶贫工程指挥部，组建由挂点县领导任团长的乡镇扶贫工作团。2018年下半年以来，县党政主要领导坚持每月逢十定期调度脱贫攻坚工作，乡镇场扶贫工作团团长每周定期调度乡镇场脱贫攻坚工作，确保脱贫攻坚工作经常抓、抓经常、抓得实。全县围绕脱贫攻坚出台一系列政策文件，为打赢打好脱贫攻坚战提供政策、资金和项目支持。

立下"军令状"。县委全委会通过《关于进一步压实脱贫攻坚工作责任的决定》，向上级组织和百万余干人民群众作出庄严承诺：如果全县未如期脱贫摘帽，书记、县长主动向省委、市委引咎辞职，县四套班子成员、十大扶贫工程指挥部牵头单位负责人、乡镇场党委书记、乡镇场长、村党支部书记、县直单位主要负责人、驻村第一书记、结对帮扶干部等，分别对自己挂点的乡镇场、负责的行业系统、所在的乡镇场和行政村、帮扶的贫困户负责，不摘"穷帽"就摘"官帽"。县委、县政府分别与25个有脱贫攻坚任务的乡镇场党政主要负责同志签订脱贫攻坚责任书，370个行政村分别向所在乡镇（场）党委、政府立下军令状，扣紧脱贫攻坚责任链条，全县上下形成了脱贫攻坚是一场必须打赢、没有任何退路的背水之战的共识共为。

吹响"监督哨"。坚持督导、巡察并举，着力构建了"466"监督体系。"4"即：组建了4个县委巡察组，对所有乡镇场实行脱贫攻坚工作全覆盖巡察；"6"即成立了6个脱贫攻坚督导组，精选工作经验丰富的退居二线科级干部担任督导组组长,对所有乡镇场进行常态化督导;"6"即县委书记、县长、县委副书记、县纪委书记及党委政府的 2 名分管领导 6 人,分别再加挂一个省定深度贫困村,加强对 6 个省定深度贫困村的检查督导力度。

用准"考核棒"。进一步完善扶贫开发工作考核办法,每年的考核结果作为乡镇(场)党委、政府主要负责人和领导班子综合考核评价的重要依据,对考核好的通报表扬,对考核差的约谈追责。干部的提拔使用,坚持"三个面向"原则(面向驻村第一书记、面向结对帮扶表现突出的干部、面向在急难险重中表现优秀的干部),把脱贫攻坚、结对帮扶工作,列入干部提拔重用、评先晋级必须考核的内容,委托第三方社会机构对拟提拔重用干部的脱贫攻坚、结对帮扶工作进行评估,评估结果作为干部脱贫攻坚、精准帮扶工作是否合格的重要标准。用"考核棒"将干部提拔重用、职务与职级晋升、评先评优、考核评定、绩效工资(含津补贴)、岗位调整等与脱贫攻坚实绩挂钩,让干部扶贫有动力有压力。2017 年至 2019 年,提拔重用的干部全部来自脱贫攻坚一线,其中提拔重用驻村第一书记 48 名。2019 年 5 月,提拔重用在脱贫攻坚工作中表现突出的分管同志、扶贫工作站同志、第一书记,以及在急难险重中表现突出的同志 32 名。8 月将年度考核称职以上 102 名原差额拨款或自收自支的驻村第一书记(队长)转为全额财政拨款。同时,加强对一线扶贫干部的人文关怀,认真落实年度体检、意外伤害保险等政策,对因公牺牲、受伤或生病住院的扶贫干部加强关心慰问,并及时解决工作、生活和家庭遇到的实际困难,让广大干部专注脱贫攻坚。

实施十大工程,推动政策落实

大力开展健康、教育、产业、就业、易地搬迁、危旧房改造、基础设施建设及村庄整治、生态保护、社会保障、结对帮扶十大扶贫工程,全力推动政策落地,努力提升贫困群众的获得感、幸福感。

精准实施健康扶贫工程。积极构筑基本医疗保障、大病保险、商业补充保险、医疗救助四道保障线,切实减轻贫困群众医疗负担。一是稳定报销比例。县财政出资为全县所有贫困户代缴城乡居民基本医疗保险和重大疾病商业补充保险费用,确保贫困患者住院医药费报销达 90% 的适度要求。实施 10 类大病免费救治、25 种重大疾病定点定额专项救治、30 种门诊特殊慢性病门诊直接报销制度。二是优化服务质量。推行"先诊疗后付费""一站式"结算制度,实现贫困群众治病即时结算。通过创新家庭医生签约服务模式,提升履约率及服务质量。依托县人民医院、中医院优质医疗资源,在全市率先开展为贫困人口免费健康体检的优质服务基层行活动,并针对不同类别的人群精准发放医药包和健康教育手册。对近三年贫困人口住院报销病种进行筛选,对符合门诊特殊慢性病办理标准的贫困人口,简化办理流程,由驻村第一书记和第一队长签字确认,办理慢性病证明。对患有慢性病的贫困人员进行"点对点"服务,对行动不便的缺药贫困患者开展送药上门服务。三是夯实村级基础。加强村级卫生计生服务能力建设,投入2500多万元把贫困村卫生计生服务室纳入村庄整治内容,同步规划、同步建设,实现138个贫困村产权公有卫生计生服务室的全覆盖。

精准实施教育扶贫工程。一是落实扶持措施。教育扶贫资助政策实行学校与乡镇属地管理"双负责"制度,由学校与所在乡镇共同负责,逐一核查适龄入学、异地就读、接受教育、享受资助等情况,并进行跟踪管理,确保贫困家庭学生教育扶持政策落实到位。2016年至2019年,发放建档立卡贫困户学生各类政策性补助8709.16万元,受资助学生达11.1万余人次。接受中国出口信用保险公司社会捐赠资金2565.98万元,资助本县就读义务教育阶段建档立卡贫困户学生47260余人次。二是严抓"保学控辍"。加强对全县国扶系统6至16周岁人员接受教育情况进行排查,成功劝返54人继续完成九年义务教育。对不能到校的103名三类残疾(智力、听力、视力残疾)学生,由经过专业培训的老师开展送教上门活动,让残疾孩子同样能接受基本教育,确保义务教育阶段家庭困难适龄儿童顺利完成学业,不让一个孩子因贫困辍学。三是加快学校建设。2016年至2019年,投资5.38亿元实施农村学校均衡化建设,新建和维修农村中小学校346所,新建乡镇中心幼儿园20所,农村办学条件得到进一步改善。

精准实施产业扶贫工程。坚持长短结合原则,既发展扶贫车间、资产收益等一批见效快的扶贫产业,又实施马家柚种植、菌菇种植、稻虾共作、脐橙种植、蔬菜种植、特种水产养殖、乡村旅游、光伏发电等一批可持续的扶贫产业,做到每户贫困户都有责任田地之外的产业收入。光伏扶贫方面,完成2017年第一批市城投统建光伏电站58.47兆瓦和2018年光伏扩面26.9兆瓦工程建设,带动11694户贫困户增收,269个行政村实现村级集体经济年增收5万元。菌菇种植方面,投入1.334亿元建设菌菇大棚115个,成立菌菇种植合作社115个,带动 8916 户贫困户增收。马家柚种植方面,投入资金 6000 余万元,购买马家柚苗木 30 多万株,发放给合作社进行集中种植和贫困户庭前屋后种植。资产收益方面,投入资金 2814 万元,入股鹏辉高科、大明湖国际慢城和中航天信 3 家大型稳定公司,带动 2814 户失能弱能深度贫困户增收。金融扶贫方面,2016 年至 2019 年投入风险补偿金 7667 万元,为 17000 户贫困户发放扶贫小额贷款 4.9 亿元并全额贴息,支持贫困户发展农业生产,解决贫困群众自主发展产业缺资金的问题。自主产业方面,充分利用各乡镇场资源优势,认真研究挖掘特色种养产业,采用"合作社 + 贫困户"形式,扩大油茶、脐橙、芡实、辣椒、鸵鸟等种养殖规模,带动 9946 户贫困户增收。同时,加大产业保险力度,投入财政专项扶贫资金 600 万元,为 115 个合作社的大棚和菌菇购买保险,解决贫困户发展产业的后顾之忧,2019 年购买扶贫产业"深扶保" 144.555 万元、小贷扶贫保 478.5666 万元。

精准实施就业扶贫工程。积极组织"春风行动"暨春季招聘会,大力开展"精准扶贫、送岗上门"活动,免费为贫困人员提供岗位信息、职业介绍等服务。2016 年至 2019 年,在县城和贫困劳动力密集的乡镇持续开展 39 场精准扶贫就业专场招聘会,吸引 350 家企业参加招聘活动,提供就业岗位 38477 个。加大就业扶贫政策宣传力度,开展丰富多彩的贫困劳动力就业技能培训,共培训 18316 人,促进了贫困劳动力就业。加大公益性岗位开发力度,为贫困户提供保洁保绿、乡村道路维护、水库安全管理、社会治安协管、山林防护、老人儿童看护、农村农家书屋管理、生态护林员等公益性岗位 3821 个。积极打造就业扶贫车间,对全县符合条件的 29 家企业或合作社认定为扶贫车间,吸纳建档立卡贫困劳动力 445 名。创新开展"飞翔工程""雨露计划",每年帮助 1000 余名贫困家庭子女实现转移就业,真正达到"培训一人、就业一人、全家脱贫"的效果。

精准实施危旧房改造扶贫工程。按照"应改尽改、不留死角"原则,把农村"四类困难对象"扩大到所有居住在危旧房的农村困难户,全覆盖地推进了农村危旧房改造扶贫工程。为缓解贫困户建房资金短缺问题,积极探索,创新方法,建立阶梯补助机制,按危改类别和贫困程度分别补助 5000 元至 40000 元不等。对于完全无经济来源和劳动能力的建档立卡贫困户,在原有政策基础上提高补助标准,困难贫困户每户补助标准为 3 万元,特别困难的贫困户每户补助标准为 4 万元,同时鼓励动员社会力量,帮助贫困户解决建房资金和劳动力不足等问题。2016 年至 2019 年,全县重建 11987 户、维修 4538 户,有效保障了困难群众的住房安全,确保没有一户农户居住在危房。

精准实施易地搬迁扶贫工程。根据贫困户的搬迁条件和意愿,通过在县城工业区、乡镇集镇、中心村集中安置等方式落实易地搬迁政策,帮助 932 户 4059 名贫困群众实现"挪穷窝"的愿望。安置房根据家庭成员结构设有 50 平方米、75 平方米、100 平方米、125 平方米等不同户型,做到建档立卡贫困户人均面积不超过 25 ㎡。为解决搬出贫困群众的后顾之忧,采取企业带动、产业支撑、技能提升、资金互助等模式为贫困户"谋富路",促使搬迁群众就业有岗位、创业有门路、增收有渠道。另外,出台有关政策和规定,明确搬出群众原有的山林、耕地、水面等权益保持不变,还可根据自己意愿享受转为城镇户口、就近上学、医保政策、社会保障等惠民措施,让群众真正享受易地搬迁的政策红利。

精准实施社会保障扶贫工程。按照"托底线、救急难、可持续"原则,扎实推动农村低保与扶贫开发的有效衔接,实现民政兜底全覆盖。进一步加大保障力度,农村低保对象保障标准由 2016 年的每月 270 元提高到 2019 年的每月 385 元,农村集中供养对象保障标准由 2016 年的每年 4380 元提高到 2019 年的每年 6060 元,农村分散供养对象保障标准由 2016 年的每年 3480 元提高到 2019 年的每年 4800 元。落实医疗救助政策,将建档立卡贫困人员中特困人员的政策范围内医疗救助费用,予以全额保障;有效开展儿童"两病"免费救治、困难尿毒症患者免费血透治疗、贫困家庭重性精神疾病患者免费治疗、农村贫困家庭妇女"两癌"免费手术治疗、"光明·微笑"工程、农村 16 类重大疾病救助等专项救助,让患者真正享受到扶贫带来的免费医疗政策。对残疾证办理和残疾人两项补贴发放进行梳理、排查,主动上门及时为残疾人办理残疾证,积极落实困难残疾人生活补贴和重度残疾人护理补贴制度,发放残疾人两项补贴 69732 人次 1715.8 万元。为巩固脱贫成果,县财政出资 300 余万元,为全县已脱贫贫困人口购买脱贫后不返贫责任保险,出资 180 余万元,为所有农村边缘人口购买防贫保险,防范因病、因学、因灾致贫返贫风险,确保已脱贫贫困人口稳定脱贫不返贫,不产生新的贫困人口,构筑起贫困户在脱贫路上的"最后一道防线"。

精准实施基础设施建设及村庄整治扶贫工程。投入 15.5 亿元推进村庄基础设施建设,重点改善道路、水利、饮水、卫生、文化等落后基础设施,共硬化村主干道、次干道及入户道路 3064 公里,完成排水工程 2365.2 公里、桥梁 48 座、改造池塘 73 座、绿化 10 万余平方米、房屋改造提升 5491 栋、改水改厕 22939 户,建设文化活动室卫生室 136 栋、村级综合服务平台 243 个、活动场所 292 个,拆除危房和空心房 13175 栋,实现 25 户以上自然村全部通水泥路,移动、电信、有线网络做到全覆盖,改善了农村群众的生产生活条件。按照"整洁美丽、和谐宜居"的目标,大力开展城乡环境综合整治专项行动,推行城乡环卫一体化,做到垃圾日产日清。积极引导贫困户树立文明卫生的生活习惯,帮助贫困户整理庭院、打扫卫生,切实改善村居环境,提升脱贫致富的"精气神"。

精准实施生态保护扶贫工程。加快发展绿色产业,加大生态修复力度,落实生态扶贫项目 26 个,落实扶贫资金 6603.535 万元,让 51736 人次贫困人口得到实惠。

精准实施结对帮扶扶贫工程。全县所有行政村做到驻村第一书记、工作队和结对帮扶"三个全覆盖"。按照"664"(县级干部 6 户、科级干部 6 户、一般干部 4 户)的原则,全县共落实 8638 名干部结对帮扶 34187 户贫困户。1 个央企、6 个省直单位、43 个市直单位、92 个县直单位结对帮扶贫困村。在县委组织部设立第一书记管理科,对驻村第一书记进行日常管理,确保第一书记与原工作岗位脱钩,每月不少于 20 天吃住在村。率先在全省实行了县直单位主要负责人担任驻村第一队长制度,县直单位主要负责人作为帮扶村的第一责任人。率先在全市实行"干部周六结对帮扶日制度",每个帮扶干部周六进村入户,开展精准帮扶。广泛发动社会力量投入脱贫攻坚,青年、巾帼、企业家等 8 个志愿者服务团下村进行帮扶,帮助困难群众解决医疗、教育、生产等实际问题 3000 余个。大力开展"百企帮百村",全县参与"百企帮百村"精准扶贫行动的企业与商会对接帮扶贫困村 132 个,实施项目 226 个,累计投入资金 4170 多万元,受益群众达 3 万多人,形成了专项扶贫、行业扶贫、社会扶贫三位一体的脱贫攻坚大格局。

狠抓六个强化,推动工作落实

持续强化识别、力量、资金、思想、作风和整改等方面举措,确保脱贫攻坚各项工作落到实处。

强化精准识别。始终把精准识别作为脱贫攻坚的"第一粒纽扣",加强组织领导,强化业务培训,对贫困户、非贫困户进行拉网式筛查,一户一户过筛,一村一村过关,做到村不漏组,组不漏户,户不漏人,漏评的补录,错退的回退,错评的剔出,杜绝了错退和漏评。一是严格识别标准。运用大数据平台,建立和完善信息比对机制,加强建档立卡贫困人口与人社、财政、房管、交警等部门的信息比对。严格按照"七项一票否决、四项严格甄别"的规定,采取"四看""五查"(即:看房子、看身体、看收入、看负担,查人口、查房产、查家产、查职业、查表现)的方式,从严进行精准识别。二是严格民主程序。通过召开民主评议会,听取村民代表、党代表的意见建议,限期进行公示公告等措施,严格把好贫困户进出程序关,做到公开、公平、公正。三是严格调查核实。注重对贫困户的情况进行动态监测,对相关数据进行持续校正、补充和更新,对存在的疑似错评户和疑似漏评户进行反复调查核对,做到应纳尽纳、应退尽退、应扶尽扶。

强化队伍建设。重新调整县政府分管脱贫攻坚副县长的工作分工,将其分管的其他各项工作全部脱掉,一心专攻精准脱贫。将县扶贫办由过去的挂靠单位调整为县政府组成部门,增加编制9个,进一步人员,对脱贫攻坚工作经费给予足额保障。乡镇场扶贫工作站由党委副书记兼任站长,做到了"四有"(有固定机构编制、固定工作人员、固定办公场所、固定工作经费),并按不少于3人的编制调配乡镇场扶贫工作站人员。落实了417名县乡村三级专职信息人员队伍。制定乡村扶贫工作站(室)、贫困户资料标准化建设指南,所有村扶贫工作室做到"六个一",即一个工作室、一个文件柜、一个信息卡、一个公示牌、一个档案袋,并指定一名素质高、业务精的村干部具体负责脱贫攻坚业务工作。

强化资金投入。面对贫困面广、贫困人口多、贫困程度深的实际情况,不等不靠、主动筹资。一是融好银行的钱。积极同省农发行、省国开行等政策性银行对接,融资19.4亿元用于扶贫工作。投资近7亿元推进贫困村村庄整治和基础设施建设,确保所有贫困村的路、沟、水、渠、厕等基础设施建设全部到位,水泥路通到每家每户庭院门口。二是整合各方的钱。出台《余干县统筹整合财政涉农扶贫资金实施方案》等文件,加大对扶贫工作的资金投入。2016、2017、2018年用于扶贫资金分别达5亿元、20亿元、24.5亿元,2019年安排扶贫投入达11.92亿元。三是用好账上的钱。加强扶贫项目管理,加快扶贫资金拨付。坚持资金封闭运行、专人管理、专账核算,充分发挥扶贫资金使用效益。

强化志智双扶。将扶贫与"扶志""扶智"相结合,激发主动脱贫的内生动力。一是建阵地。实施乡村社会主义先进文化阵地"七个一"工程(每个行政村有一个不少于500平方米的文化广场,一个不少于200米的文化长廊,一间农家书屋,一套健身器材,一套音响设备,一支健康向上的文化宣传队,每年至少举办一次体现社会主义核心价值观的文化演出),教育引导广大群众参与健康向上的文化活动。二是除陋习。打响移风易俗攻坚战,在全县组织开展"树文明乡风、做文明村民"活动,挖掘身边好人等各类正面典型,对"因懒致贫、因赌致贫、因婚致贫、因子女不赡养老人致贫"等不良现象进行批评教育,将文明乡风根植于农民群众心中。稳步推进殡葬改革、宅基地改革等影响农村生活的重大改革,得到群众的广泛响应和支持。三是常教育。组织开展最美脱贫户等评选表彰、"三讲一评"颁党恩活动和"树文明乡风、做文明村民"活动,深入开展辩证唯物主义、历史唯物主义和社会主义核心价值观教育和感恩教育,依法管理宗教事务,在全县树立相信科学、崇德向善、勤劳节俭、文明健康的社会风尚,教育引导广大群众感党恩、听党话、跟党走。

强化作风转变。在全县深入开展"怕慢假庸散"作风整治。县四套班子领导充分发挥示范带头作用,既当"指挥员",又当"战斗员",带头学习、研究、落实脱贫攻坚政策,做脱贫攻坚的"明白人";带头联系挂点乡镇场,检查指导脱贫攻坚工作,走访慰问脱贫攻坚困难群众和扶贫一线干部。全县广大干部充分发挥工作主动性,切实转变作风,积极投身脱贫攻坚工作,为贫困群众解决实实在在的困难。2019年春节期间,近万名帮扶干部放弃休假落实"四个一"活动,到结对帮扶对象家中赠一副对联、送一份礼品、吃一餐年饭、搞一天卫生,既沟通了感情,又了解了民情,还解决了事情。作风的大转变,赢得群众的赞扬。

强化问题整改。始终坚持问题导向,举一反三,标本兼治,把解决省贫困县退出专项评估检查等反馈的问题与年度脱贫目标任务结合起来完成,做到一体谋划部署、一体推进落实。对省贫困县退出专项评估检查等反馈的每一个问题都作为"必答题",书记、县长亲自部署、靠前指挥、高位推动,其他县领导认真抓好分管领域的整改工作,乡镇场、各有关部门联动齐抓,压实整改责任,逐项盯紧抓牢,加强调度监督,严肃整改纪律,切实以整改推进脱贫攻坚,以脱贫攻坚实效检验整改成果,不断提升脱贫质量,巩固脱贫成效。同时,把专项治理摆在突出位置,大力整治脱贫攻坚中的形式主义、官僚主义以及扶贫领域的不正之风和腐败问题,精准发力、精准监督,为脱贫攻坚战提供坚强的纪律保障。

今天的余干，基础设施日新月异，狭窄的泥巴路变成一条条平坦的水泥路，一座座桥梁架起，天堑变通途，一个个崭新的校园拔地而起，一座座特色养殖场随处可见，一片片丰收的果园香飘万里……一个蓬勃向上、祥和美丽的新余干展现在人们眼前，这些变化像强磁场吸引了四方来客。这些幸福喜人的图景，诠释着余干县精准扶贫取得的新成效。

鄱湖浩渺，滚滚东流，仿佛在向世人宣告：余干，这个沉寂多年的故土，这片广袤的红土地，正沐浴着阳光展翅腾飞。百万余干干群在党的领导下，正以铿锵的步伐，大踏步走在全面进入小康社会的金光大道上。

鄱阳县脱贫攻坚工作纪实

近年来,鄱阳县以习近平新时代中国特色社会主义思想和党的十八大、十九大精神为指导,坚决贯彻落实习近平总书记关于扶贫工作的重要论述和考察江西时重要讲话精神及中央、省委、市委关于脱贫攻坚方针政策和决策部署,坚持问题导向、目标导向、效果导向,积极应对疫情和灾情双重挑战,切实强化责任落实、政策落实和工作落实,高位推动高质量脱贫和成效巩固拓展工作,取得了明显实效。2020 年是脱贫攻坚收官之年,面对突如其来的新冠肺炎疫情和百年一遇的特大洪灾,鄱阳县按照精准扶贫、精准脱贫的基本方略,紧盯工作目标,坚持科学应对、统筹兼顾,全面完成了年度脱贫减贫和贫困县整县退出的"双重"目标任务。

减贫成效及精准识别情况

减贫任务完成方面。鄱阳县原有建档立卡贫困户 48364 户 165208 人,贫困人口全部脱贫,贫困发生率由 2014 年的 12.58%下降到 0,其中 2020 年共减贫 1581 户 3099 人,存量贫困人口全部脱贫,全面完成了年初制定的减贫计划;全县 162 个"十三五"贫困村全部出列;2020 年 4 月 26 日,省政府宣布鄱阳县退出贫困县序列,顺利完成脱贫摘帽任务。

贫困对象精准识别情况。对照"两不愁三保障"标准,识别贫困村 162 个(其中深度贫困村 3 个),同时,严格按照上级文件精神规范开展建档立卡动态管理,按照贫困人口脱贫识别退出程序和"两类人群"动态监测程序,共计精准识别贫困户 48364 户 165208 人,对"两类人员"监测对象,细化帮扶机制,通过购买防贫险、夯实兜底保障、"两业"帮扶等措施,筑牢返贫致贫防线,巩固提升脱贫成果。2020 年新识别边缘易致贫户 115 户 427 人,新识别脱贫不稳定户 26 户 84 人,截至目前已脱贫不稳定户总户数 85 户 301 人,其中已消除风险 58 户 205 人,消除返贫风险占比 50.66%,边缘易致贫户总户数 377 户 1369 人,其中已消除风险 191 户 705 人,消除致贫风险占比 68.24%。

责任落实情况

鄱阳县始终把脱贫攻坚作为重大政治任务和头号民生工程,落实"县负总责、乡镇主抓、村级落实"工作机制,县委、县政府建立脱贫攻坚"五个优先"工作机制,保障脱贫攻坚工作扎实推进、高效推动。县委、县政府主要领导身先士卒、靠前指挥、密集调度,压实各级责任,最大程度凝聚脱贫攻坚思想共识和工作合力。县委书记完成贫困村的遍访工作,对全县 162 个"十三五"贫困村,做到村村调研、村村督战、村村现场办公。推行县乡村三级干部"86432"结对帮扶机制,形成县乡村"三级书记"亲自抓、部门行业合力扶、扶贫单位全力帮、帮扶干部结对包、社会力量齐参与的脱贫攻坚大格局,实现挂点县领导包乡、单位包村、工作队驻村、干部包户、社会力量联村带户"结对帮扶五个全覆盖"。2016 年以来,中央(1 家)、省(7 家)、市(60 家)、县(172 家)共 240 家单位与 162 个"十三五"贫困村结成帮扶对子,共投入帮扶资金 2 个多亿,实施帮扶项目 2000 多个。各级共下派驻村工作队队员 498 名,组成 162 支驻村工作队,共派出帮扶干部 1.2 万名帮扶全县的贫困户和边缘户。仅 2020 年,全县召开县委常委会议 11 次、县政府常务会议 12 次、扶贫开发领导小组成员会议 12 次研究落实脱贫攻坚工作。同时,还通过召开片区脱贫攻坚现场会、重点乡镇调度会、业务培训会等形式安排部署、调度推进全县脱贫攻坚工作。

政策落实情况

教育扶贫方面。推行乡镇(街道)、学校"双负责制",落实相关资助政策和控辍保学措施,对因身体原因无法上学的建档立卡贫困学生,坚持送教上门。2016 年以来,资助贫困学生 401302 人次,发放资助金共计 36921.5 万元,开展"雨露计划"中高职业教育培训 7911 人,安排补助资金 2879.7 万元。2016 年以来,县级财政总计投入教育资助金 6477.4 万元。2017 年以来,鄱阳县稳步实施并推进农村义务教育学生营养改善计划工作,受益学校 795 所,受益学生 11.4 万人,累计支出营养膳食补助资金 22760 万元。2020 年全县共资助家庭经济困难学生 55151 人次,发放资助金 3209.4 万元;落实"雨露计划"中高职业教育培训 2667 人,发放补助资金 828.6 万元。

健康扶贫方面。全面提升健康保障水平,压实"四道防线"责任,2017 年以来县财政累计投入 46000 余万元为贫困人口代缴城乡居民基本医疗保险和购买重大疾病商业补充保险。落实贫困人口县域内定点医疗机构就医"先诊疗后付费"和县内外就医"一站式结算"。全县贫困人口住院累计 219309 人次,产生总费用 167897.48 万元,贫困患者住院自付比例控制在 10% 的适度标准。加大门诊慢性病政策宣传,累计为贫困人口办理慢性病证 44487 份,门诊慢性病就诊 141840 人次,产生总费用 7423.73 万元。加强了 35 种重大疾病救治力度,对涉及贫困人口的大病专项救治审批,由一站式中心牵头,定点救治医院一站式审批结算,2018 年以来,累计救治 16933 人次。以签约人群中的高血压、糖尿病、重症精神障碍、肺结核 4 种慢性病为重点,不断丰富履约形式,进村入户为贫困患者提供免费体检、健康促进、建立一份合格的健康档案等服务。规范村卫生室管理,卫生室通电、通水、通路、通网络,配齐基本医疗和办公设备,公有产权村卫生室开通即时结算服务,选定乡村医生入驻执业或由乡镇卫生院组织医生定期巡诊。其中:2020 年按 280 元/人的标准财政代缴城乡贫困人口居民基本医保参保费、并按人均 660 元标准购买重大疾病医疗补充保险。

住房安全方面。从 2018 年起,通过招投标引进第三方司法鉴定中心每年对存量危房进行踏勘,做好疑似危房鉴定工作。积极引导农村贫困群众开展 C 级危房加固改造,组织开展房屋质量安全监督指导工作组,加强对危房改造施工现场质量安全巡查与指导,确保使用的建房材料符合要求,杜绝施工质量和安全事故发生。2016 年至 2019 年,共改造贫困户危旧房 11322 户。2020 年全县因洪灾农房受损严重,省住建厅组织 61 人成立技术指导组,到鄱阳进行受灾房屋住房安全鉴定,共有因灾倒损房屋贫困户 232 户,其中维修 163 户、重建 69 户,已落实相关改造政策。

安全饮水方面。全县共解决 31462 户、101585 个贫困人口的安全饮水问题,主要是解决自来水入户问题,贫困群众受益面明显扩大。开展水质检测工作,累计检测水样 3892 份,检测结果全部安全。2020 年,印发《农村饮水安全须知》宣传册 1 万份,利用帮扶干部上户,发放宣传到户,下发《关于再次对全县自来水未覆盖到自然村的贫困人口饮用的"井水"开展集中检测的通知》,对贫困户饮用井水再次送检,组织及时修复破坏的自来水管道 30 千米,保障贫困户供水正常,对曾浸泡水中的 4 家自来水厂,通过清理修复,恢复了供水功能。

保障扶贫方面。发挥低保、特困人员供养、临时救助、残疾人"两项补贴"、医疗保险、城乡居民社会养老保险等兜底保障作用,织密织牢社会保障网,帮助贫困人口实现不愁吃、不愁穿目标。2016 年至 2020 年 11 月,共计发放农村低保资金 76700.67 万元(农村低保对象 34497 户、47328 人,其中建档立卡贫困户 25150 户、36512 人)、农村特困人员分散供养对象资金 15191.6 万元、发放临时救助资金共计 5363 万元、残疾人"两项补贴"资金 9504.134 万元,代缴养老保险费 317211 人 3172.11 万元(包括建档立卡贫困户、低保户、五保户、残疾人)。洪涝灾害发生后,为全力做好受灾困难群众基本生活保障工作,对受灾特别严重的 5646 名低保对象增发两个月低保金,并及时将符合条件的受灾群众纳入低保、五保社会救助保障范畴。

产业扶贫方面。做大做强扶贫产业基地,建成 162 个"一村一品"贫困村特色产业基地,建成以乐丰镇、饶丰镇为核心的 3 万亩稻虾(莲虾)共作基地,以谢家滩镇为核心的 3 万亩中药材基地,以古县渡镇为核心的 3 万亩油茶基地,以高家岭镇为核心的 5000 亩大棚蔬菜基地,以游城乡为核心的 5000 亩马家柚基地,以柘港乡为核心的 5000 亩猕猴桃基地等一批规模化产业扶贫基地项目;落实扶贫产业奖补政策,对有劳动能力和劳动意愿的贫困对象实行发展产业奖补方式进行扶持,对失能弱能的深度贫困户实行光伏(旅游)资产等收益式扶持,确保产业稳步发展;发挥扶贫经营主体带贫益贫作用,共培育致富带头 1285 人,通过多种联结经营模式,把贫困户吸纳进来,使贫困户真正从产业发展中受益。累计发放产业扶贫贷款 8380 笔、1.874 亿元;通过评级授信简化贷款程序和手续,产业贷款支持了 300 余名贫困户开小店、办农家乐等自主创业。2020 年安排投入财政专项扶贫资金 1.9 亿元,实施产业项目 518 个,进一步完善了与贫困户利益联结机制,为 1529 户贫困户办理扶贫小额信贷,发放贷款 6674.07 万元。

就业扶贫方面。2016 年以来开展的就业扶贫系列援助活动共举办 143 场就业扶贫系列招聘会,收集县内外 4587 家诚信企业信息,提供 250961 个就业岗位;共建扶贫车间 488 家,吸纳贫困劳动力 8619 名上岗就业。开展各类技能培训 876 期,培训贫困人口 34628 人;发放一次性交通补贴 37758 人;发放一次性求职补贴 1935 人;发放贫困人口自主创业一次性创业补贴 1242 人;发放贫困劳动力创业担保贷款 389 万元;开发扶贫专岗 39191 个。县级出台一系列就业扶贫政策,促进贫困劳动力稳岗拓岗就业。2020 年,创新"四个一批"做法,千方百计推进贫困劳动力稳岗就业和拓岗就业。共举办各类贫困人口技能培训 39 期,培训贫困劳动力 818 人;开发扶贫公益性岗位吸纳贫困劳动力 16413 名;164 家扶贫车间吸纳 2062 名贫困劳动力就业;为 19179 人一次性发放交通补贴,贫困劳动力就业率达 83.09%。

易地扶贫搬迁方面。"十三五"期间,鄱阳易地扶贫搬迁 995 户 4025 人,其中安置建档立卡贫困户 949 户 3768 人,涉及 8 个乡镇、10 个安置点。安置点住房建设、基础设施和公共服务设施建设已全面完成,搬迁户如期搬迁入住。2020 年通过完善加强社区管理,落实后续帮扶、社区管理工作和推行感恩教育等各项活动,落实就业监测及时了解搬迁户就业情况并予以帮扶;开展产业帮扶,支持参与产业发展,落实产业奖补政策;利用结余资金通过"农户 + 公司"模式建立产业基地,完善产业利益联结机制。加强搬迁户之间的凝聚力和内在发展动力,有效落实了就业、产业、教育、医疗、社会保障等后续帮扶措施。

村庄整治方面。以村级规划为引领,以基础设施建设为着力点,集中解决通村路、入户路、排水沟渠等基础设施,村容村貌明显改善,村内"脏、乱、差"现象得到有效遏制。五年来共投入村庄整治资金 55786.8 万元(其中地方政府债务资金 600 万元),实施 2463 个项目。

基础设施方面。2016 年以来,全县基础设施建设取得显著成效。交通设施方面,先后整合扶贫、贷款和上级补助资金 17.74 亿元,共改造完成县乡主干道 629 公里、105 座危桥、994 公里生命安全防护工程。供电方面,投入农网升级改造资金 4.6 亿元,162 个贫困村电网升级改造工程全部完成,保障了贫困户户户通生活照明用电、贫困村村村通三相动力用电。此外,贫困村宽带网络、移动基站、广电网络等基础设施建设已完成既定目标。2020 年,为巩固农村公路基础设施建设成果,投入 3.68 亿元,在已完成所有自然村通硬化路的基础上,对全县农村公路进行整治提升,升级改造县道 38.5 公里,乡道 98 公里,危桥 12 座,新建桥梁 5 座,安防工程 185 公里,建制村窄路面拓宽和村道改造 148 公里。

生态保护方面。2016 年以来,鄱阳县牢固树立和践行绿水青山就是金山银山发展理念,紧紧围绕"生态惠民、生态利民、生态为民"主题,坚持"护绿增绿"

与"农民增收"融合发展,加快发展绿色产业,加大生态保护、生态修复力度,巩固提升生态扶贫成效。继续对生态护林员稳岗拓岗,已落实聘用生态护林员1586人,使受益贫困户年人均增收0.6万元以上;增强国土绿化等项目带贫益贫能力,已吸纳1432人次具有劳动能力的贫困户季节性用工,使受益贫困户年人均增收0.35至0.56万元。

工作落实情况

资金项目管理情况。不断加大资金投入力度,2016年以来投入资金超过78亿元用于脱贫攻坚工作。按照资金来源,整合财政涉农扶贫资金投入29.9亿元,县级兜底资金投入27.8亿元,教育、医疗、社会保障就业和民政上级专项补助资金投入20.4亿元。按照资金投向,产业扶贫投入8.7亿元,社会保障、就业和民政投入13.3亿元,教育扶贫资助5.6亿元、健康扶贫13.6亿元、安居扶贫工程6亿元、村庄整治、农村道路、农村水利等基础设施建设30.9亿元。加强资金绩效监管,切实提升资金脱贫减贫效益。不断完善财政专项扶贫资金管理办法和统筹整合使用财政涉农扶贫资金管理办法等机制。加强资金绩效动态监控,完善专项检查和日常监管相结合的监管机制,全面推进绩效管理,全面落实县乡村三级公示公告制度,加强扶贫资金管理业务培训。加强问题整改,并跟踪落实。

落实问题整改方面。2016年以来,持续加大排查问题力度,压实各级整改责任,较好地落实各级巡视督查考核等反馈问题整改。建立了县级领导抓总、责任部门牵头、参与单位配合、乡村具体落实的上下联动、齐抓共管的整改机制。通过"五个一"模式,多措并举狠抓整改工作。即成立一个整改领导班子,紧扣"问题导向,以改促抓"一条主线,制定一份整改方案,统揽一个全局,建立一套调度机制。把问题整改和脱贫攻坚日常工作结合起来,举一反三,做到一并整改、同步推进。2020年,中央脱贫攻坚专项巡视"回头看"反馈问题涉及的有28个问题112个整改项目,2019年国家脱贫攻坚成效考核反馈的28个问题62个整改项目,省脱贫攻坚成效考核反馈的11个问题,省两次暗访督导的8个问题,扶贫审计指出的5个问题,12317扶贫监督电话举报的5个问题等,全部按照要求完成整改,并对其中部分问题长期坚持整改。

扶贫扶志方面。鄱阳县通过创新扶志、扶德、扶智、扶勤、扶能"五扶"精神脱贫法、文化扶贫工程、脱贫攻坚"感恩奋进"主题教育、移风易俗行动等活动载体,为脱贫攻坚持续注入精神动力。先后排演国家艺术基金资助项目大型赣剧《红星恋歌》,创作《鄱阳五扶三字经》、赣剧微电影《扶》、小品《退贫记》、三句半《精准脱贫感党恩》等群众喜闻乐见的文艺节目,在全县各行政村举办感恩奋进文艺巡演1200多场;积极开展"最美扶贫干部""最美脱贫户""最美爱心扶贫人士""脱贫奋进之星"等脱贫攻坚最美系列评选活动,成功推荐李保春、吴明月、李春生当选"中国好人";组建红白理事会2690个,修订完善村规民约2697条,引导群众自我服务、自我管理;深入开展"三讲一评颂党恩",不断增强贫困、信教群众感怀党恩、向上向善、自力更生的意识观念,营造"感党恩、听党话、跟党走"的浓厚氛围。

积极克服疫情影响。面对突如其来的新冠肺炎疫情考验,鄱阳县始终坚持生命至上理念,以"第一等工作"要求,第一时间落实省、市决策部署,第一时间成立领导机构,第一时间采取果断措施,第一时间督促任务落实。下发《关于有效应对新型冠状病毒感染的肺炎疫情坚决打赢脱贫攻坚战的实施意见》《关于做好疫情期间扶贫解困七个优先工作的通知》《应对新冠肺炎疫情风险挑战推进脱贫攻坚"六大提升"工程实施方案》《关于印发＜关于建立扶贫动态监测预警机制的工作方案＞的通知》《鄱阳县激发社会力量联村带户助推"两业"扶贫工作的实施方案》等文件,通过打出"组合拳",大力消除疫情不利影响。同时,切实关注困难群众冷暖安危,重点开展防疫物资优先配送、看病绿色通道优先开设、困难群众基本生活需求优先满足、家庭贫困学生教育优先保障、扶贫农产品滞销问题优先解决、复工复产岗位优先安排、产业发展技术服务优先提供"七个优先"工作。制定实施疫情防控期间优先为贫困人口配送防疫物资、优先为贫困人口开通就医绿色通道等"两优先"服务措施。对于感染新冠肺炎的对象,及时落实免费救治措施,并要求各级医疗机构及时收治其他患病贫困群众,保证贫困户生命健康安全。

典型经验做法

推行"五包"脱贫法。扎实推进专项扶贫、行业扶贫和社会扶贫,形成全县上下合力攻坚、携手小康的良好工作格局。一是单位包村。组织172个县直单位和上级下派的68个帮扶单位,与全县162个"十三五"贫困村全面结对,派驻驻村第一书记和工作队,实现单位包村全覆盖。二是干部包户。按照"86432"分配原则(即县处级干部结对8户,乡科级干部结对6户,一般干部结对4户,村支书、主任结对 3 户,其他村干部结对 2 户),组织各级帮扶干部 1.2 万名与贫困户结对,实现干部与建档立卡贫困户结对帮扶全覆盖。三是产业包扶。县财政整合安排专项帮扶资金,用于带动贫困户脱贫。对贫困户自主发展产业的,奖补生产资料或补助一定启动资金,并给予"免抵押、免担保"产业扶贫小额贷款支持。对"三无户"等无劳动力或弱劳动力贫困户采取政府投资、农户分红的模式,实施光伏(旅游)资产收益式扶贫,实行差异化分配,每年户均受益3000 元。四是社会包助。大力开展"10.17"扶贫日、"消费扶贫""百企帮百村"等社会扶贫活动。目前,联系 191 家企业与 162 个贫困村进行结对帮扶,实施产业帮扶项目 187 个、各类农村创业项目 37 个,企业投入资金 2788.524 万元。发动 421 家社会组织主动投身脱贫攻坚主战场,覆盖所有贫困村,累计投入资金 360 万元,帮扶贫困群众 1.1 万人次。五是政府包底。不断健全保障机制,对"无力脱贫,无业可扶"的失能弱能对象,做到政府兜底,确保如期脱贫。在首届中国扶贫论坛上,鄱阳县"五包脱贫法"荣获"中国扶贫·政府创新奖"。

探索"五金"产业扶贫发展模式。一是土地出租得租金。优先考虑流转贫困户闲置土地,每亩每年获得不低于 200 元的租金。二是小额贷款筹本金。符合贷款条件且有在县内或抱团发展产业意愿的贫困户、边缘户,可根据产业发展规模申请 5 万元以内的产业扶贫贷款。三是入社出工挣薪金。对有就业意愿的贫困户,产业基地采取长期聘请和临时雇佣结合的方式,让贫困户在家门口就业。四是入股分红赚股金。在贫困户直接参与的前提下,通过自筹资金或自有资源资产入股合作社,取得入股分红。五是产业发展获奖金。贫困户发展产业,实行直补封顶标准 1.5 万元/户,全县有 7000 余户获得产业奖补扶持。

"四化建设"推进消费扶贫。大力推进消费扶贫工作,积极克服疫情灾情影响,解决扶贫产品"卖难"问题,帮助贫困群众脱贫增收。一是顶层设计精细化。出台《鄱阳县推进消费扶贫行动实施方案》,落实奖补资金 150 万元。二是产品认定多样化。全县共有 186 个扶贫产品获得"产品编码"并录入消费扶贫系统上架销售,9 家供应商 43 个产品入驻"扶贫 832"平台。三是"三专一间"建设市场化。建成消费扶贫专馆 3 家、专区 6 家、无人专柜 7 个、扶贫直播间 4 个,构建扶贫产品销售干部网红齐上阵、线上线下双带动的新局面,激发了市场活力,涌现出南昌商会异地建专馆、扶贫主体搞展销等消费扶贫典型。四是产品销售规模化。整合财政采购和工会福利资金 1500 余万元,带动撬动社会爱心消费,

2020年扶贫产品销售总量突破5亿元。

"四个一"强化扶贫政策宣传。为加大扶贫政策宣传力度,鄱阳县创新"四个一"载体,让扶贫政策深入人心。一是创设一个"脱贫攻坚宣传中心"。新建了集便民服务、政策宣传、信访接待、业务培训、廉政教育、工作展示为一体的脱贫攻坚宣传中心,主要用于方便贫困群众办事、扶贫政策查询、干部教育和培训、社会帮扶联系和服务、脱贫典型事迹宣传推广、脱贫工作成果展示等。二是制作一段"三保障"扶贫政策动漫宣传片。设置故事情节,将现行的教育、健康、安居扶贫等政策以动漫视频形式播出,让观众在短短8分钟之内全面熟知。三是编印一本"帮扶干部口袋书"。根据各级出台的一系列脱贫攻坚机制和各项惠农政策,印制12000本《帮扶干部口袋书》,为各级帮扶干部和广大群众学习政策、宣传政策提供便利。四是悬挂一张"政策明白卡"。统一制作《政策明白卡》,将"五上墙"内容全部纳入其中,按照一户一张的要求,全面悬挂到贫困户家中,既方便帮扶干部为贫困户宣传扶贫政策、落实扶贫政策,又进一步统一规范了"五上墙"内容。

推动社会扶贫实现"四个转变"。采取政府引导、乡镇主导、村级主体的办法,以乡情亲情、人缘地缘为桥梁和纽带,动员组织县内外各类社会组织、企业和能人,分别与行政村和贫困群众采取"一帮多"或"多帮一"形式结成帮扶对子,广泛开展"百企联百村、万人带万户"社会扶贫行动,通过"双帮"(帮助发展产业、帮助实现就业)途径,实现"双增"(村集体经济增收、贫困群众增收)目标,推动社会扶贫方式完成"四个转变"。一是从"输血式"扶贫向"造血式"扶贫转变。改变了社会扶贫主要支持造桥修路、建门楼修戏台等公益项目建设的做法,注重帮助帮扶对象发展产业、稳岗就业,增强自我造血功能,激发内生动力,实现以物质扶贫为主到精神与物质扶贫并重的转变。二是从慈善式扶贫向消费式扶贫转变。改变了社会扶贫一味献爱心、做慈善的做法,引导社会力量以购买扶贫农产品和服务为主要手段,实现了"以购代捐""以买代帮"。三是从粗放式扶贫向精准式扶贫转变。改变以往社会扶贫忽视靶向、不找准心的做法,按照发展生产"缺什么帮什么"原则,真正帮到点上、帮到根上,实现了因村找人、对症下药、精准施策、持续增收、稳定脱贫。四是从短期式扶贫向长期式扶贫转变。改变搞一次性、一阵子社会扶贫的做法,立足帮扶双方各自资源优势和发展基础,强化互动互补,引导帮扶双方寻求利益共同点、结成利益共同

体,实现扶贫从单方受益到互赢互惠转变。通过几年的探索,全县参与"百企联百村、万人带万户"社会扶贫行动的社会组织达到62个,企业达到322家,能人达到1.3万余人,惠及贫困群众3.5万余人。其中,与政府签约的33个龙头型经营主体发展的特色种养产业扶贫项目,帮助壮大了187个行政村集体经济,带动就业6338人。截至目前,全县529个行政村集体经济收入全部达到6万元以上。

乐安县脱贫攻坚工作纪实

乐安是江西地理位置中心,东邻崇仁县、宜黄县,南连赣州,西南接吉安,北毗宜春,闻名遐迩的庐陵文化、临川文化在此交融汇合、熠熠生辉。全县总面积2412.59平方公里,设9镇7乡,辖176个村委会,总人口约40万。

乐安承国贫县、原中央苏区县、罗霄山脉连片特困县"三县"之泽。近年来,全县上下聚焦"作示范、勇争先"目标定位和"五个推进"重要要求,以"创新引领、改革攻坚、开放提升、绿色崛起、担当实干、兴赣富民"二十四字方针为指导,以"绿色崛起、跨跃赶超"为统领,全力打好项目带动、精准脱贫、美丽城乡建设"三大攻坚战",着力打造古村生态旅游知名县、绿色工业活力县、现代农业精品县、生态文明建设样板县、公共服务民间投资示范县。

乐安具红色、绿色、古色"三色"之美。乐安是一块红色的圣地,老一辈无产阶级革命家毛泽东、周恩来等曾在这块红土地上留下光辉足迹,至今保存了3826条红军标语,有"红军标语第一县"之称。乐安是一块绿色的翡翠,境内气候温和,光照充足,山地占土地面积的77.8%,森林覆盖率达70.24%,高出全省平均水平7.18个百分点,被中国气象协会评为"中国天然氧吧"。乐安是一座千年的古邑,建县于南宋绍兴十九年(公元1149年),境内古村古迹众多、非物质文化遗存丰富,历史文化浓厚,全县有20多个传统古村落,乐安傩舞被列入国家非物质文化遗产名录,小吹会、装故事、罗陂庙会、蛋雕被列入江西省首批非物质文化遗产名录。

乐安是宜业、宜居、宜游"三宜"之地。创业投资环境不断优化,是投资创业的福地。乐安是国家绿色农业示范区、江西省第二批生态文明示范县、全省四个之一也是全市唯一的生态扶贫示范区。"乐安竹笋"获得了中欧互认地理标志产品,在2019年全国地标产品中排100位,系抚州市唯一入选前100名品牌。"乐安花猪"是国家地标产品,绿能公司正在打造"乐安山泉大米"品牌。中药材、双孢菇、绿色有机稻、肉牛养殖等特色产业发展势头强劲,走在全市前列。乐安县旅游资源丰富,"五千"(千古第一村——流坑、千年古樟林——牛田古樟林、千尺飞瀑群——金竹瀑布、千仞道仙山——大华山、千条红军标语——理想信念教育基地)景区建设持续推进,流坑获评国家4A级景区,正在积极打造5A级景区;金竹飞瀑2018年、九瀑峡2020年被评为国家4A级景区。此外,蝶栖谷、稠溪古村、登云岭森林公园等一批优质旅游资源正在按国家4A级景区标准加速推进,三年内有望达到7个4A级景区。

近年来,乐安县坚持以习近平新时代中国特色社会主义思想为指导,深入学习习近平同志扶贫开发重要论述,始终坚持把脱贫攻坚作为首要政治任务、最大民生工程、践行"两个维护"的政治检验,深入贯彻落实"核心是精准、关键在落实、实现高质量、确保可持续"的总体要求,着力实施"十大扶贫工程",以前所未有的力度和强度投入脱贫攻坚战,取得了决定性成就。

驻足回望,脱贫攻坚成效喜人

减贫目标全面完成。截至2020年11月20日,全县建档立卡有效贫困对象为12924户46771人,全部达到了"两不愁三保障"要求,现行标准下全县农村贫困人口已全部实现脱贫摘帽,综合贫困发生率由2014年底的14.4%,目前已清零。2016年以来,脱贫摘帽有效对象为8482户28166人,全县69个"十三五"贫困村全部达标退出,其中2016年退出15个,2017年退出28个,2018年退出26个。2019年2月,顺利通过省级贫困县第三方评估;4月底省政府批准乐安县贫困县摘帽退出;7月和9月又分别代表江西迎接国家第三方专项抽查和国家脱贫攻坚专项巡查,均圆满通过,顺利实现了"高质量提前脱贫摘帽"目标。2020年7月至9月,又圆满通过了脱贫攻坚成效国家普查的省、市级验收,减贫目标全面完成。

幸福指数全面提升。通过大力实施脱贫攻坚"十大工程",各项扶贫政策全面落实,新农村建设全面普及、住房保障和饮水安全全面覆盖、公共服务设施全面提升,建成一大批各具特色的美丽宜居村庄,农村生产生活设施发生翻天覆地变化。无论是贫困户还是非贫困户,均看到了乡村基础设施和公共服务新变化、新提升,感受到了干部的真情帮扶,享受到了前所未有的脱贫攻坚政策红利,群众获得感、满意度和幸福指数得到很大提升。

攻坚工作成果丰硕。2017年至2019年,乐安县脱贫攻坚工作连续三年在全省成效考核综合评价中位居"第一方阵",获得了"好"的评级;2016年至2019年,连续四年位列全市年度脱贫攻坚工作考评前三名。脱贫攻坚整体工作成效和有关特色做法,获得省、市的充分肯定。

砥砺前行,脱贫攻坚工作纵深推进

深化思想认识,着力提升政治站位

在决战决胜脱贫攻坚收官之际,乐安县始终站在增强"四个意识"、坚定"四个自信"、做到"两个维护"的政治高度,深刻学习领会习近平总书记扶贫开发重要论述,特别是习近平总书记2020年3月6日在决战决胜脱贫攻坚座谈会上的重要讲话精神;坚决摒弃贫困县退出后的"歇歇脚、松松劲"的错误思想,戒骄戒躁、再接再厉,以"四个不摘"工作要求为指针,切实武装脱贫攻坚思想认识,深刻领悟党中央对脱贫攻坚工作的从严要求和不获全胜、决不收兵的坚强决心,坚决贯彻落实上级脱贫攻坚工作部署,坚决扛起脱贫攻坚政治责任。县委、县政府主要领导亲力亲为、靠前指挥,坚持做到逢会必讲、遇事必议、下乡必看,亲自指挥部署脱贫攻坚工作,协调解决工作中存在问题;县委、县政府分管领导以及其他县四套班子领导结合分管工作,深入到挂点乡镇、挂点帮扶村以及县直相关部门,对落实脱贫攻坚工作进行督促指导;各乡镇、县直有关部门召开脱贫攻坚专项巡视"回头看"整改专题民主生活会,对标对表,围绕脱贫攻坚及其整改工作进行再梳理、再反思,达到统一思想、明确目标、共同提高的目的。

持续精准帮扶,全面夯实脱贫基础

一是全面落实教育扶贫政策。2016年以来,已对66074人次建档立卡贫困户就读学生发放教育补助达3727.55万元;已对950名贫困大学生发放补助金额475万元;为8867人次贫困大学生申请生源地助学贴息贷款7168.82万元。"控辍保学"不失一人。执行义务教育政策实行学校校长与乡镇属地双负责制,层层签订"控辍保学"责任状,坚决消除因贫失学辍学现象。2016年度以来,已劝返学生16人(2020年度3人),其中贫困户学生3人。同时,对因身体等原因无法入学的适龄儿童共送教 242 例,其中贫困学生 134 例。雨露计划应补尽补。2016 年以来,已对 3935 人次符合雨露计划政策享受条件贫困学生发放补贴 1189.73 万元。

二是全面落实健康扶贫政策。全面筑牢"基本医保、大病保险、补充保险、医疗救助"四道保障线,确保贫困患者住院医疗自付费用不高于 10%。所有建档立卡贫困人口基本医疗保险和重大疾病商业补充保险均由县财政代缴。实现"四个到位"。贫困群众住院"先诊疗后付费""一站式"和"村村通"结算、家庭医生签约服务,以及县级执业医师"一对一"挂点帮扶村级卫健室,均全面落实到位。乡镇卫生院和村卫生室均开展门诊报销,有效保障贫困群众有地方看病,能看得起病。推进"三个一批"。"大病集中救治一批、慢病签约服务管理一批、重病兜底保障一批"的三个一批行动计划得到有效推进。常见病、慢性病均能在县乡村三级医疗机构获得及时诊治,患大病、重病后基本生活仍然有保障。

三是全面落实住房保障政策。按照"村村过、户户筛"办法,地毯式地排查全县农村危房户和无房户,全方位落实住房安全保障政策,综合采取"易地扶贫搬迁、拆旧建新、维修加固、交钥匙保障"等方式,2018 年底全县所有农户实现住房安全有保障率全覆盖。2016 年至 2018 年底,已对 11458 栋老旧房屋进行安全鉴定,维修加固 C 级危房 4466 栋,新建房屋 9860 栋户。对 12924 户贫困户悬挂"住房安全"等级标识牌。

四是全面落实饮水安全。对照《农村饮水安全评价准则》评价指标,组织人员对全县建档立卡贫困户"水质、水量、用水方便度和供水保证率"四项指标,进行全面排查。按照省定 42 项(赣水农水字〔2019〕4 号)检测项目的标准,对全县所有村组的饮水质量进行再检测。建立饮水台账。已对全县建档立卡贫困户建立了安全饮水台账,每户印制饮水安全评价表。

五是全面落实兜底保障。制定出台农村低保与扶贫开发衔接的政策文件,及时将符合条件的建档立卡贫困户纳入低保范围,切实做到"应保尽保、应扶尽扶"。截至 2020 年 10 月底,全县农村低保 11919 户 17600 人,特困供养人员 1170 户 1260 人(其中集中 335 户 347 人,分散 835 户 913 人),其中纳入建档立卡贫困对象的农村低保 11428 人、特困分散供养总人数为 907 人。

突出"两业"扶贫,主攻增收稳定脱贫

——大力推进产业扶贫。一是发展壮大产业基地。全县双孢菇种植 100 万平方米、中药材种植 5.8 万亩、白莲 1.1 万亩、设施蔬菜 1.1 万亩、烟叶 1.5 万亩、蚕桑1.55万亩、油茶19.2万亩、绿色生态水稻3万亩、稻田养鱼1万亩、小黄肉牛出栏1.2万头,直接带动贫困户增收达4672户。特别是双孢菇基地建设已覆盖全县14个乡镇,建立基地113个、大棚2010个、面积100万平方米,其中直接带动贫困户290户新建菇棚580个,户均增收在5万元以上,间接带动贫困户参与双孢菇基地各类生产及务工达2800余人,人均增收0.5万元以上。二是强化利益联结机制。大力推进"龙头企业(专业合作社)+基地+贫困户"的产业扶贫模式,密切新型经营主体与贫困户的利益联结机制,已建立完善产业专业合作社1238个,吸纳带动贫困户增收达8315户;培育创业致富带头人494人,带动贫困户脱贫增收2458户。三是积极促进自主发展。制定出台补助奖励政策,每户贫困户最高可获得8000元产业奖补,鼓励有产业发展意愿的贫困户自主发展产业。2016年至2020年11月份,全县累计向10773户次贫困户发放自主发展产业奖补资金3953万元。

——合力促进就业扶贫。一是开展技能培训。根据特色产业或园区用工岗位需求,结合贫困劳动力的自身特点与需求,认真开展家政、电子商务、畜牧养殖、双孢菇种植、白莲种植等实用技术技能培训。2016年以来累计培训11183人次,其中贫困户6277人次。二是合理开发公益性岗位。重点安置因年龄、身体等原因不能外出务工的贫困劳力从事保洁护绿、治安协管、道路养护、农家书屋等公益性岗位,实现就近就地就业。截至2020年10月底,已开发适合贫困人员就业的扶贫专岗达1581个,其中护林员506个、保洁员545个,每年增加贫困户收入近1000万元。三是发挥扶贫车间作用。全县共建有扶贫车间28家,吸纳就业人口2624人,其中贫困人口为391人。四是务工奖补政策激励。制定务工奖补政策,积极引导贫困人口外出务工增加收入,促进稳定脱贫。对在县内、县外就业务工的,分别给予工资收入的6%、5%补贴,每户最高补助2400元、2000元。2017年以来,累计向外输出就业务工贫困人口20515人次,发放务工(含交通补贴)补贴1660.32万元。

——强化搬迁后续帮扶。完成"十三五"易地扶贫搬迁建档立卡人口898户3568人的搬迁入住任务,所有搬迁户均落实干部结对帮扶,实施因户而异的精准施策,其中常年发展产业383户、常年就业务工837户,安排公益岗位81户,特困搬迁户兜底保障26户。开展针对性帮扶措施,坚持做到有劳动能力且较强的,则引导其发展产业或就业务工,实现稳定增收;劳动能力较弱的,则通过安排扶贫公益岗位或根据其能力和喜好安排从事简易且劳动强度不大的就业岗位解决稳定增收;对于无能无力的,则实行兜底保障。

严守"四个不摘",巩固提升脱贫成果

——有效化解疫情影响。制订《关于有效应对新冠肺炎疫情全力巩固脱贫攻坚工作成果的实施意见》,做到打好疫情防控阻击战与打赢脱贫攻坚战"两手硬"、双促进。一是监测分析疫情影响。组织驻村工作队和帮扶干部对行政村、贫困户地毯式摸排,全面监测分析贫困户因疫情影响在收入、住房、教育、医疗、饮水和产业发展、就业务工等方面存在困难,有效防止因"疫"返贫、因"疫"致贫现象。二是有效化解销售难题。通过"龙头企业托底购、帮扶干部找门路、扶贫生鲜网上卖、工会福利主动销"多种途径,化解扶贫产品滞销难题。三是返岗稳岗助力增收。截至 2020 年 10 月底,全县返岗务工的贫困人口达 21613 人,占 2019 年底外出务工总数的 105.04%,其中:省外务工人员 11185 人,省内县外务工人员 1591 人,县内务工人员 8837 人。同时,通过"开发扶贫公益岗位、专项支持扶贫车间、鼓励就近就业创业"等工作措施,全力帮助贫困劳动力端稳端牢就业"饭碗"。

——有效组织动态监测。2018 年 8 月,乐安县在全省较早探索了扶贫动态监测机制的实践做法,对"极易返贫户、容易返贫户、不易返贫户和可能致贫边缘户"等对象做好分类梳理,用好预警机制,提前介入帮扶,牢牢把握工作主动权。已排查出脱贫不够稳定的监测户 99 户 352 人,易致贫低收入边缘户 86 户 319 人,按照"缺什么,补什么"要求,因户而异制定专门帮扶措施。对 78 户脱贫不稳定户 78 户、58 户边缘易致贫户 58 户。

——感恩奋进提升动力。一是实行反向措施约束。2020 年发布 5 期村(居)民道德"红黑榜",上榜总人数 4692 人,其中上红榜 3708 人,上黑榜 984 人,上进步榜 855 人;摸排了好吃懒做的贫困懒汉 131 名,通过有针对性帮扶引导,大多数已得到转化。二是开展"感恩奋进"教育。各乡镇结合扶贫扶志感恩教育"三讲一评"活动,组织开展"脱贫奋进之星"评议评选活动,全县选出"脱贫奋进之星"844 名。三是推进文明新风活动。大力探索以"六好村组"评选为抓手的乡风文明建设,力图通过多数人的共识克服少数人的懒散,激发集体荣誉感,共评选"六好村委会"166 个、"六好村小组"1631 个。四是改进帮扶工作方式。加大以工代赈、以奖代补等实施力度,动员更多贫困群众投工投劳,探索以表现换积分、以积分换物品的"人保扶贫爱心超市"等自助式帮扶新模式,实现社会爱心捐赠与贫困户力所能及劳动、个性化需求精准对接。

——夯实防贫保险保障。乐安县于 2016 年在全国率先探索脱贫返贫责任保险新举措，县财政为全县建档立卡已脱贫对象购买"返贫责任险"，给贫困对象稳固脱贫系上了"安全带"。在完善优化"返贫责任险"的基础上，于 2019 年初在全国率先推行"精准脱贫防贫保险"，为因"病、灾、学"遇困而有返贫风险的脱贫户、家庭发生变故而有致贫风险的低收入边缘户等两类人群，提供事先预防和事后救助保障措施，将保险对象面扩大到已脱贫户和非贫困户中的边缘户。按上年度末农村人口统计数的 10%，即 3.203 万人，代缴了精准脱贫防贫保险费 60 元/人/年。承保公司则按照保险合同约定负责理赔，最高赔付每人每年可达 20 万元。2019 年至 2020 年 10 月底，已对 190 户存在返贫或致贫风险户理赔补偿 249.98 万元，其中脱贫监测户 41 户、赔付 58.88 万元，低收入边缘户 149 户、赔付 191.1 万元。

——全力落实问题整改。召开专门会议，传达学习省、市有关落实中央巡视"回看头"等反馈问题会议精神，研究审议《乐安县落实中央脱贫攻坚专项巡视"回头看"反馈意见、"不忘初心　牢记使命"主题教育检视问题、成效考核指出问题整改工作方案》，全面安排部署问题整改工作，全面开展脱贫攻坚"十大清零"行动，"滞销积压扶贫农产品销售"十个方面问题已全部清零。2020 年中央脱贫攻坚巡视"回头看"反馈的 27 个问题、主题教育检视的 3 个问题、国家成效考核指出的 26 个问题、国家成效考核反馈的 13 个共性问题、省对县成效考核反馈的 10 个问题等，已全部整改落实到位。通过"十大清零"行动和各级反馈问题的切实整改，乐安县"两不愁三保障"面临突出问题和工作薄弱环节得到有效解决，工作质效得到较大提升，贫困群众获得感得到进一步强化。

强化组织领导，攻坚责任持续发力

一是持续推行脱贫攻坚"大村长"制。2018 年 8 月，率先在全省出台首个脱贫攻坚"大村长制"，从县四套班子领导和部分县直单位、乡镇领导中选派 130 名"大村长"，分别对 176 个行政村的脱贫攻坚工作负总责，高效强力助推脱贫攻坚工作进程与成效。为全面落实"四个不摘"，2019 年 8 月，县脱贫攻坚工作领导小组印发《关于继续推行脱贫攻坚"大村长制"确保"四个不摘"全面落实》，规定在整个脱贫攻坚期内，必须坚定不移继续推行脱贫攻坚"大村长"制，围绕脱贫攻坚各项任务要求，组织各方人员力量，以"地毯式排查"的形式，

"起底"发现问题,"销号"解决问题。

二是持续落实"8653"结对帮扶。落实"8653"结对帮扶制,确保贫困户结对帮扶全覆盖,其中县级干部帮扶贫困户 8 户、正科级 6 户、副科级 5 户、一般干部 3 户。坚持每月走访贫困户 2 次以上,做到队伍不撤、力度不减、标准不降、干劲不松。强化和规范工作队员管理。2019 年度,对 30 名第一书记、63 名驻村工作队员进行了表彰,对驻村帮扶考核等次为"优秀"的,奖 3 个月工资;"良好"的,奖 2 个半月工资;"合格"的,奖 2 个月工资。2020 年以来,提拔重用干部 18 人,其中具有脱贫攻坚一线经历的有 13 人,占比 72.22%。

三是持续压实脱贫攻坚主体责任。以脱贫攻坚为中心统揽农村工作全局,县乡村及行业部门、驻村帮扶单位"尽锐出战",配齐配强队伍,构建了横向到边、纵向到底、各司其职的扶贫责任体系。

保障对接有力,成效普查顺利推进

一是建立机构落实保障。成立普查机构,落实普查工作经费,落实普查选调人员。二是开展普查培训工作。2020 年 6 月中旬至 7 月中旬,乐安县先后举办各类脱贫攻坚普查培训 5 期,参训人员为各乡镇班子成员、扶贫办主任、驻村工作队员以及外派其他参与普查工作的全体成员,750 余人次。三是切实做好清查摸底。认真调查摸底,填报好"建档立卡贫困户摸底表""建档立卡贫困户普查表""村普查表""县普查表"。四是梳理核实帮扶措施。全面梳理建档立卡以来贫困户所享受的各类扶贫政策清单,做到不错不漏。五是强化感恩奋进教育。如实告知贫困户已享受了哪些帮扶政策措施,脱贫攻坚为其带来哪些好处。通过谈变化、谈获得,进行感恩教育,确保贫困户客观真实回答。六是圆满完成现场登记。2020 年 7 月 19 日,南丰、资溪、黎川、宜黄四个县派驻普查工作组正式进驻乐安县开展普查工作,至 8 月 10 日,在派驻普查工作组、上级普查督导组、被普查县三方共同努力下,历时 22 个工作日,圆满完成了 12982 户建档立卡贫困户的户表、182 个行政村(其中 6 个属有脱贫攻坚任务的林场)村表、县表的现场登记、信息录入、审核验收和复查核实任务。12982 户贫困户,其中整户自然减少的为 33 户、整户失联的为 3 户,已入户现场登记的为 12946 户,其中面对面访谈的 11011 户、占比 85%,举家县外居住或有能力回答的家庭成员不在家而通过电话访谈的 1472 户、占比 11.4%,家庭成员均无能力正常回答而委托代答的 463 户、占比 3.6%。从普查实现的指标看,乐安县脱贫攻坚成色足、底色靓、质量高,已圆满地通过了市级、省级验收,并在全市脱贫攻坚普查工作会上做经验介绍。

展望未来,如期兑现全面建成小康社会庄严承诺

深入贯彻习近平总书记在决战决胜脱贫攻坚座谈会上的重要讲话精神,全面落实习近平总书记视察江西时提出的"作示范、勇争先"目标定位和"五个推进"重要要求,盯紧目标,全力冲刺,如期兑现全面建成小康社会庄严承诺。

持续夯实脱贫基础。一是持续推进产业扶贫。认真贯彻落实《关于推进扶贫产业高质量可持续发展的意见》,将产业扶贫纳入"十四五"规划重点内容;持续培育壮大产业扶贫基地、致富能人、龙头企业、合作组织四类新型经营主体,进一步提高组织化程度,紧密利益联结;保持并规范产业扶贫资金投入使用,提升产业链条,从生产、加工、仓储、物流、销售等各环节,推进产业扶贫相关配套基础设施建设,为产业扶贫发展提供基础保障。二是持续强化消费扶贫。动员爱心企业、爱心人士和全县工会会员等社会力量参与线上线下购买扶贫产品,乡镇、县直单位食堂带头采购扶贫产品;加大扶贫产品认定,丰富扶贫产品采购内容,加快扶贫产品录入消费扶贫系统;把消费扶贫专馆与扶贫合作组织对接好,促进扶贫产品销售;把扶贫产品与贫困对象对接好,切实发挥带贫益贫功能。三是持续落实稳岗就业。在加大培训力度的同时,落实分类帮扶措施,对普通脱贫劳动力,对接引导到园区企业和省外务工,减少临时零工人数,实现稳定就业;对弱劳动力和半劳动力,帮助就近就地到经营主体和扶贫车间、公益岗位等就业;对从事农业生产的,针对性做好产业帮扶;对自主创业、发展生产的,继续加大扶贫小额信贷、消费扶贫等扶持。

落实巩固提升机制。落实脱贫成果回查监测机制,健全完善防止返贫监测和帮扶机制,对脱贫不稳定户、边缘易致贫户,动态监测预警,及时精准帮扶,确保遇病遇困遇灾不返贫致贫。落实好志智双扶正向激励和反向约束机制等,为贫困群众稳定增收脱贫、持续发展致富打牢长效之策。

总结宣传脱贫成果。认真提炼总结乐安脱贫攻坚辉煌成就、特色经验,收集规范完善精准扶贫档案,记录并保存好脱贫攻坚光辉历程。立足"决胜全面小康、决战脱贫攻坚"主基调,广泛开展脱贫攻坚成效主题系列宣传活动,总结好脱贫攻坚"乐安篇章",宣传好摆脱贫困"乐安成就"。

有效衔接乡村振兴。探索建立解决相对贫困机制,认真谋划防贫减贫机制,找准结合点,推进全面脱贫与乡村振兴有效衔接,实现全面振兴、共同富裕。

广昌县脱贫攻坚工作纪实

91年前，广昌路上，一支风雪中的队伍以气吞万里之势急行军，一代伟人毛泽东豪情满怀地吟就《减字木兰花·广昌路上》。从此，广昌路上，因为革命的伟大征程而被历史所定格。今天，在这片曾经红旗漫卷的土地上，一个新的伟大征程已然开启，扶贫攻坚、同奔小康，这个令人为之心潮澎湃的梦想，已经变成现实，如汹涌的春潮，涌动在新广昌路上。

广昌县地处江西省东南部、武夷山西麓，建县于南宋绍兴八年（1138），因"道通闽广、隶属建昌"而得名。苏区时期，广昌是中央苏区的北大门，第五次反"围剿"的主战场，在广昌境内打响的著名的高虎脑战役为中央红军主力和中央机关的战略转移赢得了宝贵时间，广昌为夺取中国革命胜利作出了特殊贡献和重大牺牲，在苏区历史上具有重要的地位。在整个苏区时期，全县参加红军的人数达1.5万人、占当时总人口的10%，参战人数6万多人、超过当时总人口的40%，牺牲人数达6100多人，其中有名有姓的革命烈士有3378人。广昌的每一寸草木都曾被鲜血浸染，这是红色的历史，给这片土地的荣耀。

广昌县是著名的中国白莲之乡、中国物流第一县，是江西第二大河流——抚河的发源地，这是古老的物产与地理给这片土地的骄傲，总面积1612平方公里，辖6镇5乡1场129个行政村和1个省级工业园，总人口25万。广昌是国家扶贫开发工作重点县、中央统战部对口支援县、江西省统一战线"同心·振兴"示范区、央企华润集团定点扶贫县。

人民对美好生活的向往就是中国共产党人的奋斗目标，消除贫困改善民生实现共同富裕,决不让一个贫困群众掉队,成为这片土地上最嘹亮的音符。自打响脱贫攻坚战以来,全县上下坚持以习近平新时代中国特色社会主义思想为指导,深入贯彻落实习近平总书记扶贫开发战略思想和中央、省委、市委决策部署,始终把打赢脱贫攻坚战作为重大政治任务和第一民生工程,强化领导、压实责任,创新举措、主动作为,脱贫攻坚取得了决定性胜利。

2014年始,紧紧围绕"2017年脱贫摘帽、退出贫困县行列"的目标,紧扣贫困户"两不愁三保障"、贫困县"三率一度"、贫困村9个方面指标等退出标准和要求,强化领导、压实责任,创新举措、主动作为,打好"组合拳"、用足"绣花功",持续深入推进产业扶贫、就业扶贫、教育扶贫、健康扶贫、保障扶贫、基础设施建设等脱贫"十大工程",乡村面貌焕然一新,贫困人口大幅减少,贫困群众收入持续增加,脱贫攻坚取得明显成效,走出了一条具有广昌特色的脱贫攻坚新路子,全县47个"十三五"贫困村全面如期退出。2018年7月29日,经国务院扶贫开发领导小组组织的第三方机构评估和省政府批准,广昌县以综合贫困发生率0.8%,群众满意度97.24%,无漏评、无错退的优异成绩正式退出贫困县行列。全县建档立卡贫困人口全部退出,全面完成脱贫任务。2015年至2017年,连续3年被评为全省科学发展综合考评先进县,连续2年被评为全省扶贫工作先进县,2016年至2018年,连续3年荣获全市脱贫攻坚一等奖,2019年荣获市脱贫攻坚考核"好"等次。2017年以来,连续3年在全省脱贫攻坚工作成效考核综合评价中进入"好"等次,2018年,被评为全省财政专项扶贫资金绩效评价"优秀"等次和财政涉农扶贫资金统筹整合综合评价"好"等次。2019年先后代表江西省迎接2018年度国家脱贫攻坚成效考核第三方评估和国家发改委易地扶贫搬迁工作巡查,均获好评。《广昌路上展开扶贫攻坚"急行军"》《广昌精准扶贫筑就小康路》《广昌县创新"五结合"产业模式助力打赢脱贫攻坚战》《脱贫路上党旗红——广昌县加强基层党建引领脱贫攻坚纪实》等脱贫攻坚经验做法在中央、省级、市级党报党刊、新闻网站刊发,较好地展现了广昌县脱贫攻坚工作成效。

强化担当,压实责任,
始终把脱贫攻坚作为重大政治任务摆在首位

始终把脱贫攻坚工作作为首要政治任务和第一民生工程,以脱贫攻坚统揽经济社会发展全局,把"一切工作为了脱贫"作为主旋律,形成人力、物力、财力、精力"四个一边倒"的脱贫攻坚态势。

责任压得"实"。严格执行脱贫攻坚"一把手"负责制,层层签订责任状,形成县、乡、村、帮扶干部"四级联动"责任落实保障体系。一是落实主体责任。县委、县政府切实担负起脱贫攻坚主体责任,主要领导认真履行"第一责任人"责任。成立脱贫攻坚工作领导小组和工作指挥部,由县委书记亲自挂帅,建立县级领导挂点联系乡镇、贫困村、贫困户制度,落实各级、各部门工作责任,严格实行挂图作战、销号作业,"半月一调度、一月一排名",对工作排位靠后单位实行表态发言,做到人人肩上有责任、个个身上有任务。二是充实扶贫力量。设立乡镇扶贫办和村扶贫工作室,每个乡镇安排 5 万元工作经费,乡镇扶贫办主任按副科级配备,每个乡镇挑选 2 名以上优秀年轻干部担任扶贫专干,并明确由乡镇党委副书记分管扶贫和移民工作,乡镇扶贫办主任专职从事脱贫攻坚工作,做到有固定机构编制、固定工作人员、固定办公场所、固定工作经费"四个固定"。三是开展结对帮扶。全面推行"五定三包"干部结对帮扶机制,向全县129 个村派出了驻村扶贫工作队,原则上由队长兼任村"第一书记",帮助所驻村理清发展思路、制定发展目标、完善帮扶举措;组织全县 2945 名党员干部按照县级领导、正科级、副科级、一般干部"4321 不超过 5"的要求,与全县 7342 户贫困户开展结对,确保贫困户不脱贫、帮扶工作不脱钩,实现建档立卡贫困户结对帮扶全覆盖。

推进力度"大"。在深入开展调查研究的基础上,认真制定脱贫规划,动员全社会力量参与脱贫攻坚,确保脱贫攻坚稳步有效推进。一是超前谋划"行动早"。为加快贫困群众脱贫致富步伐,广昌县创新思路,先行先试,大胆探索,早在 2014 年就启动实施了苏区振兴与扶贫攻坚"共创·小康"工程,将脱贫攻坚工作与经济社会发展统筹谋划、同步实施、系统推进。2016 年,广昌县又制定脱贫攻坚"十三五"规划,并先后出台系列配套政策文件 80 多个,做到脱贫攻坚有任务书、时间表、路线图,形成一套完整、可行的目标体系、政策体系、责任体系和工作推进体系。二是时间精力"一边倒"。县委、县政府把脱贫攻坚作为当前压倒一切的工作任务,先后组织开展脱贫攻坚"百日大会战"、脱贫攻坚"春季攻势"行动等一系列攻坚活动,形成脱贫攻坚的强大声势和浓厚氛围。从 2017 年9 月开始,全县所有单位和干部实行每周六天工作制,所有驻村扶贫工作队全部实行脱岗帮扶,吃住在村,每月在村工作时间不少于 20 天;所有乡镇干部、村干部严禁"走读",每周在镇、在村住宿时间不少于 5 天;全县结对帮扶干部每月到帮扶对象家中上门开展帮扶和政策宣传不少于 4 次。三是各方参与"聚合力"。充分发挥政府和社会两方面力量作用,构建全社会共同参与的大扶贫格局。2013 年以来,中央统战部选派 2 名处级干部到广昌县挂职,援建了公有产权村级卫生计生室 129 所,实现村村全覆盖;援建农村敬老院 4 所,新增床位 408 个;援建农村小学 10 所。江西省统一战线成员单位分 3 批选派 19 名干部到乡镇挂职,并在广昌县实施道路、安全饮水、教育、医疗等建设项目 105 个,项目资金达9600 万元。央企华润集团在广昌县援建新农村建设点 2 个,援建资金达 1845万元。捐资助学、扶贫济困、"百企帮百村"等行业扶贫和社会扶贫广泛开展,形成强大的脱贫攻坚工作合力。

考核问责"严"。狠抓脱贫攻坚责任落实,将考核问责贯彻脱贫攻坚工作始终,以严厉的问责倒逼工作责任落实。一是强化目标考核。将脱贫攻坚工作纳入各乡镇、各部门年度目标管理考核,研究制定具体的考核方案和指标体系,其中脱贫攻坚考核内容占乡镇考核权重的 60%,形成鲜明的工作导向和目标导向。同时,将脱贫攻坚的考核结果作为单位评先评优、干部年度考核、干部选拔任用和奖惩的重要依据。二是强化工作督查。县委制定专门的脱贫攻坚工作督查办法,从县委办、县政府办、县纪委、县委组织部、县扶贫和移民局等单位抽调人员成立 3 个督查组,由 3 名县级领导分别任组长,采取不打招呼、直奔现场、抽查暗访等方式,开展经常性督导检查,既督任务、督进度、督成效,又查认识、查责任、查作风,对督查中发现的问题及时交办,督促抓好整改落实和跟踪问效。2017 年,县委对 5 个乡镇的脱贫攻坚工作进行了专项巡察。三是强化责任追究。出台《脱贫攻坚工作问责办法》,开展扶贫领域腐败和作风问题专项治理,把脱贫攻坚重大决策部署和扶贫政策落实作为重要内容,重点对脱贫攻坚工作中不作为、乱作为、慢作为和扶贫领域存在的"微腐败"等问题进行严肃查处,公开曝光,点名道姓通报,用铁的纪律为打好脱贫攻坚战压实责任。2017年,全县共查处扶贫领域不正之风和腐败问题 102 起,处理 138 人,其中给予党纪政纪处分 38 人;对脱贫攻坚工作不力的 10 个单位、4 个村进行点名通报批评,问责干部 10 人。

精准识别,因户施策,始终做到识真贫、扶真贫、真扶贫

习近平总书记指出,"打赢脱贫攻坚战,贵在精准,重在精准,成败之举也在

于精准"。精准识别是脱贫攻坚的"第一粒扣子",没有精准就无法"对症下药",只有真正摸清"谁贫困""为啥贫""怎么帮"等问题,才能精准扣好"第一粒扣子",确保识真贫、扶真贫、真扶贫。

精准识别到位。把精准识别、建档立卡作为精准扶贫"一号工程",组织县乡村组四级干部进村入户,先后开展了六轮大规模的贫困户识别和复核工作,对扶贫对象的家庭人口、居住条件、收入情况、劳动能力、健康状况等进行全面了解,将调查结果进行县乡村三级公示,并按照"一室(精准扶贫工作室)、一柜(档案柜)、一袋(一户一个脱贫档案)、一卡(精准扶贫工作卡)、一图(扶贫攻坚分布图)、一策(因户施策)""六个一"要求做好建档立卡工作。全县共识别建档立卡贫困户 7342 户 23957 人,其中因病 1899 户,占 25.86%,因残 866 户,占 11.8%;缺劳力 1248 户,占 17%;缺技术 1777 户,占 24.2%;缺资金 993 户,占 13.52%;自身发展不足 215 户,占 2.93%;因学、因灾等其他原因 344 户,占 4.69%。

精准施策到位。坚持因户因人施策,杜绝"眉毛胡子一把抓",严格按照扶贫对象精准、项目安排精准、资金使用精准、措施到户精准、因村派人精准、脱贫成效精准的"六个精准"要求,不搞大水漫灌,不搞"手榴弹炸跳蚤",切实做到对症下药、精准滴灌、靶向治疗,一把钥匙开一把锁。采取安居扶贫、产业扶贫、保障扶贫、教育扶贫、健康扶贫、就业扶贫、金融扶贫等帮扶方式"多管齐下",确保贫困群众稳定实现"两不愁三保障"。对有劳动能力可就业的,加强就业技能培训,帮助联系合适的工作岗位,并给予一定数额的就业补助,实现"一人就业、全家脱贫";对能发展生产和自主创业的,通过给予资金和技术等方面的支持,帮助其发展产业、创业增收摆脱贫困;对缺乏劳动能力、难以自我发展的,由政府帮助以产业扶贫资金入股专业合作社获得收益分红,带动贫困群众共享产业发展成果,确保稳定脱贫;对完全丧失劳动能力和因病、因残等致贫的,做到"应保尽保",推进贫困线与低保线"双线融合",同时叠加医疗、教育等保障措施,确保把贫困户收入兜到贫困线以上;对生活环境和居住条件恶劣的,通过实施"五位一体"安居扶贫,加强基础设施和基本公共服务项目建设,让其住有所居、安居乐业。

精准管理到位。对建档立卡贫困户实行规范化、信息化、动态化精准管理,自主开发广昌县精准扶贫信息管理系统,做到"户有卡、村有册、乡(镇)有簿、县有信息系统"，实现系统数据在县乡村、部门之间的互联共享。按照国家脱贫标准，严格核查把关，对完全符合标准、能够脱贫的贫困户、贫困村予以退出，对新增和返贫的贫困户及时纳入，做到应进则进、应扶则扶，实现贫困人口进退有序、动态监测。同时，建立乡（镇）、村两委干部近亲属已列入建档立卡贫困户如实向组织报告制度，及时发现并剔除不合规的贫困户。实行贫困户帮扶工作"一证两册"（建档立卡贫困户精准脱贫登记证、扶贫政策宣传手册、帮扶干部手册）制度，由帮扶干部详细记录贫困户的基本信息、帮扶措施、帮扶成效、家庭收入等情况，全面开展精准扶贫政策到户宣传。同时，在每户贫困户家中制作张贴干部结对帮扶公示牌，统一印制"贫困户收益确认公示表"，逐项登记贫困户的实际收入情况并由贫困户签字确认和公示，坚决杜绝"数字脱贫"。

聚焦重点，创新举措，用"绣花"功夫抓好各项工作落实

紧扣贫困群众稳定实现"两不愁三保障"这一要求，聚焦重点，抓住关键，进一步创新举措，打好产业扶贫、安居扶贫、健康扶贫、教育扶贫等"组合拳"，用"绣花"功夫狠抓落实，全力打通脱贫攻坚"最后一米"。

采取"五个结合"模式推进产业扶贫，实现建档立卡贫困户产业扶贫全覆盖和持续稳定增收。产业扶贫是稳定脱贫的根本之策和长久之策。广昌县把发展产业、提高贫困户收入作为解决"不愁吃穿"问题的根本，坚持分类指导，因户施策，采取"五个结合"模式统筹推进产业扶贫，确保每户贫困户至少能享受到一项产业扶贫政策，实现持续稳定增收。

一是坚持光伏扶贫与兜底保障相结合。将无劳动能力的兜底保障贫困户全部纳入光伏扶贫政策享受范围，通过落实最低生活保障和叠加享受光伏发电收益，进一步提高贫困户的收入水平，巩固脱贫成效。目前，广昌县已投入5453万元建成第一批光伏扶贫项目并成功并网发电，总建设规模7.79兆瓦，年发电总产值800万元。

二是坚持特色产业发展与现金直补相结合。广昌县农业产业特色鲜明，白莲、茶树菇、烤烟、蜜橘等传统优势产业是群众增收致富的主导产业。为加快贫困群众脱贫步伐，广昌县积极引导有劳动能力的贫困户发展白莲、茶树菇、烤烟、蜜橘、蔬菜、肉牛等特色高效种养产业，根据贫困户发展产业的类别和规模，通过产业直补方式，补贴每户贫困户每年最高不超过5000元的生产经营性成本；投入70余万元为贫困户全额购买水稻、白莲、烤烟等农业种植保险，有效降

低了因自然灾害等原因造成的经济损失，有效提升了贫困户发展产业的经济效益。

三是坚持合作社扶贫与入股分红相结合。以村为单位组建若干农业生产专业合作社，大力推广"基地＋合作社＋贫困户"的产业扶贫模式，引导贫困户以土地入股、务工投劳、租赁生产和产业扶贫资金入股等方式加入产业合作社参与生产、经营和入股分红，从中稳定获取土地租金、劳动报酬和分红收益，全面提高贫困户发展产业的组织化程度，实现增收脱贫。同时，对吸纳30%以上贫困户入社的产业合作社，由县政府按每户贫困户2万元的标准投入产业奖补资金，合作社每年按照政府投入的产业奖补资金总额的15%以上作为利润分红给贫困户，确保贫困户每年每户分红收益不少于3000元。

四是坚持实用技能培训与就业创业相结合。根据贫困户就业意愿和企业用工需求，定期组织开展"送岗下乡"就业扶贫专场招聘会、就业创业培训、劳动力转移培训、农业实用技术培训等，帮助贫困家庭劳动力至少掌握一门致富技能。同时依托园区企业、产业基地，吸纳贫困户就近就业，全县建立就业扶贫车间136个，吸纳481名建档立卡贫困户就业。对通过就业方式摆脱贫困的贫困户区分不同类别给予每户每年1200元、2400元和3600元的就业补助。

五是坚持龙头企业与信贷扶贫相结合。引导县内龙头企业与金融机构有效对接，实施"产业扶贫信贷通"，在破解企业发展资金不足的同时，带动200户贫困户每年获得收益3000元。全面落实"免抵押、免担保、风险补偿、贷款贴息、基准利率"等扶贫小额信贷优惠政策，为贫困户提供小额信贷业务，帮助贫困户发展生产。

采取"五位一体"模式推进安居扶贫，实现全县农村群众无人住危房。把解决贫困户安全住房作为重中之重，逐户排查，逐户落实，采取新建改造、C类住房维修、交钥匙工程、易地扶贫搬迁、敬老院集中安置"五位一体"方式，全力推进农村土坯（危）房改造和配套基础设施建设，全面改善贫困群众的居住条件和生活环境，确保贫困户住房安全全覆盖。2014年以来，全县共改造土坯（危）房7400户，其中新建房屋5231户，房屋维修1896户，"交钥匙工程"273户，另外建设易地扶贫搬迁安置房1118套。

一是新建改造一批。对经济条件相对较好、有意愿拆除危旧房新建住房的贫困户，给予每户2万元至2.2万元不等的土坯（危）房改造补助。对整村集中改造的,由县财政出资配套改造道路、安全饮水、村庄环境等基础设施,完善文化室、卫生计生室等基本公共服务。

二是维修加固一批。对经房管部门鉴定为 C 类住房,可以通过修缮达到安全住房标准的,由村民理事会统一组织实施,对贫困户的房屋进行维修加固,并将补助标准从原来的每户 5000 元提高到每户 2.1 万元,享受范围也从贫困户扩大到非贫困户。

三是"交钥匙"保障一批。对居住在危房中但又无经济能力自建房的贫困户、孤寡老人和年老体弱但不符合集中供养条件的贫困户,由乡(镇)、村统一建设保障性住房,实行"交钥匙"工程,确保这些贫困群众安全住房有保障。

四是移民搬迁安置一批。对居住在交通不便的边远山村的贫困群众,实施易地扶贫搬迁。2016 年以来,广昌县在工业园区、乡镇集镇、部分中心村建设集中安置点 12 个,落实移民搬迁对象 678 户 2581 人,其中贫困户 638 户 2418 人。为守住易地扶贫搬迁贫困户建房负债不超过 1 万元的"底线",广昌县投入资金 3000 万元对移民搬迁安置房统一进行简易装修,让贫困群众实现"拎包入住"。同时,加大贫困户后续帮扶力度,对在园区安置的,引导贫困户就近到园区企业务工;在集镇、中心村安置的,由所在乡(镇)优先安排公益性岗位、卫生保洁员等就业岗位,确保"搬得出、稳得住"。

五是敬老院供养一批。对分散五保户和无安全住房且有意愿到敬老院居住的建档立卡贫困户,全部安排到敬老院进行集中供养。全县投入资金 5000 余万元,按"三星级"标准新建、改(扩)建 8 座敬老院,全县集中供养人数 249 人,社会托养人员 86 人,共入住 335 人。

落实健康扶贫"五道保障线",实现贫困户住院医疗费用个人负担比例不超过 10%。为切实解决贫困人口"因病致贫、因病返贫"问题,广昌县建立以城乡居民基本医疗保险为主体,大病及重大疾病保险、重大疾病医疗商业补充保险、医疗救助和财政兜底保障为补充的多层次、立体化医疗保障"五道防线",为广大贫困户织就"健康安全网",实现贫困户住院医疗费用个人报销比例达 91.8%。

一是财政出资代缴保险费用。对特困供养人员、城乡最低生活保障对象、重度残疾人以及建档立卡贫困人口参加城乡基本医疗保险的个人缴费部分由县财政全额补助,实现贫困人口城乡基本医疗保险全覆盖。对建档立卡贫困人口中患有慢性病需要办理慢性病卡的贫困户,在县级医疗机构进行相应病种检查鉴定时全部实行免费,所需费用由县财政负担。同时,严格落实建档立卡贫困户县域内住院治疗"先诊疗后付费"和"一卡一窗一站"式结算服务,对贫困户中的老人、智障及残疾人员实行帮扶干部"代办制"。

二是提高大病保险报销比例。降低大病保险起付线。建档立卡贫困人口城乡居民大病保险报销起付线下降50%,即大病保险起付标准由10万元降至5万元;降低重大疾病保障起付线。将建档立卡贫困人口符合基本医疗保险"三个目录"范围内的个人负担医疗费用超过本市上年度城乡居民加权平均收入60%以上部分降低为30%(由10540元降到5270元)。重大疾病保障补偿比例提高10个百分点。个人负担医疗费用超过5270元的以上部分可享受的医疗补偿由50%提高至60%,比省政府要求的55%高出5个百分点。

三是统一购买商业补充保险。由县财政出资为贫困人口按照2017年每人每年90元、2018年每人每年120元的标准购买重大疾病医疗商业补充保险。对在基本医疗保险目录内的医疗费用按现行城乡居民基本医保和大病保险报销补偿后,需个人自付的目录内医疗费用,由重大疾病医疗商业补充保险报销补偿90%,个人负担10%。在基本医疗保险目录外的医疗费用,对属县级以上综合医院认定的、该疾病治疗必需的、无法替代的药品和医疗费用,由重大疾病医疗商业补充保险报销补偿75%,个人负担25%。

四是实行医疗救助。对建档立卡贫困户中的五保对象,低保对象不设起付线,五保对象医疗救助政策范围内个人自负部分按100%的比例救助,无年封顶线;对建档立卡贫困户中的低保对象医疗救助政策范围内个人自负部分按75%的比例救助,年封顶线3万元;对建档立卡一般贫困户按支出型大病救助范围予以救助,起付线为住院治疗费用在医疗救助政策范围内可报费用3万元以上,医疗救助政策范围内个人自负部分按75%的比例救助,年封顶线3万元。

五是落实财政兜底保障。对经过城乡居民基本医疗保险、重大疾病保险、重大疾病医疗商业补充保险、医疗救助"四道保障线"报销后,贫困户住院自付医疗费用比例仍高于10%的,由县财政安排专项资金进行兜底保障,确保贫困户住院医疗总费用报销比例达到90%以上

聚焦贫困学生"零辍学",确保贫困家庭子女义务教育有保障。坚持扶贫先扶智、治贫先治愚,着力推动教育资源均衡配置,构建贫困学生精准资助体系,

落实多元扶持与资助政策,确保贫困家庭子女都能有学上、上好学,义务教育有保障。

一是全面调查摸底,开展劝返行动。由县教育部门牵头,各乡镇、村组具体负责,对全县建档立卡贫困家庭6至16周岁子女是否存在辍学情况进行全面摸底调查,并由所在学校配合,动员辍学学生返校就读,确保不让一个适龄儿童因贫辍学,实现义务教育有保障。

二是落实扶助政策,减轻教育负担。在全面落实教育扶贫普惠性政策的基础上,进一步提高对贫困户学生的资助力度。从2017年春季学期起,广昌县对全县义务教育阶段建档立卡贫困学生实行"零收费",每学期为贫困学生免费提供教辅资料、学生平安保险、学生作业本及校服。同时,积极动员社会力量捐资助学,江西省统一战线在广昌县设立的光彩、泰豪、民生、海纳尔等助学基金已累计发放助学金170余万元,扶助贫困学生500余名。

三是完善基础设施,改善办学条件。在城乡义务教育中小学校投入建设资金3.5亿元,新建校舍14.72万平方米,维修改造校舍12.57万平方米,涉及38所中小学校和34个教学点,惠及中小学生2.48万人。近年来,在全县义务教育学校补充教师379人,其中238名补充到农村、偏远地区学校,确保了农村和边远山区学生上好学。

完善基础设施和基本公共服务,全面开展村庄环境和贫困户家庭卫生整治,提升群众幸福感和满意度。 全力打好农村基础设施和基本公共服务项目建设攻坚战、环境卫生整治攻坚战,着力改善群众生产生活条件,进一步增强群众的幸福感、获得感和满意度。

一是创新项目建设推进机制。落实扶贫项目建设招投标、资金拨付等"绿色通道"政策,创新项目上报、审核、审批工作机制,实行乡镇统一摸底上报、相关部门统一调查核实、县委县政府统一审批实施"三个统一",落实倒排工期、挂图作战、逐项销号等工作制度,确保项目数据准确、审批及时、高效推进。2016年以来,广昌县在47个贫困村实施了道路、安全饮水、新农村建设等基础设施和卫生计生室、文化室等基本公共服务项目建设共计1059个,投入建设资金5亿元,实现贫困村25户以上自然村全部通村组水泥路、通自来水,贫困村卫生计生室、文化室、生产用电、通讯信号、宽带网络、电视信号全覆盖,群众出行更加方便、生活更加便捷。

　　二是开展农村环境综合整治。把开展村庄环境综合整治作为提升群众幸福感的重要手段，对农村闲置土坯（危）房、乱搭乱建进行全面拆除，对乱堆乱放、环境"脏乱差"现象进行彻底整治，及时平整土地、清运垃圾，并对拆除后的空地进行绿化。2016 年，广昌县出台农村闲置土坯（危）房拆除补助办法，对群众拆除闲置危旧土坯房给予一定补助，两年来全县共拆除闲置土坯（危）房面积400 万平方米，全县农村环境干净整洁、井然有序，村容村貌焕然一新，群众生活环境更加美丽舒适。

　　三是加强贫困户家庭卫生整治。结合农村移风易俗活动，充分发挥镇村干部、驻村扶贫工作队、结对帮扶干部的引导作用，教育引导贫困群众转变思想观念，自觉破除陈规陋习，积极开展家庭环境卫生整治，确保室内室外房前屋后干净整洁。同时，对贫困户吃、穿、用等生活情况进行全面了解，看厨房是否有锅碗瓢盆，看客厅是否有桌椅板凳，看卧室是否有床单被褥，看衣柜是否有换洗衣物，全面做好查漏补缺，帮助添置基本必备的生活用品。

　　加强基层组织建设，发展村级集体经济，进一步增强基层党组织服务群众的能力和水平。习近平总书记强调，打好脱贫攻坚战，必须加强基层基础工作。广昌县着眼强村富民、强基固本，把脱贫攻坚工作与加强基层组织建设有机结合起来，着力夯实基层基础，全面提升脱贫攻坚保障能力。

　　一是强化基层组织建设，筑牢脱贫阵地。以强化基层党组织的政治功能和服务功能为抓手，全力推进基层党建"两强一聚一促"工作，着力改善村党组织工作条件，全面落实各项工作经费和村干部报酬待遇，开展村干部满意度电话调查，加强村级干部队伍建设；选派 341 名优秀机关干部到 129 个行政村担任第一书记和驻村工作队员，建立健全工作制度和保障制度，实施精准工作管理法，综合运用县级领导带队督查、部门联合实地督查、微信位置共享抽查和群众满意度调查四维方式督促他们履职践诺，着力打造脱贫攻坚"火车头"。加强农村基层干部队伍的监督管理，切实整治发生在群众身边的不正之风和腐败问题。

　　二是壮大村级集体经济，增强发展后劲。采取盘活资产资源、物业租赁经营、流转土地、兴办农业项目、发展合作经济等方式，扶持壮大贫困村村级集体经济；采取建设地面光伏电站和"棚光工程"模式，按每个贫困村 100 千瓦的规模建设村级光伏扶贫电站，确保 84 个"十二五""十三五"贫困村村级集体经济收入达到 5 万元以上,进一步巩固脱贫攻坚成果,增强了农村发展后劲。

三是坚持扶志扶智结合,激发内生动力。贫困群众既是脱贫攻坚的对象,更是脱贫致富的主体。把扶贫同扶志、扶智相结合,激发贫困群众的积极性和主动性,激励和引导他们依靠自身努力改变命运、脱贫致富。在加强扶贫政策宣传的同时,将移风易俗工作与"最美莲乡人""孝满莲乡"等评比活动结合起来,设立农村乡风文明"红黑榜",建立孝老敬亲褒扬惩戒机制,褒扬先进、鞭策后进,引导贫困群众树立脱贫志向,消除"等靠要"思想,使脱贫工作具有可持续的内生动力。

划定级别,差异管理,建立脱贫质量预警监测机制

2018 年 7 月,经国家第三方评估和省政府批准,广昌县实现脱贫摘帽。摘帽后,为巩固提升脱贫质量,确保脱贫成效稳定、可持续,防止已脱贫户返贫,广昌县创新思想,探索新路子,建立脱贫质量动态监测预警机制,对已脱贫群众定期开展"回头看",为存在返贫风险的贫困户制定个性化的帮扶方案,有针对性地加大帮扶力度,不断提升脱贫质量。

紧扣一个目标,确保高质量脱贫。如何巩固脱贫成效,防止脱贫后返贫,实现全面高质量脱贫,事关高水平全面建成小康社会大局。为确保实现全面高质量脱贫目标,广昌县深入贯彻落实习近平总书记关于贫困县摘帽后"四个不摘"的要求,从政治和战略的高度把稳定脱贫、防止返贫摆上更加突出位置,全力抓好脱贫成效的巩固提升,确保不让一个贫困群众在全面小康路上掉队。2019 年 3 月 15 日,广昌县制定下发《脱贫质量预警监测工作实施办法》,采取"先试点后推广"的办法,率先探索建立脱贫质量预警监测机制,有效防止了已脱贫户返贫现象的发生,确保贫困人口"不落一人"同步全面迈入小康社会。

划定三类级别,实施差异化管理。根据已脱贫户现有产业、就业、家庭收支及致贫主因等情况以及结对帮扶干部日常帮扶了解的情况,划定三类预警级别:一是对脱贫后比脱贫时家庭综合情况有所下滑(即家庭人均可支配收入仅为当年国定贫困线标准1.2倍以内或"两不愁三保障"任意项不达标),存在一级返贫风险的,启动红色预警。二是对脱贫后比脱贫时持平(即达到"两不愁三保障",但家庭人均可支配收入为当年国定贫困线标准大于1.2倍且小于等于1.4倍以内),需观察是否存在返贫风险的,启动黄色预警。三是对脱贫后脱贫质量上升(即达到"两不愁三保障",且人均可支配收入超过国定贫困线标准

1.4 倍以上），不存在返贫风险的，进行绿色标识。根据以上三类预警情况再分别落实巩固帮扶措施，实行精准对接帮扶。

实行三级审核，做到精准化监测。建立脱贫攻坚常态化评估机制，每年分两次（5 月、11 月）开展脱贫质量评估工作，实行逐级审核。一是村级初核公示。由村"两委"干部、驻村工作队会同每位帮扶责任人上户重点核查已脱贫户的"两不愁三保障"和收入状况。入户调查结束后，召开由村"两委"干部、驻村工作队、村民代表和部分党员参加的民主评议会，就调查组提出的预警级别意见逐户在会上讨论表决通过。根据民主评议结果，将预警初定级别在村公示栏公示 3 天。二是乡镇审定公告。乡镇脱贫攻坚领导小组对各村委会上报的《脱贫户脱贫质量预警监测报告表》组织人员上户核查，一级、二级返贫风险的红色、黄色户复核率要达到 100%，无返贫风险的绿色户抽查率必须在 50% 以上。复查结束后，乡镇要召开党政联席会或其他形式会议对预警级别进行审定，由乡镇党委书记签字上报，并在乡镇信息公开栏和各村务公开栏同时张榜公告。三是县级审批备案。公告无异议后，由乡镇党委、政府将审定预警级别汇总情况统一上报县脱贫攻坚工作领导小组备案，并对贫困户家中结对帮扶牌进行预警标识，在村委会设置"脱贫户脱贫质量动态预警标识公告栏"，并在县、乡镇、村同步建立脱贫质量预警监测工作台账。县脱贫攻坚工作领导小组对贫困户预警监测报告表进行随机抽查，抽查必须实现村村"全覆盖"，贫困户的抽查面不得少于 10%。对抽查中预警级别错误率超过 2% 的乡镇、村，要求乡镇、村两级进行全面重新审核，并对有关人员进行问责处理。通过三级审核，更加有效防止了漏评、返贫等问题。

实施三类救助，开展个性化帮扶。对已脱贫户在继续给予原有帮扶政策的同时，还根据预警级别，采取"帮、扶、引"三类个性化帮扶。标识为红色的，以"帮"为主。优先享受市场化产业订单、岗位用工等推荐服务，尤其是对因祸、因病、因灾等特殊原因出现大额支出的贫困家庭，主动协调民政、人社、卫计等部门最大限度开展"点对点"精准帮扶。标识为黄色的，以"扶"为主。重点在产业项目、金融扶贫予以帮扶，确保家庭至少有 1 至 2 项增收渠道，稳定增加家庭收入。标识为绿色的，以"引"为主。重点提高"造血"功能，不断强化技能、创业培训，实现稳定就业和稳定增收。2019 年，第 1 轮监测出来的 38 户黄色预警户和第 2 轮监测出来的 5 户黄色预警户都已通过实施个性化精准帮扶措施后，全部转化为绿色户（无返贫风险），实现全县已脱贫人口无一人返贫的目标。

脱贫摘帽不是终点，而是新生活、新奋斗的起点。在脱贫攻坚的新广昌路上，广昌县全体党员干部群众豪情万丈、信心满怀，继续撸起袖子加油干，以更加扎实的工作作风，更加创新有力的思路举措，攻坚破难砥砺前行，奋力谱写广昌脱贫振兴的新篇章。

莲花县脱贫攻坚工作纪实

莲花县位于江西省西部、萍乡市南部,是全国唯一一个以花卉命名的行政县,被誉为"中国莲花之乡"。党的十八大以来,莲花县委、县政府持之以恒将脱贫攻坚工作作为引领全县经济社会发展的首要任务抓紧抓实,逐步蹚出一条符合地方实际的脱贫攻坚新路子。经过多年的努力,莲花县已累计脱贫退出9367户37906人,贫困人口由2015年底的31904人降至2018年底的2237人,贫困发生率降至0.97%。2019年4月,省政府批复同意莲花县退出贫困县序列,标志着全县脱贫攻坚取得了决定性胜利,为全面建成小康社会奠定了坚实基础。

牢记初心勇担当

莲花县是一个富有光荣革命传统的红色县,是中国共产党重要的"初心之地"。1927年大革命失败后,这里留下了中共党史上著名的"莲花一枝枪"的故事。同年,毛泽东率领秋收起义部队在莲花决策上井冈山,开辟了星星革命之火燎原中国的胜利之路。莲花县是井冈山革命根据地和湘赣革命根据地的重要组成部分,为中国革命做出了重大贡献。

长期以来,由于历史、自然条件等多方面因素的制约,莲花县的经济基础一直比较差、发展底子一直比较薄,县域贫困人口多、贫困比例高、贫困程度深,是一个典型的贫困地区。2000年,莲花县被列为国家扶贫开发重点县;2011年,被列为罗霄山脉集中连片特困县;2013年,被列为原中央苏区振兴发展县。为了促进老区群众早日脱贫致富,县委、县政府在扶贫攻坚的道路上砥砺前行,取得了较好的成效。尤其是"十二五"期间,全县累计投入资金71亿元,15万人受益,3.32万人实现了脱贫,贫困人口由2011年的6.28万人减少到2015年的2.96万人,贫困发生率由27.8%下降到11.93%。但是,全县列入"十三五"省级重点扶持贫困村仍有63个,而且剩下来的贫困人口大都是贫困程度特别深,脱贫难度尤其大的"硬骨头",要在2018年实现脱贫退出,任务十分艰巨。

莲花县的脱贫攻坚战,得到了民政部和省市党委政府的高度重视和倾力支持。民政部自1986年起对莲花县实施定点扶贫开发,先后直接投入扶贫资金5亿多元,实施扶贫项目150余个。省委、省政府主要领导多次到莲花县视察指导脱贫工作。萍乡市四套班子的领导多年来挂点帮扶莲花县的重点贫困村,并与贫困群众结穷亲,带头攻坚。

打响脱贫攻坚战后,围绕2018年实现脱贫"摘帽"的目标,莲花县委、县政府认真贯彻习近平总书记关于精准扶贫、精准脱贫的重要论述,把脱贫攻坚作为最大的政治任务和第一民生工程,强化责任,敢于担当,尽锐出战。成立县精准脱贫攻坚领导小组,由县委书记和县长担任组长,县委、县政府分管领导为副组长,其他县级领导为成员,进一步提升了解决工作中具体问题的协调高度。整合各部门资源,推进"大扶贫"工作格局,重点抓好"1+18"措施,制定脱贫攻坚1个总的意见,明确县发改委、县扶贫办等15个牵头责任单位制定18个脱贫攻坚子方案。在管理制度上,2017年开始在全省率先建立脱贫攻坚"项目库"和整合财政涉农扶贫资金设立"资金池",开通项目管理"绿色通道"。

莲花县大力发挥党建在脱贫攻坚中"领航"作用,不断提升基层党组织战斗堡垒作用和党员先锋模范作用,为实现高质量脱贫注入了强劲动力。

充分发挥"第一书记"和驻村工作队的作用,打造一支"不走的工作队"。莲花县按照"硬抽人、抽硬人"原则,注重把政治素质好、工作能力强、工作作风硬的同志选派到脱贫一线岗位上,先后选派"第一书记"157名、驻村工作队员138名,实现所有行政村全覆盖。突出从严管理,制定完善驻村工作管理办法,实行"五个一"工作机制,建立微信日汇报和请销假制度,强化定期与不定期督查。积极组织"第一书记"业务培训,外出学习先进经验做法,有力提升驻村工作队的履职能力。

着力打造一批政治过硬、敢于担当、为民服务、善于治理的基层党组织。莲花县在村"两委"换届中,注重政治标准,严格政治审查,选优配强村级班子。加强村"两委"班子成员培训,对换届以来157名村支部书记进行轮训,提升了履职能力。以提升组织力为重点,以创建新时代"王佐支部"为抓手,深入开展基层党支部规范化、标准化、信息化建设,让支部学有标杆。全面摸排软弱涣散党组织 14 个,建立县级领导挂点制度,指导软弱涣散党组织整顿工作,提升基层党支部的战斗力。

创新党员干部帮扶机制,推动党员在脱贫攻坚中当先锋、比贡献。莲花县建立"54"帮扶机制。以每名县级领导干部帮扶 5 户贫困户、其他干部帮扶 4 户贫困户的形式,通过带资金、带技术和带项目形式,开展"结穷亲、助民富"活动,结对帮扶贫困户 1.03 万户,整合扶贫资金发展山羊养殖、莲子种植等产业项目460 余个。开展"特别三天"常帮扶。以开展政治生日、党员活动日、周六扶贫日"特别三天"为抓手,围绕脱贫攻坚中心工作,开展走访慰问、政策宣传、项目落实、环境整治等帮扶活动。自"周六扶贫日"制度实施以来,全县 3500 多名党员干部落实致富项目 6200 多个、实现"微心愿"8600 多个。

莲花县制定出台《关于进一步激励广大干部新时代新担当新作为的实施意见》等文件,建立健全党员干部管理考核激励机制,激励广大干部在脱贫攻坚中担当作为。树好激励风向标,把脱贫一线作为了解干部、识别干部、检验干部的"主战场""试金石",把脱贫攻坚纳入干部年度考核的重要内容,将干部履行脱贫攻坚责任及成效作为选拔任用和奖惩的重要依据。

两项扶贫促增收

脱贫攻坚最核心的问题就是产业发展,提供就业让老百姓有稳定的收入来源。

产业扶贫增后劲。2018 年,神泉乡五洲村贫困户严小珍将 50 亩荒地利用起来,建起了百合扶贫基地,她和其他 4 名贫困村民在基地务工每天有 80 元收入,年底还有分红。这是莲花县加大产业扶贫托起困难群众幸福梦的一个缩影。

莲花县全面推行"一领办三参与"产业扶贫模式,完善产业扶贫带贫益贫机制,大力推进"两龙头""五个万亩"产业扶贫建设。以吉内得、胜龙牛业龙头企业为引领,通过土地租赁、土地流转等方式,与贫困户建立紧密的利益联结,促进贫困户增收致富。例如,吉内得以"借牛还牛""借鸭还鸭""借田还田"等形式帮助贫困户户均增收 1 万元以上;与 42 家种粮大户发展订单农业 1100 亩,贫困户占 70%,实行统一提供种子、农资、技术、品牌,高于市场价 12% 回收产品。

又如,良坊镇 18 个村整合村级产业扶贫资金共计 400 万元入股胜龙牛业,每年获取 8% 至 12% 的分红,1092 户贫困户户均分红约 300 元。此外,以万亩油菜、万亩果业、万亩有机稻、万亩油茶、万亩中药材为示范,因地制宜,大力推进莲花大米、栀子花、柚子、莲子、木耳、百合、鸡腿菇等特色产业扶贫工程。

多年的特色农业产业扶贫使全县的产业布局串点成线、连片扩面,形成了"一乡一品"蓬勃发展的良好局面,打响了六市蜜梨、升坊蜜柚、神泉柑橘、闪石西瓜、湖上葡萄、良坊肉牛、高洲有机大米等一批地域特色品种,莲花大米、晶沙柚等农产品在央视多个频道播出,产品市场知名度和竞争力大大提升。吉内得基地被评为"中国富硒农业产业示范项目",产品获"中国富硒好米"称号,成为目前江西唯一供港大米。胜龙牛业获上海农产品金奖,成为全省有影响力的肉牛养殖基地。

此外,莲花县以加快发展空压机、电子信息、特种材料等主导产业为重点,引进江西风石、卡帕气体等空压机企业 17 家,着力打造空压机产业集群;引进丝路科技、华莲欣电子等电子信息企业 13 家,着力打造电子信息科技产业集群,带动贫困群众就业增收致富。

就业扶贫固根本。三年前,经过厂方简单培训,荷塘乡双岭村贫困户李花莲到鞋面加工扶贫车间上班,如今已是一名熟练工,每月能拿到 2000 多元工资。"我家离车间很近,在家门口务工,又可以照顾老人和孩子,真是太方便了。"李花莲开心地说。

莲花县通过"职业技能培训一批,创业贷款扶持一批,扶贫车间吸纳一批,公益性岗位安置一批,一次性创业补贴赋能一批"等,助推贫困户就业稳定增收。

针对贫困户缺知识、缺技术的实际,莲花县加大贫困人员培训力度,聘请农业、畜牧、林业方面的专业技术人员授课,并通过多项措施,拓宽贫困人员就业渠道。对外出务工的建档立卡贫困劳动力,按省外务工每人每年 500 元、省内跨县务工每人每年 300 元进行交通补贴帮扶,鼓励有条件的贫困户外出务工,提高收入;开发以保洁、护林、防火等为主体的公益性岗位,安置在家的贫困人员上岗,给予每人每月 200 元至 300 元岗位补贴;对城镇近两年新增公益性岗位,在符合用人单位用工要求的前提下,优先推荐扶贫对象上岗;对残疾扶贫对象进行特殊帮扶,安排残疾人扶贫对象从事图书管理等工作。

莲花县全力打造就业扶贫车间,对每吸纳 1 名务工 6 个月以上农村贫困劳动力的扶贫车间,每年给予 1000 元奖补。目前全县建设扶贫车间 155 家,吸纳 1246 名贫困劳动力就业。对有能力创业的贫困人员,积极探索建立扶贫贷款发放模式、反担保创业贷款发放模式,为自主创业的贫困人员每人发放 5000 元一次性创业补贴。据统计,截至目前,全县贫困劳动力 1.19 万人中,已有 1.17 万人就业。

精准施策拔穷根

莲花县在大力推进产业扶贫、就业扶贫的同时,按照"瞄准对象、因户施策、扶持到户、责任到人"的要求,全力推进其他扶贫工程,并不断完善保障机制,全力确保脱贫攻坚目标如期圆满实现。

发展光伏扶贫。莲花县把光伏扶贫作为脱贫攻坚的一项重要举措来抓,多方筹措资金,强力推进光伏电站建设。按照政府与贫困户签订的协议规定,全部投入由政府负责,发电收入的 50% 给贫困户,50% 用于政府还贷。2016 年至 2018 年,全县共投入约 3 亿元,完成了全县 5922 户建档立卡贫困户光伏电站安装并成功并网发电,已有 120 个贫困村与非贫困村 80% 的贫困户享受到了光伏电站的"阳光雨露"。至 2019 年,全县光伏扶贫工程累计建成规模 41.61 兆瓦,累计发放发电收入 4830 万余元。在带动贫困户受益的同时,作为村集体的收益项目,也帮助完善了村庄的基础设施建设,乡村人居环境得到有效治理。

鼓励消费扶贫。莲花县出台《关于开展消费扶贫活动的实施方案》,开展农产品"五进"活动,明确各党政机关、企事业单位、学校、医院等财政预算单位食堂采购的扶贫农产品要不低于总量的 50%,县总工会组织引导各工会单位积极采购扶贫农产品用于发放职工福利,资金比例不低于工会福利的 20%。组织贫困户和经营主体参与省、市、县开展的"国家扶贫日"活动,共销售各类扶贫农产品约 170 万元。

推进电商扶贫。依托"国家电子商务进农村综合示范县"扶持政策,建立电子商务孵化中心,成立电商仓储配送中心、农村淘宝物流中心,建成一个集孵化、教育培训、商务配套、信息服务、商品销售等功能于一体的电商产业园区,构建了覆盖全县的"网销 + 结对帮扶"的电商扶贫模式。截至目前,已培育电商企业和个体网商 220 余家,开设网店 1400 余家,同时依托农村 e 邮,建立农村淘宝、农村 e 邮电商服务站 167 个,三年累计销售农产品 6865 万元。六市蜜梨、高洲雪莲果还成了领导点赞、网民追捧的"网红"农产品。

实施生态扶贫。莲花县凭借生态资源丰富优势，充分整合"红色、绿色、古色"旅游资源，大力发展乡村旅游业，在打造一批旅游活动品牌的同时，积极引导贫困人口参与到旅游产品开发、营销、服务活动中来，带动了贫困群众脱贫增收。同时，以入选全省第一批生态扶贫试点县为契机，精心打造一批旅游资源较好的贫困村。44个村被纳入全国乡村旅游扶贫重点村，六市乡海潭村、坊楼镇江山村荣获省级乡村旅游示范点；发展农家乐300余家，带动周边贫困群众就近就业。

创办甘祖昌干部学院。莲花县依托红色资源优势，深入推进"一乡一景一课"工程，复苏红色故事，修复红色旧址，建设红色场馆，研发红色党课10余堂，打造红色景点23处。按照"课堂在田野、吃住在农家、人人当教员"的模式，在坊楼镇沿背村创办了"一所没有围墙的干部学院"——甘祖昌干部学院，并采取"随营学校"方式，引导全县众多红色村庄参与其中，两年来共吸引全国各地3万余名党员干部前来学习培训。通过组织贫困户销售农产品、开办民宿等方式，带动贫困户增收。2018年，沿背村以红色培训带动贫困户户均增收4000多元，实现村集体经济增收140余万元，打造了"红色培训促脱贫"的鲜活样板。

实施健康扶贫。按照"强基层、补短板"原则，下足"绣花功夫"，把四道保障线、一站式结算、城乡医疗卫生条件建设一体化、签约医生"零距离"服务等融为一体，掐断了群众因病致贫、返贫的根，让贫困群众看得上病、看得起病、看得好病。

强化保障扶贫。健全完善社会救助制度，完善农村养老服务体系，提升改造乡镇敬老院13所，编牢织密贫困群众基本生活安全网。有效推进农村低保与扶贫开发衔接，加强农村低保动态管理，及时将符合低保政策的建档立卡贫困户纳入低保、特困范围，实现应保尽保，全力编织基本救助、抚养保护、救灾救济等保障网。

创建"爱心超市"。按照政府搭台、村组承办、社会参与、贫困户受益的模式，以物质救助、精神帮扶、传播慈善为理念，建立"第一书记爱心超市"。超市主要由社会企业、团体、个人爱心捐赠，对接政府部门、帮扶工作队、帮扶干部资助等方式运转。"第一书记爱心超市"给村里每户贫困户发放爱心积分卡一张，贫困户可以通过改善家居环境卫生、参加公益活动、掌握扶贫政策、传颂家庭美德、勤劳致富等方式获取相应积分奖励,然后凭借积分卡在超市兑换所需物品,每积1分兑换价值1元的物品,积分可累计,但不兑换现金,让贫困户切实体验了做自己的事还有额外的奖励的乐趣。通过"第一书记爱心超市"的运营,不但改变了村民的生活习惯和精神面貌,改善了村庄生产生活环境,而且有效激发了贫困户"争着干、抢着干、比着干"的内生动力。

莲花县成功脱贫"摘帽",实现了这片红土地的历史性跨越。此后,县委、县政府聚焦"两不愁三保障"突出问题,强化措施落实,提高脱贫质量,巩固脱贫成效,把防止返贫摆到更加重要的位置,坚决做到摘帽不摘责任、摘帽不摘政策、摘帽不摘帮扶、摘帽不摘监管,坚持队伍不撤、力度不减、标准不降、干劲不松,扎实推进脱贫攻坚责任落实、政策落实、工作落实,不断提升脱贫成效。

修水县脱贫攻坚工作纪实

"修水脱贫啦!""修水脱贫啦!"……

2020年4月26日,在全国人民正与新冠肺炎疫情抗争时,修水人民都在转发这条来自省政府的脱贫消息。

修水县是一块红色的革命热土,是毛泽东领导秋收起义的重要策源地和率先爆发地,是中国工农革命军第一面军旗的诞生地,也是中国工农革命军第一军第一师的组建地。

但是,修水县是江西省24个国家贫困县之一。1994年修水县被定为国家贫困县,一顶"穷帽子"一戴就是27年。老区人民的祈盼,27年的苦干,修水县的扶贫工作终于取得根本性胜利。2017年10月,马坳镇黄溪村党总支书记徐万年作为全省唯一代表出席国家扶贫日"减贫与发展论坛",并以"激发搬迁群众内生动力,实现后续发展四有目标"为题作发言;2018年,徐万年获"全省脱贫攻坚奋进奖"。在2018年全省易地搬迁扶贫、扶贫领域作风建设、乡镇扶贫工作站推进会以及2019年全省脱贫攻坚"秋冬巩固"电视电话会上,修水县作典型发言。2019年全省贫困村脱贫致富带头人示范培训班、全省深度贫困村脱贫攻坚现场推进会在修水县召开。修水县马坳镇党委书记樊勇获评2019年"全省脱贫攻坚作为奖"。牺牲在扶贫路上的扶贫专干程扶摇和第一书记吴应谱、帮扶干部樊贞子夫妇分别获评2017年、2019年"全国脱贫攻坚贡献奖"。

凤凰展翅绘彩锦,修河扬波奏凯歌。为甩掉国家贫困县这顶"穷帽子",修水县历届领导班子带领全县党员干部群众锐意进取、扎实工作,不仅涌现出在

2017年抗洪中英勇牺牲的乡镇干部匡美建、邓旭和程扶摇等在2017年抗洪中英勇牺牲的乡镇干部，更有用青春生命谱写扶贫赞歌的吴应谱、樊贞子夫妇。就是像他们这样的一大批干部，用满腔的热情和高昂的斗志，在修水这块红土地上书写出脱贫攻坚的壮丽诗篇。

一首民谣，唱出贫困户的伤心泪

"住的土坯房，收入靠种粮，大病拖、小病扛，供不起儿女上学堂。"这是一首几十年前流传在修水深度贫困村的民谣，它唱出了老区人民渴望脱贫致富的心中之苦。修水县1994年被定为国家贫困县，2002年被列为国家扶贫开发工作重点县，2011年又被列为省定特困片区县。"十三五"期间，全县共有建档立卡贫困人口23311户88710人，其中还有3万余人居住在深山区，其生存状况可概括为"一少一差一分散，生产生活有六难"，即：耕地少、基础设施差、居住分散，增收难、就学难、就医难、行路难、耕作难、娶妻难。他们就是修水县精准扶贫、精准脱贫的主要对象。全县有省定贫困村133个（含深度贫困村21个），这些贫困村的典型特征是"一高一低一无"，即：行政村贫困发生率比全县贫困发生率相对较高，农村居民人均可支配收入低于全县平均水平，基本无集体经济收入。这些贫困村、山区村就是修水脱贫攻坚的主战场。

人民的渴望就是干部的责任，黄溪村党支部书记徐万年说："解决黄溪贫困落后的面貌关键在于让农民富起来。"修水县严格执行"核心是精准、关键在落实、实现高质量、确保可持续"的工作要求，紧扣贫困户"两不愁三保障"、饮水安全和贫困村"稳出列"工作目标，不定期组织乡镇驻村班子成员、驻村干部、第一书记、帮扶工作队员、村两委干部"五员"开展逐村逐户逐人逐项大走访、大排查，建立问题台账，限时整改到位。一系列强有力的措施和干部的强力推动，使修水贫困户的愿望变成了现实。

终于，伤心的泪水变为幸福的欢笑。通过因村因户因人精准施策和分年度分措施分人精准脱贫，到2019年底，全县建档立卡贫困户23311户88710人中有21571户84609人实现脱贫，全县贫困发生率由2014年年底的11.9%下降至0.55%；全县133个省定贫困村全部实现整村退出；2019年农民人均可支配收入11564元，近三年年均增长10%以上，全县终于达到脱贫摘帽条件了。

几套硬招，演出扶贫干部的同台戏

"八山半水一分田，半分道路和庄园"，修水不仅是一个有着4504平方千米和88万人口的大县,更是一个经济发展条件差的老边穷县,山地多、耕地少、底子薄,扶贫工作难上加难。但是,修水县结合实际,走出了独具特色的精准扶贫之路。

领导一带头,群众跟着来。修水县始终把脱贫攻坚作为首要政治任务和第一民生工程,构建完善"主要领导亲自抓、行业部门具体抓、党员干部深入抓、社会力量配合抓、贫困群众广泛参与"的脱贫攻坚工作格局,制定出台《修水县区域发展与扶贫攻坚规划》《修水县城乡发展一体化规划》《关于奋力打好"三年脱贫"攻坚战实施意见》等系列文件。成立由党政正职任组长的县脱贫攻坚工作领导小组,领导小组下设产业、就业、易地搬迁等行业扶贫工作组,做到高位推进、统筹谋划,为全县脱贫攻坚工作提供强有力的组织保障。县财政安排每乡(镇)每年10万元扶贫工作经费,调剂60个基层站编制设立乡(镇)扶贫工作站37个,建立村级扶贫工作室354个,解决基层扶贫工作力量不足问题。特别是2018年6月以来,县委、县政府主要领导每月至少5个工作日用于开展扶贫工作,乡镇党委书记、乡镇长每半个月至少专项调度或专题研究脱贫攻坚工作1次。

"事事有人管、户户有人帮。"修水县深入推行以县处级领导挂乡(镇)、县直单位主要负责人包村为主的驻村帮扶工作机制,建立了县、乡、村三级调度体系,督促行业部门把好项目审核、推进、验收和资金审核等关口,督促帮扶单位、乡镇党委政府、村两委、第一书记、驻村工作组履行扶贫工作职责。从124个县直帮扶单位选派158名第一书记、650名驻村工作队员对133个贫困村进行帮扶,统筹对101个基础薄弱的非贫困村派驻县直帮扶工作队,所有驻村帮扶工作人员脱产专抓脱贫攻坚,其中第一书记每月住村不少于20天,工作队员每季度住村不少于50天。同时,全县有8000余名党员干部投身脱贫攻坚帮扶工作。

上衫乡书堂村,1927年9月,秋收起义总指挥卢德铭曾带领工农革命军第一军第一师师部及所辖第一团转战于此。1928年3月1日,中共修水临时县委在书堂村召开全县党的积极分子会议,正式成立杨祠暴动委员会。1931年10月,湘鄂赣省苏维埃政府在上衫成立,书堂村的交通关卡就是防守敌人偷袭湘鄂赣省委省苏驻地上衫的险要隘口。"为劳苦大众谋求利益""一切从人民利益出发""全心全意为人民服务",这些不同时期的红色标语,在书堂村随处可见,它们记下了革命先烈抛头颅洒热血、人民群众战昼夜挥汗雨对自由幸福生活的渴望和追求，也记下了中国共产党人的初心和使命。该村底子薄，基础条件差，近一半是贫困户。2015年底，书堂村被确定为中共江西省委党史研究室的定点帮扶村。省委党史研究室围绕"守初心、担使命、找差距、抓落实"总要求，充分把红色资源优势转化为奋战高质量脱贫摘帽的强大力量，向书堂村民交出了一份满意答卷。全村2018年整体退出贫困村，贫困发生率由2016年的39%降到2019年底的0.66%。当然，这只是众多扶贫单位参与修水脱贫攻坚战的一个缩影。

团结起来力量大。扶贫是个系统工程，必须充分发挥集中力量办大事的制度优势，统筹调动各方力量投入脱贫攻坚。修水县充分依托中粮集团及省委党史研究室、省扶贫办、省自然资源厅、江西银行、中铁集团南昌铁路局等省直帮扶单位和市委办公厅等市直帮扶单位的资源优势，推进一大批帮扶事项的落实落地。注重扶贫与扶志、扶智、扶德、扶勤相结合，把激发贫困群众的内生动力作为根本举措来抓。每年评选出100名自强不息、自力更生的脱贫致富光荣户在全县大会上表彰，扎实推进"积分超市""听党话、跟党走、感党恩"等一系列扶贫扶志感恩活动，积极与贫困群众算好政策账、收入账、变化账，积极营造"扶贫不扶懒"的社会氛围。

精准是脱贫的保证，确保扶到点上、扶到根上。修水县盯牢"识别精准、帮扶精准、退出精准、成效精准"四个关键环节，确保脱贫质量经得起时间和历史检验。结合国家扶贫标准，采取"五查五看"和"七步法"程序，把贫困人口识别出来，建立动态档案和帮扶台账，做到"户有卡、村有册、镇有簿、县有电子档案"，严格按照"七清四严"要求，组织县、乡、村三级干部进村入户，对全县贫困人口逐村、逐户、逐人"过筛"。按照"以公开促公平、以公平树公信"的工作原则，引导群众全程参与，实行"三免费一支持一补助"政策，即免费职业介绍、免费技能培训、免费创业培训，加大创业贷款支持，大力开展整合式技能培训，开发公益性岗位，全力落实交通补贴政策，对吸纳贫困劳动力稳定就业的新型农业经营主体或园区企业给予用工补助。坚决防止"虚假脱贫"和"数字脱贫"，坚持时间服从质量，合理安排脱贫次序，成熟一批、退出一批，真正做到梯次突围、有序脱贫，确保脱贫退出真实、群众满意。同时，由县财政统一为已脱贫人员中的"易返贫户"和"边缘户"购买防止返贫商业保险，对人均收入低于5000

元的脱贫户和"边缘户"进行理赔,确保脱贫户人均年收入在5000元以上。建立"一个问题、一名领导、一套班子、一抓到底"的机制,明确责任领导、责任单位和具体责任人,限时整改、挂图作战,实行销号管理,真正做到整改一个、销号一个。2019年以来,修水县针对中央和省市巡视反馈的77个倾向性问题,细化整改措施169条;针对"夏季提升"工作中梳理的70个问题,细化整改措施151条,均按计划全面完成整改。

精准施策,激发脱贫户的致富欲

家庭贫困各有各的原因。修水县围绕贫困户"两不愁三保障"、饮水安全和贫困村"稳出列"等内容,按照"五个一批"和"六个精准"的要求,强化精准施策,推进"十大扶贫工程",确保扶到根上、扶到长远。

有产业才有就业。修水县推行"五个一"发展模式和"一领办三参与"产业基地合作形式,多措并举发展扶贫产业。对建档立卡贫困户按照"单补封顶、综补限额、滚动发展"的要求出台7个方面21小类产业直补政策,让贫困户在产业政策扶持下主动发展产业,自主生产经营,实现产业脱贫。近四年,全县投入产业扶贫资金4.46亿元,新建"一领办三参与"产业扶贫示范基地281个,创建示范合作社141个,带动贫困户5000余户;1.3万余户贫困户5.5万余人通过发展产业增收受益,基本实现"村村有扶贫产业、户户有增收门路"目标。同时,积极发展电商、光伏、旅游等产业,先后实施第一批光伏扶贫工程、光伏扩面工程,累计投入资金超2亿元,建设集中式光伏电站1个,村级光伏电站383个,总建设规模36.35兆瓦,村级集体经济"空壳村"基本消除。

"输血"与"造血"结合,发展产业与推进就业并进。修水县牢牢把握产业"造血"的脱贫核心,采取"治标与治本""扶弱与扶强""中长产业与短平快产业"相结合的工作思路,按照"五个一"的扶贫模式和"一领办三参与"的合作方式,深入推进产业扶贫工作。积极开发山林防护、农村保洁等公益性岗位,累计安排贫困劳动力就业8141人次,其中2019年安排公益性岗位2698人。按上级有关政策规定,认定就业扶贫车间41个,吸纳贫困劳动力391人。运用整合式技能培训、移动式电商培训、引领式月嫂培训、专业式护工培训等模式,全县累计培训建档立卡贫困劳动力15073人次。2019年,全县建档立卡贫困劳动力(含弱劳动力和半劳动力)48059人,省外务工21707人,省内县外务工1334人,县内园区就业691人。近年来,修水县累计向贫困户发放交通补贴2107.01万元,惠及外出贫困劳动力 42792 人次。

兜底保障,织牢脱贫的最后一道防线。修水县扎实推进农村低保与扶贫开发有效衔接,全面落实农村特困人员供养、临时救助和残疾人"两项补助"政策。2016 年以来,全县累计发放农村低保资金 4.17 亿元,农村特困人员供养资金8268.34 万元,临时救助资金 1390.2 万元,残疾人两项补贴 3960.49 万元,为824 位发放建档立卡贫困户重度失能残疾人发放照护和托养补贴金 598.56 万元,较好发挥兜底保障脱贫功能。同时,按照"应保尽保、一个不漏"的原则,对符合参保条件的建档立卡贫困户全部纳入城乡居民养老保险范围,保费由财政全额代缴。

聚焦基础,织牢脱贫攻坚的安全网

一栋栋别墅式洋房、一行行绿油油桑树、一串串有机葡萄、一座座标准厂房、一个个忙碌的村民……谁能想到,这个被当地人称为"小华西"的黄溪村,曾经却是"好事没有、坏事不断,多年难变点样"的国家级贫困村。

贫困户多的地方一般都是贫困村,解决贫困村的问题就是解决大问题。修水县瞄准贫困村基础设施、公共服务保障短板,全力改善基本条件。2016 年至2019 年,先后建设自然村公路 639.02 公里、农村安全饮水工程 513 处、村级卫生室 314 个。133 个贫困村电网改造、通信网络、文广建设等项目全面完成,新建农村综合服务平台 133 个,户户通了生活用电和网络电视。坚持以新农村建设"七改"和村庄整治为抓手,先后实施新农村建设点 4433 个,全面完成贫困户改水、改厕、改沟、改路等房前屋后人居环境整治,扎实推进"三清三拆"工作,先后实施村庄整治项目 3195 个,重点整治"边边角角"村组和"脏、乱、差"现象,村容户貌得到极大改善,宜居程度明显提高。针对全县 21 个省定深度贫困村,每村明确 1 名县委、县政府班子成员挂点指导,县党政主要领导分别承担最偏远、基础最薄弱、贫困程度较深的深度贫困村的帮扶责任,并选择帮扶力量强的单位开展驻村帮扶,在项目、资金、人力、物力上给予帮扶支持。截至 2019 年底,全县 21 个深度贫困村达到出列条件。同时,通过调研摸排选定 22 个重点村,安排资金 1480 万元,对基础设施建设查漏补缺、贫困户补齐短板、扶贫产业加大支持,确保全部达到退出条件。

脱贫是个世界级难题,要保证脱贫而又不返贫,实在不易。修水县聚焦贫困户"两不愁三保障"、饮水安全基本要求,着力解决吃、穿、住、教、医等实际问题。按照建管并重、保质与保量并重的原则,抓好饮水安全保障。2016 年以来,全县累计投入资金 1.1 亿元,新建和巩固提升 513 处农村饮水安全工程。截至 2019 年底,全县农村集中供水工程达到 1449 个,其中"百吨千人"工程 10 座、"千吨万人"工程 27 座。开展了集中饮水工程及 20 人以上的集中供水点饮用水水质检测消毒工作,合格率达 100%。针对 5882 户散居户、偏远户,逐户上门开展水质现场评价,并以自然村为单位对取水点现场抽样检测,点对点解决饮水安全问题,饮水安全达标率 100%。采取易地搬迁、危房重建、危房修缮、置换安全房等多种方式,解决危房存量问题,保障住房安全。全县累计建设易地搬迁点 141 个,搬迁安置贫困户 2953 户 10844 人,实施危旧房改造 8302 户,群众住房安全保障到位。按照义务教育不漏一户、不落一人的原则,全面落实补助政策,大力完善教育设施,认真抓好控辍保学。2016 年以来,累计发放资助金 9914.326 万元,资助建档立卡户贫困学生 12.12 万人次。发放"雨露计划"扶贫资金 1513.85 万元,资助建档立卡贫困家庭学生 6010 人次。全县义务教育阶段校舍危房全部拆除到位,新改扩建学校 205 所,2018 年顺利通过国家义务教育均衡发展考核。围绕"看得起病、看得好病、看得上病、更好防病"的工作目标,积极推进健康扶贫。贫困人口医保参保费由财政全额代缴,并购买大病保险和重大疾病医疗补充保险。筑牢"四道保障线"(基本医保、大病保险、医疗补充保险、医疗救助),完善贫困人口基本医疗保障,最大限度减轻贫困户医疗支出压力。推进贫困人口门诊特殊慢性病证应办尽办,为建档立卡贫困人口办理特殊慢性病证 11711 人次。实行贫困人口在县域内医疗机构住院治疗"先诊疗后付费"和"一站式"结算报销模式,贫困患者在定点医院出院时,一次性按政策报销所有可报费用。落实健康建档、家庭医生签约服务等政策,组建 368 个家庭医生签约服务团队为贫困人口提供签约履约服务。2016 年以来,建档立卡贫困人口住院累计 13.33 万人次,医疗总费用 5.95 亿元,报销资金 5.49 亿元,综合报销比例达到 90% 的适度要求。

黄龙晨光美,修江晚霞艳。2016 年至 2019 年,修水县通过自筹、整合、银行信贷等方式,积极筹措扶贫资金,累计投入各类扶贫资金 38.8 亿元,其中统筹整合资金 20.87 亿元。同时,完善扶贫资金统筹、使用管理办法,建立财政扶贫投入增长机制和脱贫攻坚工程项目绿色通道,对项目立项、规划设计、招投标、实施、验收、资金拨付等环节进行规范、优化,保证扶贫开发资金落实到位。

　　2020年3月6日,习近平总书记在决战决胜脱贫攻坚座谈会上强调:"脱贫摘帽不是终点,而是新生活、新奋斗的起点。"修水县认真贯彻习近平总书记重要讲话精神,严格落实"四个不摘"要求,坚持以巩固提升脱贫攻坚成果为首要任务,坚持持续攻坚与巩固成果相结合、限时脱贫与防范返贫相结合,积极应对疫情影响,统筹衔接脱贫攻坚与乡村振兴,着力打造不走的扶贫工作队、建立健全巩固提升机制、强化各项保障措施,确保高质量巩固脱贫攻坚成果,确保脱贫摘帽后的高质量发展。

都昌县脱贫攻坚巡礼

都昌县位于江西省北部、鄱阳湖北岸,居南昌、九江、景德镇"金三角"腹地,是生态大县、人口大县、农业大县,也是"十三五"时期江西省唯一的省定贫困县、省政府确定的小康攻坚滨湖四县之一。五年来,都昌县委、县政府紧紧围绕贫困人口"两不愁三保障"、贫困村退出"九大指标体系",压茬推进"春季整改""夏季提升""秋冬巩固"等系列行动,全力推动责任落实、政策落实、工作落实,尽锐出战,精准施策,交出了一份脱贫攻坚的合格答卷。至 2019 年底,全县 112 个"十三五"贫困村全部退出,14929 户 59105 人摆脱贫困,贫困发生率由 2014 年底的 6.9% 降至 0.66%。2020 年 4 月 26 日,江西省人民政府新闻办公室举行新闻发布会,宣布都昌县符合贫困县退出标准,正式退出贫困县序列。

吹响尽锐出战集结号

鄱阳湖畔的璀璨明珠——这是一句推介都昌的广告语。长期以来,这颗"明珠"被"贫困"的荫翳遮蔽了几许光芒。作为全省唯一的省定贫困县,都昌县经济基础薄弱,"十三五"时期有省定贫困村 112 个(含深度贫困村 3 个),建档立卡贫困户 17473 户 63622 人,总体呈现贫困面广、贫困程度深、脱贫难度大等特点。如期实现脱贫"摘帽",是摆在都昌县委、县政府和全县 82.6 万人民面前的最大民生、首要任务。

为打赢脱贫攻坚战,都昌县委、县政府团结带领全县人民立下愚公志,坚决贯彻习近平总书记关于精准扶贫、精准脱贫的重要论述,严格按照省市部署,始终把脱贫攻坚作为重大政治任务、第一民生工程、全县头等大事来抓,攻坚克难,务求全胜。县委、县政府高位推动,紧扣"六个突出",以责任落实强化组织领导。

突出示范带动。都昌县委、县政府强化主体责任,成立党政主要领导任"双组长""双指挥长"的县扶贫开发工作领导小组和县脱贫攻坚指挥部。县委、县政府主要领导每周利用不少于两个工作日的时间,到一线调研指导,深入贫困户家中了解"两不愁三保障"落实情况,遍访全县贫困村。县委、县政府坚持每月至少调度一次脱贫攻坚工作,就脱贫攻坚中遇到的问题第一时间在县委常委会、县政府常务会上研究,做到议题优先研究、要求优先落实、工作优先推进、经费优先保障、问题优先解决。2016 年至 2019 年,全县召开脱贫攻坚千人大会 15 次、县委常委会和县政府常务会共 92 次,形成了"扶贫为要,脱贫当先"的浓厚工作氛围。

突出组织推动。都昌县成立县脱贫攻坚指挥部,抽调专职人员集中办公,统一指挥协调全县脱贫攻坚工作,充分发挥上传下达、左右衔接等作用,并明确责任领导,厘清部门职责,完善协调机制,形成工作合力。为发挥职能部门作用,成立了教育、健康、住房、产业、就业、社保等"十大扶贫工程"领导小组,分别由县领导任组长、相关单位为成员,负责各自扶贫工程的指挥调度。

突出部门联动。都昌县加强部门帮扶工作力量,不断调整充实干部帮扶,共派出 290 名第一书记、229 名驻村工作队员和 7441 名结对帮扶干部,实现了"十三五"贫困村驻村帮扶和所有行政村驻村第一书记结对帮扶"全覆盖"。2019 年 8 月以来,都昌县实行"扶贫工作日"制度,将每周五定为全县扶贫工作日,县乡村三级帮扶干部按照指挥部办公室下达的每周帮扶工作重点,进村入户开展针对性脱贫攻坚工作,确保各项脱贫攻坚任务落细落小、落到实处。

突出基层能动。都昌县各乡镇成立以挂点县领导为团长,乡镇党委书记为常务副团长,各帮扶单位主要领导和分管领导、乡镇班子成员、各驻村第一书记和工作队员为成员的精准扶贫工作团。除了定期召开会议、整合帮扶力量、专题研究解决工作中的困难和问题,工作团还及时召开流动现场解剖会,释疑解惑、研究对策,推进工作按时保质完成。各乡镇严格落实乡镇扶贫机构人员、场地、经费,强化组织保障,乡镇建立扶贫工作站,行政村建立扶贫工作室,构建起县乡村一体的脱贫攻坚组织保障体系。

突出奖惩促动。都昌县通过明确工作责任、细化任务清单、强化督查督导、严格问责问效,进一步压实挂点县领导、乡镇、行业扶贫部门、村"两委"、驻村工作队和帮扶干部的责任。一方面,加大督导和巡察力度,对脱贫攻坚各阶段工作定期或不定期开展调研指导、暗访督导;开展脱贫攻坚专项巡察,发挥巡察"利剑"作用,强化精准问责、温度问责。另一方面,加大关心关爱力度,对工作表现突出的予以奖励表彰或提拔重用。

突出整改驱动。都昌县坚持以问题为导向、以整改为抓手,直面问题不回避,聚焦整改不松劲。成立以县委书记为组长,县长、县委副书记为副组长,分管领导为成员的整改工作领导小组,并发动各级帮扶力量围绕"五清零九达标",开展逐村逐户摸排,通过乡镇自查互查、专业指导队普查等形式,做到"横向到边,纵向到底",重点查摆问题、整改问题。

奏响精准实施进行曲

都昌县在精准扶贫、精准脱贫中,以实施"十大扶贫工程"为抓手,强化政策落实,确保脱贫实效。

实施产业扶贫,把造血功能"强"起来。都昌县山水资源丰富,拥有鄱阳湖1/3水域。全县将产业扶贫作为打赢脱贫攻坚战的重要抓手,因地制宜,大力发展"两茶一水"特色产业,为贫困户铺就脱贫致富路。2019年,全县茶叶种植面积3.15万亩、油茶种植面积4万亩;国家地理证明商标"都昌鄱湖小龙虾"养殖面积12.2万亩,产值达5.79亿元,养殖面积、产量和产值均居全省前列。推进"一领办三参与"产业扶贫模式,全县共培育农业专业合作社1387家、省级龙头企业13家、市级龙头企业37家。2017年至2019年,全县共扶持产业扶贫项目22188个。发挥独特的日照资源优势,大力发展光伏产业。全县建成650座村级光伏扶贫电站,总装机容量56.01兆瓦,联结贫困户11023户,占全县总贫困户的63%。2019年,村级光伏扶贫电站累计发电量5730万度,合计收入4950万元,每个村集体经济年均增收10万元以上。为帮助贫困户解决农产品"销售难"问题,都昌县探索出食堂购销、餐饮消费、校地合作、超市对接、电商营销、活动展销六种消费扶贫模式。

实施就业扶贫,把服务平台"搭"起来。就业是民生之本。都昌县通过创建扶贫车间、开发就业扶贫专岗、组织技能培训、鼓励外出务工就业、开展用工对接服务、引导能人创业带动"六大就业平台",促进贫困劳动力稳定就业,实现"一人就业,全家脱贫"的总目标。2017年至2019年,全县就业扶贫受益贫困群众 2.5 万余人,落实各项补贴 1665 余万元。

实施教育扶贫,把贫困学生"保"起来。都昌县落实控辍保学、送教上门、政策资助、改善办学等措施,阻断贫困代际传递的链条。对义务教育阶段学生,实行乡镇政府与学校"双线"控辍;对因身体等原因不能随班就读的贫困学生,加大帮教送教力度;对建档立卡贫困户义务教育在校学生,全程"零收费";对高中(含中等职业学校)建档立卡贫困户在校学生发放国家助学金并免除学费;对县外就读贫困生、符合条件未享受教育扶贫政策的,县财政予以兜底。2017 年至2019 年,全县共发放各类贫困生资助金 7229 余万元,惠及贫困学生 12 万余人次。此外,全县累计投入 16.58 亿元用于学校及相关基础设施建设。

实施健康扶贫,把医保网络"织"起来。都昌县织好健康教育、基层卫生、家庭医生服务、保障投入、贫困慢性病服务"五张网"。2017 年至 2019 年,县财政投入 1893 万元,改善乡镇卫生院条件;投入 1.135 亿元,为贫困人员购买城乡居民基本医疗保险和商业补充医疗保险,全县"四道保障线"累计补偿 62886 人次、4.8291 亿元。2019 年,全县办理贫困人口慢性病卡 11569 张;门诊特殊慢性病诊疗 43835 人次,统筹支付 1651.68 万元。

实施危旧房改造,把安全住房"盖"起来。都昌县对全县建档立卡贫困户住房全面摸排、鉴定,将鉴定为 C 级、D 级的危房进行维修改造。2016 年以来,全县共完成 7811 户危房改造,其中建档立卡贫困户 3452 户;发放补助资金13309.2 万元,实现"危房不住人,住人无危房"。

实施饮水安全,把水源水质"提"起来。2017 年至 2019 年,都昌县共投入5274.54 万元用于贫困村改水和乡镇水厂供水能力提升,安全饮水保障率达到100%,其中,小型集中供水 2089 户、保障率 11.96%;自来水 10354 户、保障率59.26%;井水 5030 户、保障率 28.78%。此外,投资 7000 万元新建观湖水厂,达到日供水 6 万吨能力,保障县城居民用水并辐射周边乡镇。

实施易地搬迁扶贫,把后续发展"扶"起来。2016 年以来,都昌县建立 16个乡镇 30 个易地搬迁安置点,共搬迁 1007 户 3191 人,其中建档立卡搬迁对象819 户 2401 人。通过就业帮扶、产业带动、政策保障等措施,对搬迁贫困户强化后续扶持,让贫困户搬得来、住得稳、有发展。

实施社会保障扶贫,把特困群众"兜"起来。都昌县加大低保动态管理、贫困残疾人员服务力度。2017 年至 2019 年,全县共投入各类社会保障扶贫资金

22980.27 万元,其中最低生活保障资金 17680.15 万元。截至 2019 年 12 月底,全县建档立卡贫困户社会保障兜底保障对象 23046 人,其中最低生活保障对象 12934 户 20900 人,农村分散特困供养对象 2146 人。

实施村庄整治,让人居环境"美"起来。都昌县坚持以《江西省贫困村退出指标体系》为指引,聚焦与群众生产生活密切相关的"七改"工作,以项目精准为前提,以资金安全高效为核心,扎实开展村庄整治。2017 年至 2019 年,全县共投入村庄整治资金 8.22 亿元,贫困村基础设施条件和村容村貌大为改善。

完善基础设施,让生活条件"好"起来。2017 年至 2019 年,全县共建设村组公路 309 条、134 千米,实现"十三五"贫困村所有自然村有一条宽度 3.5 米硬化外接公路的目标;新建村卫生室 90 所、改建村卫生室 29 所,实现所有贫困村都有功能完善的村卫生室;新建贫困村村级综合服务平台 24 个、维修改造 31 个,实现贫困村均有能满足使用需求的村级综合服务平台;农村电网建设完成投资 1.56 亿元,实现所有农户用上生活电、所有贫困村村部所在地通三相动力电的目标;移动、电信、广电信息网点、无线 4G、双向网改建设完成投资 1.11 亿元,实现宽带网络通至各贫困村村部,并延伸至自然村的目标,有收看电视意愿的农户均能通过有线或无线方式收看电视。

擂响决战决胜冲锋鼓

都昌县狠抓"七个强化",以工作落实夯实脱贫基础,持续发力,决战决胜。

强化质量提升。一是精准贫困底数。都昌县按照"应纳尽纳"要求和"七步法"基本程序,严格审查"七清四严"对象,通过户户上门核实、人人对照核查等方式,将符合建档立卡条件的农户纳入贫困户系统,做到"不漏一户、不漏一人"。对新发生贫困的对象,通过相关程序及时纳入,及时享受扶贫政策。二是精准脱贫标准。都昌县对照"两不愁三保障"总体要求和收入稳定超过贫困线的标准,开展了"清零达标"行动,对拟脱贫户进行逐户调查核实,加大帮扶和整改力度,确保达到脱贫标准。通过入户调查、乡镇核实、县级审核,全县共有 14929 户 59105 人脱贫,其中 2019 年脱贫 4722 户 16092 人。严格落实脱贫不脱责任、脱贫不脱政策、脱贫不脱帮扶、脱贫不脱监管的要求,对 2018 年及以前脱贫户建立了预警机制,全面摸排脱贫监测户,并进行重点关注,确保稳定提高脱贫质量。三是精准贫困村退出。都昌县对照贫困村退出"九大指标体系",坚持缺什么补什么,既不降低要求,也不拔高标准,以改善贫困村群众生产生活条件为重点,加大财政扶贫资金投入,并严格相关程序。四是聚焦深度贫困村。按照聚力攻克深度贫困堡垒要求,都昌县对土塘镇冯梓桥村、和合乡双峰村、大港镇土目源村三个深度贫困村,从资金、项目、帮扶力度等方面给予大力支持。尤其是加大基础设施扶贫力度,2018年至2019年,共投入1003.47万元用于路、桥建设和小型农田水利等设施改造;加大产业、就业"两业"扶贫力度,通过建设扶贫车间,发展光伏、香菇、小龙虾等特色产业,全面提升贫困户持续增收的能力,确保同步高质量脱贫退出。

强化队伍建设。2019年,都昌县组建12个脱贫攻坚专业指导队和15个"十大扶贫工程"专业指导队,对全县所有村、户进行拉网式排查,逐村逐户逐人筛查,排查问题并指导督促整改到位。全县参与结对帮扶干部7441人、专业从事扶贫工作的人员1109人,形成了上下联动、点面结合、纵横交织的扶贫力量格局。同时,进一步强化干部培训,实现县乡村、行业部门、驻村第一书记、驻村干部等培训全覆盖,培养懂扶贫、会帮扶、作风硬的扶贫干部队伍。

强化资金投入。都昌县进一步加大涉农扶贫资金统筹整合力度,根据年度脱贫任务和巩固脱贫成效需要,实事求是确定年度计划整合规模,在"因需而整"的前提下做到"应整尽整"。与此同时,通过争取债券资金和银行融资贷款、盘活财政存量资金等方式筹集资金,确保脱贫攻坚工作的资金需求,2017年至2019年,全县共投入脱贫攻坚资金21.67亿元。

强化志智双扶。都昌县大力开展脱贫攻坚"四送""四个在一线""三讲一评""四大感恩行动"等系列活动,组建县乡两级25个精神扶贫宣讲队,采取演讲比赛、文化下乡、政策宣讲等形式,引导贫困群众感党恩、跟党走。针对部分贫困户存在"等、靠、要"思想,推广以表现换积分、以积分换物品的"积分制"、扶贫爱心超市和"红黑榜"等做法,大力开展移风易俗活动,坚决防止"养懒汉",增强贫困群众自主脱贫的内生动力。

强化作风保障。干部作风事关脱贫攻坚成败,决定全面小康成色。都昌县大力开展"干部作风实,都昌万事兴"主题教育活动,集中整治"怕、慢、假、庸、散"等作风顽疾和扶贫领域形式主义、官僚主义等突出问题,加强驻村第一书记、驻村干部、结对帮扶干部监管,营造了担当实干、风清气正的脱贫氛围。鄱湖晨晖农庄董事长彭习华获得江西省2017年度全省脱贫攻坚奉献奖,春桥乡党委书记江和通获得江西省2019年度全省脱贫攻坚作为奖。

强化基层党建。都昌县大力推行"党建＋脱贫攻坚"模式，广泛开展建强堡垒、连心帮扶、社会援助、争创先锋等行动，实现"四个增强"。一是增强村"两委"班子。以2018年村(社区)"两委"换届选举为契机，全县112个贫困村党支部书记全面配齐配强。二是增强党员示范。注重把党员培养成致富能手，把致富能手培养成党员。2018年村(社区)"两委"换届选举产生的1776名村(社区)"两委"委员中，致富能手或产业大户621人，占34.9%。三是增强保障能力。2017年到2019年，县、乡两级财政安排资金1100万余元用于新建或改造村级活动场所。四是增强服务能力。采取"村集体＋协会＋贫困户""支部＋专业合作社＋基地＋产业大户＋贫困户"等党建脱贫模式，把贫困户组织起来，成功打造了鄱湖晨晖农场、丁峰村黄茶基地、官桥村中药材基地等一批富民脱贫产业基地。

强化志愿帮扶。都昌县用好社会资源，整合"中国社会扶贫网"等公益品牌，推进"百企帮百村"精准扶贫行，广泛动员民营企业和非公经济人士参与脱贫攻坚工作。截至2019年12月31日，全县在中国社会扶贫网累计发布需求34067项，其中对接成功24597项，注册的扶贫爱心人士达59981人，凝聚起脱贫攻坚的强大力量。

都昌县在脱贫"摘帽"后，牢记习近平总书记"脱贫摘帽不是终点，而是新生活、新奋斗的起点"的殷殷嘱托，继续严格落实"四不摘"要求，坚持思想认识不松懈、扶贫力度不松劲、工作措施不松动，结合乡村振兴战略，建立脱贫成果巩固提升机制，着力巩固脱贫成果，提升脱贫质量，在"后脱贫时代"的乡村振兴、全面小康的新征程中满怀信心地一路接续奋进。

典型案例 >>>

赣 县 区

蔬菜产业富村富民

河埠村地处平江河畔,距圩镇 5 公里,是"十三五"贫困村,土地面积 4.8 平方公里,辖 11 个村民小组,611 户 2484 人,其中建档立卡贫困户 48 户 128 人,为全省最具乡愁村庄、3A 级乡村旅游区。通过短短几年努力,特别是依托总投资 5 亿元的赣州铭宸蔬菜科技产业基地龙头带动,大力创办产业扶贫基地,成为一个远近闻名的蔬菜专业村,该村于 2017 年顺利脱贫退出。

赣州铭宸蔬菜科技产业基地,位于江口镇河埠村,于 2016 年引进并投产,是一家以现代农业种植、农品育苗、农业旅游观光、人工智能、农产品销售贸易和智能物流构建的高新农业科技产业园,建有 6 万平方米智能大棚和规模化种植大棚,年产量 1 万吨,为赣县区蔬菜产业扶贫的龙头。2017 年 11 月 1 日,铭宸集团成功对接"一带一路"战略,开通了中欧蔬菜班列,实现江西蔬菜首次走出国门。河埠村"两委"班子充分利用紧邻基地优势,抓住产业扶贫这个根本,落实"五个一"产业扶贫机制,把蔬菜产业作为脱贫主导产业,建立了"龙头企业 + 合作社 + 贫困户"的利益链接机制,并由村党支部牵头,成立村级股份合作社,全村 90% 的土地流转给合作社经营,做到规模化种植、标准化生产、品牌化销售。

◆ 江口镇河埠村大棚蔬菜产业基地

　　村里成立股份合作社,首要目的就是帮助全村贫困户通过"土地租金、技术帮扶、基地领种或务工、差异化分红奖励"等形式脱贫致富,合作社把45户贫困户入股的土地和村民流转的600多亩土地用于种植蔬菜,利用贫困户产业扶贫信贷通资金入股,用于购买农药化肥和支付农民工工资,优先安排有劳动能力的贫困户到蔬菜基地务工,让贫困户"低风险、低门槛"参与受益。2017年以来,河埠村股份合作社分红3次,分红金额超35万元。在2018年7月1日举行的上半年股份合作社分红仪式上,刘志勇、王英秀等21户贫困户喜得分红60343元,其中,6户贫困户参与合作社种植管理蔬菜实行产值分红,17户贫困户用扶贫信贷通的83万多元扶贫贷款进行入股保底分红。"我这次分到4349元,一块是资金入股的分红,另一块是领种大棚参与种植管理蔬菜的收益分红。"在分红现场,贫困户刘志勇激动地说。而仅参与大棚种植蔬菜的贫困户刘富钿上半年收割西兰花4399公斤,也获得了3519元的分红。

　　如今在河埠村,上至七旬老人,下到放寒暑假的中小学生,只要有劳动能力,都愿意到蔬菜基地打工,一天60元工资,当月结算。村里的建档立卡贫困户陈贻英因丈夫长年腰椎间盘突出干不了重活,两个女儿都已出嫁,家中全靠她一人打一些零工维持,在听说河埠蔬菜种植基地招人的消息后,她主动报了名,领种了9个蔬菜大棚,并与用工方签订了协议。"上班的地方离我家里很近,在基地我就负责锄草、松土、除虫等,都是我平常家里要做的,活都不重,也可以照顾家里,还有收入,我很满足。"谈起自己在蔬菜基地上的工作,陈贻英感到非常高兴。

今天,江口镇河埠村的蔬菜产业在赣县区乃至全市小有名气。走进村里,放眼望去,只见蔬菜大棚一个接一个,拼出村民勤劳致富的幸福版图。脚下土地能生金,通过"龙头企业＋合作社＋贫困户",河埠村实现了户户有增收项目、人人有脱贫门路,在蔬菜产业基地务工的村民每年每人可增加10000多元的收入,2018年、2019年,村集体收入分别达18.18万元、25.3万元。

2020年,河埠村实现整村脱贫。为确保高质量完成巩固脱贫攻坚成果任务,在党的扶贫惠民政策指引下,在当地党委政府和驻村扶贫工作队的倾心帮扶指导下,村"两委"班子决心继续高质量办好合作社,做大做强蔬菜产业,充分发挥产业在巩固脱贫成果和稳定增加群众收入中的治本作用,让河埠村的村民在绿色产业里圆"小康梦",从田野沃土中收获"幸福果",让每一个村民都过上"新时代"红红火火的好日子。

贫困户的"甜蜜事业"

长洛乡位于赣州市赣县区东南部,距县城32公里,东邻于都县,南接韩坊镇,西连大埠乡,北靠大田乡,南北长约16.5公里,东西宽约6.5公里,全乡土地面积144.2平方公里,其中,耕地1.22万亩,山地19.35万亩。全乡有7个行政村,89个村民小组,人口3369户12801人,其中农户3038户12344人;至2019年底,共有建档立卡贫困户626户2635人。

境内自然风光优美,植被保护完好,森林覆盖率达86%,原生态、海拔高、无污染,是土蜂生活的世外桃源。自古以来长洛乡就有养蜂传统,自产纯天然优质蜂蜜,是远近闻名的蜂蜜之乡。近年来,该乡结合生态资源优势,做好"绿色"文章,根据群众意愿和实际情况,通过宣传发动、示范带动,引导农户大力发展蜂蜜产业,使其成为群众脱贫致富的主导产业。

产业发展离不开企业和能人的带动作用。长期以来,由于长洛蜂蜜产业都是分散养殖,没有形成统一品牌,蜂蜜质量参差不齐,再加上交通不便,导致蜂蜜产业一直无法做大做强。为了做强长洛蜂蜜产业,在当地政府的引导下,建立了"企业＋合作社＋蜂农"的产业发展模式,即由养蜂大户和能人牵头组织全乡蜂农成立养蜂专业合作社,统一规范蜂蜜产业标准,并由养蜂能人为蜂农提

◆ 长洛乡遍布山野的养蜂蜂箱

供技术指导,共同打造长洛蜂蜜品牌。同时,积极引进企业与蜂农签订购销协议,有效化解蜂蜜销售难的瓶颈。通过构建企业、合作社、蜂农良性循环,实现蜂蜜产业快速发展。

通过蜂蜜产业发展引领带动贫困户增收脱贫。长洛乡依托洛丰养蜂专业合作社,为有养蜂意愿的贫困户每户赠送5个蜂箱,并统一提供蜂种,仅此一项,每年即可为贫困户户均增收2000元。同时,为解决贫困户养蜂技术欠缺等问题,合作社聘请2名养蜂能人专门负责蜂农技术指导服务。此外,合作社组织技术人员深入各村组织开展技术培训,实现蜂农技术指导上门和跟踪服务。

打造长洛蜂蜜品牌助力蜂蜜产业发展。长洛乡引进赣州常常乐农业开发有限公司,打造"甜蜜世界"展销平台,全乡234户贫困户蜂农均与"甜蜜世界"签订保价销售协议。对"甜蜜世界"销售的蜂产品,全面推行"防伪溯源"机制,通过手机扫码确认蜂蜜真伪及蜂蜜产地(具体到户),有效清除了以次充好、以假乱真现象,进一步提升了长洛蜂蜜的品牌价值,解决了蜂农销售难的后顾之忧。

精准扶贫的春风温暖了每一个贫困户的心。按照乡里统一规划,五里、长洛、留田、下含、均源等村建立了蜜蜂养殖基地,一个覆盖全乡的蜜蜂养殖产业基地群初步形成。留田村上屋组的何明生,由于其收入低,缺技术,经村组评议纳为建档立卡贫困户,在驻村结对帮扶干部鼓励支持下,从2015年开始尝试养蜂,那一年何明生养了30箱蜂,蜂蜜产量600多斤,由于蜂蜜品质好,全部销售一空,增收12000多元。也是那一年,他光荣地领到了脱贫证书。尝到甜头的他,抱定决心,要把养蜂这个产业做强做大。2016年,在他的努力下,蜂群发展到了60箱,但他并没有满足,决定再次扩大养蜂规模。但是,资金成了制约扩大规模的瓶颈。2017年5月,乡、村两级干部以最快的速度帮助其申请产业扶贫信贷通,协助他在银行贷款 8 万元,帮助他把养蜂规模发展到近 200 箱。当年,何明生仅养蜂收入就达到 8 万元。2019 年养蜂规模更是达到 220 多箱,收入达到 10 万元。收入逐年增加,让他的生活得到极大改善,现在他一家四口其乐融融,充满着幸福,逢人就说要感谢党,感谢政府,感谢党的好干部,是养蜂改变了他昔日贫困的家。如今,在长洛乡像何明生一样养蜂致富的贫困户越来越多。预计今后两年可发展蜂群 3 万箱,全乡有一半多的贫困户可从中直接受益,年产值可达 1500 余万元,为贫困户持续增收、脱贫致富提供坚强的产业保障。

上 犹 县

"6+1"模式打造就业扶贫全国样板

家住黄埠镇上丰村的田满妹,今年42岁,丈夫肖厚森早年左眼受伤,行动不便,家中孩子在读书,一家人的生计都靠她一人承担,但患有四级肢体残疾的

◆ 开展技术培训

她却无法外出务工,全家被纳入建档立卡贫困户。为改善家庭条件,帮扶干部介绍田满妹到上犹光电科技产业园扶贫车间工作,不仅离家近,每月还有2000多元收入。"每天上班步行10分钟就到了,有时下班早还能和儿子一起回家,既可以赚钱,又可以照顾小孩,真是太方便了!"有了稳定的工作,日子越过越好,田满妹对未来充满希望。

这正是上犹县创新就业扶贫"6+1"模式,帮助贫困劳动力就业增收、脱贫致富的一个缩影。

脱贫攻坚以来,上犹县大力推行就业扶贫载体建设,按照政府引导、企业自主、市场化运作的可持续发展思路,打造了乡村工业就业扶贫车间、就业扶贫农业基地、劳动就业组织、新型农村就业合作社、就业扶贫专岗和小微企业创业园等六大就地就近就业平台。针对贫困劳动力无资金、无技术、无门路,以及就业流动性大、管理难度大等现状,建立了涵盖政策扶持、资金奖补、就业服务、金融支持、督促考核等一套扶穷不扶懒的工作机制。就业扶贫"6+1"模式既满足贫困劳动力"挣钱顾家两不误"的需求,又缓解企业发展面临的用工难题,让千千万万市场主体的"微行为",汇聚成就业扶贫的"众力量"。贫困户脱贫内生动力不断激发,有意愿的贫困劳动力就业率达到100%。全国就业扶贫经验交流现场会、全国"万企帮万村"精准扶贫行动片区座谈会现场观摩点均设在上犹;国家、省、市有关领导先后莅临上犹县调研就业扶贫"6+1"模式并给予高度评价;人民日报、新华社、中央电视台等中央主流媒体纷纷聚焦报道。上犹县就业扶贫"6+1"模式取得成功经验并成为全国"样本"。

"乡间夜(午)话"激活群众脱贫志

晚春时节,暖风阵阵,在水岩乡横岭村众厅内,村民们正聚在一起围桌夜话。驻村干部宣讲最新扶贫政策,就排水设施完善、乡村环境整治、粮食生产等问题,向村民代表们一一答疑解惑,现场气氛十分热烈。当晚,还为村里的脱贫典型家庭、清洁卫生家庭、孝老爱亲家庭等先进典型颁发证书,发放小礼品,获奖农户脸上露出灿烂的笑容——这是上犹县几千场"乡间夜(午)话"活动的一个缩影。

脱贫攻坚以来,针对贫困群众内生动力不足、参与乡村建设积极性不高等问题,上犹创新推行精神扶贫"乡间夜(午)话"模式。县、乡领导干部带头,结对帮扶干部及村干部全员参与,深入各村、组,围绕扶贫政策宣讲、产业发展、项

◆ 开展"乡间夜话"活动 与群众心连心

目建设、释疑解惑、感恩教育、乡风文明等内容,通过围桌闲谈、文艺活动、个别走访、现身说法、观看视频等群众喜闻乐见的形式,常态化开展"夜(午)话"活动。干部群众"同照一盏灯、同围一张桌、同坐一张凳、同谈一席话",访民情、讲政策、解民忧、议发展,把党的惠民政策带下去,把群众意见建议带上来,把困难问题解决在一线。

全县每年开展"乡间夜(午)话"活动2000多场次,覆盖全部村民小组,传递了"扶贫不扶懒"的政策导向,充分激发了贫困群众自立更生、感恩奋进的脱贫斗志,群众参与乡村公共事业的积极性、获得感和满意度不断提升。上犹"乡间夜(午)话"活动已成为干部的"练兵场"、干群的"连心桥"、发展的"助推器",得到广大群众一致好评,也得到省委主要领导高度认可。2018年10月,在全省"2018扶贫日脱贫攻坚论坛"上,县委主要领导应邀作典型经验介绍。

安 远 县

"五抓五促"探新路　消费扶贫助振兴

近几年来,安远县抓住"互联网+"机遇,深入实施销售扶贫,全力激活农村电商致富潜能,先后荣获全国革命老区减贫贡献奖、中国果业扶贫突出贡献奖等荣誉,两次荣膺全国电子商务进农村综合示范县,并于2019年9月成功承办全国消费扶贫现场观摩暨培训班。

抓保障、促落地,着力构建消费扶贫工作大格局。充分发挥党委、政府主导作用,建立组织机构,制定扶持政策,完善服务机制,推动消费扶贫落地生根、开花结果,构建消费扶贫工作大格局。目前,组建赣州市首个主抓消费扶贫的正科级事业单位电商办,引导金融机构设立电商贷2000万元,县财政每年安排400万元专项资金,用于扶持消费扶贫产业发展,建成县、乡、村三级服务机构。

抓难点、促生产,有效确保消费扶贫产品优质供给。把产品质量作为消费扶贫的"生命线",对照消费者需求,推行"订单化"种植,强化"组织化"生产,注重"品牌化"建设,从农业供给端发力,全力破解农产品产量、质量等方面难题,保障消费扶贫产品优质供给,完善消费扶贫产品生产链。目前,全县建有赣南脐橙、有机蔬菜、猕猴桃、紫山药、红蜜薯等规模产业基地近百个、面积35万亩,打造了春瓜、夏桃、秋薯、冬橙四个生鲜拳头产品;在7个深度贫困村建立黑木耳基地近8万平方米,带动329户贫困户实现稳步增收目标;"三百山"商标荣膺江西省著名商标,"三百山"赣南脐橙、安远百香果纳入"CCTV国家品牌计划——广告精准扶贫项目",安远县获评全国脐橙类首个国家级出口食品农产

◆ 全国消费扶贫现场观摩暨培训班在安远县举办

品质量安全示范区。

抓痛点、促销售，不断推进消费扶贫产品精准对接。坚持线上、线下双向发力，探索推行"展示展销、六进直供、订单包销、自产自销"消费扶贫模式，实施"安远村红"培养计划，实现扶贫产品供需有效对接，拓宽消费扶贫产品营销网，打造从田头到餐桌的供应链条。

抓堵点、促流通，全力畅通消费扶贫产品上行路。把完善流通基础设施作为推进消费扶贫的先导工程来抓，全力畅通交通网络、物流网络、信息网络，有效疏通产品流通不畅、物流成本偏高等"堵点"问题，进一步畅通了消费扶贫产品物流路。目前，全县新增国道168公里，改造国省道83.5公里，改善提升出境公路8条，新建和改造农村公路1826公里，推动农村公路实现进村主干道提质扩面、20户以上通组路建设、公路有效管护、电商物流进村、路域环境提升"五个全覆盖"；实现所有行政村光纤宽带、移动4G网络"两个全覆盖"。

抓拓展、促升级，努力实现消费扶贫效益最大化。将推进消费扶贫与全域旅游深度融合，目前，全县发展旅游专业村3个，建成农家乐、林家乐约100家，辐射带动482户贫困户实现脱贫致富。将消费扶贫与就业创业相互衔接,引导农户特别是贫困户发展以"安远三鲜粉"为主的小吃标准店、旗舰店共1000余家,覆盖周边42个县(市、区),带动创业就业2.6万余人。将消费扶贫与基层党建有机结合,切实提升消费扶贫综合效益,打造消费扶贫"升级版",实现消费扶贫效益最大化。全县所有行政村村集体经济收入均突破5万元。

以路为弦　弹好脱贫致富曲

近年来,安远县紧紧抓住对口支援和交通扶贫的历史机遇,把"四好农村路"建设作为打赢脱贫攻坚战和推进乡村振兴的先导工程,全力构建农村公路建、管、养、运"四位一体"发展格局,创新实行"三四五"模式,交通基础设施实现"完美蜕变"。2017年安远县被评为全国、全省首批"四好农村路"示范县,

◆ 安远县做活交通大文章将穷山沟变成聚宝盆

2018年又被交通运输部、农业农村部、国务院扶贫办联合授牌评为全国"四好农村路"示范县。

坚持以"小"建"大",下好脱贫致富"先手棋"。小财政是安远的基本县情,

大交通是安远人民的共同梦想。安远县努力克服自身财力不足困难,推行以政府投资为主、多渠道筹资为辅、社会资金参与模式,以"小财政"建设"大交通"。近年来,累计自筹"四好农村路"建设资金12.5亿元,同时,成立县级交通工程质量监督站,创新推行交通工程"质量首件制",实现扶贫路"建成一条、达标一条、示范一条"。

坚持管养并重,打造美好家园"风景线"。一分建设,九分管养。安远县坚持把管理养护作为"四好农村路"建设主攻方向,积极探索并形成了农村公路管养的"安远模式",全县2323公里农村公路(含通组公路)全部列入养护范围,农村公路列养率100%,好路率达90.8%,为脱贫攻坚后续巩固提升打下坚实基础。

坚持高效运营,提升广大群众"获得感"。将"人悦其行、物优其流"作为"四好农村路"的检验标准,聚焦广大群众出行和农产品运输,大力推动客运、物流两个"城乡一体化"建设,不断完善交通运营服务体系,提升交通服务脱贫攻坚效益。

坚持融合发展,拓宽贫困百姓"脱贫路"。紧紧围绕脱贫摘帽、同步小康这一总目标,全力做好"四好农村路"建设融合文章,倾力建设幸福小康路、旅游示范路、产业致富路,让农民致富奔小康的道路越走越宽广。

宁 都 区

全产业链服务的"菜篮子"工程

近年来,宁都县把蔬菜产业作为发展现代农业,推进脱贫攻坚的核心产业来抓,探索实施了"七统一分"发展模式,走出了一条可推广、可复制的产业发展之路。

坚持全要素链保障,完善产前服务体系。围绕"建好园",从基地规划、园区建设、棚型优化等各环节着手,强化基地建设水、电、路等要素保障,制定宁都蔬菜基地建设标准,实行"交钥匙"工程。在规划设计方面,坚持适度规模、相对集中连片原则,按照每个基地规模控制在300亩左右标准,科学选址、合理布局,确保选出最好的地,种出最好的菜。在设施配套方面,坚持政府统筹、部门负责原则,由所在乡镇政府或村委会为项目建设主体(业主),水利、交通、供电、建设、农业等部门积极参与,按照"统一调度、分部门实施"要求,对基地的基础设施及配套设施明确责任主体、明确资金来源、明确建设标准,在大棚搭建方面。坚持科学实用原则,统一搭建成本更低的顶部竖式通风型二膜连栋钢架大棚。

坚持全服务链管理,完善产中服务体系。围绕"种好菜",从茬口选择、种苗培育、技术培训等方面全过程参与、指导、服务,加强种植管理,提升产业水平,实现增收致富。在定茬育苗方面,引进世界排名前五的瑞克斯旺公司在宁都县建设引种育苗中心及示范试种基地,由该公司代育种苗并示范试种,测试拟引进品种在本地的适应性、产量及效益等,然后推广种植。在技术服务方面,既引进"洋专家",又培育"土专家",打造集培训、推广、指导于一体的技术服务体系。通过"洋专家"引进、"土专家"培育,构建强力技术支撑体系,大大提升蔬菜种植水平。

◆ 宁都县青塘镇连片蔬菜产业大棚

　　坚持全营销链经营，完善产后服务体系。围绕"卖好菜"，变政府主导为农民主体，建立由政府部门牵头，合作社、种植户和销售企业联动合作的市场销售体系。在销售队伍组织方面，为确保全县蔬菜产得出、销得好、利润高，坚持多管齐下抓营销。在品牌宣传打造方面，依托全国蔬菜质量标准中心试验示范基地，组织开展标准化优质蔬菜生产，积极申报"宁都辣椒"国家地理标志注册商标，打造"宁都富硒蔬菜"品牌。在产销对接服务方面，牢固树立市场导向理念，及时掌握各地蔬菜需求情况，通过电视台、手机报、"宁都蔬菜"微信公众号等媒介做好市场预测和信息发布，引导农民生产适销对路的优质产品。

"三个一"就业惠民生

　　宁都县紧紧围绕"就业一人，脱贫一户"目标，注重技能扶贫、就近就业、典型引领，大力实施"三个一"推进就业扶贫。

　　创办一所学校。依托国家人社部对口支援，投资7亿元创办宁都高级技工学校，学校建设各类专业实训室54个，在职教师总数达136人，在校学生达3315人，截至目前已先后招收937名贫困家庭学生就读。依托该校职教资源，整合全县各部门培训资源，在该校设立"就业扶贫培训中心"，承办面向贫困人口的短期职业技能和农村实用技能培训工作，该校已成为技能扶贫重要平台。

打造一个园区。以电商孵化创业为导向,积极打造创业园区。一是打造电商创业孵化园。充分利用全县作为"国家电子商务进农村综合示范县"平台,坚持服务电商产业,热心当好"电商保姆"。对入园企业和商户全额免租金、免水电费,对入园企业和商户提供创业贴息贷款。二是打造

◆ 扶贫车间

赖沙电商发展集聚区。采取"农民创业 + 政府服务"模式,将竹笮乡赖沙村打造成农村电商发展聚集区,由政府出资,从基础设施建设、生产要素供给等方面给予全程服务保障。三是打造田头镇返乡农民创业园。田头镇依托产业优势,规划设立农民创业园和创业就业服务中心,创建航空布艺礼品、服装加工、草席加工、孔明灯生产等五大就业扶贫车间,形成了草席加工一条街,服装加工一条街和飞天(孔明灯)创业街,发展壮大成以圩镇为中心、辐射全镇 15 个村的创业布局。

创建一批车间。扶持当地企业创办"扶贫车间",帮助实现就近就业。一是政策促动。为有效吸引外来投资,全县通过政府主导、政策支持、引进社会力量等方式,在乡镇(村)闲置土地、房屋创办或领办就业扶贫车间。目前,在乡镇(村)闲置土地、房屋创办或领办就业扶贫车间 174 个,带动 1698 名贫困劳动力稳定就业。二是企业带动。通过乡贤会、外出招商引资等多种途径,不少外出乡贤回乡创业,为扶贫车间的发展增添了新动力。三是管理驱动。要想产业发展长久具有生命力,离不开精细化、人性化管理。田头镇馨美航空布艺礼品有限公司扶贫车间经过不断摸索实践,形成了一套行之有效的精细化管理模式。设立全勤奖、超产量奖、工龄奖等,鼓励扶贫车间员工多劳多得。设立机动考核机制,扶贫车间现有员工 260 名,其中大多数是农村留守妇女和老年人。车间人性化考虑,每人每月允许 18 天迟到或早退,超过次数就要处罚。灵活上下班,考虑到有些员工路途较远,交通不便,实行弹性上下班时间,留住了员工,实现了灵活就业。

于 都 县

五个强化　压实兜底保障基础

2018 年以来,于都县按照应保尽保、应退尽退原则,切实抓好农村低保专项治理工作,确保对象识别精准,增强广大群众对低保工作的认同感和满意度,提高政府在群众中的公信力,充分发挥农村低保在打赢脱贫攻坚战中的兜底保障作用。

◆ 于都县强化兜底保障

强化基础抓整治。县委、县政府高度重视农村低保专项治理工作,强化组织领导,迅速行动,高位推动农村低保整治工作。一是健全专项整治工作机制。成立分管领导为组长、相关单位为成员的整治工作领导小组,并定期不定期召开领导小组会,听取工作汇报,研究解决相关问题。二是强化宣传培训。采取县培训乡镇人员、乡镇培训村组人员方式,层层开展低保整治工作业务培训会,提升经办人员执行能力。同时,加强宣传力度,县级采取集中宣传、网上公开相关政策方式,乡镇、村采取召开村民会议、低保整治上户核查、在村务公开栏公开政策、发放宣传单等方式,确保群众全面知晓低保政策。三是部门联动协力抓。组建县兜底保障扶贫核查比对工作领导小组,民政、财政、审计等30多个部门为成员单位,涵盖各行各业,为比对整治工作构建强大合力,提供坚强技术和组织保障。

强化责任抓整治。明确"大村长"负责村级整治。每个村明确县级领导或正科级领导担任"大村长",对该村低保整治工作负总责。压实镇村两级责任。明确调查、审核工作实行属地管理,由所在乡镇负责,所有新增、调整低保对象必须经乡镇驻片领导、驻村干部、村两委干部入户调查并签字,所新增、调整汇总表必须经乡镇长签字才能报县民政局审批,做到谁调查谁签字,谁签字谁负责。

强化核对抓整治。为加快低保对象资料收集和数据录入送审,确保线上核对工作及时有效落实,通过购买服务形式,聘用55名工作人员充实到乡镇民政所,加快低保对象资料录入送审工作,县民政局专门安排5名工作人员对乡镇送审资料进行审核和发起核对。充分利用大数据库进行比对,全面查看比对低保户家庭成员车辆、房产、社保、财政供养、工商执照、银行存款等信息,真正做到以数据和事实说话,确保公平公正。

强化监督抓整治。针对"人情保""关系保"等问题,建立健全相关制度,接受人民群众监督和评议,从根本上杜绝相关现象,真正让低保政策公开透明。

强化执纪抓整治。把督促检查贯穿整治工作全过程,县民政局实行领导包片、一般干部包乡镇责任制,对各乡镇低保户比对结果和整改结果情况进行监督检查,发现问题第一时间进行处理。县纪检监察部门将低保工作作为案件查办的重要内容,对民政扶贫领域违法乱纪、优亲厚友、贪污腐败、敷衍塞责且造成严重不良影响的乡镇经办人员或村(居)干部,严肃执纪问责,严肃处理。

向天借力聚财富　持续增收助脱贫

如何让贫困户发展投入少、见效快、可持续、风险小、无污染的产业,壮大贫困村集体经济,顺利实现高质量脱贫,是于都县近年来一直思考和探索的问题。通过深入调研、深度研判,于都县决定将光伏产业扶贫作为"五个一批"工程的重要举措,主动作为、先行先试,为革命老区探索了一条绿色清洁环保、可复制可推广的产业扶贫新路子。

◆ 于都县罗坳镇大桥古嶂新村，技术人员在屋顶安装光伏发电组件

一个结合。政府主导与市场运作相结合。一是高位推动。成立县光伏产业扶贫领导小组，由县长任组长，县委、县政府分管领导任副组长，相关部门主要负责人为成员，定期召开调度会，及时协调解决光伏产业扶贫中的困难和问题，高位推动光伏产业扶贫。二是宣传促动。组织帮扶干部进村入户宣传扶贫电站"结构简单，体积小空间占用少；易运输、易安装、易维护，建设周期短，一次性投资，长期受益；可靠性高，寿命长"等特点，激发群众安装光伏电站的积极性。三是示范带动。将安装服务企业的选择与确定完全推向市场，采取竞争性谈判方式择优确定。按照"多点布局、示范带动、突出重点、兼顾一般"原则，优先在条件成熟的地方打造一批光伏产业扶贫精品示范点。同时，在全县 357 个行政村委会或村小学屋顶安装 30 千瓦以上"一村一站"村级电站，发电收益直接增加村集体经济收入。四是政策驱动。县财政、安装企业分别给予贫困户每瓦 1 元的安装补贴，创新"金穗光伏贷"信贷产品，贷款合同期限 10 年，前 5 年只还息不还本，从第 6 年起分期还本还息，贷款利率按银行同期贷款基准利率执行，并由县财政给予 5 年全额贴息，计量表由县供电公司免费提供。

　　两个助力。一是银行助力。择优选择扶贫责任感强、金融扶贫经验丰富、能独家承担光伏产业金融扶贫的中国农业银行作为金融支持单位,2016 年 2 月,县政府与中国农业银行赣州分行签订精准扶贫战略框架协议。二是企业助力。在招标过程中,明标为 8 元/瓦,各安装企业均接受 7.6 元/瓦的单价;同时每瓦捐助 1 元,实际合同单价为 6.6 元/瓦。各安装服务企业主动为户用光伏电站让利,积极承担企业扶贫责任。

　　三个确保。一是确保收入长期可持续。通过政府帮扶、银行让利、企业支持,贫困户有信心、有能力发展光伏扶贫产业,真正得到真金白银的实惠。二是确保质量安全有保障。明确规定参与竞争性谈判的企业,只针对生产性企业且需获得市、县能源主管部门备案许可,企业生产的产品需获得中国质量检测中心或委托第三方检测单位的产品质量检测认证(CQC)。设立监督机构,对竞争性谈判实行全过程监管,对合法性、合规性以及领导干部行为进行严格监督与审查。为确保安装质量,聘请无锡太阳能光电检验中心作为第三方检测和验收机构。三是确保产业环保无污染。牢固树立生态文明理念,不仅努力实现拔掉贫困户"穷根"的目的,还努力保护绿水青山、优良生态,让贫困群众在逐步致富的同时,有一个清洁舒适的安居环境。

兴 国 县

建立"绿色通道""两个池子"

针对脱贫攻坚项目数量多、时间紧,且乡镇公共资源交易中心撤销之后,县公共资源交易中心场所、人员限制,无法及时完成项目招投标的情况,2017 年兴国县创建扶贫项目实施"绿色通道",专门研究出台《兴国县政府性投资脱贫攻坚工程项目招投标工作暂行规定》,并印发《江西省脱贫攻坚工程项目"绿色通道"实施方案》向全省推广,规范脱贫攻坚项目招投标程序。

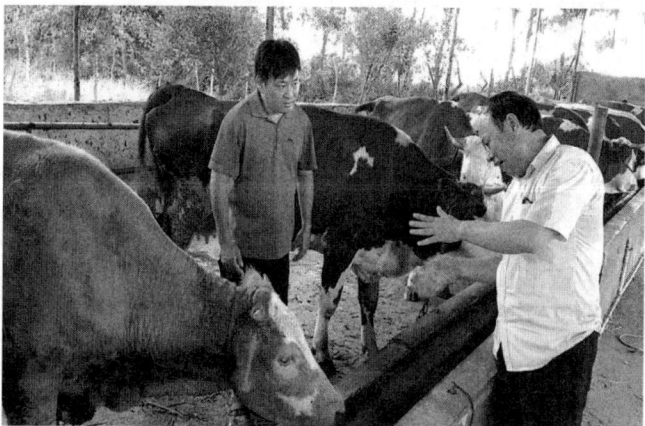
◆ 长冈乡肉牛养殖基地

明确项目计划。项目安排上,瞄准贫困村退出和贫困户脱贫要求,按照"两不愁三保障"、产业发展、贫困村退出 9 大指标等先后顺序安排落实项目。由各乡镇根据脱贫攻坚工作实际,组织各个村小组召开户主会,村一级召开村民代表大会,讨论决定贫困村、贫困户需要建设的脱贫攻坚项目,公示后报乡镇审核确定项目上报,再由县扶贫开发领导小组审定纳入县级脱贫攻坚项目库管理,年度项目计划从项目库中提取项目。

明确资金整合。创新建立"两个池子",明确统筹整合财政涉农扶贫资金项目计划、项目实施责任单位,建好"项目池";在县扶移办设立"统筹整合财政涉农扶贫资金核算专户",建好"资金池"。"资金池"与"项目池"相对应,实行"两级拨付",先由县财政局将统筹整合范围内的各级财政涉农扶贫资金统一拨付到"资金池",再从"资金池"拨付到项目实施责任单位,项目竣工验收后,由各项目实施责任单位直接拨付到施工主体,真正实现"多个渠道引水、一个龙头放水"。

明确招标程序。出台《兴国县政府性投资脱贫攻坚工程项目招投标工作暂行规定》,分类规范政府性投资脱贫攻坚工程项目招投标程序,包括对单项合同估算价在 200 万元人民币以下的工程类项目,单项合同估算价在 100 万元人民币以下的重要设备、材料等货物采购类项目,单项合同估算价在 50 万元人民币以下的勘察、设计、监理等服务类项目。在遵循公平公正、节俭节约、保证质量、廉洁高效的原则下,项目业主单位可按"三重一大"决策方式,按程序研究选择具有相应资质的施工单位和供应商。

明确资金拨付程序。在资金拨付金额上,项目在实施过程中,责任单位可接受施工方阶段性结算工程款的申请,每次阶段性结算资金不高于施工方实际投入工作量的90%,且不高于安排项目资金的80%,项目竣工验收后,尾款全部拨付到位。在资金拨付程序上,实行项目责任单位负责人负责制,由项目责任单位完善相关验收资料,把好项目实施质量验收关,项目责任单位主要负责人签字审批后就直接拨付到施工主体。

通过实施项目"绿色通道",有效解决了项目推进慢、资金拨付慢的问题,切实提高了扶贫资金使用效益。

营养餐里巧念扶贫经

为有效实现精准滴灌扶贫,兴国县抓住农村义务教育学生营养餐、中心城区"菜篮子"工程对蔬菜及禽蛋肉类农产品具有稳定可观的市场需求契机,充分发挥政府主导作用、贫困户主体作用和企业带动作用,因势利导推进"农村学生营养餐+菜篮子+产业扶贫基地"一体化建设,探索出了一条共建共管共享的精准扶贫工作新路子。

◆ 埠头桐溪村高标准蔬菜大棚

　　创新模式,集中供餐。为实现义务教育学生营养餐改善计划效益最大化,兴国县创新探索实行营养餐统一招标、统一采购、统一加工、统一配送"四统"模式,推动学生营养餐由"课间加餐"向"食堂供餐"、由"零星采购"向"集中供应"转变。即统一公开招标,确保引进企业有资质、有实力、专业化;企业统一采购食材,设立速检中心,分肉类、蔬菜类等进行食品安全自检,县农粮局定期抽查食材;统一进行食材加工,使用无尘生产车间现代化流水线作业对肉类、蔬菜分别进行集中清洗、消毒、切割(全程视频监控),加工成"净菜",并按照国家规定的营养标准制定菜谱,分类分校冷冻保鲜包装;统一进行配送,每天上午十点前使用冷链车配送到各校。各校复核食材分量足额、质量合格后,烹饪供餐。

　　立足市场,壮大产业。兴国以构建赣州市城区"1+3"(生产基地+三级市场网络)"菜篮子"工程保障体系为契机,采取"企业+基地+贫困户"模式推进脱贫攻坚,全力推动农企对接、农校对接,实现供求互通。企业根据实际需求,综合考虑菜品地区差价、种植差异、时令特点等因素,提前与基地、贫困户订立种植订单,让基地、贫困户知道"种什么",并按订单合同规定时间、价格、方式收购基地和贫困户种植的蔬菜,让基地和贫困户"不愁销",实现生产、销售无缝对接。

政策叠加,多方共赢。通过实施学生营养餐和脱贫攻坚两大惠民政策叠加,取得多方共赢的良好成效。一是政府明确了定位。政府管理由事前审批转为事中、事后监管,组建联合智能办公室进驻配餐中心,严把采购、加工、质量、配送、验收"五关",确保营养餐资金真正用到学生身上,学生真正吃得营养、吃得安全。二是企业降低了成本。实行订单生产,根据市场调节供需,企业不仅获得稳定、可靠的食材供应来源,还节约了成本,实现利润最大化,促进了企业可持续发展。三是学校减轻了压力。配餐企业种植、采购、检测、加工、配送"一条龙"服务。将学校食堂服务全部纳入企业管理,由配餐企业负责学校食堂从业人员聘请、管理培训和工资发放。学校见账不见钱,仅需负责复核,从后勤服务、食品安全、资金监管等压力中解脱出来,能够专注于教育教学。四是贫困户实现了增收。通过带薪学技,贫困户在技能培训中享受"免费午餐"。通过贷款贴息,贫困户在产业发展中获得"送上口袋的本钱"。通过订单生产,贫困户在市场营销中配备"扶着走的拐杖"。通过返租倒包,贫困户在承包蔬菜大棚中享受"跟着走的收获"。通过承包经营权入股,在土地变现中添加"增值的保险柜"。通过加盟"农电商"入股分红,在流通窗口前收获"意外的惊喜"。

创建"一站式即时结算" 完善"四道医疗保障线"

2016年,会昌县在全省率先探索实施健康扶贫"四道医疗保障线"一站式即时结算模式。该模式将原由县医保经办机构、人寿公司、财保公司、民政局四个部门分别负责的基本医保、大病保险、疾病医疗补充保险、医疗救助四项补偿工作整合在一个窗口集中办公,实现"一站式服务"。同时,开发建设"会昌县贫困对象疾病医疗补偿结算报账系统",将涉及贫困对象医疗补偿的各部门数据信息实现互联互通。

◆ 进村入户为村民服务

该模式运行几个月后,成效十分明显,得到各级领导充分肯定和全县群众的高度赞誉。市卫计委(卫健委)下文要求各县(市、区)推广会昌县"一站式即时结算"工作模式。2016年7月,会昌县将"四道医疗保障线"一站式同步结算模式在县内定点医院全面推行,实施"先诊疗、后付费"政策。贫困患者去县内定点医院就医,不再需要缴纳住院押金,待出院结算时,仅需支付个人承担的 10% 以内的医疗费用。该项政策的实施,杜绝了贫困患者因一时难以筹集足够的医疗费用而拖延病情或放弃治疗的现象发生。同年 8 月 23 日,央视财经频道作了健康扶贫专题报道,中国日报、新华社等多家主流媒体组成的"聚焦新长征"采访团对此项工作进行了深度采访报道。8 月 30 日,全省健康扶贫工作视频会议又明确提出将会昌县"四道医疗保障线"一站式即时结算便民服务模式列入省政府扶贫工作考核标准。

2017 年,城乡医保制度整合,赣州市医保局在会昌县"四道医疗保障线"一站式即时结算系统基础上进行调整和升级,建成全市统一使用的健康扶贫"四道医疗保障线"一卡通即时结算系统。会昌县于 2017 年 5 月 12 日正式启用,实现了贫困患者在赣州市范围内的定点医疗机构住院医疗"先诊疗、后付费""四道医疗保障线"一卡通即时结算的就医报账目标。

健康扶贫"四道医疗保障线"政策的实施,大大减轻了贫困对象的医疗负担,有力构筑了"因病致贫,因病返贫"防控网。如小密乡罗田村贫困对象文来生,因患肝硬化实施肝移植手术,前后共花去医疗费 40 余万元,个人仅承担 4 万余元,文武坝镇南外街贫困对象曾美英,因患急性白血病前后共花去医疗费 82 万余元,个人仅承担 8 万余元。

修康庄大道　促脱贫致富

从 2016 年开始,会昌县委、县政府根据县情,按照"全县各乡(镇)到县城均通三级公路,各行政村均有一条四级出村公路,25 户及以上通自然村公路 3.5 米宽水泥路硬化全覆盖的目标",全力畅通区域内循环,路随产业走,产业随路转,促产业发展、促乡村旅游、促招商引资,有效地增加了贫困户收入,农村公路建设成为脱贫攻坚先行官。

25 户及以上通自然村公路硬化全覆盖。会昌县始终把实施 25 户及以上通自然村公路路面硬化工作作为脱贫攻坚的攻坚任务。至 2018 年,全县完成硬化里程 1357.3 公里,实现了 25 户及以上自然村公路硬化全覆盖。

19 个乡(镇)到县均通三级以上公路。从 2016 年开始至 2018 年底,会昌县用三年时间投入 4.5 亿元,完成县城至永隆、珠兰至晓龙至高排、庄口至庄埠县道升级改造 100 公里,把原有的等外公路升级改造为路面宽 7.5 米的三级公路,实现 19 个乡(镇)到县城均通三级及以上公路目标。

◆ 按照畅、安、舒、美要求建设的"四好农村路"

每个行政村均有一条四级出村公路。从 2016 年起至 2018 年底,全县共投入 8 亿多元,全面完成 536.3 公里的升级改造任务,是全市农村公路建设投入最大的县,也为 2019 年争创全省"四好农村路"示范县打下扎实的基础,如期实现全县每个行政村均有一条四级出村公路目标。

乡、村道的升级改造,带来了现代农业的发展。如文武坝镇古坊村乡道升级改造的完成,带来了千亩蔬菜基地的发展,带来了高云富青年竹荪创业基地的发展。

乡、村道的升级改造,引来了投资商的投资。如清溪乡青峰村村道升级改造完成后,引来了中电建在盘古嶂投资 4.5 亿元建风力发电站。

乡、村道的升级改造,带来了乡村旅游的快速发展。如白鹅乡的狮子洞、清溪乡的盘古嶂、麻州镇的来石山、晓龙乡的天门嶂等乡村旅游投入、游客数、收入大幅度提高,为贫困户就业增收提供了先决条件。

寻 乌 县

打通关键节点，做强柑橘扶贫

寻乌县认真落实"五个一批"精准扶贫工作部署，把传统柑橘产业扶贫作为脱贫攻坚的主抓手，积极扶持贫困群众发展柑橘产业，全县有 8304 户贫困户直接发展柑橘产业，贫困户柑橘产业覆盖率达 67.65%，户均 2.5 亩果，人均增收 7800 多元，直接带动了 2760 多户贫困户实现脱贫，为助力寻乌县高质量脱贫提供了坚实保障，柑橘真正成为全县贫困群众的"脱贫果""致富树"。

创新三个机制，解决贫困群众"不敢发展"的问题。一是坚持支部带动。鼓励各行政村建设假植基地，采取"党支部（村两委）+ 合作社 + 贫困户"建设模式，通过"村级组织领办，党员能人参与，贫困户统筹参与"形式，采取"三统一分一托"（统一搭建网棚，统一调苗假植，统一抚育管理；一分一托：大苗分户入园种植或托管种植）的运行模式，提高柑橘产业覆盖率。二是坚持奖补推动。对有收益且防控较好的贫困户果园，实行 100 元/亩·年的补助；搭建假植网棚给予 20 元/平方米的补助，假植苗木给予 8 元/株的抚育费补助；对符合产业发展规划，严格按生态标准建园，经验收合格的，给予 500 元/亩的建园补助。三是坚持分类拉动。对有果园且防控较好的贫困户，在积极引导其做好防控工作的基础上，采取边砍边补种假植大苗的办法；对有意愿、有条件复种柑橘的贫困户，鼓励其按生态种植标准进行复种；对无能力复种的贫困户，鼓励引导贫困户采取联合资源或劳力入股等方式成立联合经营体，参与柑橘产业发展，分享柑橘产业发展红利。

◆ 寻乌的柑橘

坚持三个示范,解决贫困群众"不会发展"的问题。一是抓好防控保园示范。全县共建立防控保园扶贫基地 112 个,覆盖贫困户 1200 户,为贫困户推行"补种保园"模式提供了示范。二是抓好柑橘复种示范。采取"基地＋农户"等模式,带动贫困户发展柑橘种植或务工。全县共有柑橘复种扶贫示范基地 10 个,覆盖贫困户 104 户(含劳务、土地入股),带动贫困户恢复种植 620 户。三是抓好技术推广示范。建立柑橘扶贫"三个一"服务贫困户机制,即发放一份技术资料,接受一次以上柑橘复种技术培训,安排一名技术员联系指导。

破解三个难点,解决贫困群众"发展不好"的问题。一是注重源头管控。由政府参与,建立柑橘苗木假植基地,为有发展意愿的贫困户每户免费发放大苗 150 株。二是强化种植管理。既定人又定地块:"定人"指有种植柑橘积极性;有劳动力,能做到专职管理柑橘,鼓励贫困户做职业果农;"定地块"指有符合"八条件、十不准"条件的种植地块开展种植。三是拓宽销售渠道。在柑橘品牌化经营上下功夫,依托"赣南脐橙""寻乌蜜橘"地理保护产品、中国驰名商标的品牌效应,通过农超对接、农批对接和电商销售等方式,帮助贫困户拓宽柑橘产品销售渠道,尤其是借助电商平台,实现"卖全国"的大好局面。

用好"新时代文明实践中心"创建精神扶贫"寻乌模式"

2018 年 1 月,寻乌县按照"建好、用好、管好"要求,率先在全省创建了一批覆盖城乡的"新时代文明实践中心",并巧用"新时代文明实践中心",通过打造工作阵地、丰富活动形式,激发广大贫困群众内生动力,不断提升贫困户脱贫致富的信心和决心,切实提高自我发展能力,较好解决了贫困户"造血"及内生动力等问题,成功探索出一条"精神扶贫"的"寻乌模式"。

"三加一"模式搭精神扶贫之"台"。一是整合资源,建三级"固定"新时代文明实践中心。整合村综合文化服务中心、祠堂、农家书屋等现有平台,按照

"有场所、有标识、有机构、有队伍、有制度、有菜单、有效果"的"七有"标准,县一级成立"新时代文明实践中心"、乡镇一级成立"新时代文明实践所"、村(居)一级成立"新时代文明实践站"等共436个,实现县、乡、村三级新时代文明实践中心建设全覆盖。二是因类施教,建一批"流动"新时代文明实践中心。根据群众"点菜"式需求,用"一对一""一对多"交流等方式,与帮扶干部交流帮扶感悟、所思所想,与贫困群众交流脱贫计划、致富心得,让基层宣讲沾泥土、接地气。

◆ 寻乌县新时代文明实践中心

"五大形式"拓精神扶贫之"路"。一是设传习大讲堂。组织传习员定期深入农村文明实践站(所),宣讲党的创新理论、扶贫政策。同时根据不同对象及时更新宣讲内容、调整宣讲重点,提高扶志教育的针对性、及时性、便捷性和有效性。二是建传习大舞台。把党的十九大精神、脱贫攻坚政策、法律法规、乡风文明改编成"山歌""汉剧"等,通过送戏下乡、"百姓大舞台"、乡村歌会等群众喜闻乐见的形式,在文艺表演过程中穿插脱贫攻坚知识有奖问答、"星级家庭""五净一规范"评选表彰等,让"高大上"的理论政策"唱起来""跳起来""活起来"。三是办网络大诵读。在寻乌手机报、"寻乌宣传"微信公众号、寻乌电视台等媒体开辟专栏,把脱贫攻坚政策、脱贫誓言、脱贫故事等内容录制成音频传播。四是组织百姓大宣讲。让"优秀第一书记"、脱贫光荣户、文明示范户、致富带头人、农村老党员、"土秀才"等成为宣讲员,在全县各村开展"我的脱贫故事""爱家乡建家乡赞家乡"等"故事式"巡回宣讲。五是开展"一对一"小传习。根据实际需求,组织帮扶干部与贫困户一对一宣讲扶贫政策、农技人员与农户一对一讲授种养技术。

"四大机制"固精神扶贫之"基"。一是建立工作调度机制。成立新时代文明实践中心工作领导小组,做到每周一调度。二是建立资源整合机制。组织全县各行各业的行家里手,组建脱贫攻坚传习队、巾帼传习队、农技传习队等15支传习队伍,打造一批多元化、"带不走"的本土传习队伍。三是建立培训奖励机制。加强培训,建立县、乡、村三级宣讲员档案,年终评选"星级宣讲员"。四是建立资金投入机制。县财政预算安排资金200万元,同时整合各乡镇、各单位党建经费30%,用于文明实践中心建设和传习活动开展。

石 城 县

山地鸡:增收致富的"法宝"

石城县山地鸡因"山味""土味"十足,备受市场青睐,但由于经济效益偏低,长期没有大规模养殖。近年来,石城县通过扶持民间养殖大户,引导成立山地鸡养殖专业合作社,构建"企业＋产业协会＋合作社＋贫困户"的运营方式,带动贫困户在种苗、养殖、回收、加工、销售等环节得到全覆盖帮扶,全县山地鸡年出栏已达50万羽,成为扶贫攻坚支柱产业、农民增收致富的"法宝"。

立足优势,找准带头人。搭建创业平台,提供项目、资金、信息扶持,吸引大批有志青年返乡创业,培育和扶持赖宝林、谢火生等养殖大户,创建木兰东坑、屏山山下等大规模养殖山地鸡示范基地,并带头帮扶有意愿和能力的贫困户创业致富成为新的创业致富带头人,形成"先富拉后富,后富再带头"的创业致富传播形式。

成立合作社,形成集群发展。引导养殖大户成立山地鸡养殖专业合作社,带动全县山地鸡养殖户形成抱团发展,合力闯市场,受到社会广泛赞誉。石城县宝园种养专业合作社被认定为江西省"无公害农产品产地",其土鸡蛋被农业农村部农产品质量安全中心审定为"无公害农产品"。

拓宽销售渠道,提升品牌影响力。扶持石城县木兰生态农业发展有限公司、江西宝利园农业发展有限公司等本土企业成为龙头企业,创建山地鸡加工扶贫车间,创新销售模式,从单一活禽销售逐渐转向深加工精包装冷链销售,并在淘宝、京东、邮乐购等电商网站建立线上销售平台,形成实体活禽、冷链销售

◆　石城县木兰乡山地鸡养殖基地的鸡苗

及线上销售同步进行的经营模式,产品远销广东、福建、上海。石城山地鸡已多次登上央视舞台,2016 年 10 月和 2018 年 6 月以专题片登上 CCTV－7 栏目,成为石城县产业发展的一张亮丽名片。

转变养殖模式,"五统一分"全链结。为确保山地鸡品种纯正、质量优良,石城县严格按照"统一种苗供应、统一技术服务、统一养殖模式、统一品牌包装、统一市场销售、分散养殖(山间、林间)"的"五统一分"产业发展模式,让企业、合作社与贫困户签订协议,免费提供鸡苗,统一提供饲料、药品、技术指导,回收鸡蛋、母鸡,带动贫困户户均增收 2000 元以上,助推稳定脱贫致富。

发展种养专业合作社　提升白莲产业

2019 年 5 月,在中国扶贫基金会和上海新力公益基金会的支持下,大由中力种养专业合作社成立,以统筹提升白莲产业为主抓手,围绕"经营主体培育、产品品质控制、供应链提升、本土人才培养"四大板块发力,覆盖兰田、水南两村,有效破解了农业组织化程度低,利益链接机制不健全,贫困户发展内生动力不足,带贫益贫效果不明显等难题。

　　社会扶贫的全新模式。成功对接中国扶贫基金会、上海新力基金会,落实帮扶金资金400万元,是石城县首家专业公益组织帮扶的扶贫项目。它改变社会扶贫直接给钱给物方式,转由培育产业能人、培植规范化运营的合作社,链结带动贫困户自立自强、产业增收。

◆ 石城白莲产业

　　产业扶贫的成功实践。"真"合作。合作社认真甄选有组织意识、有发展意愿、有合作信誉的农户入社,131户社员全部缴纳入社股金,形成"社员大会＋理事会＋专业理事"的组织化运营、制度化管理模式。"真"服务。合作社为社员提供新品种推广、新技术指导、生产标准管理、基础设施建设、保底收购、市场拓展、品牌推广等服务,充分发挥合作社联农带农推动可持续增收的主体作用。"真"经营。合作社统一收购社员草莲加工成干莲,并注册品牌进行精美包装外销;开发燕麦莲子粥、白莲礼品套装参展中国慈博会,并进入友佳超市、善品公社等平台销售,有力延伸了白莲产品的附加值。"真"益贫。合作社探索形成技术指导、生产服务、入股分红等多种利益链接模式,亩产由原来的50斤/亩提升至120斤/亩(305亩的新品种莲),部分社员甚至达到200多斤/亩,产量实现翻番。合作社开展白莲加工销售,试水创收实现10余万元盈利并向社员分红。

　　"党建＋"扶贫的实训基地。按照"双强双促"要求,由支部领办合作社,村"两委"干部与理事会成员"交叉任职";理事会成员中发展入党积极分子1名、产业致富带头人7名。同时,由党员带头推广新品种、新技术、新理念,专门设立党员示范田,带头换莲种,带头执行生产标准和品控管理,带头协调田地,为产业发展凝心聚力,将项目打造成为党员服务的平台、能人培养的基地。

瑞　金　市

文化扶贫扶出一片新天地

春分时节,叶坪乡黄沙村华屋小组绿树葱郁、鲜花盛开,一排排别墅掩映在花红树绿中格外好看,村前连片大棚遮不住春天的气息,忙着接待八方游客的村民个个意气风发,踏着春的脚步奔向小康。

谁曾想过,2012年之前,华屋人均纯收入只有2230元,119户农户中有103户仍然居住在土坯房中,其中有8户农户因房屋倒塌租房居住。穷惯了的村民对改变华屋贫穷落后的面貌失去信心,出去务工的不愿回来,留下的则无进取心、得过且过。"这里的致贫原因除了历史因素外,最主要的原因在于思想贫困、精神贫困、文化穷困。"扶贫工作开展之初,前往调研的各级领导和驻村扶贫干部找准症结所在。

弘扬红色文化,提振村子"精气神"。循着这一思路,围绕"红色文化旅游特色村"的定位,华屋开始大力实施土坯房改造,拆旧建新,留旧衬新,美化村庄、发展产业。村里统一规划建设了66套具有浓厚客家风情的新民房,在村庄后山建设了"信念亭",打造了"信念的力量""永恒的信念"两堂现场教学课,修建了"长征体验路",建设了红军祠和村史馆。按照修旧如旧原则,对革命烈士居住过的土坯房进行修缮,布展传统农耕文化,延续红色历史文脉。同时,这里还完善循环路、游步道等公共基础设施,建设了篮球场、农家书屋等文化设施,设立了老年颐养之家、妇女之家、留守儿童之家,并大力开展红色教育和社会主义核心价值观进乡村活动。如今,华屋红色景观和绿色环境交相辉映,成为党员干部接受革命传统教育的大课堂,游客休闲度假的理想场所。

◆ 红军村华屋

　　"文旅农"融合,乡村成新景,脱贫添动力。市里把华屋红色乡村旅游纳入全市旅游整体营销,利用重要节假日策划开展系列文化旅游活动,做旺红色乡村旅游人气。人口不到500人的华屋小组,在2019年国庆和2020年元宵节期间,分别举办了"首届乡村旅游节"和"元宵民俗文化乡村旅游节",吸引游客近20万人次,实现旅游收入800万元,带动周边1000多人脱贫。同时,大力发展红色品牌农业,对华屋传统养蜂产业进行包装,注册"17棵松"蜂蜜,通过"农家书屋+电商和农村e邮"文化扶贫工程,迅速成为网上畅销产品;利用"红军村"的影响力,发展观光农业,山上种植油茶、脐橙,田里种植大棚果蔬,打造了初具规模的观光农业示范园。

"蚓"出致富新路子

　　大柏地隘前村,几排白色的大棚很是显眼,昏暗的大棚内只见长长排列的土堆,不见农作物,走进观察,土壤里一条条红色的小蚯蚓正卖力地在土里钻来钻去,原来这是专门养殖蚯蚓的大棚。

　　自打响脱贫攻坚战以来,大柏地群众刻苦奋进,利用当地绿色资源迅速发展养牛、养羊、白莲种植、毛竹加工等致富产业。随着经济快速增长,规模养殖、种植、农特产品加工就不可避免地产生了大量的畜禽粪便、作物秸秆、竹木碎屑和生活垃圾,对乡村环境造成一定程度的污染。

◆　大柏地乡隘前村蚯蚓养殖大棚

如果能把这些生产发展中产生的垃圾变废为宝那就好了!大柏地乡党委、政府经过科学考察和详细论证,以招商方式引进江西佳仕柏生物科技有限公司,在大柏地成立瑞金杰仕柏蚯蚓养殖有限公司,专门从事蚯蚓工厂化规模养殖,成为大柏地一个脱贫致富好产业。

张泳桢是瑞金杰仕柏蚯蚓养殖有限公司的运营总监,他告诉记者:"蚯蚓是环节动物,我们养的'大平二号'红蚯蚓有 80～130 个体节,每一个体节都是一个独立的消化处理车间,它能够将畜禽的粪便、生活垃圾、秸秆等废弃物吃下去,然后在体内相当于经过 100 道的加工程序,再把它们排出来,而排出的这些造粒、包膜对环境不但没有任何危害,甚至是特别好的有机肥。"介绍期间,蚯蚓养殖工人朱发文前前后后忙碌着,一会儿推着土过秤,一会儿将土放到特定的机器里分离出蚯蚓,朱发文说:"这个土其实是猪粪,是蚯蚓的饲料,蚯蚓有多重就吃多重饲料,也就是能处理多少猪粪。如果是 100 吨蚯蚓的话,每天吃 100 吨猪粪,产 30 吨有机肥。"

目前,杰仕柏蚯蚓养殖有限公司共投资 4000 万元,在大柏地隘前村租地 300

余亩,采用大棚进行工厂化养殖,养殖了3吨蚯蚓。该公司通过"土地租赁 + 返聘务工 + 贫困户"模式吸引当地村民就业,实现企业与村民互利共赢,并加大科技研发力度,以延伸和丰富蚯蚓养殖产业链,使蚯蚓养殖效益最大化,带动更多的贫困户走上脱贫致富之路。

张泳桢说:"蚯蚓不但是家禽上好的饲料,它还能够作为药材,可以提取出制作化妆品的有效成分,也可以作为脐橙等作物的肥料。公司接下来的目标就是把生物加工这块做起来,蚯蚓养殖成本低,能产生更加长远的经济效益,相信前景是很好的。"

南 康 区

依托"家具产业 + 就业",实现贫困人口高质量脱贫

南康区牢固树立"要发展就要抓产业,要脱贫更要抓产业,抓产业就是抓扶贫"理念,注重特色、扬优成势,把千亿家具产业作为脱贫攻坚的最大优势、最强支撑,深耕细作"家具产业 + 就业"这篇文章,通过多举措推动"一人就业、全家脱贫",实现全区有劳动能力且有就业意愿的"零就业贫困家庭"基本动态清零,走出一条"产业 + 就业"的高质量脱贫之路。

抢抓历史机遇,实现千亿家具产业成为助推脱贫攻坚的肥沃土壤。从2013年开始,南康区抢抓原中央苏区振兴历史机遇,出台系列扶持政策,多措并举打造千亿家具产业集群,通过"搭平台、育集群,拆转建、促转型,重创新、塑品牌",推动产业转型升级、做大做强,短短五年就实现产值从百亿元到千亿元的重大跨越。

借助家具产业搭建就业平台,实现贫困人口就业增收。依托家具首位产业优势,发挥万余家生产、物流、包装等企业作用,通过岗位补贴、社会保险补贴、场地租金补贴、水电费补贴、一次性建设补助资金等奖补措施,集中在家具重点乡镇和家具产业园区搭建产业扶贫平台,鼓励企业打造扶贫车间吸纳贫困劳动力就业。同时在家具生产、家具配套、家具物流三大主力行业通过设立专岗安置一批、技能培训带动一批、师傅带徒帮扶一批、交通补助引导一批、结对励志影响一批等方式,提供压板、上胶、拼接、搬运、安装等各类岗位,帮助大量具备劳动能力且有意愿的贫困户就业增收。

◆ 南康区家具生产标准厂房

借助家具产业落实技能培训,实现贫困人口获技上岗。"授人鱼,不如授人以渔。"围绕千亿家具产业及相关配套产业链,把落实贫困人口技能培训,提升贫困人口就业能力作为重点,实施贫困劳动力培训意愿摸底调查,建立全区贫困劳动力培训意愿摸底调查台账,并按照意愿采取针对性的职业技能培训、岗前培训、企业在岗培训等,努力提高培训与就业匹配度,提升劳动者就业水平,转变就业理念。

借助家具产业开展电商帮扶,带动贫困户实现创业增收。充分借助国家电子商务进农村综合示范县、全国十强国家电子商务示范基地、中国电商示范百佳县江西首位、京东南康家具线上馆等电商平台优势,在光明、泓泰等家具电商集聚区,开辟贫困户子女电商培训就业渠道,实施学费、教材费、食宿费、交通费等全免措施,帮助电商产业实现创销增收并带动就业。

因地制宜精准搬迁,实现搬迁贫困群众
"搬得出、稳得住、能致富"

南康区把易地扶贫搬迁作为打赢脱贫攻坚重要抓手来推进,牢牢把握"搬迁是手段,脱贫是目的"的根本要求,严把易地扶贫搬迁"四线"标准,按照"精

准锁定搬迁区域、因需分类搬迁、突出'产业、就业'跟进、提升后续服务管理到位"等措施,实现了贫困户"搬得出、稳得住、能致富"。

因户制宜、精准锁定。在顺应群众期盼基础上,对照易地搬迁对象的标准和要求,紧扣深山区、地质灾害频发区以及生产生活环境恶劣、基础条件较差等不适宜居住的地区,按照"农户申请、村级初审、公示、乡级审查、公示、区级审批"的流程,精准锁定1333户5277名搬迁对象,确保"应搬尽搬,不落一人"。

梯度安置、分类而搬。充分尊重贫困群众意愿,精心谋划、精准搬迁,特别是在搬迁选址上,坚持做到避开地质灾害易发区、避开基本农田,在配套服务好、公共设施完善工业园区、圩镇、中心村建设集中安置点,实行梯度安置。特别是围绕家具产业这个最大优势、最大支撑实施搬迁,让有劳动能力的贫困家庭方便进城进园、务工就业。

主动作为、完善配套。为了实现不仅要搬得出还要稳得住的目标,一方面,设立区级易地扶贫搬迁服务中心,由区财政投资300余万元在家具产业园易地扶贫搬迁安置点建设南康区易地扶贫搬迁服务中心,设立梦想花园社区,成立党支部,配备8名工作人员,为搬迁群众提供就业、创业、培训、就医、就学、社会保障等各方面服务,有效解决了家具产业园、龙岭西区两个大型安置点搬迁群众的"出行难、上学难、增收难"等问题;另一方面,着力完善公共服务配套,始终围绕解决搬迁贫困户需求开展工作,解决好贫困户搬迁后落户、就业、医疗、就学等生产生活难题,所有安置点做到"五通七有",即通路、通电、通水、通电视、通通讯,有服务中心、有人管理(大型安置点由物业公司进驻管理)、有活动场地、有超市、有卫生室、有小学(幼儿园)、有公交路线,让搬迁户过上城镇生活。

依托产业、跟进帮扶。一是开展技能帮扶。针对部分有劳动能力的贫困户缺乏一技之长的现象,注重开展职业技能培训和实用技术培训,在区易地扶贫搬迁服务中心建设培训中心,重点对家具行业技能进行培训,帮助提升贫困户就业创业能力,增强发展内生动力。二是开展就业帮扶。利用区易地扶贫搬迁服务中心收集、登记、整理贫困户就业需求,设立搬迁贫困户就业专岗,并将就业信息在服务中心大屏幕上滚动发布,及时介绍有就业需求的搬迁贫困户到企

◆ 梦想花园社区党支部

业就业。三是开展社会帮扶。充分利用南康企业多的优势,动员爱心企业、爱心人士开展爱心捐赠和爱心帮扶工作,解决搬迁贫困户的实际困难。

遂 川 县

打造教育扶贫"遂川范本"

遂川充分发挥教育在脱贫攻坚中的基础性、先导性作用,坚持把"办好人民满意教育"当作最大的民生,出实招、做实功、见实效,2019 年被推荐代表江西省接受国家教育部直属机关干部"两不愁三保障"教育保障调研实践。

◆ 全县教育扶贫工作整改会

"六大"活动,确保扶助精准。全县有贫困教育人口 2.1913 万人,贫困面广、贫困人口多、贫困户分散。围绕"一个不漏、一人不辍、一分不少、一户不缺"的目标,组织全县 5000 多名教师开展大排查、大走访、大数据、大宣传、大帮扶、大巡查"六大"活动,对建档立卡学生在校享受资助政策情况以及在校在籍就学情况进行大排查。开展"万师访万家"活动,对所有建档立卡贫困户进行走访,形成涵盖幼儿园到高中、中职、大学就学教育精准扶贫"大数据",全县中小学教师与所有建档立卡贫困户家庭学生开展"一对一""一对多"帮扶活动,全方位、多角度宣传教育扶贫政策。"六大活动"每学期开展一次,已成为全县教育扶贫常规性工作。

"三项"机制,强化责任落实。一是建立"双负责制",落实资助政策。严格落实教育资助政策、控辍保学学校校长与乡镇属地双负责制,实行乡镇干部包村、村干部包组到户、校长包校、教师包学生的教育扶贫"双线"排查工作方式,确保建档立卡贫困户家庭适龄子女零辍学,建档立卡贫困户家庭子女享受教育资助政策全覆盖。2016年以来,全县资助家庭经济困难学生9.6万人次、8200多万元;二是建立联保联控机制,全力控辍保学。部门联动、齐抓共管。各成员单位结合各自职能,落实控辍保学责任,形成控辍保学长效联动机制。如政法委、公安局等部门配合各乡镇党委政府、教体局和相关职能部门,对拒不送子女入学的法定监护人发放《行政处罚通知书》,依法强制其履行义务,并会同有关部门对学校周边环境进行清理整顿;各中小学对因残因病无法到校接受教育的适龄少儿,采取"送教上门"形式,共计为全县153名义务教育阶段适龄儿童"送教上门"3.67万人次。三是建立责任追究制,压实扶贫举措。对全县教育扶贫学生资助政策落实情况和控辍保学情况进行定期、不定期督查检查,实行奖优罚劣制度,对工作落实不力的进行问责、约谈。

"三大"工程,破解教育发展瓶颈。千方百计扩充教育资源,满足新时代群众对优质教育的需求。一是实施"教育设施大建设"工程,加快发展步伐。2016年以来,为86个贫困村安排建设资金10690.77万元,实施169个建设项目。落实县城"两搬四扩五新建",乡村"三搬六扩全覆盖"工程,实行划片招生、免试就近入学、乡镇中心幼儿园全覆盖。2019年秋季,全县基本消除56人以上大班额,起始年级班额控制在省定标准以内。二是实施"教师队伍大补充"工程,加强队伍建设。通过政府购买服务、备案制、招聘、招考等方式多途径解决教师编制不足问题,是全市教师补充渠道最广、力度最大、人数最多的县。三是实施"学校管理大提升"工程,优化学校管理。通过开展"学校管理建设年"活动,强化学校体系管理,不断推进全县教育治理体系和治理能力建设现代化。

做大茶叶产业,助力精准扶贫

遂川县将茶产业视为"兴县富民的第一产业、脱贫攻坚的第一工程",打造"中国茶都",增强贫困村、贫困户的"造血功能",全县茶园种植面积达到28.6

万亩,年产量 8700 吨,产值 21.7 亿元,迈出了产业扶贫的坚实步伐。

精准施策,"筑"就扶贫新路子。精心扶持茶产业发展,建立从基地到市场营销一条龙的财政奖补机制,出台《遂川县产业扶贫实施意见》《遂川县狗牯脑茶产业发展奖补办法》等政策文件,扶持贫困户发展茶产业,按照新种茶叶 1 亩以上 5 亩以下(含 5 亩),5:3:2 的比例,分三年进行奖补,每亩奖补 1000 元;茶叶低改 1 亩以上 5 亩以下(含 5 亩),每亩一次性奖补 500 元。鼓励贫困户将政策扶持资金、土地等生产资料折价入股,由龙头企业、合作社、家庭农场、能人大户实行统一管理和生产经营。探索建立龙头企业、农民合作社、能人大户带动和贫困户自身种植的"三带一自"产业扶贫模式,通过股份联结、租赁联结、订单联结、服务联结和劳务联结等方式,构建贫困户与龙头企业、农民合作社、能人大户的紧密型利益联结机制,多途径带动宜茶贫困户增收脱贫。

◆ 贫困户在汤湖镇安村茶业基地上采摘茶叶

强化培训,"搭"建扶贫新平台。技术问题是贫困户发展茶产业的瓶颈。为解决好贫困户茶叶种植、生产和管理技术水平低的问题,整合相关资源,联合人社局、茶业局、科技局等单位举办各种茶叶专业技术培训班,手把手教,提升贫困户的茶叶种植、生产和管理水平。同时,在全县开展"学茶技、惠茶农、兴茶业"和茶园小课堂活动,选派专业技术骨干,实行分组包片负责制,从政策、规划、技术、品种等方面做好全程服务和指导工作,深入田间地头实地指导茶叶基地建设、茶树良种选育及繁育技术等工作,做到对茶农有求必应,有疑必答,解决贫困户发展茶产业技术之忧。

网络电商,"闯"出扶贫新模式。投资 1200 万元,在华影时代广场建设狗牯脑茶电商城,要求所有品牌共享企业都入驻电商城。出台《优惠办法》,免除入驻电商企业 5 年租金,壮大茶叶电商数量,通过电商平台,实现茶叶年销售额上亿元。同时,实行"农村 e 邮"网点贫困村全覆盖,把村淘服务站开进贫困村,将农民自制零散茶叶及优质农副产品放在网络平台销往全国各地,解决"销路"难题,带动村民脱贫致富。2019 年,在民政部、中国茶叶有限公司的帮扶下,还在狗牯脑茶原产地汤湖镇建设标准自动化"南屏茶厂",让狗牯脑茶进入中茶协会销售网络,提升了全县茶叶的制作水平和茶叶销量。

秀美茶山,带富村民。遂川茶产业的发展,让全县 10 万村民受益,成了一张当地脱贫致富的新名片。

万 安 县

"三驾马车"齐驱并进　跑出强村富民"加速度"

近年来,万安县践行习近平总书记关于"发展产业是实现脱贫致富根本之策"的指示精神,通过"建强产业基地、加大产业奖补、提升带贫作用"三车并驱方式推进扶贫产业发展,初步实现"村村有扶贫产业、户户有增收门路",实现了村集体经济收入和贫困户收入"双增收",走出了一条具有万安特色的产业发展致富路。

建强管好村级产业基地,增强集体经济活力。一是支部引领,自主经营发展。坚持以党建引领产业发展,全县建立"党支部引领、村集体经营、贫困户参与"的产权归属村委会的产业扶贫基地281个,逐步迈上"支部强、产业兴、群众富"的道路。二是村户联营,辐射带动发展。围绕当地资源优势,通过建基地、创品牌、帮销售,辐射带动周边群众联合发展"一村一品"主导产业,着力壮大产业规模。三是村企联姻,合作共赢发展。通过"村建、企营、农户参与"模式推进扶贫产业发展。全县现有企业承包经营或订单生产的村级产业扶贫基地131个,实现农业企业、村集体、农户三方共赢。

用足用活产业奖补政策,激发群众内生动力。一是突出发展重点,力求精准"浇灌"。通过奖补重点产业,着力培植"柑橘类水果、丰产毛竹林、高产油茶、肉鸭旱养"4个特色优势产业,推动扶贫产业规模化发展。全县柑橘种植面积达16.1万亩,毛竹林28万亩,高产油茶24万亩,肉鸭旱养75万羽。二是合理提高标准,强化自主"造血"。通过完善奖补政策,着力激励引导贫困群众发展长短结合产业,增强自我"造血"能力,实现产业增收。2020年,全县贫困户发展长效产业4095户,发展短效产业9633户。三是拓宽覆盖范围,打破增收"瓶颈"。通过"物资扶持和资金奖补"相结合方式,引导扶持缺劳力或劳动力弱的贫困户发展家禽养殖、瓜果种植为主的庭院经济,实现能种尽种、能养尽养,提高弱劳动能力贫困户产业增收。

发挥新型农业经营主体作用,提升带贫益贫能力。一是提供全方位产业技术服务。通过"聘请企业技术力量,结合县、乡农业技术员,组建5支农业技术服务队"和"采购企业社会化技术服务"方式,分批次到扶贫产业基地上开展田间教学,让贫困群众享受"面对面、点对点、手把手"的技术服务,有效解决了产业发展过程中遇到的困难和问题,实现了提高产量、提升品质的目标。二是提供全领域劳务用工服务。通过"返聘土地流转贫困户为管理工和聘请贫困户为季节工"方式,优先吸纳贫困户入企入社入基地务工。并对稳定带动贫困户务工的经营主体奖励3~8万元/年,根据带动人数给予运营补贴激励政策,较好地实现了贫困户就近就便务工增收。三是提供全链条产业发展服务。通过"统一规划建园、统一苗木品种、统一技术措施、统一销售服务,自主生产管理"方式,联合贫困户共同建立产业扶贫示范基地,带动贫困户实现产业增收。

◆ 万安县涧田乡陈村村民在富硒葡萄基地为新种的果苗覆膜

产销对接促发展,消费扶贫添动能

近年来,万安县把消费扶贫作为巩固脱贫成果的一项长效机制,充分发挥人文地理等资源优势,积极拓宽贫困户产品销售渠道,为扶贫产业发展开辟新路径。

夯实"产业基础",做优扶贫特色产业。坚持"脱贫攻坚产业为根、效益为要"理念,出台产业发展奖补扶持办法和贫困户自主发展产业奖补政策,通过项目库管理和产业扶贫项目筛选审核,统筹安排产业扶贫项目和资金,始终坚持因地制宜和整体推进的发展理念,推进了以柑橘类水果、肉鸭旱养、高产油茶、毛竹丰产林为主导的特色优势产业发展。全县柑橘类水果达 16.1 万亩、高产油茶达 24 万亩、富硒大米达 6.2 万亩、有机茶叶达 4.76 万亩;打造"一村一品"千亩以上特色产业重点村达 77 个;打造万亩柑橘重点乡镇 3 个,高陂镇 2020 年获全国"一村一品"示范乡镇。

突出"双线引领",完善利益链接机制。一是因地制宜推行"党支部 + 龙头企业 + 合作社 + 贫困户"等脱贫模式,通过落实各项强农惠农政策,加强宣传教育引导,着力解决要素分散、效益低下问题,积极引导企业、合作社探索创新扶贫益贫利益共享机制,不断提高农业生产组织化程度和产业化水平。二是抓住龙头企业这个"关键少数",带动"绝大多数"农民果民,总结推广"企业 + 果农""合作社 + 果农""企业 + 合作社 + 果农"等扶贫产业发展新模式,与贫困户签订农产品授权委托销售合作协议,对建档立卡贫困户的农产品实行代理上行,切实把贫困户嵌入产业链。

严把"三个环节",创建万安扶贫品牌。一是农业部门抓农产品检验规范化,制定农产品生产标准,流通标准,努力实现农产品工业化建设。二是扶贫部门抓农产品认定标准化,不让不符合标准的产品流入市场,树立产业整体形象。三是商务部门抓农产品销售关,在产品流通环节溯源跟踪,做好整体溯源体系建设,让产品流入消费者手中有依据可查,放心购买,放心食用。

搭建"四大平台",畅通产品销售渠道。一是搭建流通平台。建立县乡村三级物流配送体系,全县建成 1 个电商创业孵化中心,68 个乡镇村电商服务站点,配置 76 辆快递配送车。二是搭建网络平台。通过国扶网平台认定,搭建扶贫 832、消费扶贫江西馆等平台建设,全县注册网店、微店近千户。2020 年至今,开展"你我同心·助力消费扶贫"等

◆ 江西消费扶贫万安馆

直播销售活动 260 余场,销售农特产品 1440 万元。三是搭建载体平台。组织参加"2020 全省农产品产销展会",现场销售 260 万元,达成采购意向近亿元。举办"2020 年万安县消费扶贫农产品展",现场销售农产品 86 万元。四是搭建销售平台。加快建设直连直报数据平台,目前建成 1 个消费扶贫线下馆,8 处扶贫产品销售专区,24 个网络直销店铺。

落实"五个统筹",形成工作整体合力。一是统筹政策措施落地,结合实际出台一系列消费扶贫的政策措施,充分释放消费扶贫的政策红利。二是统筹区域部门协同。全县预算单位在扶贫 832 网络销售平台共注册管理账号 231 个,完成交易额 296 万元,在社会扶贫网注册账号 179 个,完成采购 3840 万元。三是统筹结对帮扶合力。大力发挥"对口帮扶、百企帮百村、帮扶单位"三大扶贫团体作用,2020 年以来助销扶贫农产品 3996 万元。四是统筹技术人才培养。实施"千万人才培养工程",启动网络主播培训计划。五是统筹社会力量参与。广泛动员社会力量积极采取"以购代捐""以买代帮""捐资捐物"等形式参与消费扶贫,参与社会组织突破 200 家,帮扶资金达 2000 余万元,受益群众约 5 万人。

永 新 县

分区作战　决胜脱贫攻坚

近年来,永新县坚持"四个围绕"扶贫思路、构建"四大战区"工作机制、配套"三大机构"推进体系,以作战的状态、作战的机制、作战的效率,撸起袖子加油干,用"绣花"功夫推进脱贫攻坚,取得较好成效。

坚持"四个围绕"扶贫思路,明确目标、凝聚共识,以作战的状态推进脱贫攻坚。一是各项工作围绕脱贫攻坚转。始终把脱贫攻坚作为头等大事和第一民生工程,强化县级主导、乡镇落实、部门配合、干部帮扶脱贫攻坚组织体系,形成脱贫攻坚强大合力。二是党员干部围绕贫困群众转。聚焦"三率一度"和"两不愁三保障",全面落实单位定点和党员干部"321"结对帮扶,确保全县漏评率、错退率控制在2%以内、群众认可度达到90%以上。三是扶贫举措围绕产业发展转。把发展产业作为脱贫根本之策,坚持"党政经"三位一体,健全村组合作分社、乡镇合作联社、县合作总社"三级"架构,构建"企业+合作社+电商+贫困户"服务体系。四是工作机制围绕巩固成效转。建立增收长效机制,确保贫困户长期受益、合作社互惠共赢、产业持续发展、集体经济稳定增收。建立安居长效机制,实施危旧土坯房改造等基础设施扶贫,推进扶贫搬迁和"爱心公寓"工程。建立保障长效机制,加强低保与扶贫政策衔接,统筹推进教育扶贫、健康扶贫。建立"造血"长效机制,深化以党建为核心的"三位一体、四群联创"基层发展和治理模式,突出志智双扶,营造"脱贫光荣"浓厚氛围。

◆ 永新县高市乡洲塘村草莓基地

　　推行"四大战区"工作机制,统一指挥、协调各方,以作战机制推进脱贫攻坚。一是立下"军令状",压实攻坚责任。县委、县政府主要领导担任"四大战区"正、副总指挥,统揽全局;人大、政协主要领导和县委副书记、常务副县长担任"四大战区"指挥长,负责各战区;其他县领导作为战区成员,挂本战区一个乡镇脱贫工作;各乡镇、帮扶单位由战区统一调度,层层签订"军令状"。二是绘就"作战图",汇聚攻坚合力。建立县乡村三级精准脱贫作战室,战区总部设脱贫攻坚总作战部,乡镇设立脱贫工作站,238个行政村设立脱贫作战室,形成上下贯通、横向到边、纵向到底的"集团作战"机制。三是实行"倒计时",明确攻坚目标。细化战区计划,倒排工期、强力推进,确保如期完成脱贫攻坚目标。

　　配套"三大机构"工作体系,压实责任、狠抓落实,以作战的效率推进脱贫攻坚。一是组建综合协调机构,定期调度全县脱贫攻坚工作,综合协调各战区具体事项。二是成立帮扶队伍管理机构,向238个行政村下派帮扶工作组和第一书记,定目标、定任务、定时限,实现贫困村、贫困户结对帮扶全覆盖。三是充实督查巡查机构,成立8个脱贫攻坚专项督查组,每月一督查,年终一考核,对脱贫攻坚不力的,进行追责问责,倒逼作风转变和责任落实到位。

五千岗位促就业　"三无"劳力助公益

永新县紧扣提高贫困户"两业"收入水平目标,积极落实就业扶持政策,大力开发保洁、保绿、山林防护等公益性岗位,有效解决了贫困地区贫困人口就业难、增收难,农村公益事业无人办事、无钱办事的"两难两无"问题。

确立"两个目标",提高就业比率。按照"分工明确、协调统一"原则,对公益性岗位提出"两个目标",充分发挥了公益性岗位的经济效益和社会效益。一方面,一般公益性岗位上岗率达到"两个70%"。保洁保绿岗位,上岗率要在70%以上;乡村道路维护、医疗卫生、学校后勤等岗位,上岗率要在70%以上。另一方面,专项公益性岗位上岗率达到"两个100%"。就业专项资金开发的公益性岗位,上岗率达到100%;林业专项开发山林管护专岗,上岗率达到100%。

紧扣"三大需求",合理开发岗位。针对全县"三无"(无法离乡、无业可扶、无力脱贫)劳动力偏多现状,结合森林管护压力大、农村人居环境差、基层公共服务弱等农村发展实际,因人因事设岗、因岗定人定责,科学开发公益性岗位,解决了没钱办事、没人管事的现状。一是设立公共设施管理岗。由县残联等单位统筹设立,安置行动不便但有一定文化水平和劳动能力的残疾人,负责对村级阵地、文化广场、农家书屋、乡村道路等公共文化设施的管理维护。二是设立森林防火管护岗。由县林业局等单位统筹设立,安置不能外出务工的农村劳动力,负责森林防火宣传巡查、森

◆ 永新县人社局工作人员在为公益性岗位人员宣传就业扶贫政策

林资源巡护等生态环境管护。三是设立保洁保绿服务岗。由县农业农村局等单位统筹设立,安置年龄偏大的农村劳动力,负责卫生清扫保洁、开展卫生保洁宣传教育,对公共绿地管护等公共场所的保洁保绿。

建立"四项制度",确保工作可持续。研究制定《永新县乡村公益性岗位管理办法(试行)》,对公益性岗位动态管理、岗位培训、绩效考核、资金统筹等事项进行明确,促进了公益性岗位工作健康可持续发展。一是建立动态管理制度。按照"统一安排、归口管理"原则,各行业主管部门负责本部门公益性岗位职数设置、人员招聘和监督管理。二是建立岗位培训制度。根据"三无"贫困劳动力文化素质现状及公益性岗位实际需要,分批分类开展技能培训,提高贫困劳动力就业能力。三是建立绩效考核制度。坚持"谁用人、谁管理、谁考核"原则,由乡镇政府具体负责辖区内公益性岗位从业人员的日常管理和绩效考核,签订劳动合同,办理聘用手续,做到定岗定责。四是建立资金统筹制度。通过整合部门专项扶贫资金、乡村两级自有资金、挂点单位帮扶资金,加大公益性岗位资金统筹力度。

井冈山市

弘扬井冈山精神　以基层党建引领乡村振兴

近年来,井冈山市大力弘扬井冈山精神,牢固树立大抓基层党建鲜明导向,有效推动乡村振兴战略的落实,为井冈山实现"红色最红、绿色最绿、脱贫最好,在全面小康的征程中实现跨越发展"奋斗目标,全力打造最讲党性、最讲政治、最讲忠诚示范区提供了坚强的组织保障。

在"党建+"村级集体经济发展上,按照"123466""党建+"1条发展思路,立足自主发展与政策保障2条路径,选优配强村党组织书记、致富人才和第一书记3支队伍,明确党政主体、市场主导,因村制宜、分类指导,统筹发展、科学推进,建管并重、注重长效4项基本原则,大力推行扶贫撬动、产业带动、资产经营、资源开发、服务创收、合作共赢6种发展模式,制定出台财政支撑、土地保障、金融扶持、财税奖励、科学奖补、社会帮扶6项帮扶政策,切实把资源向农村倾斜、政策向农村集聚,多渠道推进村级集体经济发展。

在"党建+"红色培训上,坚持党建领航,积极推进以党性教育为主的红色培训,注重规范运行,统筹建立红色培训协会,出台"1+4"红色培训市场准入机制,严把培训机构准入关、教学资格审查关,清理整顿一批不达标的红培机构,使红色培训从无序走向规范。

在"党建+"生态文明建设上,充分发挥党员先锋模范作用,深入推进"河长制""湖长制""林长制",组建以党员护林员、党员护河员等为主体的"绿色护卫队",大力开展各类环境整治专项行动,持续巩固提升"清河行动"成果。

◆ 百个机关支部与农村党支部结对共建活动

在"党建＋"四好农村路建设上，从建好、管好、护好、运营好入手，建立"党员先锋岗""党员护路队""党员示范路"等。

在"党建＋"基层治理上，继续推广"一核两委八机制"，充分发挥村（居）务监督委员会作用，结合村（居）"两委"换届，选优配强村务监督班子，加强基层决策、民主治理、"三资"管理。结合"五星创评"工作，按照不低于5%的比例倒排软弱涣散党组织7个，采取"五位一体"方式进行整顿提升，不断巩固提升基层基础。充分发挥基层党组织作用，坚持把矛盾化解在基层一线、消除在萌芽状态。

红色旅游助力老区脱贫致富

近年来，井冈山市以弘扬红色精神、发展绿色经济为己任，顺势而为，务求实效，打造了红色培训领跑全国、红色旅游帮带脱贫的"井冈路径"。

品牌引领、全域旅游，景村融合、处处是景。一是旅游景区全域化。紧扣"全景井冈、全域旅游"，实施"茨坪＋"行动计划，打造"1＋6"特色旅游小镇，实现从"一处美"到"处处美"，从"景点游"到"全域游"。二是红色旅游品牌化。积极顺应大众旅游，实现从"一红独大"到红绿辉映、"多彩"井冈转变；从单一观光旅游向体验互动旅游转变；从传统柜台服务向智慧旅游转变。三是产业经济立体化。全力实施"旅游＋"行动计划，打造红色旅游经济引领总部经济、休闲经济、会议经济、电商经济于一体的"1＋4"产业，实现从单一旅游到立体经济转变。

◆ 茅坪镇坝上村迎来了一批开展红色体验培训学员

　　红色引领、绿色崛起，产业联动、户户受益。首先，创新"住、学、演三个一模式"，实现脱贫梦想。一是建好"一个梦想家园"，带活一方水土；二是推出"一天红军体验"，带起一个产业；三是打造"一场红色演出"，带富一方百姓。其次，深化"农、工、旅三产融合"，实现"三个转变"。鼓励发展观光农业、农事体验、户外休闲、田园骑行、漂流体验等乡村旅游，实现农村变景点。鼓励开办农家乐，开展民宿体验、农庄经营，实现农民变老板。打造农业产业"231"（20万亩茶叶、30万亩毛竹、10万亩果业）富民工程，实施工业"双百"（百家企业、百亿园区）发展战略，打响竹木制品、旅游食品、陶瓷创意等特色品牌，实现工农产品变旅游商品。最后，拓宽"联、馆、网三条渠道"，实现"三个起来"。一是联营互动，把经营户的农家乐"统起来"；二是订单扶贫，把宾馆酒店与贫困群众"连起来"；三是电商带动，把农副产品在网上销售"快起来"。

　　党建引领、群众主体,创新机制、人人参与。一是建好"火车头"。建强党组织堡垒,下派科级干部任村"第一书记",把土专家、田秀才等致富能人培养成党员,把党员培养成村组干部,为每个贫困村铸就一支"永不走的扶贫队伍"。二是培育"领头雁"。坚持示范带动,培养致富能人,树立行业标兵,形成"党员先走带后走,带着群众一起走"和"能人做示范,村民跟着干"的生动局面。三是用活"金招牌"。充分利用井冈山独有的红色资源优势,发挥红色景区聚集效应,切实做好多方支持援助文章,通过向上争资、社会捐资、联创共建等方式,为脱贫"摘帽"助力加油。

吉 安 县

扶贫路上的"江南创造"

吉安县永阳镇江南村辖 8 个自然村,耕地面积 1230 亩,人口 397 户 1551 人。由于人多地少、产业单一,村民主要收入来源为种植水稻和外出务工。2014 年建档立卡贫困人口 72 户 272 人,贫困发生率高达 17.5%,是远近闻名的贫困村。近年来,江南村大力推进井冈蜜柚产业发展,探索形成村干部或致富带头人领办、党员主动参与、村民自愿参与、贫困户统筹参与的"一领办三参与"产业扶贫新模式。

◆ 井冈蜜柚集散中心

一是突出干部带头领办。通过村干部与致富能人带头领办合作社,起到"做给群众看、带着群众干、帮助群众富"的示范引领作用,充分激发群众发展扶贫产业的热情。借着全市推广井冈蜜柚"千村万户老乡工程"东风,村党支部书记胡乾元带领村"两委"干部和部分党员先后到福建平和县、吉水白水镇等地考察蜜柚种植技术,了解井冈蜜柚经济效益和发展前景,通过仔细算经验账,村干部们都觉得井冈蜜柚种植前景可观,纷纷投入到井冈蜜柚产业中来。

二是发动党员主动参与。"村看村、户看户、社员看干部"。村"两委"党员干部发挥表率作用,风险先扛,自投资金先行试种,在戴家自然村流转荒地300亩,摸索种植经验。党支部书记胡乾元自己带头,投了22.2万元,8名村党员干部主动参与投入资金72万元,总共投入94.2万元,给大家吃下定心丸,让干部群众看到村干部的决心,看到了村党员干部是真正想为群众办实事。

三是吸纳村民参与。为有效激发村民的积极性和参与度,实行多种形式入股方式,确保户户参与。在股份分配中,按照"上有封顶(20股)、下有托底(1股)"原则,坚持贫困户优先入股基地,村"两委"干部最后认领股份,村民除资金入股外,还可用土地租金、投工投劳作价入股,形成入股有分红、就业有收入、土地有租金、产业有保障的多渠道稳定增收致富模式。

四是统筹贫困户参与。统筹利用县政府给予每户贫困户5000元的产业发展扶持资金,投放到专业合作社入股,通过颁发股权证,明确持股数量、权利与义务,用法律手段保证贫困户有长期、持续的分红收益。对有劳动力、有耕地、有技能又有积极性的贫困户,通过产业差异化奖补引导贫困户自主发展井冈蜜柚产业。江南村井冈蜜柚产业贫困户所占股份按每亩400元标准进行差异化奖补,获得产业奖补资金约10万元,奖补资金全部转入贫困户一卡通账户。充分利用好产业扶贫小额信贷政策,为每户贫困户提供不超过10万元的贷款支持,并予以全额贴息。全村23户贫困户和农户贷款产业发展资金190万元,有效解决了贫困户入股资金难的问题。

唱响"四个一"主旋律 打赢产业脱贫攻坚战

近年来,吉安县以脱贫攻坚巩固提升为目标,探索形成了"一户一亩井冈蜜柚、一户一亩横江葡萄、一户一个鸡棚、一户一人进园务工"的"四个一"产业扶贫模式,取得了良好实效。2016年2月3日,习近平总书记在江西视察时指出,吉安提出"四个一"的产业扶贫模式,通过帮扶让农民学得到良法、拿得到良种、找得到市场、分得到红利、看得到希望,是比较扎实的扶贫脱贫路子。

一户一亩井冈蜜柚。把井冈蜜柚"千村万户老乡工程"当作"富民强县工程"来抓,通过引导贫困群众向空心村、房前屋后闲置土地进军、向撂荒土地进军、向荒山荒坡、稀疏残次林地进军,不断拓展产业发展空间。力争用5年时

◆　国家级高新区——吉安高新技术产业园区

间,打造 10 万亩井冈蜜柚种植加工基地。通过招引龙头加工企业,实现一产的"接二连三",不断延伸产业链条,增加产业附加值;通过股份合作、反租倒包、独立经营等多种经营模式,实现基地带农户、大户带小户,不断增加贫困群众的现金收入。

一户一亩横江葡萄。作为中国葡萄之乡,吉安县全力打造 10 万亩横江葡萄种植加工基地,通过"合作社 + 贫困户"方式,实行"统一供应种苗、统一技术培训、统一生产标准、统一物资供应、统一市场营销"的"五个统一"服务,有效破解了贫困群众种植技术和市场销售难题,促进了横江葡萄产业规模化发展。

一户一个鸡棚。依托温氏、正邦等国家级农业龙头企业,采用"公司 + 贫困户"模式,采取赊销记账方式,推行提供鸡苗、提供饲料、提供疫苗、提供技术和回收全部合格肉鸡的"四提供一回收"模式,带动广大农户发展投资小见效快、效益好无风险的合作养鸡产业。贫困户只要建好一个鸡棚,一年养3~4批鸡,每批养5500羽鸡,年纯收入约4万元,一年就可以脱贫。

一户一人进园务工。吉安县把智力扶贫、移民搬迁扶贫、劳务扶贫与构建电子信息、食品加工、陶瓷文化三大百亿产业有机结合起来,把职业技校办进园区、搬迁移民搬进园区、便民公交开进园区,通过实施"三进园工程"和每人每年1000元的交通补贴,积极引导贫困劳动力进园务工,实现"一人务工,全家脱贫"。

广 信 区

多方数据共享　实施"一签式"资助

近年来,广信区教育体育局严格执行"教育精准扶贫"政策,建立贫困学生数据库,做到底数清,施策准,本着"简化资助流程,服务贫困学生的"宗旨,对所有建档立卡贫困户家庭的学生实施"一签式"资助。

简化流程,实施"一签式"资助。依托区内建档立卡户数据、城镇脱贫解困人员数据等,通过数据比对、学校核实,精准识别出区内建档立卡户学生、城镇脱贫解困人员学生。教体局和财政局联合下文,按政策予以资助,把资助金直接打入学校采集的这两类贫困学生户主一卡通账户中,只需在资金发放时,由学校通知学生或家长确认签字即可。对于其他贫困学生,则继续沿用以前的资助程序进行资助。

精准采集,获取在校学生数据。开学时,各校对新生入学信息进行采集,复印好户籍信息,分班装盒成档,建表录入学生基本信息,包括户籍[省、市、县(区、市)、镇、村]信息,学籍号,姓名,身份证,班级等。开学一周后,班主任负责核对本班实际学生信息,学籍管理员尽快完成新生或转入、转出学生学籍变更。最后学校学籍管理员把实际在籍、在校学生信息按统一模板整理好后上报区教体局汇总。

数据共享,精准识别贫困学生。区教体局收集汇总、整理好全区在校学生信息,同时联系区扶贫办、民政局,收集最新共享数据,以及下载全国资助系统中下发的异地就读贫困学生信息,通过多方数据比对,对精准识别后的建档立

◆ 上饶县(即广信区)教育系统开展教育扶贫政策宣讲

卡户、城镇脱贫解困学生,实施"一签式"资助。

精准资助,不落一名贫困学生。仅2020年春季,全区各级各类学校共资助各类贫困学生2.06万人,1036.8万余元。其中,区内建档立卡户学生16245人,市内区外建档立卡户学生212人,市外建档立卡户学生147人,城镇贫困学生46人。对于不能建籍入库等情况的贫困学生,则使用区财政兜底资金进行资助。2020年春季区财政兜底共资助114.49万元。

网络查询,方便了解资助情况。每学期所有享受资助的学生信息全部导入资助查询系统。可以通过灵山教育公众号进入资助查询系统,只需输入姓名或身份证号就可进行单个学生的资助情况查询,方便学生、家长、老师、帮扶干部等各方人员及时掌握和了解贫困学生的资助情况。

实施"三大工程" 织密"三张大网"

近年来,广信区强化顶层设计、提升管理服务,以信息化为抓手,着力推动健康扶贫工作有序开展,在实践中进行了一些有益的探索。

实施高质量顶层设计工程,架设健康扶贫"保障网"。一是打好"组合拳"。推出一系列健康扶贫政策措施,构建"七条保障线+财政兜底"住院报销机制,确保贫困患者住院报销比例达90%,实施10类重大疾病免费救治和15种重大疾病专项救治。二是建好"共同体"。实行"一把手"负责制,成立卫健、人社、民政、财政、扶贫、残联、医保等单位"一把手"组成的健康扶贫工作领导小组,并将健康扶贫工作内容纳入乡镇、部门脱贫攻坚督查考核范围,定期开展考核督导。三是架好"高压线"。在政府和部门层面实行分片包干制,并建立健全督导考核机制,每半年开展一次全面的督导检查,定期不定期开展明察暗访,对发现的问题做到立行立改,对违规违纪行为,坚决严肃处理。

◆ 广信区召开卫生健康系统健康扶贫工作推进会

实施一站式服务体系工程,构建健康扶贫"服务网"。一是一站式结算,打通服务障碍。打破过去政策分设、管理分割、经办分散、信息孤立现象,自主开发"一站式"结算管理系统,实行卫计、财政、民政、医保、保险等部门集中办公、并联审批。二是一站式诊疗,畅通服务渠道。在区内医疗机构设置"一站式"结算服务窗口,最大限度方便贫困人口就医报销。三是一站式签约,连通服务空间。创新推出签约服务个性包,公开公示签约服务内容,并以网络为载体,全面启动"家庭医生签约服务医疗云平台"。

实施慢性病管理服务工程,筑牢健康扶贫"防护网"。提标扩面,慢病患者不再"治不起"。提标即将慢性病门诊统筹次均费用限额从80元提高到120元,报销比例由60%提高到90%;扩面即放宽慢性病病种限制,只要符合临床诊断且需长期服药的,均执行新的统筹政策。专属定制,慢病患者不再"无药用"。购足药。设立区级贫困人口门诊慢性病中心药房,在各基层医疗机构和有条件的村卫计室设立慢性病药品专柜。预好警。自主开发运行贫困人口慢性病管理服务系统,在患者需要接受再次诊疗或开药前1周,系统发出预警提示,确保患者接受系统规范的治疗。规范运行,慢性病患者不再"不知情"。管好人,防止出现不知患者情。慢性病管理系统全程监管慢性病患者登记病种治疗需要的检查、用药、检查次数、开药数量,超额则不支持,提高了医保资金的使用效率。用好网,防止出现患者不知情。自主研发"广信区卫健委微信公众号综合查询"软件,贫困患者只要输入身份证号码就可查询到住院费用报销明细以及患者的基本信息、用药情况、家庭医生服务情况、相关健康扶贫政策。

横　峰　县

聚焦脱贫攻坚　开启乡村振兴序幕

近年来,横峰县坚持将脱贫攻坚与乡村振兴有机结合,以秀美乡村、幸福家园创建为平台,走"创建与脱贫"共融、"里子和面子"并重的产村融合、城乡统筹发展之路,从产业、文化、生态、组织、人才等方面开启了乡村振兴序幕。

聚焦产业发展,夯实脱贫基础,促进农民增收。共安排 5.8 亿元发展农业产业,发展水稻制种 1 万亩,新建改造高产油茶 3 万亩,建成港龙湾、马家柚等20 个千亩产业基地,持续推进以葛业为主的"1 + N"产业体系建设。实施"一笔光伏收入、一片竹果林、一亩花草药、一顷油茶山、一个人就业、一桌农家饭、一桶爱心蜂"的"七个一"产业,建立了"一领办三参与"产业扶贫模式。引入社会资本建成白茶、无花果等 100 余个产业基地,打造"横峰采摘"品牌,建成各类采摘基地 121 个,形成"四季有花、有果、有景、有乐、有效益"的农业产业格局。

聚焦短板弱项,改善人居环境,提升幸福指数。持续开展"秀美乡村、幸福家园"创建活动,广泛开展"五拆五清""围墙革命""平坟栽树""厕所革命"和"垃圾治理"等行动,全面改善农村人居环境。分类开展普及村、景点村和亮点村建设,建成好客王家、梧桐畈、仁和夏阳等一批产村融合村、创新创造村、整洁靓丽村、管理民主村。大力发展乡村旅游,促进农民在家门口就业,创建 3A 级以上景区 4 个、3A 级以上乡村旅游点 27 个。

◆ 全县脱贫攻坚表彰暨"脱贫攻坚再出发"动员大会

聚焦基层治理,坚持党建引领,建设和谐乡村。坚持把党建引领贯穿脱贫攻坚和乡村振兴始终。落实"支部生活日"制度,推行党建审计、支部"1+1"和党员"1+N"党建模式,筑牢基层战斗堡垒。坚持"自治为基",探索"1+4"乡村治理新模式,组建理事会、促进会、监督委员会和互助会"四会",强化村民自治。坚持"德治为先",组建85个新时代文明实践中心(所、站),开展"文明新风进万家活动"400余场。坚持"法治为本",开展"打击非法婚姻、杜绝天价彩礼、反对大操大办、树立文明乡风"行动。

聚焦改革创新,壮大集体经济,推动乡村可持续发展。通过"五清五拆"增地产、"产村融合"增家产、"休闲产业"增三产、"实施项目"增资产等途径,积极探索村集体经济发展新方式。

筑梦"四好农村路" 助力脱贫奔小康

近年来,横峰县紧紧围绕"四好农村路"建设目标,瞄准交通脱贫攻坚关键任务,深入扎实搞好交通扶贫攻坚工作,取得了良好成效。

立足"三个结合",当好交通运输"先行官"。一是结合脱贫攻坚行动,全力打造便民连心桥。积极向上争取交通扶贫专项资金,先后打通葛源—上饶县灵山公路、姚家乡百家村——弋阳葛溪公路,形成以国省县道为主框架、通乡公路为枢纽、通村公路为补充的"两环七射七联"的公路交通网络。二是结合特色产业发展,倾力打造致富交通网。坚持以产拓路、以路兴产,借助农村公路网的建成,助推葛和中药材等产业加快发展;建成集中连片荷花景观带2000余亩、葡萄基地1000亩、15个500亩以上特色产业基地,助力全县精准脱贫。三是结合秀美乡村建设,着力打造生态风景线。做深做透"美丽公路+秀美乡村"文章,充分发挥农村公路"舒筋活络"功能,拓宽进村主干道,硬化入户次干道,形成美丽经济交通走廊带,带动秀美乡村建设;同时拆路边围墙、建路边水沟、保公路清洁,打造路域绿色风情新景观,形成"在景中建路,在路中布景"的凸显效果。

突出"三个创新",畅通城乡发展"大动脉"。一是创新投入机制,开展交通大会战。按照"上级补助、县级配套、村民自筹"的多元化投入机制,整合涉农扶贫资金、秀美乡村建设等方面的资金,合力推进农村公路建设。二是创新建设机制,严把工程质量关。实行县级领导包乡镇、交通部门班子包片、专业技术人员包项目、一般干部包路段的责任机制,着力打造群众满意的优质工程、放心工

◆ 横峰"四好"农村路

程。三是创新管养机制,全力以赴保畅通。创新农村公路养护理念,加大养护投入,组建县乡村养护站和专业养护队伍,全面推行日常养护和集中养护、专业队伍养护和个人承包养护的"2+2"管养模式。

确保"三个到位",拓宽老区人民"致富路"。一是规划到位,绘就建设蓝图。把"四好"农村路作为实施乡村振兴战略的抓手,切实做到"四结合两同步",即注重公路建设与脱贫攻坚、"秀美乡村、幸福家园"创建、产业发展、乡村旅游建设相结合,公路建设规划与村庄整治、山水田园综合开发同步规划,统筹推进农村公路建设。二是发动到位,激发群众热情。鼓励村民自我管理、自我治理,制定爱路护路村规民约,实现农村公路共建共享。三是责任到位,强化工作保障。充分发挥乡镇在农村公路建设的主体作用,根据乡村公路现有布局、交通流量、群众意愿,科学合理地推动乡村公路建设,让群众走上通畅路、顺心路、致富路。同时各乡镇成立公路管理养护站,给有劳动能力的贫困户设置公益性岗位,担负起"村庄保洁员、公路养护员、路政信息员"职责,保障了乡村公路的管护到位。

志智双扶齐发力 脱贫致富感党恩

鹭鸶港乡沿河村位于德昌高速出口入处,全村共 580 户 3239 人,贫困户 57 户 181 人。沿河村驻村工作队、村党支部坚持把扶贫同扶志扶智结合、同扶勤扶德并举,树立了脱贫光荣的"风向标",激发了自主脱贫的"内动力",凝聚了脱贫攻坚的"正能量"。

强化制度紧约束,规范行为立正风。注重基层党支部示范引领作用,在全村广泛开展"教育引导法"正家风、"行为规范法"立正风、"村规民约法"改民风、"文明创建法"树新风活动。党员干部带头俭办红白喜事、革除陈规旧俗、宣传移风易俗和扶贫工作政策。同时着力健全村民议事会、道德评议会、红白理事会、禁毒禁赌会等群众组织,制定相关章程制度,用制度化形式引导村民转变观念,抵制互相攀比、大操大办和借机敛财的不良现象,树立良好社会风气。

设施建设一应全,文艺活动喜乐多。大力实施秀美乡村建设及整治扶贫工程,先后在上白、下白、舍头组建设村民活动广场和文化活动中心,完成上白改造建设 400 米长的沿河互惠河游步道,下白、舍头各 790 米、500 米长的沿河公园。村民文艺活动十分活跃,开展了一批形式多样、雅俗共赏、喜闻乐见的文体活动,相继成立腰鼓队、广场舞蹈队、篮球队、龙舟队等,经常性地参加县、乡文艺演出,并取得不俗成绩。通过完善公共文化服务体系,有效提高了贫困村民精神文化素质,培育形成积极向上的精神风貌和脱贫致富的精气神。

励志创业谋发展,尊老重教感党恩。压缩办公经费和不必要的开支,整合创业培训资源,组建创业交流服务中心,为帮扶贫困户设办"脱贫课堂"讲座,努力实现"扶贫先扶志和智,帮扶先帮技和艺"工作目标,变"输血"为"造血",为贫困村民实现增收盈利提供科学技术保障。

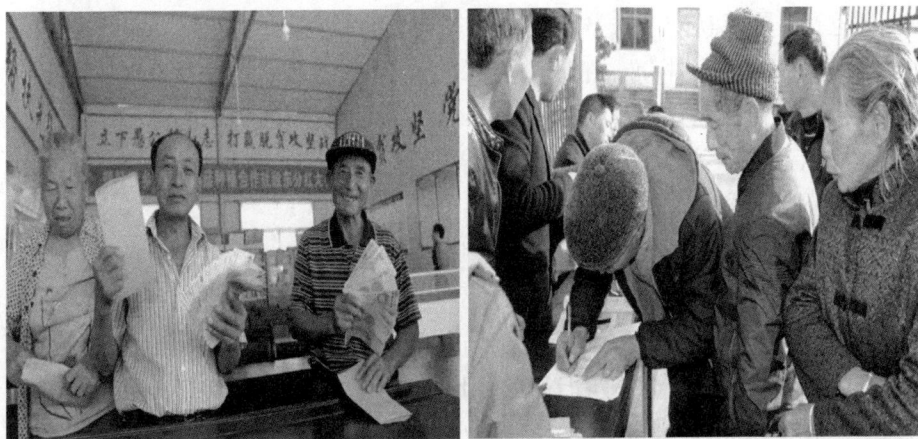

◆ 贫困户股东享受菌菇合作社分红的喜悦

正面激励添干劲,树立典型促乡风。深入挖掘脱贫攻坚先进典型大力开展善行义举四德活动、村民文明素质教育活动和各类评比竞赛活动,提高村民文明争优意识,分别在遵纪守法、环境卫生、家庭和睦、孝敬老人、社会公德、移风易俗等方面进行具体量化,评选"文明家庭""好婆婆好媳妇""敬业奉献模范""孝老爱亲模范""诚实守信模范"等并公开表彰,用先进事迹示范引领,激发贫困群众脱贫致富内生动力。通过学身边人、学身边事,让艰苦奋斗、自力更生、勤劳致富在沿河村蔚然成风。

美化环境共参与,文明家园换新貌。围绕"文明家庭、清洁家园"创建目标,大力推进"幸福家园建设、志愿服务站建设、环境综合整治"等特色工作。充分发挥"党员主题活动日"主导作用,扎实开展党员志愿服务活动,新时代文明实践教育活动。坚持实行区域管理和包户帮扶责任制,激发贫困群众增强卫生观念,主动参与环境卫生保卫战队伍中,实现"户分类、组收集、村转运"垃圾收运处理体系,全面提升村容村貌形象。

深入开展消费扶贫,助力打赢脱贫攻坚战

余干县坚持"政府引导、市场主导,社会参与、互利共赢"的原则,多措并举,

扎实做好农产品产销对接工作,鼓励引导社会各界消费贫困群众的产品和服务,解决"谁来买"的难题,以消费促进贫困群众增收,助力脱贫攻坚。

定产品。严格把关扶贫产品认定入口关,制定余干县消费扶贫行动实施方案,规范扶贫产品认定。扶贫产品必须符合国家法律和相关规定,符合农产品质量和食品安全相关标准,由经营主体经所在乡镇场扶贫工作站对其带贫益贫成效进行认可同意后,向县扶贫办申请,县扶贫办会同相关职能部门审核并公示无异议后逐级上报。扶贫产品认定结果及过程接受全社会监督,确保产品质量符合要求,带贫益贫成效真实可靠。

建机制。为保障贫困户农产品顺利进入机关单位、学校、企业食堂以及交易市场,相关职能部门对贫困户的农产品建立检验机制,同时进行适度包装,确保消费扶贫健康长远发展。通过搭建与贫困地区的农副产品供需对接平台,鼓励引导机关单位、学校、企业食堂等选用贫困地区农副产品,组织开展贫困地区农副产品定向直供直销机关、学校、企业单位食堂活动,并建立长期定向采购合作机制,引领全县开展消费扶贫工作。

增力度。通过"产业贫困户+合作社+企业"的产业发展模式,打通制约消费扶贫生产、流通、消费各环节的痛点、难点和堵点,增强特色产业可持续发展能力,助力消费扶贫提质增效。引导贫困群众开发适合市场需求的特色农产品,主动帮助农产品对接需求,依托当地特色资源禀赋,调整优化农业产业结构,提升农产品质量,扩大供给规模。实施社会购买促进行动,通过推动各个机关单位等带头参与消费扶贫,积极吸引社会爱心人士购买扶贫产品,在同等条件下优先采购贫困群众的农产品,带动贫困群众增收,推进贫困地区长远发展和贫困对象稳定脱贫。

◆ 余干县县长江忠汉走进网络直播间,热心地为大溪乡蜜桃代言,为扶贫农副产品"吆喝"带货

强支持。大力扶持发展乡村电商扶贫站点,引导当地农产品业与这些扶贫站点合作,将贫困群众的农

产品上网销售,扩大农产品销售渠道,将产业扶贫和电商扶贫相结合,为优质农产品拓宽销售渠道,使贫困群众农产品走进全国大市场,带动更多困难群众脱贫致富。

重引导。细化实化相关政策举措,做好正面引导,充分运用报刊、电视、网络等媒体和新媒体平台,将消费扶贫目的意义进行广泛宣传,引导动员全社会力量积极参与消费扶贫。同时把消费扶贫成效作为脱贫攻坚宣传的重要组成部分,选树一批工作突出、成效显著的机关单位、企业、合作社、贫困村、贫困户进行宣传表彰,加大激励引导力度,营造消费扶贫的浓厚氛围。

鄱 阳 县

"五个一批"破解农产品"卖难"问题

鄱阳县高度重视扶贫产品滞销问题,制定下发《关于做好疫情期间扶贫解困七个优先工作的通知》,要求"优先解决扶贫农产品滞销问题",成立消费扶贫工作指导协调组,集中力量做好全县扶贫农产品认定、组织、销售、流通、售后等工作,有效解决了农产品滞销问题。

对接食堂认购一批。由县卫健委负责对接医院(含民营)和隔离留观场所的食堂进行认购;由县公安局负责对接县看守所、拘留所的食堂进行认购;由县工业园区、县商务局对接复产复工企业的职工食堂进行认购;由县扶贫办负责对接饶州监狱食堂进行认购。同时,鼓励供需双方签订采购协议,建立消费扶贫长效机制。

◆ 分管县领导在淘宝上网络直播带货

物资供给消化一批。采取"县级统筹、乡镇互动、村级服务、居民买单"办法,抢抓疫情防控期间生活物资统筹供给的时机,加大协调沟通力度,由乡镇(街道)组织优先采购全县滞销扶贫农产品,满足农村和城镇居民"菜篮子""米袋子"等消费需求,及时消化滞销农产品。

帮扶单位采购一批。由各乡镇(街道)和驻村干部帮助贫困户在微信工作群上报农产品滞销帮扶需求,由各级帮扶单位组织本单位帮扶干部及时对接需求,在工会经费中列支采购帮扶村和帮扶户的扶贫产品,做到有求必应、有困必帮。

网络平台推销一批。由县扶贫办、县商务局、县供销社、县邮政公司,借助中国社会扶贫网江西馆、扶贫832、邮乐购、农村电商、抖音等网络平台,帮助一批有基础、有实力、有诚信的带贫益贫经营主体,发布产品销售信息,拓宽线上销售渠道。

社会力量帮销一批。组织"百企帮百村"各帮扶企业、湖城商会等社会组织和爱心人士,开展"以购代捐、以买代帮"爱心行动。同时,在大型超市设立消费扶贫专柜,帮助售卖滞销农产品。

奏响文艺扶贫"新乐章"　鼓足脱贫攻坚"精气神"

近年来,鄱阳县认真开展"扶志、扶德、扶智、扶勤、扶能"五扶精神扶贫法、脱贫攻坚感恩奋进主题教育等活动,在文艺为民、文艺富民、文艺惠民等方面做文章,走出了一条以文艺扶贫助力脱贫攻坚的"鄱阳路径"。

坚持以文扶民,激发内生发展源动力。一是在扶"志"上出实招。帮扶干部、村干部等与"因失德致贫返贫"家庭和个人结成帮扶对子,开展以"一对一"结对帮扶活动,引导贫困户树立自尊、自立、自强精神。二是在扶"德"上出实招。创作《鄱阳精神"五扶"三字经》,引导贫困群众树立自强自立、勤劳节俭、崇尚科学、孝敬父母、邻里和谐等乡风民俗。三是在扶"智"上出实招。开展"一湖清水、一城书香"为主题的"倡导全民读书,打造书香鄱阳"活动。四是在扶"勤"上出实招。积极培育践行社会主义核心价值观,广泛开展鄱阳好人、道德模范、脱贫致富能手等评选活动,引导激发贫困户脱贫致富干劲。五是在扶"能"上出实招。在珠湖乡建立扶贫基地,组织书法艺术品拍卖会,筹资20万元用于解决贫困群众住房补贴、技能培训。

坚持以文富民,开辟产业致富新路径。一是在助推产业招商上下真功。依托鄱阳湖国家湿地公园、鄱阳湖博物馆等平台,建设文化博览旅游综合体、文化景区、商旅休闲综合体三大区域,带动文化演艺、工艺制作、影视传播、广告影印等产业发展。二是在"文艺+"融合发展上下真功。依托古县渡杨梅节、三庙前荷花节等乡村文化节庆活动,推动"文艺+旅游",实现"以节会友、以节拓市、以

◆ 鄱阳县三庙前莲花旅游文化节

节富民"。三是在"非遗"特色传承上下真功。全县拥有各级非遗保护项目70项。对这些文化瑰宝,在加强挖掘和保护的基础上,通过生产性传承焕发"非遗"活力,建立国家级非遗项目文化展示厅、脱胎漆器技艺传习所,为非遗传承提供广阔的展示交流平台。

坚持以文惠民,营造向上向善好风尚。一是在打造文化阵地上用实劲。着力整合县、乡、村公共服务资源,在统筹调配、盘活激活、联通共享上下功夫,全面推进新时代文明实践中心(站、所),农村文化大舞台、村史馆、民俗馆等阵地建设。二是在建好文艺队伍上用实劲。成立县新时代文明实践文艺志愿服务支队,下设音乐、诗歌、戏曲等13支文艺协会小分队,每周开展"到人民中去"系列主题活动,宣传政策、展示成果、讴歌典型,弘扬美德。建立乡土文化人才库,注重民间艺人、文化能人的发现、培训和指导。三是在开展文艺活动用上实劲。依托中国文联"文艺扶贫奔小康"志愿服务活动,开展新时代文明实践精神"五扶"百村行,文艺轻骑兵下基层,文化、科技、卫生"三下乡"等活动,更好地服务群众、引领群众、凝聚群众。

乐 安 县

乐安县四举措转化"懒汉"见成效

针对部分贫困群众内生动力不足,少数贫困户"等、靠、要"思想严重问题,乐安县精准施策,采取"亮一亮""压一压""帮一把""扶一程"的"四个一"办法,给转化对象以发展压力,激发他们勤劳思进的动力,取得明显成效。

"亮一亮",思想上给压力。扶贫先扶志。进取心不足,是懒汉的"病根"。为铲除病根,乐安县将排查出来的128名疑似"懒汉"列为村民道德"红黑榜"中的"黑榜"上榜对象,激发起"懒汉"的荣辱意识。杨金保是南村乡西坑村的贫困村民,早年丧偶,女儿外嫁,年轻时游荡,回家后赋闲,还喜欢打牌。2019年3月,他作为村里的"懒汉",被村委会张"黑榜"时行公示。感觉脸上无光的他,在家思忖了一段时间,很快买回1000多羽鸭苗,在村里帮助下租了一片水面,养殖鸭子。有了产业的他,像变了个人,起早摸黑,照看着鸭子。用他自己的话说,现在有这么好的政策,农村建设的这么好,自己要站起来做人!

"压一压",行动上汇合力。结合"六好村组"创建,在"勤奋创业好"村组创建过程中,对存在疑似"懒汉"的村组一票否决,以村民舆论压力促进"懒汉"转化。鳌溪镇赖村村用以多带少对标杆的方法,形成浓厚的产业发展氛围,以多数人勤奋创造美好生活的共识来改变少数人生活懒惰,等、靠、要思想,并安排专人转化疑似"懒汉",让懒汉真正做到生活和思想"两个脱贫"。

"帮一把",就业上拓能力。针对大部分"懒汉"缺技术、缺门路实际,乐安县因户施策,实行"一户一策"帮扶,落实帮扶责任人,对有劳动能力的组织学习

◆ 乐安县供坊镇大垅村进行懒汉教化工作

1~2项实用技能,推荐其到外地或本地企业务工,对有部分劳动能力的帮助其解决公益性岗位,切实以增收斩断穷根。

"扶一程",精神上添动力。为巩固"懒汉"转化成效,乐安县通过脱贫之星评选,让成功转化的典型当选"脱贫之星"。同时,在全县开展感恩奋进主题教育2000多场次,开展"三讲一评"活动,让"懒汉"分享自己的奋斗故事,引导群众听党话、感党恩、跟党走。对转化后掌握一技之长的"懒汉",还将其作为乡土人才进行培养。山砀镇山砀村贫困户康国洪,多年来懒惰成性。2019年,他由村支部帮扶带着种植双孢菇,挣了钱、掌握了技术。后来又被农业农村局聘为技术员,成了乡土人才,和他人合伙投资成立公司,种植了几百亩西红柿,成了村里的致富典型。

永不凋谢的"白莲"

缪连英,出生在一个贫困的农民家庭,35岁那年,她响应乡里号召,发展种烟20亩,从零开始学习种烟、烤烟、分级扎把,凭着自己的苦学和苦拼,成为当时乡里有名的烤烟致富能手。她不仅自己种烟,还带着同村的聂凤生、曾来发等人一起种烟,一个百人不到的村小组种烟面积达全村1/3以上。

2006年9月,乡里看她勤劳能干,又有高中文化,推荐培养她加入中国共产党;2007年,原村里的计生专干因故辞职,村里第一个想到了让她接任计生专干,她果断地接下了聘书,扛起了一个党员的责任,挑起一名村干部的担子,这一挑就是12年,2018年9月,她当选为东堆村党支部书记。

缪连英是农村少有的"铁娘子",性格风风火火,做事雷厉风行。也许,对家人而言她算不上一个"好女儿、好妻子、好母亲",但对村民而言,她一定是个舍小家顾大家、不徇私顾大局、肯担当重实干的好书记。2019年,缪连英家里种了20多亩白莲、70多亩水稻,双抢的时候,她一直忙于村里的脱贫攻坚工作,只在家里抛了 2 个上午的秧苗。平时家里的事全部交给她丈夫一人,工作实在忙不过来的时候,缪连英还叫上丈夫一起帮忙。她每天早出晚归,就像个陀螺一样在村里转着,晚上回家也是电话不断。她丈夫时常调侃她说:"你不是嫁给了我,而是嫁给了村委会。"2018 年,在新农村建设、拆危拆旧工作中,缪连英带头拆掉了自己婆婆的危房;面对不配合拆迁的舅舅,她多次上门做工作,苦口婆心劝说后才拆除。在绿色殡葬改革工作中缪连英带头收缴了自己父母的棺木。家人和村民对此很不理解,她却说:"自己人的工作都做不

◆ 缪连英生前在村里走访慰问贫困群众

好,怎么能做好其他人的工作?"长期以来,村里产业发展结构单一,群众思想比较保守,为打消群众顾虑,乡里一有什么新的产业缪连英都自己率先尝试,做给群众看、带着群众干,闯出了脱贫致富新路子。这几年为了发展白莲、为了村里的工作,她经常加班加点,不能按时吃饭,有一顿没一顿的,胃不舒服也顾不上去医院看看。

缪连英担任村干部十多年,尤其是这几年,脱贫攻坚任务非常繁重,常年高强度的劳动,使得缪连英瘦小的身体几近透支。她常说头晕脚痛,大家都劝她去医院检查一下,她却总说:"没事,休息一下就好。"直到 2019 年 5 月,缪连英晕倒在村委会,才被家人送到医院,经广州中山医院确诊为胃癌、肝癌晚期。从广州看病回来后,缪连英依然坚持到村委会上班,最后因体力不支才去住院。住院期间她一直对村里的工作念念不忘,常常通过电话、微信安排调度。每次有村干部来医院看她,她都不停地问村里的洪水退了没有,有没有人员受灾,东堆河堤倒了要抓紧修……

回到东堆村,回到熟悉的岗位,是缪连英的希望,也是东堆村人民的祈盼。但天不遂人愿,缪连英最终没能斗败病魔,带着无限的眷恋和遗憾离世。在她生前最后的日子里总是说:"每天有这么多人来看我,打电话给我,我觉得很幸福,很值得,但我最大的遗憾是还有很多事情没有做,还有很多目标没有完成,要是再多给我两年时间就好了。"

到底是什么让一个普通的农村妇女成长为一名对党如此忠诚、对群众如此热心、对工作如此负责的村支部书记?床头柜上那本被缪连英翻烂的《共产党宣言》,电动车后备厢里的"干部帮扶手册""贫困户登记证"和还没来得及还给村民的户口本等等给了我们答案。

缪连英去世后的三天里,自发前来送别和吊唁的村民络绎不绝。86岁老人曾友发泪流满面地说:"前天下午我还特意走了近1个小时的路去看缪书记。没想到离开她家后,人还没有出村,就听说她已经没了。"耄耋之年的杨进祥老书记带着30多名党员含泪送别,拄着拐杖走了4里路前来送行的曾香贵婆婆步履蹒跚,邻村的阿姨涟涟泪流泣不成声,共事多年的村主任每每哽咽不语的悲恸和难过……

如今,秋阳杲杲,果木飘香,莲蓬含笑,五谷归仓,一派丰收景象,却再也没有了缪连英的身影。缪连英就像盛开的白莲一样,不妖不娆,不蔓不枝,香远益清,亭亭净植在村民的心里,永不凋谢。

广 昌 县

易地搬迁好处多　产业发展不用愁

见到程香男的时候，他正在田里插秧，顶着大太阳的他虽然满身的汗水与泥土，但是难掩脸上的笑容，这是他再平常不过的一个田间劳作画面。1973 年出生的他，上面有个 70 多岁的老父亲，因为年老体弱没有了劳动力；下面有一儿一女还在读小学。早年因为家里太穷娶不起媳妇，直到 30 多岁才结婚，所以年近 50 儿女还在读小学。这个上有老下有小的中年男人，现在的生活虽然辛苦，却也充满了幸福滋味，这都要从 2017 年的易地搬迁扶贫说起。

当时乡里考虑到程香男一家五口住在村里的破旧土坯房，不安全也不方便，于是安排了 120 平米的集镇安置房给他们。一家人都非常高兴，尤其是两个孩子，住上新房子很开心。妻子杨凤云说，嫁给他十多年，从结婚到有了两个孩子，一直挤在破旧的土坯房里，刮风下雨总是提心吊胆，现在终于住上了新房，这都要感谢党和政府。宽敞明亮的安置房比之前拥挤潮湿的土坯房的居住环境有了明显改善。两个孩子去上学也很近，用不着接送了。

住房解决了，后续帮扶也一样不能落下。考虑到程香男的年纪不算大，身体健康，乡村干部以及帮扶干部鼓励他发展茶树菇种植产业。程香男本来就是一个勤劳踏实的人，听到有人愿意帮助他，高兴不已。他所在的上凡村通过扶贫互助社为其提供 2 万元借款用于购买茶树菇菌种，之后又帮助他申请了 4 万元小额贷款用于购买肥料。由于没有种过茶树菇，乡里特意安排技术员对他进行培训指导，进行一对一的帮扶。程香男勤问好学，有不懂的地方会主动找到技术员或是其他有经验的茶树菇种植户请教,很快便掌握了种植技术,茶树菇种植走上了正轨。

◆ 帮助群众解决滞销农副产品的销售问题

程香男几年前因为种烟碰上干旱,不仅没有收成,还在银行负了债,这让原本就贫困的家庭雪上加霜。不过这一切,从搬迁到安置房发展起了产业之后有了改变。如今夫妻两人不仅种植了茶树菇,还种上了水稻。通过夫妻两人这几年的辛勤劳作,现在不仅还清了银行的欠款,而且有了几万元积蓄。看着不断增长的收入,程香男觉得生活有了奔头,干事越来越有劲。

脱贫不能等靠要,致富不可睡大觉。程香男经常说起这句话,也是一直用行动践行着这句话。物资帮助固然重要,但更关键的是精神状态的改变。程香男以前也想过有一天要住上宽敞明亮的大房子,但似乎总是那么遥远,看不见摸不着。自从住进安置房之后,曾经触不可及的东西变得真实具体,这让他坚定了信念,只要努力一定可以脱贫致富,让生活变得更好。

诚如程香男所说,易地搬迁扶贫政策改变了他的人生轨迹。扶贫扶志扶智在程香男身上都有着生动体现,他的事迹也是众多易地搬迁户的缩影。

拓宽农产品销售渠道 打通产销对接"最后一公里"

2020年初,受疫情影响,广昌县部分贫困户种植的白莲、蜜橘、茶树菇和养殖的鸡、鸭、鱼等不同程度出现滞销情况,这对贫困户的收入增长和脱贫质量的巩固提升造成一定影响。如何通过有效措施来解决这些问题,实现群众收入的稳定增长和脱贫成效的可持续成为当务之急。广昌通过消费扶贫,拓宽农产品销售渠道,为脱贫攻坚提供了坚强保障。

严控产品质量。一是始终将扶贫产品质量摆在突出位置,严格控制农副产品"三品一标"准入门槛,规范扶贫产品认定,提升扶贫产品品质,培育优质扶贫产品品牌。二是扶贫企业、合作社必须和贫困主体挂钩,建立有效带贫益贫机制,对订购大单必须提供和贫困主体签订的收购合同等印证资料,确保每一笔

◆ 长桥易地扶贫搬迁安置点全貌

扶贫消费都有实实在在的带贫成效。

尊重市场规律。坚持强调发挥市场机制作用,始终聚焦畅渠道、降成本、得实惠。通过解决供需信息不对称,打通扶贫产品销售痛点、堵点、难点,推动扶贫产品从生产前端到销售终端的无缝对接;通过压缩分销层级和物流环节,建立扶贫产品"高速路",切实降低产业链条成本,让利于贫困地区群众和有关企业,通过合理确定农副产品售价和供应企业,确保爱心采购和消费得到实惠,推动形成供需两端互相促进的良性循环。

发动社会参与。鼓励全县各党政机关、企事业单位、人民团体,广大党员干部、社会各界爱心人士优先采购扶贫农产品,优先聘用贫困人员就业。全县各级工会组织,发动工会会员积极参与消费扶贫行动,在食堂采购、节日慰问品采购时,优先购买扶贫产品。引导和鼓励会员采取"以购代捐""以买代帮"等方式购买扶贫产品,助力贫困群众脱贫增收。

拓宽销售渠道。为畅通渠道、减少流通环节,建立由农产品生产大户和各大电商平台、供销e家等组成的"线上+线下"产销模式,及时发布农产品供求信息,引导种植户、经营者合理安排生产,帮助种养殖户打开销售渠道,打通产销对接的"最后一公里"。

莲 花 县

独具特色的生态产业扶贫之路

江西吉内得实业有限公司是一家集种子培育、种植、加工、销售为一体,发展全农业产业链的农林科技公司。公司传承和发扬非转、非杂、生态、绿色中国原生稻米文化,在倡导科学饮食与健康生活方式的同时,利用高山富硒土壤的独特条件,竭力打造中国有机大米品牌——"吉内得"天然有机富硒米。

◆ 乡亲们在果园采摘梨子

吉内得公司自 2010 年落户高洲乡高滩村后,采取"公司＋基地＋贫困户"模式把生态产业发展与贫困户脱贫相结合,吸纳贫困户参与管理、运营,助力贫困户增收致富,实现公司与贫困户双赢。

一是土地流转增收。基地 5 千亩土地按每亩每年 415 元的价钱从农户手中租赁或流转,基地范围内有土地的贫困户每年可增收上千元。

二是参与劳务增收。公司通过长期用工和临时用工等方式聘请有劳动能力的贫困户到基地从事耕种、除草等劳务。

三是生态种植增收。企业提供油菜籽给贫困户种植,并提供无公害种植技术和田间管理指导,与贫困户签订销售协议,收割完后,又按市场价收购。贫困户户均增收 3000 元以上。

四是生态养殖增收。吉内得提出"鸭稻共生"和"借牛购牛"生态扶贫方式。公司免费为贫困户提供鸭苗、提供场所、搭好鸭棚,让他们在基地稻田养鸭子,鸭长大后公司又收购。免费为贫困户提供小牛犊,贫困户帮忙放养,公司全程公司进行技术指导与品质监督,出栏后以约 2000 元/头的价格回购,贫困户无半点后顾之忧。

五是生态旅游增收。在基地建设中充分利用高滩村丰富的红色、绿色资源优势,着力发展乡村休闲生态游。在新建"农家乐"时,吸引更多贫困户积极参与,贫困户把自家生产的特色有机食品艾叶米粿、糯米粑粑、南瓜饼等进行附带销售,帮助贫困户增加收入。

发展红色培训　助力脱贫攻坚

坊楼镇沿背村位于江西省萍乡市莲花县坊楼镇中东部,是将军农民甘祖昌与其夫人全国优秀共产党员龚全珍和莲花一支枪保存者贺国庆烈士的家乡。全村耕地面积 1135 亩,林地面积 4500 亩,是江西省"十三五"重点贫困村。沿背村共有 6 个村民小组,558 户,1968 人。从 2016 年 9 月份开始,坊楼镇党委、政府积极响应市委、市政府和县委、县政府号召,在甘祖昌将军和龚全珍老阿姨生产生活了 29 年、曾经带领乡亲们共同艰苦奋斗留下诸多红色遗迹的沿背村发展红色培训,让村民既富"脑袋"又富口袋,将革命老区的红色资源变成了老百姓脱贫致富的金山银山,先后荣获江西省第六届文明村镇、江西省旅游风情小镇、江西省第二批特色小镇创建名单、萍乡市"宏明杯"十佳乡村旅游点、萍乡市第十五届文明村镇、莲花县脱贫攻坚先进村等荣誉称号。

沿背村依托丰富的红色资源和优良的自然优势,紧紧围绕创建甘祖昌干部学院、打造全国党员教育基地的有利契机,走出了一条以红色培训促进脱贫攻坚、乡村振兴的新路子。自 2016 年 10 月正式办学以来,截至 2021 年 10 月,学院先后培训了全国 26 个省、自治区、直辖市以及民政部、水利部、退役军人事务部、华润集团、江铃集团等国家部委、央企国企的 1577 个班次,培训学员 6 万 3 千余名,其中市内学员为 25354 名,约占学员的 40%,市外省内学员 33261 名,约占学员的 53%,省外境外学员 4509 人,占学员的 7% 以上。

◆ 甘祖昌干部学院

　　经过近五年的努力,沿背村的党组织从曾经的软弱涣散变成如今的坚强堡垒,基础设施从过去的落后陈旧变成如今的日益领先,村庄环境由昔日的脏乱差转变成今天的美而新,贫困人口占比由当年的17.2%减少至0;集体经济收入从2014年的不足1万元骤增至如今的140余万元,成为远近闻名的秀美乡村、特色旅游小镇,脱贫攻坚取得明显成效。2017年底,沿背村顺利通过省脱贫攻坚考核组验收,如期实现整村摘帽退出目标。

修 水 县

发扬苏区精神　照亮脱贫之路

修水县上衫乡书堂村地处幕阜深山区,是省级深度贫困村,生产生活条件恶劣。2015 年之前,进村之路是一条泥沙路,"晴天一路灰,雨天一路泥"就是书堂的真实写照。村民居住的房子大都是干打垒土墙屋、危旧房。学校也是黄泥巴校舍。村民人均耕地少,从事农业生产难以为生。在温饱线上苦苦挣扎的书堂人,脱贫致富奔小康是几代人都不敢想的美梦。

书堂村底子薄,基础条件差,近一半是贫困户。村里有耕地 662 亩,山林面积 12900 亩,辖 15 个村民小组,农业户口 196 户共 1050 人,建档立卡贫困户有 92 户共 384 人。

2015 年,江西省委党史研究室成为书堂村的定点帮扶单位,精心挑选殷中平、张旭光等同志组成工作队,具体开展帮扶工作。

6 年来,省委党史研究室全室上下,除了日常工作,想得最多的就是如何帮助书堂村脱贫奔小康。他们首先对村"两委"班子和产业带头人等进行"头脑风暴",到井冈山神山村"取经",学习脱贫致富经验,并根据村情,制定切合实际的脱贫方案。

扶贫重在扶志,扶志重在交心。多年来,省委党史研究室领导前往书堂走访调研 30 多次。他们与贫困村民同坐一条木板凳,同吃一桌农家饭,真正走进贫困户内心,把脱贫致富的精神和信心传递到了贫困户们的心坎上。

扶贫工作队常驻村里,与村民同吃住、同咸淡,从起初的人生地不熟、工作

◆ 省委党史研究室领导到上衫乡书堂村调研脱贫攻坚工作

遭冷脸，到与群众打成一片，扎实的工作作风很快得到群众的认可。他们用真心换得真情，用行动赢得口碑。村民感慨地说："苏区干部好作风又回来了！"

第一书记张旭光，一踏进书堂就迅速进入角色。他同殷中平一道，上山下岭，一家一户走，田间地头问，逐个逐个记，花了近一个月时间，把分散在书堂各个山头地块的贫困户摸了个透。哪家有几口人，小孩读几年级，家里养了几头猪，因什么原因致贫，现在有什么困难……每走访一户，他们就在图纸上标注一户。此后，他们不断完善这张地图，并把纸上的图深深地印刻在心中。

帮扶干部和村"两委"班子，依靠人民群众，改善基础设施，建设移民新村，大力发展产业，改造供电线路，开通宽带网络，新建村卫生所等，让书堂村旧貌换新颜。

开展脱贫攻坚以来，工作队和村"两委"干部等，利用好国家的各项帮扶政策，争资争项，为书堂村脱贫奔小康打下坚实基础。他们新修了一条贯穿全村的6.5米宽公路，拓宽了与外界的联系；投资650余万元修建公路22.46公里，实现道路硬化到户；争取150余万元修建桥梁11座，铺设自来水管20000多米，解决了所有农户的饮水问题；投资80多万元修缮改建农田排灌水圳8000多米；投资180多万元清理整治河堤2500多米；投资35万余元兴建河道水堰29座，农业生产用水得到全面保障；争取200余万元建成沙坪、狮子台、程家屋等7个自然村的新农村建设点，实施全面绿化、亮化工程；投资8万元建成村部办公楼，投资100万元新建村民文化活动中心；投资10.5万元改造卫生厕所150户，村容户貌有了明显改观；重点抓好中药材、油茶种植，畜禽、蜜蜂养殖等产业，成立专业合作社；创办"一领办三参与"基地2个，带动贫困户43户参与。所有贫困户可依托社会保障、产业、就业等实现稳固脱贫。

　　如今的书堂,一条条泥泞小路变成水泥大道,一间间破旧危房变成漂亮的安置房,人们喝上了放心水、用上了安全电、开通了互联网,村级小学、农家书屋、电商服务站相继建成,不仅带来了新知识、新便利,更带来了新思想、新观念……

　　迎着春天的暖阳,放眼望去,峰峦叠翠,层林尽染,丛丛粉红的野樱尽情绽放,泉水叮咚、鸟儿鸣唱回荡山谷,给这绵延的革命之山增添了无限的美丽和妖娆,勃发了无限的生机与活力。面对此情此景,曾经的"文青"、村支书姚志亮大发感慨:"真是上有天堂,下有书堂啊!"

产业扶贫铺就脱贫致富路

　　修水县马坳镇黄溪村,先后荣获"全国民主法治示范村""全国一村一品示范村""江西省美丽宜居村庄""江西省 AAA 级旅游村"等殊荣。一栋栋别墅式洋房、一行行绿油油桑树、一串串有机葡萄、一座座标准厂房、一个个忙碌的村民……谁能想到,这个被当地人称为"小华西"的黄溪村,曾经却是"好事没有、坏事不断,多年难变点样"的国家级贫困村。

◆　建档立卡贫困户方小化在饲养春蚕

黄溪村地处东津电站下游,紧邻省道柯龙线,耕地面积 1326 亩,山林面积 6000 余亩,辖 15 个村民小组,有 682 户 3214 人,其中建档立卡贫困户 66 户 223 人,是"十三五"贫困村。

脱贫致富,必须先实现产业振兴,增加农民收入,通过产业留人,让乡村有人气。

因地制宜"选"产业。黄溪村原来以种水稻为主,单产低、效益差。村"两委"经过反复请专家论证,一致认定蚕桑是适合该村发展的主导产业。因此,2012 年冬决定实行水改旱,发展蚕桑产业。全村桑园面积由几近荒芜的 50 亩扩大到现在连片优质高产桑园 1200 亩。成立蚕桑生产专业合作社,与省蚕种厂合作推广科技养蚕,有效延伸了养蚕、制种、售茧的产业链。

规模经营"壮"产业。面对农户分散经营对现代农业发展的制约,采取"确权确股不确地"的土地经营方式,整合分散在各家各户手中的土(林)地,把农户的经营权转化为股权,流转给大户、合作社或企业进行规模经营。创新"合作社 + 公司 + 基地 + 农户(贫困户) + 扶贫资金 + 市场"运作模式,农户承包权按约定租金体现,而经营权则年底以组为单位按人口进行股份分红。

科学规划"扩"产业。按照"土地统一流转"管理模式,科学规划产业格局,发展多元化产业。建成"网格化"灌溉渠 5000 米,平整格田面积 1600 亩,新建田间机耕道 16 公里,为全面推行大户承包、规模种植奠定基础。采取资源入股形式,成功引进投资商建成黄溪水电站、光伏电站、汇津纯净水、金樱子酒业、三和家具等多家企业,年产值达到 1.5 亿元,300 多名村民在家门口常年实现就业,村集体经济实力显著增强,村民收入明显提高。

与此同时,大力推进新农村建设,发展乡村旅游,打造一个宜居宜业宜游的新黄溪。"现在村民家家户户都富裕了,70% 的村民家里都有了小汽车,我们的目标是,全面兑现'贫困不脱心不甘、群众不富心不安'的承诺。"村支书徐万年表示,接下来是,打好乡村旅游牌,让更多的人到黄溪来,让村民的钱袋子更鼓。

都 昌 县

构建“135”县乡村三级责任落实体系

都昌县从责任落实抓起,构建“135”县乡村三级责任体系,以责任落实促进政策落实、工作落实,形成了尽锐出战、全力决战的浓厚攻坚氛围。

构建一套“立体化指挥”责任推进体系。一是建立一个“总指挥部”。成立由县委书记、县长同时任总指挥长,县委副书记任常务副指挥长,县委、县政府班子成员,县人大、县政协分管领导任副指挥长的全县脱贫攻坚指挥部,统一指导和协调全县脱贫攻坚工作。二是设立两个“办公室”。脱贫攻坚指挥部办公室专人专职专岗,处理指挥部日常事务;问题整改工作办公室,由县委副书记任办公室主任,抽调业务骨干集中办公,持续深入乡村一线调研指导。三是成立“十大扶贫工程”领导小组。分别由县级领导任组长、牵头单位负责人为副组长、涉及相关单位为成员单位,负责各自扶贫工程的指挥调度。四是整合 24 个“精准扶贫工作团”。在各乡镇成立以挂点县级领导为团长,乡镇党委书记为常务副团长,各帮扶单位主要领导和分管领导、乡镇班子成员、各村支部书记、第一书记和工作队员为成员的精准扶贫工作团,专题研究解决工作中的困难和问题。

建立三支“专业化指导”责任督导队伍。一是驻村工作队。由驻村第一书记和工作队员组成,共有定点帮扶单位 207 个,实现全县贫困村、非贫困村驻村第一书记全覆盖。出台《都昌县驻村第一书记和驻村工作队员管理办法》,加强驻村干部管理。二是县派专业指导队。成立 12 个脱贫攻坚专业指导队,对所有乡镇的所有村、户进行拉网式排查，发现问题并指导督促乡镇、村整改到位，做到指导排查"横向到边"。三是部门专业指导队。"十大扶贫工程"领导小组成立 15 支专业指导队，根据各自职能职责排查各乡镇的政策落实情况，指导督促乡镇排查问题、整改问题，做到排查指导"纵向到底"，确保全县脱贫攻坚工作不留盲区。

◆ 都昌县南峰镇白水村专家在田间地头为贫困户讲课

完善五项"高效化推进"责任落实机制。一是常态化研究机制。县委、县政府主要领导常念脱贫攻坚"紧箍咒"，把脱贫攻坚作为县委常委会、县政府常务会常设议题，及时调度推进脱贫攻坚工作。二是定期集中调研机制。县委书记带头，每周利用不少于 2 天时间，到村到户一线调研指导；其他县级领导每周至少 1 天时间到所挂点乡镇，进村入户开展调研督导。三是暗访督查机制。巡查督导工作小组专门负责脱贫攻坚督查工作，特别是对第一书记、驻村干部及结对帮扶干部在岗及工作落实情况开展不定期暗访。四是分级约谈机制。赋予县级挂点领导、分管领导代表县委县政府约谈权利，乡镇层面由挂点县领导约谈，"十大扶贫工程"层面由分管县领导约谈，问题较多、工作较为被动的由县委副书记约谈,对于问题突出的由县委、县政府主要领导约谈。五是社情民意测评机制。创立脱贫攻坚社情民意平台,设立 2323000 专线电话,受理日常扶贫领域相关来电来访,对反映问题及时受理、迅速交办、跟踪落实。

光伏发电照亮产业扶贫路

都昌牢牢抓住光伏扶贫政策机遇,充分利用年均日照时数 2076 小时、日照率47%的资源优势,大力实施光伏扶贫村级电站建设项目,走出了一条以光伏脱贫的新路子。

◆ 都昌县徐埠镇光伏扶贫电站

抢抓政策机遇,确保快速建设。把光伏扶贫当作产业扶贫重要突破口来抓,成立县光伏扶贫工程领导小组,形成强有力的领导班子,迅速启动光伏扶贫电站建设项目。县主要领导多次专题调度光伏扶贫工作,分管县领导坚持每月调度,跟踪每座电站建设进展,逐个解决遇到的疑难问题,为村级光伏扶贫电站的建设提供有力保障。各乡镇都把电站建设作为"乡镇长"工程,扶贫、发改、财政、国土、环保、规划、林业、供电等部门通力协作,密切配合,提供全方位保障。

加强电站管理,确保高效运行。强化监理检测,把好电站质量安全关。聘请监理单位对光伏电站建设全程进行技术质量监督,建成后聘请国家光伏质检中心对所有光伏扶贫电站进行全面检测,把好电站质量安全关。强化运维管理,把好电站运行维护关。聘请有光伏电站运维资质的企业对所有电站开展专业运维,各村委会对所有村级光伏电站都聘请了电站管理员,保障电站正常运转。强化保险服务,把好电站财产保障关。对所有村级光伏扶贫电站都购买商业保险,包括财产险和公共责任险,全面保障光伏扶贫电站的财产安全和相关人身安全。出台《都昌县村级光伏电站管理办法》《都昌县光伏扶贫电站使用管理及收益分配细则》,明确各有关部门、运维企业、乡村职责。

建立收益制度,确保精准使用。出台《都昌县光伏扶贫电站管理、收益分配暂行细则》,对光伏扶贫电站收益使用进行明确。关联对象精准。光伏电站重点关联特困贫困户(三无人员)和经济条件相对较差的贫困户,关联对象经村级民主选定、乡镇审核、县级备案、公示公开等程序确定。资金用途精准。每年初制定村级光伏扶贫电站收益分配使用计划,光伏收益主要用于对失能弱能贫困人口的补助、购买公益性岗位、发展和维护小型公益事业、开展小微奖补等。资金发放实行审批制,并进行公告公示。资金拨付精准。相关部门将光伏电站收益拨到乡镇光伏合作社,合作社及时将资金转到相应的村级财政账户中,充实村级集体收入。村委会将结合村级收益分配使用计划及实施情况实行二次分配,将资金按季度精准拨付到贫困户一卡通。

后 记

2013年11月,习近平总书记在湖南湘西花垣县十八洞村考察时首次提出"精准扶贫",强调扶贫要实事求是,因地制宜。要精准扶贫,切忌喊口号,也不要定好高骛远的目标。

精准扶贫是新时代党和政府扶贫工作的精髓和亮点。党和政府一直十分关心和重视扶贫工作,改革开放以来,经过全国范围有计划有组织的大规模开发式扶贫,我国贫困人口大量减少,贫困地区面貌显著变化。进入21世纪后,中国经济腾飞发展,人民生活水平不断提高,但扶贫开发工作依然面临十分艰巨而繁重的任务,已进入啃硬骨头、攻城拔寨的冲刺期,对党和国家的扶贫工作提出了新的要求和挑战。

精准扶贫是全面建成小康社会、实现中华民族伟大复兴中国梦的重要保障。习近平总书记多次强调,消除贫困、改善民生、实现共同富裕,是社会主义的本质要求;没有农村的小康,特别是没有贫困地区的小康,就没有全面建成小康社会。在井冈山神山村,习近平总书记对乡亲们说,我们党是全心全意为人民服务的党,将继续大力支持老区发展,让乡亲们日子越过越好。在扶贫的路上,不能落下一个贫困家庭,丢下一个贫困群众。这就要求我们必须坚定地走精准扶贫之路,坚持因人因地施策、因贫困原因施策、因贫困类型施策,让贫困地区人民情愿、主动、自信、坚定地走上脱贫致富的道路,早日全面建成小康社会,实现中华民族的伟大复兴。

2021年是中国共产党成立100周年,是"十四五"规划开局之年,也是全面建成小康社会、开启全面建设社会主义现代化国家新征程的关键之年。为全面反映省委、省政府带领全省人民决战决胜脱贫攻坚的奋斗历程，展示全省在脱贫攻坚中凝心聚力、艰苦奋斗所取得的巨大成就，充分展现我省广大党员干部群众在脱贫攻坚工作中的精神风貌，省委党史研究室、省乡村振兴局联合编撰了《旧貌换新颜——江西省精准扶贫工作纪实》一书。本书分省级综述、县级分述（按行政区划分类，排序不分先后）和相关典型案例（含图片）三部分。综述和分述充分反映了精准扶贫工作开展以来特别是党的十八大以来全省各地党委政府贯彻落实党中央、省委脱贫攻坚战略决策部署的具体举措，扶贫战线领域广大党员干部群众迎难而上、勇于拼搏的艰难历程和伟大壮举，以及各地脱贫攻坚取得的巨大成就。典型案例选取了脱贫攻坚中最能体现当地特色、最具代表性，最能展现人民群众生产生活状况巨大变化的事件。

本书由省委党史研究室俞银先，省乡村振兴局江枝英、刘洪任主编。省委党史研究室卢大有、彭勃、刘津，省乡村振兴局饶振华、胡跃明、邓丰昌、张利民任副主编。万强拟定编写大纲，万强、梁发明、杨立凡、翁梯敏、徐俊平、杨忠华等同志参与具体编纂，万强、罗军生对书稿进行了统改统校，卢大有进行了统审统改，彭勃、刘津提出修改意见，俞银先审定书稿。

脱贫攻坚战已经胜利结束，但乡村振兴仍然任重而道远。作为一段离现实生活如此之近的历史，对它的叙述和记录会有不同的视角与方法，其本身的内容和对它的思考及研究也都未经过长时间的沉淀与打磨，加之编者学识水平、研究能力有限，本书难免存在疏漏和不当之处，敬请广大读者和专家批评指正。

中共江西省委党史研究室　江西省乡村振兴局

2021 年 12 月 12 日